LITERATURE AS

プロパガンダの文学

PROPAGANDA

プロパガンダの文学

日中戦争下の表現者たち

LITERATURE AS PROPAGANDA

五味渕典嗣
GOMIBUCHI Noritsugu

editorialrepublica 共和国

目次

プロパガンダの文学　日中戦争下の表現者たち

凡例

一、引用文の表記は、原則として旧仮名づかいは原文のママ、漢字は新漢字とした。ただし、人名や書名などの固有名詞には一部例外もある。
一、単行本、雑誌、映画のタイトルは『　』、単行本や雑誌所収の作品および会話文は「　」、概念的に用いた言葉や文章は〈　〉で括った。
一、とくに断りのない限り、引用文中の傍点は引用者による。また、特別な場合を除いてルビは省略した。
一、底本で明らかに誤植や脱字と判断できるものについては「ママ」と付した。
一、引用した資料には、今日では適切ではない表現が見られるが、時代の制約をあらわすものとして、とくに改めることをしなかった。

はじめに

1　本書の視角

本書は、日中戦争の同時代に戦争や戦場を主題としたテクストを取り上げ、戦時下における〈戦争の書きかた〉について論じるものである。まずは、なぜわたしがこの時期のこの対象に注目するのかを説明するところから始めたい。小説家の島木健作は、一九四一年一二月八日の対アメリカ・イギリス宣戦布告のニュースを耳にしたときの心境を、次のように記した[1]。

> 妖雲を排して天日を仰ぐ、といふのは実にこの日この時のことであつた。一切の躊躇、逡巡、遅疑、曖昧といふものが一掃されてただ一つの意志が決定された。瞬時にしてこの意志は全国民のものとなつたのである。眇たる自分ごときもののこの偉大な時に際会しての生くる道もこの意志の下に決定されたのである。

（「十二月八日」『文芸』一九四二年一月号）

島木だけではない。当時の文学者・知識人が、新たな戦争の始まりを〈解放感〉とともに受け入れたと記したことは、すでに多くの論者が指摘している。(2)しかし、むしろわたしには、〈それ以前〉の時間が徹底して否定的な言辞で象られていたことの方が気にかかる。島木は「妖雲」が払われたと言い、「躊躇、逡巡、遅疑、曖昧」が一掃された、と言った。長与善郎は、「この数ケ月と云はず、この一二年と云はず、我等の頭上に暗雲の如く蔽ひかぶさつてゐた重苦しい憂鬱は、十二月八日の大詔渙発とともに雲散霧消した」と書いた（「今次戦争と文化的意義」『新潮』一九四二年二月）。英文学者・評論家の本多顕彰は、「私のみならず、国民全体がからつとした気持」ちになった、「戦争目的も簡単明瞭になり、新しい勇気も出てくるし、万事やりよくな」ったと晴れやかに書きつけ（「敵」『文芸』一九四二年一月）、同じく評論家の亀井勝一郎は、「芸術が取締との掛け引きによつて生み出されるかの如き奴隷根性は此際一掃すべきである」と高らかに述べ立てた（「以和為貴」『文芸』一九四二年一月）。

どこか不透明でうじうじしていて、不確かで重苦しい、窮屈な感じ。どうしてそこまで〈それ以前〉の時間が憎悪されるのか、その理由はさしあたって明白である。日本にとっての日中戦争が、ひどく曖昧で表象しづらい戦争だったからである。

盧溝橋事件の不拡大方針が破綻し、日本海軍の暗躍で上海での武力衝突が本格化した直後の一九三七年八月一五日、[3] 近衛文麿首相の政府は、「支那側が帝国を軽侮し、不法暴虐至らざるなく全支に亙る我が居留民の生命財産危殆に陥るに及んでは、帝国としては最早穏忍その限度に達し、支那軍の暴戻を膺懲し以て南京政府の反省を促す為今や断乎たる措置をとるの已むなきに至れり」との声明を発表した（「穏忍を捨てて断乎膺懲　今暁・政府重大声明」『東京朝日新聞』一九三七年八月一五日）。実質的に最初の戦時議会となった第七二帝国議会の開院式で、昭和天皇は「中華民国深く帝国の真意を解せず濫に事を構へ今次の事変を見るに至る」「朕が軍人は百艱を排して其の忠勇を致しつゝあり是れ一に中華民国の反省を促し速かに東亜の平和を確立せむとするに外ならず」との語句を読みあげた。いったいどちらが「不法暴虐」だったのか、「濫に事を構へ」たのはどちらだったのか。現在からすれば毒の一つも吐きたくなる。しかし、これらの文言の中に、当時の日本の軍や政府が考えたこの戦争の特質が折りたたまれていたことを見逃すべきではない。

まず第一に、この戦争が短期的で一時的なものと想定されていることである。本書でも何度か話題となる「膺懲《ようちょう》」という標語は、「制裁を与えて懲らしめる」という意味の語である。日本の軍事行動は、暴力を行使することで相手に「反省を促」す〈しつけ〉として行なわれる、ということだ。根本的には、すべての戦争当事国に武器や軍需物資等の輸出を禁じたアメリカ合州国の「中立法」の発動を避けるためだったとはいえ、この戦争が、局所的かつ限定的な戦闘行為とのニュアンスを持った「事変」という語で表

夕刊

東京日日新聞

帝國、米英に宣戰を布告

畏し大詔渙發さる

詔書

英米の暴政を排し東亞の本然を復す

政府、宣戰の使命聲明

政府聲明内容

東條首相斷乎たる決意力說

近代海戰

滿洲國も宣戰せん

上海英米租界進駐

新嘉坡、布哇、比島猛爆

英砲艦撃沈、米艦一隻拿捕

陸軍、香港攻撃開始

馬來半島上陸 戰果着々擴大

マニラ爆撃

米輸送船雷撃

グゥム大火

泰侵入の英軍掃蕩中

ホノルルを猛爆

オアフ島

眞珠灣西方にわが輸送船

米艦オクラホマ火災

天津の米兵營接收

英米權益接收

図 0-1　対米英開戦を知らせる新聞報道。
『東京日日新聞』(上)、『大阪毎日新聞』(左頁)。いずれも 1941 年 12 月 9 日。

大阪毎日新聞

宣戰布告の大詔渙發

十五日に臨時議會召集

情報局發表 ただ今米國および英國に對し宣戰布告の大詔が下されました、臨時議會召集の詔書が公布されました

詔書

全國に防空下令

今曉、西太平洋で米英軍と開戰す

大本營陸海軍部發表【十二月八日午前六時】帝國陸海軍は本八日未明西太平洋において米英軍と戰鬪狀態に入れり

ハワイへ決死的空襲

上海で英艦撃沈、米艦降服

大本營海軍部發表

香港攻撃

天津租界接收

議會召集詔書

英軍、タイ領へ侵入す

我開戰の理由を發表

マレー半島へ奇襲上陸

ホノルルを猛空爆

三時間に亘り繼續

米軍に行動開始發令

我が降服勸告を拒絶

上海、忽ち戰火閃く

上海租界へ進駐

オアフ島空襲被害甚大

比島防衛協議

在北京米海兵武裝解除勸告

在留外人の行動を制限

蘭印、對日宣戰か

日本簡易火災

現され続けたことも、そうした印象を強くしている。[4] そして第二に、上記の理屈を推し進めるかぎり、日本側としては、言葉の上では中国と中国の人々を完全な〈敵〉とは見なしていないことになる。問題は相手がどうかして「反省」するか否かだとすれば、中国の一般市民だけでなく、前線で銃を向け合う中国軍将兵さえも、本来的な意味では〈敵〉ではない、ということになる。

ならば、そもそもいったい〈われわれ〉は、誰と、何のために戦っているのか。〈われわれ〉の家族や親族や知友や隣人たちは、なぜ〈われわれ〉と共に過ごすことを許されず、遠い中国大陸の地で他者を傷つけ、他者から傷つけられる可能性の中に投げこまれなければならないのか。この「事変」が始まって三年後の一九四〇年になってなお、現地の陸軍司令部が「聖戦の意義」を徹底させるための小冊子を作成しなければならなかったほど、この戦争の意義や目的は曖昧で、要領を得ないものだった（『派遣軍将兵に告ぐ』支那派遣軍総司令部、一九四〇年）。

しかも、この事変は決して一過性の事件では終わらなかったから、劇的に変化する国際情勢からの影響も避けられなかった。当初、日本の軍や政府は、一九三六年の西安事件以後、蒋介石の国民政府は中国共産党のコントロール下に置かれてしまった、とまことしやかに語っていた。だからこそ、国民政府から有力政治家の汪精衛（汪兆銘）を離反させる工作にあたっては、一九三八年一二月二二日の近衛文麿首相談話（第三次近衛声明）で謳われた「共同防共」というスローガンが強調された。しかし、まさにその汪精衛を首班とする新たな傀儡政権の樹立に向けた交渉が行なわれていた最中の一九三九年八月、日本と「防共協定」を取り交わしていたはずのナチス・ドイツが、ソビエト連邦と不可侵条約を結んでしまう。そして、当の日本政府も、一九三九年のノモンハン戦争（ハルハ河戦争）での手痛い敗北を経て、一九四一年四月には、ソ連との間に領土保全と相互不可侵を規定した国際条約を締結することになるだろう。国際情勢がめまぐるしく変化する中で、基本的には現地部隊の独走をいたずらに追認するだけの、一貫性を欠いた場当たり的な戦争指導と、すべからく物事には相手があるものだという顧慮さえ忘れた希望的観測の積み重ねは、中国大陸での戦争の構図を描き出す作業をますます難しいものとした。こうして考えてみるなら、一九四一年一二月八日の対米英宣戦布告によって文学者や知識人の思考にもたらされた〈解放感〉が、ずるずるべったりと続いてしまっていた曖昧な戦争のくびきから、ようやく逃れ出られたという感覚に起因していたことは疑えない。言ってみれば、「終わりなき日常」として戦争が膠着的に継続していたこと自体が、閉塞感にまみれた人々が次なる戦争を欲望し、戦場の拡大を肯定する条件を構成してしまっていた。

　当然ながら、如上の状況は、同時代の社会と文化に複雑な影を落とすことになる。ここで考慮すべきは、中国大陸での全面戦争が、日本が初めて本格的に経験する「国家総力戦」だった、という事実である。笠原十九司によれば、一九三八年末段階で、日本陸海軍が動員していた全兵力は一二九万人。そのうち九六万人が、満洲を含む中国大陸に派兵されていた。近代陸軍の戦略単位である師団ベースで考えると、どれだけ大規模な移動を伴っていたかがより明確になる。当時の日本陸軍の師団数は全部で三四。そのうち、中国の戦地に二四箇師団、満洲と朝鮮に九箇師団が配され、日本列島には皇居と東京警護の任にあたる近衛師団一つしか残存していなかったのだ(5)。

これだけの規模で軍事動員を継続するためには、植民地を含む帝国全体のヒト・モノ・カネを総合的に管理し運用していくことが欠かせない。とすればそこでは、帝国の構成員たる人々の身体と心性を、どのレベルで、いかに動員するかが喫緊の課題として浮上することにもなろう。そのように考えを進めていけば、一九三七年七月の盧溝橋事件から、一九四一年一二月の対米英蘭開戦までの時間を、検討対象として切り分ける社会史的・文化史的な根拠が見えてくるのではないか。

大岡昇平は、日中戦争期の神戸で経験した会社員生活を振り返りながら、当時の「サラリーマン社会を見ていると、総体的に繁栄におもむいているのですね。戦時的な完全雇用がそこにあったんです」「結局戦時下の統制経済なので、製品の配給先を割り当てていればいいというようなことだから勤まったんですよ。一般的にそういう安楽な気分があったことは確かなのです」と述べていた(6)。

類似の感慨はつとにあちこちで語られていたが、二〇〇〇年前後から、大岡の実感を歴史的に位置づけるような仕事が相次いで公刊されている。少なくとも同時代の都市空間においては、戦争と消費主義的な日常とは、決して排他的な関係にはなかった。例えば、映画史研究の宜野座奈央見は、一九三〇年代の現代劇映画における女性表象を分析した書物の中で、「日中戦争下で人々はモダン・ライフを手放さなかった」と指摘している[7]。ケネス・ルオフは、一九四〇年の幻となった東京オリンピックと日本万国博覧会と抱き合わせの国家的イベントとして準備された「皇紀二六〇〇年記念事業」が、ツーリズムの欲望をはじめ、国策にちなんだ消費行動を活性化させていたことを明らかにした[8]。本書が対象とする時期を「戦時雑誌ブーム」「出版バブル」と名付け、従来の「言論弾圧史観」の修正を訴える佐藤卓己の仕事も、こうした動向の中に位置づけることができるだろう[9]。だが、人々の懐が経済的に潤っていればそれでよい、というわけではない。軍需景気に下支えされた日中戦争期のモダニズム文化の〈明るさ〉を過度に強調すべきではないとわたしは思う。そうした発想は結果的に、経済政策としての戦争を肯定することになりかねないからである。

意義も目的も明確に語れない戦争に、自国の人々をいかに動員しつづけるか。まずは、中国大陸の戦争を遂行する日本の軍・政府が、こうした難題に直面していたことを確認しておこう。事実、戦争や戦場にかかる表象の文化政治は、彼らにとって切実な関心事であった。日本にとっての第一次世界大戦の〈戦訓〉と深く結びついていたからである。

ヨーロッパ大陸を主戦場として、四年以上にわたって戦われた世界戦争の展開から日本の軍事エリートが学んだ教訓の一つは、情報と宣伝の重要性だった。日中戦争が本格化した直後、政府の情報宣伝担当部局である内閣情報委員会（一九三七年九月二七日付で「内閣情報部」に拡大改組）が取りまとめた部内資料『時局宣伝資料　国防と思想戦』（一九三七年八月一五日）では、史上初めて「国家総動員」で戦われた第一次世界大戦では、「国家の結合を破壊し、思想的に敵国を崩壊に導く」「思想戦」の地位が高まり、連合国の宣伝と経済的圧迫がドイツをして「内部より崩壊せしめ、以て敵意を放擲するに至らしめた」という認識が語られている。いくら精強な軍隊を保持しても、どれほど優秀な兵器を配備し、個々の戦闘で勝利を収めたとしても、銃後で戦争遂行を支える国民からの支持と協力なしに、長期の総力戦を戦い抜くことは不可能である、ということ。歴史的に見て、以上の戦争観・戦争認識が正しかったかは問題ではない。実際に戦争を指導する日本の軍や政府のエリート層に、こうした認識が埋め込まれていたことの方が重要だ。

事実、一九二〇年代以降、日本の国家総力戦を準備したエリートたちは、かなり早い段階から同種の認識を共有していた。一九三四年一〇月に陸軍省新聞班が発行したパンフレット『国防の本義と其強化の提唱』では、冒頭近くで「学術技術の異常なる発達と、国際関係の複雑化とは、必然的に戦争の規模を拡大せしめ、武力戦は単独に行はることなく、外交、経済、思想戦等の部門と同時に又前後して併行的に展開されることとなつた」という認識が語られる。そのうえで、「五年もの久しきに亘り連合国側をして一歩も国内に入らしめ」なかったドイツは「武力戦に関する限り」「最後まで戦捷者の地位に在つた」が、「思想戦による国民の戦意喪失、革命思想の擡頭」とが「内部的に自壊作用」の引き金となり、敗戦を招来する結果となったのだ、とまとめている。であるならば、そうした「思想戦」の目標は、情報のコントロールと戦略的な宣伝活動によって「国民の不安」「民心の動揺」を抑え、「国民が戦争の汎ゆる苦痛と不安とを克服し」「戦捷に向つて一路邁進する鞏固なる国民の精神的団結を確持」することに置かれることになる（前掲『国防と思想戦』）。概括的に言えば、日中戦争期の日本の軍と政府は、現在進行形の戦争を帝国全体を統治する権力にとっての資源とする一方で、銃後の国民の反戦・厭戦意識をかき立てる可能性のある戦争の語りや表象を、どうかして日常生活の中に侵入させまいと企図していた。

永嶺重敏は、一九二〇〜三〇年代の東京を「活字メディアが最高度の発展を遂げた戦前における到達点」と意味づけたが[10]、この戦争にかかる時期には、新聞・雑誌だけではなく、映画・音楽・ラジオ・広告ポスターといった各種のメディアが隆興し、複合的な受容の場を作り上げていた。基本的には言葉やイメージを商品とする営利企業である各種メディアの自発性・能動性をいかに引き出し、見せたい戦争、見せてもよい戦場のイメージを流通させていくか。もちろん、その役割は文学を軸とする言語表現にも求められていくことになる。歴史的に考えれば、この時期のメディア・コンテンツとして、文学言説は必ずしも時代の中心ではなかった（影響力の大きさで言えば、明らかに映画の方が優勢だった）。しかし、日中戦争期を通じて日本の軍・政府は、文学言説とその担い手の手に負えなさと利用価値の双方を〈発見〉していくことになる。そして、文学言説のプロパガンダとしての有用性を証明したテクストが、東京を中心とする既成の文壇とは異なる場所から登場した書き手＝火野葦平によって書かれた事実は、同時代の文学の担い手たちに複雑な影響をもたらすことにもなった。

なお、日本にとっての第二次世界大戦をどのように呼ぶかは、論者の歴史認識にも関係する論争的な問題である。江口圭一は、「満州事変と日中戦争と太平洋戦争とはばらばらの戦争ではなく、相互に内的に連関した一連の戦争であった」と捉える立場から、「十五年戦争」という名称を採用している。[11]つとに四〇年前に「日本は、中国にも、敗北した」という事実を痛切に認識すべきと主張していた黒羽清隆も同様の立場を取った。[12]現在の日本における日中戦争研究の第一人者である笠原十九司の大著『日中戦争全史』（上下、高文研、二〇一七年）は、中国の抗日ナショナリズムを重視する立場から、一九一五年の対華二一カ条要求を「前史」とし、満洲での二つの国境紛争――張鼓峰事件（一九三八年七－八月）、ノモンハン戦争を含めた歴史記述を展開している。

だが、本書では、それらの先行研究に学びつつも、盧溝橋事件以後の社会史的・文化史的な特質に鑑み、一九四一年一二月八日の対米英宣戦布告までの時間を狭義の日中戦争期と捉え、その時期の言語表現にかかる問題を集中的に取り上げる。一九四一年一二月八日以降、中国大陸の戦場を含みこみながら、東南アジアや西太平洋にまで拡大した戦争は、アジア太平洋戦争と呼ぶことにする。

2 対象・方法・議論の射程

近代日本において、戦争や戦場はどのように書かれてきたのか。いったいどんな種類の語り方や書き方が〈戦争のリアル〉の表現と考えられてきたのか。

すぐ思い浮かぶのは、ときどきの戦争報道・戦場報道の語りである。よく知られるように、日本におけるメディア環境の革新は、内戦や対外戦争と深く結びついてきた。メディア企業は、より速く、より多くの情報を、より幅広い範囲に伝えるべく、次々と新しいテクノロジーを導入し、いちはやく戦争の展開を知りたいと考えた銃後の読者たちの期待に応えようとした。派遣された従軍記者たちは、戦場で語り伝えられたエピソードから〈美談〉を織りあげ、人間の生き死にとナショナリズムの崇高さとを縒り合わせた定型的だが強力な物語を提供した。

近代日本文学の歴史をひもといても、日露戦争時の旅順攻略戦に従軍した体験をもとに書かれた櫻井忠温『肉弾』(一九〇六年)や、同じく日本海海戦を描いた水野廣徳『此一戦』(一九一一年)、一九三二年の第一次上海事変の戦場を主題とした伊地知進『火線に散る』(一九三二年)など、戦場体験者によるテクストが書かれていた。少し視野を広げれば、日露戦争からの帰還兵の悲劇を描いた田山花袋『一兵卒の銃殺』(一九一七年)、同じ戦争にかかる戦時性暴力の記憶を取り上げた森鷗外「鼠坂」(一九〇九年)なども思い浮かぶ。しかし、これらはいずれも、戦争終結後に書かれたものである。日中戦争期の顕著な特徴として、戦争の同時代の段階から、戦争報道や〈美談〉とは質の異なる戦争関連テクストが大量に生産され、流通したことが挙げられる。

その要因はいくつか考えられる。そもそも日中戦争は、日清戦争や日露戦争に比べてはるかに長い期間、大規模な軍事動員を必要としたこと。先に見たような「思想戦」工作の一環として、戦争遂行のための国内世論対策が重視されたこと。だが、こうした構造的要因に加えて、言葉を発信する側・表現する側の事情も勘案する必要がある。というのも、日中戦争前後の時代は、文学の課題として「記録」「報告」「ルポルタージュ」という方法が意識された時期に当たっていたからだ。

成田龍一は、一九三〇年代には「出来事の場所に主体的に参入した」取材の成果として、「多様な文体で「現場」が記述されることになった」と述べる。[13] 事実、プロレタリア文学運動の解体以後も、なお誠実に自己の信条と向き合おうとした書き手にとって、格差と貧困が拡大する同時代の問題の「現場」から現実を捉え返すことは、文学の重要なアプローチと意識されていた。旧左翼の書き手たちだけではない。いわゆる純文学の側の作家たちにとっても、同時代の社会と自らの表現とをいかに結び付けるかは大きな関心事としてあった。一九三五年の第一回芥川賞授賞作が、ブラジル移民を描いた石川達三「蒼氓」(『星座』一九三五年四月)だったことを想起しよう。嶋田直哉は、東京東部の私娼の街・玉の井に生きる女性の姿を記した永井荷風『濹東綺譚』(岩波書店、一九三七年)が「現場」の「報告」として受容された文脈をあとづけている。[14]

事実、出来事の「現場」を取材し、「現場」での観察を踏まえて書かれたテクストは、多様な広がりを見せていた。仁禮愛は、日中戦争直前の文壇におけるルポルタージュ論議を紹介しつつ、第二次上海事変勃発直後にいちはやく林房雄と尾崎士郎を従軍記者として派遣した『中央公論』の動向に注意をうながしている。『中央公論』は、一九三七年一〇月号に林と尾崎の記事を「現地ルポルタージュ」として紹介したが、その直前の一九三七年六月号では、小松清が翻訳した「ルポルタージュ　嵐の西班牙」を掲げていた(15)。さらに言えば、出来事の「現場」の記録や報告が、文学やジャーナリズムの専門的な訓練を受けた書き手によって書かれる必然性はない。「問題」とされた出来事の渦中を生きた人々、「問題」の当事者とされた人々の言葉も、文学者によるルポルタージュと接する文脈で受容された。舞台化・映画化を通じて一大ブームを巻き起こした『綴方教室』(大木顕一郎、清水幸治共著。中央公論社、一九三七年)の豊田正子は、その代表格というべき存在だろう。

こうした背景もあって、日中戦争の同時代には、「現場」からの発信も含め、中国の戦場を描いたテクストが大量に書かれ、読まれることになった。その内容は多岐にわたるが、書き手の位置性や記述の内容から考えると、おおよそ以下の四種に区分することができる。

①戦場体験者（将兵・軍属・軍関係者）による体験記・回想記
②報道関係者・従軍作家によるルポルタージュや取材にもとづくテクスト
③中国の現地在住者による報告・証言
④日中戦争に取材した小説テクスト

①は、一般の将兵による著作だけでなく、火野葦平『麦と兵隊』『土と兵隊』（いずれも改造社、一九三八年）や上田廣『黄塵』（改造社、一九三八年）、日比野士朗『呉淞クリーク』（中央公論社、一九三九年）、棟田博『分隊長の手記』（新小説社、一九三九年）等、〈兵隊作家〉のテクストも含まれる。ただし、このジャンルのパイオニアとなった火野葦平『麦と兵隊』が、中支那派遣軍報道部員の資格で遭遇した戦場を描くものだったことからも分かるように、将兵として戦闘行動に参加した経験だけが書かれるわけではない。むしろ、前線から後方でロジスティクスを担当する特務兵や戦傷病者の医療救護にあたる軍医や衛生兵、いわゆる宣撫工作を担当した将兵による体験記など、軍隊組織内の多様な役割に即したさまざまなテクストが書かれた。また、軍の監理下にあり、軍と一体となって行動した軍属や関係者の体験・回想を綴ったものも、それなりの厚みを持って存在する。大嶽康子『病院船』（女子文苑社、一九三九年）や楠部道子『遡江部隊』（偕成社、一九四一年）に代表される従軍看護師たちの手記や、野戦郵便局員による著述などがこれに当たる。

②については、いくつかのバリエーションがある。日中戦争の時期には、当時の新聞

市場における激しいシェア争いを反映し、速報性を競いあうメディア各社の競争が軍や政府の情報当局が手を焼くほど加熱していた。そんな中で、各紙・各通信社の従軍記者たちは、ほとんど軍の部隊と一体的に行動しながら、局地的な戦闘の状況や戦地での〈美談〉とされた挿話をこれでもかという規模で送稿していた。もちろん、雑誌記者の資格で従軍した文学者たちのテクストも無視できない。中国との戦闘が本格化した直後から、多くの小説家や詩人が戦地へと旅立った。林芙美子『戦線』（朝日新聞社、一九三八年）のように、新聞社の強力なバックアップを受けた、半ばイベント化された従軍記録も書かれていた。[16]

また、日中戦争の際立った特徴として、日本と中国の双方が互いのメディアを読みあい、翻訳しあっていたことが挙げられる。日本語の文脈では、総合雑誌を中心に、陳万里「支那側従軍日記」（『改造』一九三七年一一月）、長江「支那側従軍記」（『文芸春秋臨時増刊』、一九三八年一〇月）をはじめとする中国人ジャーナリストによる従軍記録や、アグネス・スメドレー「第八路軍従軍記」（『日本評

図 0-2　アグネス・スメドレー『第八路軍従軍記』。『日本評論』1938 年 11 月号の附録として発行された。

論』一九三八年一一月）、パウル・シェファー「外人記者上海脱出記」（『話』一九三八年一月）など、中国在留外国人記者による報告やルポルタージュが節目節目で掲げられており、この戦争がまぎれもなく情報戦争でもあったことを改めて教えてくれる。

決して数は多くないが、③の存在も無視できない。盧溝橋事件以前の中国大陸（満洲国を除く）には、およそ六万人の日本国籍保持者が在留、滞在、居住していたという研究がある。[17] こうした人々は、いまだ各社の取材態勢が整わない戦争開始直後の現地のありようを伝える貴重な証言者として、あるいは現地の人々の対日感情・対日意識を紹介する事情通として、各種メディアに登場していた。

最後の④には、徳田秋声「戦時風景」（『改造』一九三七年九月）を嚆矢とする、銃後の日本社会に取材したテクストを含めて考えるべきだろう。日中戦争の国家総力戦としての側面を踏まえるなら、尾崎士郎「八達嶺」（『大陸』一九三八年七―八月）、丹羽文雄『還らぬ中隊』（中央公論社、一九三九年）のような、戦場を描いた虚構の物語を取り上げるだけでは不十分である。石川淳「マルスの歌」（『文学界』一九三八年一月）や、石川達三「生きてゐる兵隊」（『中央公論』一九三八年三月）など、検閲による処分の対象となった小説も考慮に入れながら、戦争や戦場を描く言葉に課せられた制約と、そこで文学者たちが行なった選択の内実については、ていねいかつ具体的に検討する必要がある。

だから問題は、本書で議論する対象の範囲をどう定義するかである。例えば、この区分での①と④を厳密に区別することはほとんど不可能だし、あまり生産的でもないだろう。『麦と兵隊』のように、書き手は「記録」だと言明しているにもかかわらず「小説」と受容されたテクストがあるし、火野『花と兵隊』(改造社、一九四〇年)や山本和夫『青衣の姑娘』(河出書房、一九四〇年)、柴田賢次郎『祖国』(通文閣、一九四〇年)など、実際の戦場体験をモチーフにした虚構の物語も多く書かれている。

同時代の段階でも、これらのテクストの分類には揺らぎが見られる。毎年の出版業界の情報を目録形式で取りまとめた『出版年鑑』(東京堂出版)を繰ると、日中戦争が始まった一九三七年分(一九三八年六月刊行)では、「文学」の区分の中に、「現代小説」とは別に「軍事小説・戦記文芸」というジャンルが立てられた。しかし、一九三八年分(一九三九年六月刊行)では、「探偵小説・軍事小説・戦記文芸」となり、一九三九年分(一九四〇年八月刊行)では、新たに「戦争文学・従軍記」というカテゴリーが設けられている。同じ大取次の東京堂が発行していた『東京堂月報』は、一九三七年九月号より「支那事変関係雑誌記事索引」を連載、関連記事を網羅的にリスト化している。そこでは、当初「従軍記・現地報告」という枠が設定されるが、一九三八年三月号から、それとは別に「支那事変を取扱へる文芸作品一覧」が独立して設けられ、「小説」「戯曲」「詩・歌謡」「漢詩」「短歌」「俳句」ごとに目録が作られている。この二本立ては基本的に一九四一年の廃刊まで継続するが、内容を見ると、「支那事変」関係記事としてノモンハン事件や日本軍の北部・南部仏印進駐にかかる従軍記・従軍報告・小説テクストも含まれており、必ずしも安定的な区分ではなかったことをうかがわせる。

こうした対象設定の困難は、実際の記述内容を考えてみれば明らかだろう。空襲や空爆のような状況では、現地の非戦闘員からの報告がそのまま戦場体験記に横滑りすることは現実にあった。戦場のすぐ近くで活動した従軍記者たちのテクストが、どこまで①と差異化出来るのか（すなわち、前線の従軍記者は「戦場体験者」と言えるのか）はじつは難しい問題である。一方、記録や報告として書かれたテクスト、例えば『麦と兵隊』『土と兵隊』に、一切フィクションが含まれなかったとは考えにくい。また、先に見たような「現場」をテーマとする記述の広がりを考慮すれば、書き手が文学者であるか否かという基準でテクストを差異化することに、いったいどんな意味があるのだろうか。

そこで本書では、文学研究・批評における「テクスト」の概念を積極的に援用したい。文学の研究や批評では、作者の意図や思考を表現した芸術的な著作という含意を持つ「作品」に対し、「テクスト」という方法的な概念を用いる。テクストは、その語源とされる「織物」（texture）を参照しながら、しばしば「引用の織物」と称される。ある一つのテクストは、先行するさまざまな言説や同時代の語りとの交渉によって書かれ、読まれていくからだ。こうしたスタンスから考えることで、「作品」の言葉を支配し統御する主体としての「作者」の存在をカッコにくくり、書物という枠で閉じられた文字の連なりから、読者がどんな意味を生成させていくかに注目する道が開かれる。複数の他者の言葉を引用し、包摂し、改めて配置し直すことで作られた文章の中に、どのような論理やイメージの葛藤が潜在しているかを議論する可能性が開かれる。「作者」と呼ばれる資格を有する文学の専門家がしかるべき場所に発表した言説と、そうではない書き手が書きつけた言葉とを本質的に区別せず、同じ「テクスト」として扱う方法を手に入れることができる。

以上の問題意識から、本書では、日中戦争の同時代に中国の戦場や戦地を描いた散文のテクスト一般を〈戦争を記録したテクスト〉〈戦場や戦地について記したテクスト〉という意味で「戦記テクスト」と名付けようと思う。よって、これらのテクストを、事実か虚構か、当事者か否か、文学者かそうでないかという二項対立的な枠組みで整理し、分析するやり方は採らない。大事なことは、こうした複数の種類のテクストが重層的に組み合わされていくことで、戦争や戦場についてどのような表象の圏域が構成されたかを検討することだと思うからである。また、日中戦争下の文学表現の水準を考える際には、改造社や読売新聞社など複数の版元が刊行した『支那事変歌集』に代表される短歌の表現、「京大俳句事件」で弾圧の対象となった渡邊白泉の戦争俳句、鶴彬による反戦を主題とした川柳など、短詩形文学の問題を逸することはできない(18)。しかし、本書では、あくまで同時代の日本語を読む人々が、現在進行形の戦争について何を見、何を読むことができたかをあとづけることを優先する。同時代の戦争観・戦争認識を枠取る言語という囲いを問題化し、人々がどのような論理を通じて、どのようなイメージで眼前の戦争を認知し、受けとめていたかを考えたいと思うからである。

こうした議論の構えを取ることは、先行研究に対するわたしなりの応答という意味もある。個々の論点に対する先行研究の整理は各章に譲るが、この時期の文学をめぐっては、しばしば〈文学者の戦争協力〉という枠組みで議論が行なわれてきた。具体的には、日中戦争期・アジア太平洋戦争期に活躍した書き手の当時の作品なり発言なりを取り上げ、同時代の戦争を後押ししたことに対する責任を批判したり、逆に戦争体制との距離や情勢からの間遠さを、ある種の抵抗と見なす類の論が多く出されてきた。

むろん、そうした議論に意味がないとは思わない。日本帝国の脱植民地化プロセスの不徹底や、戦時体制期から戦後占領期にかけてのメディアの連続性を考えても、個々の文学者がいつ・どこで・何をしたかという究明はもとより重要である。それ以前に、彼女や彼が文学者を名乗るなら、誰が・いつ・どこで・誰に対して・何を書いたり言ったりしていたかは、何度でも検証されてしかるべきだろう。だが、この時期の文学言説の問題を考える際に、議論を個々の書き手のレベルのみに集約させることは、ことの本質を取り逃がすおそれなしとしない。例えば、今日的な視点からすれば思わず瞠目させられるような体制批判を含む発言であっても、同時代の具体的な文脈に置き直してみれば、むしろ戦争体制を強化する方向や、より過激な軍事化やナショナリズムを喚起する方向で読みとられていたと覚しき場合がある。現在の読者から見ればあからさまに厭戦的としか思えない表現に戦意昂揚の効果が期待され、現に担ってしまっていた事例は本書の重要な話柄でもある。加えて、原理的なレベルで言うなら、事後の立場から文脈はいくらも再構成が可能なので、個々の書き手の戦時下の発言を救い出し、免責する物語を織り上げることは、じつはそれほど困難ではないのである。

現在の議論の地平でも、「文学は戦争に拮抗できるのか」という問いが立てられることがある。だが、あえて厳しい言い方をするが、戦時下における文学者の個人的な責任のみを問題化する姿勢は、問題を個々の書き手に帰責することで、文学というジャンル自体を無垢で非=政治的な言説領域として免責し、そのようなものとして文学を延命させることにつながりかねない。もし文学言説の対抗的な可能性について言及したいなら、過去の文学が、その名前において何をしてきてしまったかという問題から目を背けてはならないとわたしは思う。かつて開高健は、『紙の中の戦争』(文藝春秋、一九七二年)と題した書物を著した。だが、文学者ならではの豊かな想像力が、「紙の中」に戦争の真実を描き出す、というだけではたぶんない。むしろ、「紙の上」にこそ、どんな言葉で、何を、どのように書きつけていくかというレベルにこそ、テクストという名の戦場があるはずだ。

以上の問題関心にもとづき、本書では、活字化されたテクストに加え、現在確認できる日本軍や政府の内部資料を積極的に援用していく。日中戦争期のメディア統制・言論検閲をめぐっては、歴史研究・メディア史研究・出版研究などの領域で、精力的に資料の複刻やアーカイブ化が進められてきた。文学・文化研究者が、こうした先行研究の蓄積を等閑視してよい理由はいささかもないと考えるからである。また、各地の図書館・

文学館等が所蔵している、個々の書き手が残したノートやメモ、原稿や書簡などの未公刊資料も可能な限り参照する。現在進行形の戦争について何を語ることができたかを考えるためには、何が語れなかったのかを知ることが不可欠である。たしかにテクストはコンテクストと共に現象するが、同時代言説というコンテクストを追いかけていれば、テクストの意味や価値が決定できるわけではまったくない。語られた言葉やイメージの背後には、つねに語られなかったそれが影のようにつきまとっている。検閲され、統制された言語空間の中で生み出されたテクストの界面を想像的に複数化していくためには、公表され、公刊された言葉とは別のレベルのテクストが必要だと判断したためである。

3 本書の構成

以下、本書の構成と各章のねらいを示す。

最初の二つの章は、日中戦争期の文学と戦時プロパガンダとの関係を問う本書にとって、議論のベースとなる部分である。第一章「プロパガンダとしての文学——戦記テクストの情報戦争」では、日中戦争期最大の筆禍事件となった石川達三「生きてゐる兵隊」の処分に至るプロセスと、この時期の戦記テクストの実質的な規準・規範となった火野葦平『麦と兵隊』の生成過程との並行性に着目する。「生きてゐる兵隊」は、日本帝国の内部では厳しい処分の対象となったが、同時代の東アジアに開かれていた書籍の流通ネットワークに乗って上海に渡り、中国語に翻訳されて、日本人の手になる戦争犯罪の告発書として読みかえられてしまった。この一件は、同時代の検閲権力に、日本語の言説の外部を意識した変化と再編を迫ることにもなった。そのような状況の中で発表された『麦と兵隊』は、ポスト「生きてゐる兵隊」事件の言説の場で、どんなテクストが許容され推奨されるのか、という枠組みを提示したのである。

第二章「文学・メディア・思想戦――〈従軍ペン部隊〉の歴史的意義」は、『麦と兵隊』の文化的・商業的な成功を受けるかたちで構想された〈従軍ペン部隊〉計画に焦点を当てる。この章では、菊池寛と東京日日新聞社学芸部長の久米正雄を陸海軍両班のリーダーとし、総勢二二名の文学者を動員した一大メディア・イベントとしての〈従軍ペン部隊〉計画の経緯と背景とに注目、動員する側（軍・政府）と動員される側（文学者グループ）のそれぞれに、どんな思惑と文脈があったのかを明らかにする。さらに、〈従軍ペン部隊〉計画をめぐる文学者グループの議論を分析することから、彼ら彼女らが、なぜ・いかなる論理で国策としての戦争に抱きついていったか、検討する。

続く第三章から第五章のブロックは、類型的な作が多く生産された戦記テクストの間テクスト性に着目し、大きく三つの観点から、その論理と表現の特質に迫ることを目指した。第三章「戦場を書く文体――戦記テクストの戦場表象」では、ナラトロジー的な観点も踏まえつつ、『麦と兵隊』以降の戦記テクストの言語的特質について考察する。本来的に、戦記テクストは検閲をはじめとするさまざまな制約の下で書かれる。よって、公表・公刊されたそれらは、書き手を含む複数の立場からチェックされ、幾重もの自主規制をくぐり抜けた末に出来上がった、統制され管理されたテクストでもあった。しかし、まさにそのこと自体が、このジャンルのテクストに奇妙な歪みをもたらすことになった。この章では、軍や政府の立場から見せてもよい範囲で〈戦場のリアル〉を構成しようとしたテクストの語りの構造を検証することで、戦記テクストが抱え込んでしまった言語的なねじれとひずみの様相を明らかにする。

こうした事態からも分かるように、テクストとはいかにも厄介で、手に負えない代物でもある。第四章「スペクタクルの残余——戦記テクストにおける想像力の問題」では、一見類型的な言語の集積とも映る戦記テクストの細部に目を凝らし、そこにどのような亀裂や葛藤が伏在していたか、どんな論理の軋みや批判的な介入のポイントが看取できるかをつぶさに検討する。戦記テクストは、一部の例外を除いて決して文学的に高く評価されていたわけではなかった。そもそも文学として書かれ読まれることを想定していないテクストも多く含まれていた。しかし、それがテクストであるかぎり、読者の側が想像力を行使する余地は確かに存在しているし、書き手や同時代の検閲権力の意志的な管理や統御から逸脱していくような契機を見出すことも可能である。こうした作業は、高度に管理された言語空間の中でも、文学をはじめとするテクストが書き継がれていくこと自体が一つの可能性である事実を、改めて示唆することになるだろう。

一方、第五章「曖昧な戦場——戦記テクストにおける他者の表象」が目指すのは、

〈敵〉が明確に定義できない奇妙な戦争を戦うことの理由と意義が、どんな論理で語られていたのかをたどり直すことである。プロパガンダを語るためには〈敵〉を明確かつ明快に規定する必要があるが、先に述べたように、中国大陸での日本の戦争は、タテマエの上でも実際上も現地の人々すべてを〈敵〉と見なすことは不可能だった。しかるに、〈敵〉＝他者を明確に描けないということは、自己自身の表象にも混乱《トラブル》を抱え込むことを意味していた。この曖昧で厄介な戦争が、どんな構図で表象され、どんな理屈で合理化・正当化されようとしていたのか。複数のテクストを横断的に検証しながら、戦記テクストが内在させている基本的な論理の型をあぶり出すことを試みる。

　第六章以降の三つの章は、ここまでの議論を踏まえた、いわゆる各論的な位置づけとなる部分である。第六章「言語とイメージのあいだ――プロパガンダをめぐる思考空間」では、検閲を行なう側、言説の管理・統制を行なう側の関心と問題意識に焦点化する。行為としての検閲は一定の規則や制度に則って行なわれるが、当然ながら、それら規則や制度とテクストとの間には、つねに曖昧なグレーゾーンが拡がっている。だから検閲は、究極的には個別的な解釈に依存せざるを得ない、きわめて不安定な権力の制度でもあるわけだ。この章では、日中戦争の初期にアメリカのグラフ雑誌『ＬＩＦＥ』に掲載された一枚の写真が、当時の軍・政府の情報担当者に、どのような〈問題〉と見なされたかを追跡し、当時の検閲権力の担い手たちが直面したジレンマを描出する。

　第七章「中国の小林秀雄――戦争と文学者」では、この時期を代表する批評家であり、文学言説の場での重要な議題設定者でもあった小林秀雄が、火野葦平の登場という出来事をどう受けとめ、自己の文脈に包摂しようとしたかを追跡する。一九三八年三月の火野葦平に対する芥川賞授与式は「陣中授与式」としてメディアイベント化されたが、プレゼンターとして小林秀雄が中国大陸に渡ったのは、小林なりの意図も理由もあってのことだった。この章では、戦場の当事者というイメージを資源としながら、小林と火野がそれぞれのやり方で語りの位置を確立していったさまを確認することになる。

最後の第八章「歴史に爪を立てる——金史良「郷愁」を読む」で話題にするのは、金史良の日本語小説「郷愁」である。自らの言葉が誰にどう読まれうるのかに誰よりも意識的だった金史良は、同時代の戦記テクストが描き出す日本と中国の戦争の構図の中で、日本の総力戦の〈闇〉の部分を朝鮮人が担わされていること／担ってしまっていることを日本語の読者に突きつけていく。検閲の網の目をかいくぐりながら刻まれた金史良のテクストは、言葉で表象できる圏域が厳しく制約されていく中で、文学の言葉だからこそ可能になる抵抗の手触りを、確かに感じさせてくれる。その危うさと紙一重の批評的な実践をつぶさに見つめ直すことで、日本語文学作家としての金史良を、文学の研究・批評の場に再導入することも、本章の目論みの一つである。

なお、本書の目的は、日中戦争期の日本帝国の側から見た戦争・文学・プロパガンダの関係を問うことにある。よって、中国の地名・人名等の表記は、同時代の日本語の言説で使われていたものに従った。本来的にはそれらは歴史用語としてカッコを付すべきものであるが、煩雑さを避けるため、そのまま表記している。また、本書の話題の性質上、日中戦争の歴史的な展開や軍事的な専門用語の使用が避けられない。それらの語の説明はできるだけ本文中で行なうこととし、巻末には、参考資料として関連年表を付した。

第一章

プロパガンダとしての文学

戦記テクストの情報戦争

1　交差するテクスト

一九三八年三月号の日本語の総合雑誌は、大きく明暗を分ける結果となった。当時、東京では四つの総合雑誌が時代の言論をリードすべく、しのぎを削っていた。老舗の『中央公論』『改造』と、新興勢力と言える『文藝春秋』『日本評論』の四誌である。『東京朝日新聞』の紙面を繰ると、一九三八年二月一九日付朝刊一面を二分して、『日本評論』『中央公論』の広告が、翌二〇日付朝刊一面には同じサイズで『文藝春秋』『改造』の広告が、それぞれ掲げられている。

四誌の広告は、雑誌の題字が異なる以外、よく似た字体とレイアウトでよく似た企画と執筆者を並べているようにも見える。だが、中でも目を引くのは、やはり第六回芥川賞授賞作として火野葦平『糞尿譚』を掲げた『文藝春秋』であろう。「筆者は今やこの一篇を故国に残して江南の野に勇戦奮闘中なり」という文字からは、『文藝春秋』が、

図 1-1　『日本評論』『中央公論』1938 年 3 月号広告（『東京朝日新聞』1938 年 2 月 19 日）。
『中央公論』広告の左上に「創作に事故あり」とあることから、
発禁処分後に出稿された広告であることがわかる。
同誌 3 月号は、「生きてゐる兵隊」を削除したかたちで、「改訂版」として発売された。

文藝春秋
三月号・六十錢
第六回芥川賞
糞尿譚
火野葦平
大楠公の戰略
間宮林藏
競馬官の頃
建艦競争怖るに足らず
革新日本の當面する諸問題
國民政府崩壊の兆見
電力と總動員法案
戰時體制下の思想
英語教育廢止論
今日の文學
クロード・ファレールを圍んで
出征軍人の妻に贈る
東京朝日新聞
改造
三月號
大陸を如何に經營するか
國家總動員法案について
シャハトとグレゴリー
蔣介石は何を考へてるか……山本實彥
憲法擁護論……馬場恒吾
官僚論……丸山幹治
劍を持たざる將軍
朱德
最近の廣東を覗く
南京
江南の早春
妻の作品
瑪瑙石
黃鶴
大上末廣
東浦庄治
杉森孝次郎

図 1-2 『文藝春秋』『改造』1938 年 3 月号広告（『東京朝日新聞』1938 年 2 月 20 日）。
『文藝春秋』広告の左端に、第 6 回芥川賞授賞作として、火野葦平『糞尿譚』が大きく掲げられている。

りとうかがえる。この作の内容というよりは作者・火野葦平に注目を集めようとしているさまが、ありあ

一方、対照的なのが『中央公論』である。自ら広告に「絢爛たる時代の寵児」と名乗るほどだから、よほど中身に自信があったのだろう。だが、何ともちぐはぐなことに、左上の部分に「創作に事故あり、陣容を新たにして近日発売！ それまで御待ちあれ！」というゴチック体の文字がいささか控え目な大きさで刻まれている。ここで「事故」と表現されてしまったテクストこそ、日中戦争期の日本語の文学言説が経験した最大の筆禍事件として著名な、石川達三の「生きてゐる兵隊」に他ならない。

「生きてゐる兵隊」の執筆から処分、起訴に至る過程については、すでに白石喜彦と牧義之による精緻な研究がある。[1] また、河原理子『戦争と検閲　石川達三を読み直す』（岩波新書、二〇一五年）では、遺族から借覧したという石川本人の日記にもとづく考察が行なわれている。それらを参照しつつ整理すれば、石川は、中央公論社特派員の立場で一九三七年一二月二九日に東京を出発、およそ二週間にわたって上海と南京で視察と取材を行ない、一月二三日に帰京、執筆に着手した。合計二四〇枚に達したという原稿は三月号の印　刷に間に合うギリギリのタイミングだった二月一二日未明に完成、検閲による処分を恐れた『中央公論』側の配慮で「伏字、削除、能う限りの手段が講じられた」。[2] このとき、印刷する「輪転機が動き出してから幾度も、停めては削り停めては削り」したことで「いろいろ違った雑誌が出来」てしまい、しかも「削り足りない初めの

部分が市販に――しかもそれが遠隔の地方から順々に割り当てて輸送された」ため、検閲逃れを疑われるという別の問題を招くことにもなった[3]。発売前日に当たる二月一八日に内務省から発売頒布禁止が通告、中央公論社は創作欄を削除した「改訂版」の雑誌を発売し直すことで、「三万円位」の損失を計上したという。その後、警視庁は三月一六日に石川達三を召喚し、取り調べを行なっている。

他方、一九三七年一二月から始まった杭州作戦に従軍、そのまま占領地に駐留していた火野葦平に芥川賞授賞の第一報が届いたのは、二月九日の朝だった(「芥川賞!? 一升奢るッ 葦平伍長殿は股火鉢」『東京朝日新聞』一九三八年二月一二日)。二月八日付け各紙で火野の受

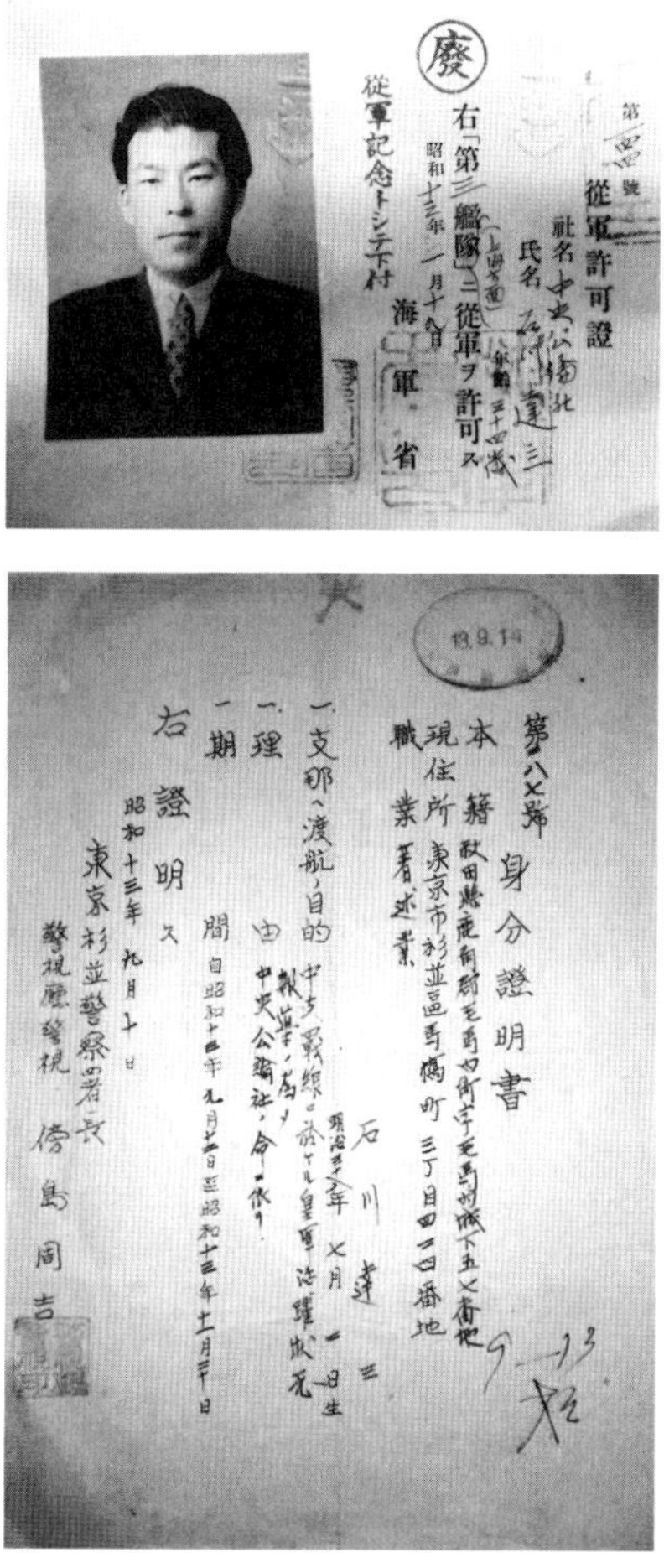

図 1-3 石川達三の従軍許可証
(上、1938 年 1 月)と身分証明書(下、1938 年 9 月)。
身分証明書は、石川の二度めの従軍時のもの。
秋田市立中央図書館明徳館蔵。

賞が報じられて以後、陸軍伍長としての火野葦平＝玉井勝則の飾らない人柄や、火野の文学的経歴、受賞作『糞尿譚』の執筆経緯等々、多くのエピソードが紹介された。こういうときはひどく率直な菊池寛は、『糞尿譚』への授賞が「興行価値百パーセントで、近来やゝ精彩を欠いてゐた芥川賞の単調を救ひ得て充分であつた」と述べたが（「話の屑籠」『文藝春秋』一九三八年三月）、まさにその発言を裏付けるかのように、『文藝春秋』は芥川・直木賞決定発表に絞った宣伝活動を展開している。「或る時は肉弾を以てトーチカ奪取に、或る時は突撃部隊の第一線に立ち、敢然ペンを剣に替えて勇壮無比、赫々たる武勲を樹てつつある戦士」（文藝春秋社広告、『東京朝日新聞』一九三八年二月一七日）としての火野を前景化するキャンペーンは、三月二七日、小林秀雄をプレゼンターとして中国有数の名勝・西湖のほとりで行なわれた芥川賞陣中授与式へとつながっていった。この授賞式の後、第一八師団（師団長＝牛島貞雄中将）第一一四連隊（連隊長＝片岡覚次大佐、編成地＝小倉）第二大隊第七中隊所属の一分隊長であった火野は、中支那派遣軍報道部付に転属、五月の徐州作戦に参加する。有名な『麦と兵隊』は、その際の体験にもとづくテクストである。

一九三八年二月からの数カ月は、石川にとっては懼れと不安の、火野にとっては栄光への階段を上る時間となった。そんな二人のありようと軌を一にするように、同じ「兵隊」の二字をタイトルに冠し、同じくルポルタージュ的な手法を採用した二つのテクストは、まるで正反対の道のりをたどることになる。「生きてゐる兵隊」の原稿は証拠品として押収され、日本敗戦まで、差し押さえを免れた雑誌以外では読めない作となった。『麦と兵隊』は一二〇万部を売りさばくベストセラーとなり、[4]火野は『土と兵隊』『花と兵隊』と合わせた兵隊三部作で、日中戦争期を代表する書き手としての地位を不動のものとしていった。

石川の訴追と火野の登場をめぐる一連の経緯については、それぞれの作家研究のレベルで多くの知見が蓄積されている。近年では、松本和也が、芥川賞以後、火野が同時代のメディアの場において〈戦場を描く作家〉として期待され、渇望されていった様子をあとづけ、[5]中谷いずみは、『麦と兵隊』を評価するコメントに着目することから、同時代の文学言説との接点を検証している。[6]神子島健は、これらの論点を確認しつつ、戦場での兵士がいかに表象されたかという観点から、「生きてゐる兵隊」『麦と兵隊』について論じている。[7]だが、『麦と兵隊』以降の戦記テクストが果たした役割を考える際、同時代の文学・文化言説との関係を確認するだけでは不十分である。当然ながら、文学・文化言説の場の問題構成が同時代言説のそれを代表=代行するわけではない。むしろ、当時の文学の書き手たちは、自分たちの発言が社会に対して無力であることをつねに気にかけ、思い煩っていたのである。また、例えば火野葦平をめぐってメディアの言説が形成した〈期待の地平〉を追跡することは重要だが、同時代の戦争表象・戦場表象にどんな力が作用したかを検証するためには、当時の法的・制度的な動向を踏まえたテクスト分析の作業が不可欠である。何より、戦記テクストとメディアとのかかわりを議論するなら、「生きてゐる兵隊」の訴追・裁判と『麦と兵隊』の生成過程との並行性にこそ注目する必要があるはずだ。

まさしく現在進行形で展開している戦争をどう表現するか。戦記テクストは、書き手やメディアの自主規制を含む、さまざまな制約の下で書かれた。だが、ここでいう制約は、単に言葉を禁止し、想像力を萎縮させることを目的とした権力の作用だけを意味していない。戦時体制下の新聞検閲について中園裕が述べたように、戦争を遂行する日本の軍と政府は言論・出版・報道に強力に介入する一方で、「新聞の積極的利用」を大々的に行なっていたし、経済的・社会的な面で言えば「新聞をはじめ出版報道界も、戦争とともに成長し発展する特質」があった。(8) あらゆることを経済と市場の論理で説明できるとわたしは思わないが、日中戦争期の空前の「雑誌ブーム」にあって、「都市の知的メディアであった雑誌が、娯楽メディアとして農民や労働者まで深く浸透した」という佐藤卓己の指摘は、一方で押さえておくべきだろう。(9)

つまり、同時代にあっても、戦争や戦場を書くこと自体はじゅうぶん可能だったし、営利上の立場からはむしろ歓迎されることだった。問題は、戦争を遂行する権力の側からすれば、どんな理屈で、どんな内容を、どこまで許容するかであり、書き手やメディアの側にとっては、どこまでが表象可能でどこからが禁止されるのかという境界をめぐる綱引きに他ならない。その意味で、「生きてゐる兵隊」事件は、その境界線を現勢化させたものだった。だが、加えてわたしが重要と思うのは、この一件が、中国との戦争を戦う日本の軍と政府の情報宣伝戦略を決定的に変質させる引き金となったという事実である。衝撃的な内容と切迫感のある語りによって読者を揺さぶる力こそ感じとれるものの、小説としては決して出来のよいテクストとは言いがたい「生きてゐる兵隊」が、単に禁止されるだけでなく、なぜ『麦と兵隊』によって上書きされなければならなかったのか。日中戦争期の戦争表象・戦場表象をめぐる問いは、まずここから始めねばならない。

2

「生きてゐる兵隊」事件の問題性

「生きてゐる兵隊」とは、「ひとはいかに日本軍の兵士になるのか」を主題化したテクストだ。この作では、南京戦直後の現地で石川が見聞した限りの情報をもとに、二つの主題が追究されている。一つには、確かにそれなりの葛藤や抵抗感を抱え持ってしまう者はいるけれど、それ以上にあっけなく人間は戦場の雰囲気に馴れ泥み、他者を傷つけ殺すことができるようになる、ということ。そして、その過程でひとは、日本軍の組織原理を体得し、いつしか日本軍が求める兵士の〈型〉を生き始めていく、ということだ[10]。

描かれるのは、日中開戦当初に中国北部の戦場に投入され、二カ月間で「二人の中隊長は戦死し歩兵は兵力の十分ノ一を失つてゐた」にもかかわらず、苦戦が続いた上海戦への転戦を命じられた「西沢部隊」に属する面々である。満足な補給を受けられず、現地で中国人市民への暴力と「徴発」をくり返しながら常熟、無錫、常州、丹陽と南京に向かって侵攻を続ける部隊の中で、とりわけ語りが焦点化するのは、いわゆる〈知識階級〉の出身者たちである。捕虜の惨殺や中国人女性への性暴力を平然とやってのける、「見事な兵士であり兵士そのもの」と語られる農村出身の下士官・笠原を一方の極に置くことで、登場人物たちの戦場への適応ぶりが計測される。まるで〈知識階級〉以外には内面がないとでも言わんばかりの類型的な構図が、いわゆる〈階級移行〉の物語を領有＝盗用していることは見やすい。だが、戦場における〈変身〉は、決して一様には起こらない。元小学校教員である倉田少尉は、上官が次々と傷つく戦場を生き抜くことで「堂々たる軍人」への一歩を踏み出していく。だが、医学士の近藤一等兵、元新聞社校正係の平尾一等兵は、なかなか自意識を捨てた戦争機械になりきれない。人物たちの内面に自在に入り込んでいく語り手は、そんな近藤と平尾に一貫して批判的な視線を向け続ける——。

こうした作の展開からも明らかなように、そして、すでに多くの論者が指摘するように、「生きてゐる兵隊」自体は戦争に抗うテクストとはとても言えない。この作が厳しい処分を受けることになったのは、ひとえに〈南京事件〉とのかかわりゆえである。

歴史学者の笠原十九司は、「生きてゐる兵隊」に登場する「西沢部隊」の移動ルートが、中国北部の戦線から転じて南京作戦に参加し、占領後は南京の警備に当たっていた日本陸軍第一六師団（師団長＝中島今朝吾中将）歩兵第三三連隊（連隊長＝野田謙吾大佐、編成地

＝津）と一致していることを明らかにした。[11] 白石喜彦の調査によれば、この歩兵第三三連隊に所属した元兵士による従軍記には、「生きてゐる兵隊」の記述とまったく同じ日付で、「連隊旗手」の戦死について述べた部分がある。[12] つまり石川は、南京占領直後の戦場体験者から取材した内容を、かなり忠実に物語化しているのだ。その結果、「生きてゐる兵隊」は、事件自体の直写こそないが、南京作戦時の日本兵の言動や行動、南京城内外での日本軍の蛮行を想起させる表現を多く含み込むことになった。

一九三八年九月五日、東京区裁判所は「生きてゐる兵隊」を「皇軍兵士ノ非戦闘員ノ殺戮、掠奪、軍規弛緩ノ状況ヲ記述シタル安寧秩序ヲ紊乱スル事項」を含むテクストと認め、新聞紙法第九条二号・同法第四一条違反として、被告人石川達三と雨宮庸蔵（掲載当時の『中央公論』発行名義人）に禁錮四カ月（執行猶予三年）、牧野武夫（掲載当時の『中央公論』編集長）に罰金一〇〇円の有罪判決を言い渡した。[13] だが、この判決内容以上に大事なことは、当時の軍と政府が「生きてゐる兵隊」の問題性をどう認知したかである。なぜこのテクストは、より一般的な行政処分である発売頒布禁止にとどまらず、刑事事件としての立件・起訴にまで至ってしまったのか。すでに先行研究が言及した内容も含むが、残されたいくつかの資料から、構成された事件のあらましを確認しておこう。

時系列的に最も早い言及は、検閲担当部局である内務省警保局による見解である。『出版警察報』第一一一号（一九三八年二月分）「内地出版物取締状況」の執筆者は、石川のテクストを「皇軍ノ一部隊ガ北支戦線ヨリ中支ニ転戦、白茆江《はくぼうこう》ニ敵前上陸シ南京攻略参加ニ至ル間ノ戦闘状況ヲ長編小説（自第一頁、至第一〇五頁）ニ記述シタモノ」と要約しつつ、以下の六つのことがらを「殆ンド全頁ニ渉リ誇張的筆致ヲ以テ」書いたと指摘する。すなわち、（イ）日本軍将兵が「自棄的嗜虐的」に敵の戦闘員・非戦闘員を恣に殺戮する場面を記すことで「著シク惨忍ナル感ヲ深カラシメ」たこと、（ロ）日本軍が中国の南方戦線で掠奪主義を採っているという「不利ナル事項ヲ暴露的ニ取扱」ったこと、（ハ）日本兵が中国人の非戦闘員に「紊リニ危害ヲ加ヘテ掠奪スル状況」を書いたこと、（ニ）日本兵が「性慾ノ為ニ」中国人女性に「暴力ヲ揮フ場面」を書いたこと、（ホ）日本兵の多くが「戦意喪失」し、「内地帰還ヲ渇望シ」ている状況を書いたこと、（ヘ）日本兵の「自暴自棄的動作並ニ心情ヲ描写記述」することで「厳粛ナル皇軍ノ紀律ニ疑惑ノ念ヲ抱カシメ」たこと、である。

続けて執筆者は、およそ一五ページもの分量を費やして、一一の「不穏箇所」を『中央公論』本誌と原稿から逐一書き写していくのだが――この種の記事としては異例の長さだ――、この事実は、検閲当局の関心が作者の意図や主題にはなく、徹底して何がどう描かれたかに向けられていたことを物語る。とりわけ重要なのは、（ニ）の記述だろう。「生きてゐる兵隊」では、登場人物の語りの中で日本軍将兵によるレイプの頻発が示唆されているが、「性慾ノ為」に中国人女性に「暴力ヲ揮フ場面」自体が描かれているわけではない。だからこれはあくまで検閲担当者の解釈なのだが、こうした解釈が誘発されてしまうこと自体が、検閲現場にも現地の日本軍が行った暴虐のありようが伝わっていたことの証しとも言える。

　やや細部にわたるが、「生きてゐる兵隊」が問題視される法的・制度的な根拠についても確認しておきたい。戦前の出版検閲は内務省の所管事項であり、法的にはすべての出版物が検閲の対象となっていた。処分の権限は基本的に内務省本省が直接行使するものとされ、一部が各地方長官に委任された。検閲事務の担当部局は内務省警保局図書課（一九四〇年から検閲課）で、実務にあたった各道府県警察の担当者と連絡を取り合いながら、各種処分が執行された。現在、複刻版で読むことができる内部資料『出版警察報』

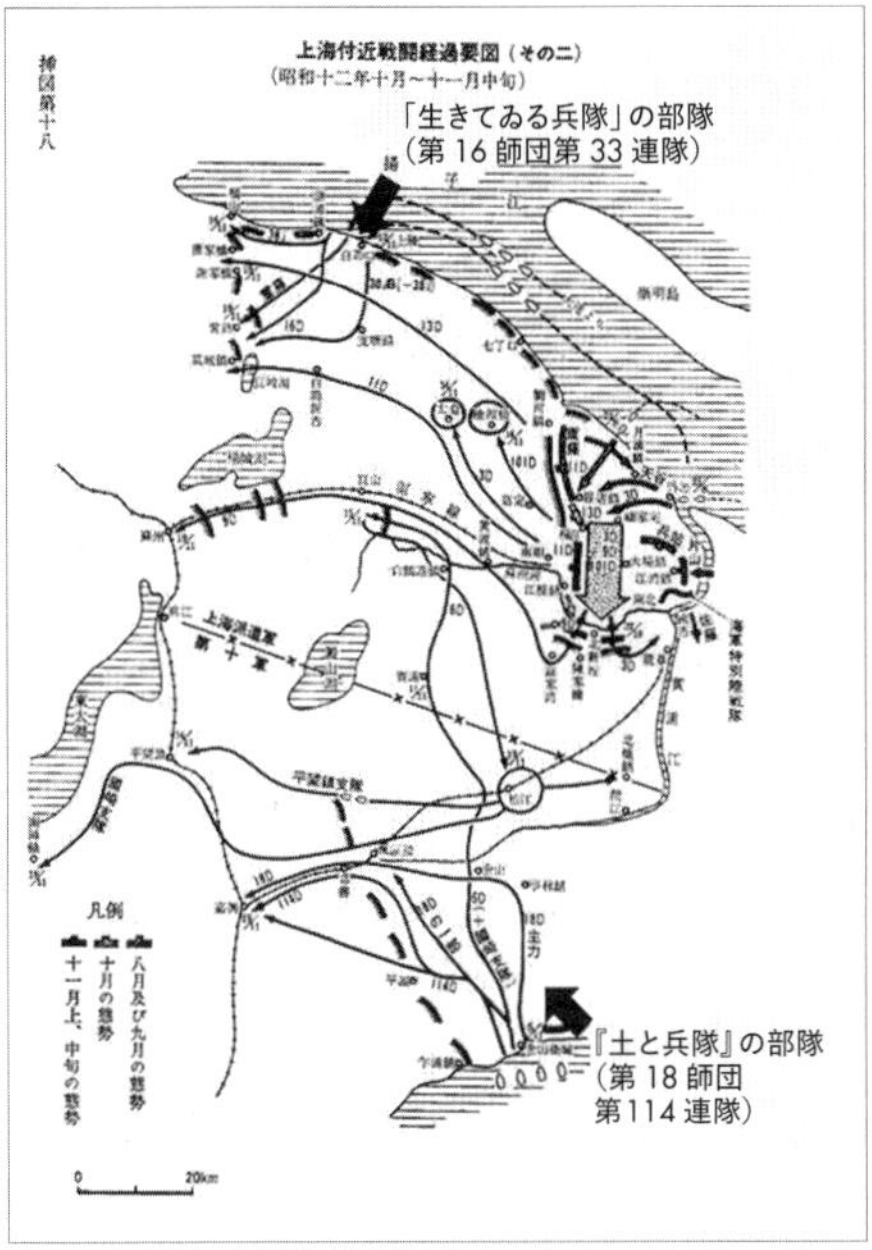

図 1-4　上海作戦関連地図。
『支那事変陸軍作戦〈1〉』（朝雲新聞社、1975 年）をもとに作成。
上海戦で日本軍は、ドイツ軍軍事顧問団に訓練された中国国民党軍精鋭部隊による頑強な抵抗を受け、大きな犠牲を強いられた。
石川達三が取材した部隊（第 16 師団第 33 連隊）、火野葦平が分隊長として杭州湾作戦に参加した部隊（第 18 師団第 114 連隊）も、上海戦の難局打破のため転用・編成された部隊だった。

は、「中央本省の検閲担当官」と各道府県の担当官とが「出版取締りの全国的な統一と連携の強化をはかるため」に、処分にかんする情報共有を目的に作成されていたものである。[14] そうした性質の資料である以上、当然に、戦争報道・戦場報道への対応は重要な関心事となる。『出版警察報』一〇七号（一九三七年七月分）には、「北支事変」勃発以後の検閲担当部局としての対処と指示内容がつぶさに記録されている。

この時期の出版法制の基本的な枠組みを作っているのは、「新聞紙法」（一九〇九年公布）と「出版法」（一八九三年公布）という二本の法律である。前者は「新聞紙法」と名付けられているが、時事問題を議論する定期刊行物は、雑誌も含めてこの法律の適用対象とされていた。その新聞紙法では、第二七条に「陸軍大臣、海軍大臣及外務大臣ハ新聞紙ニ対シ命令ヲ以テ軍事若ハ外交ニ関スル事項ノ掲載ヲ禁止シ又ハ制限スルコトヲ得」という規定が設けられており、ひとまずこれが戦時下の報道規制の法的な根拠となる。内務省警保局は、盧溝橋事件からおよそ一週間後の一九三七年七月一三日、各庁府県長官に宛てて通達「警保局図発甲第一四号」を発信、陸海軍の軍事行動にかかわる記事の取り扱いをめぐって参照すべき過去の通達を指示する一方で、「一般治安ニ関スル記事」においても「反戦又ハ反軍的言説ヲ為シ或ハ軍民離間ヲ招来セシムルガ如キ事項」「我ガ国益ヲ害シ又ハ国際信望ヲ毀損スルカ如キ言説」を掲載しないよう、各メディアへの「自制」を促す方針を言明する。さらに警保局は、出版法の規定にもとづく陸軍省令の「公布」「即日実施」に向けて陸軍省軍務局と事前協議を行ない、検第六六号「軍隊ノ行動等ニ関スル記事取締ノ件」（七月二七日付）検第六七号「軍隊ノ行動等ニ関スル陸軍省令関係事務取扱ニ関スル件」（七月二九日付）を図書課長名で各地方警察部長宛に発信した。前者には、各新聞社に示すガイドラインとして「新聞掲載禁止事項ノ標準」（以下「標準」）が添付された他、実際の検閲事務のマニュアルとして「新聞掲載事項許否判定要領」（以下「要領」）を作成、運用時の参照基準とした。この「標準」「要領」は戦局の展開に応じて幾度か改訂されていくが、戦争報道・戦場報道を規制する枠組み自体は、戦闘の本格化から一カ月間でほぼできあがっていた（『出版警察報』第一〇七号）。

では、戦争報道・戦場報道にかかるガイドラインとしての「標準」「要領」ではどんなことが問題視されたのか。重要な部分のみを摘記すれば、「支那及満洲ニ駐屯出征若ハ派遣スル軍隊」について、戦闘序列・軍隊区分にもとづく指揮系統、部隊の名称や数は秘匿すべきものとされた。すなわち、師団や連隊といった部隊規模を示す名称や、歩兵や砲兵といった部隊種別は書けなかった。また、「国防、作戦若ハ用兵ノ準備又ハ実施ニ関スル命令ノ内容」、将来の任務や企図、部署、配備などを書くことも禁じられた。司令部や本部の場所・名称はもちろん、重砲・戦車・飛行機の種別といった武器装備の類を表記することも禁止された。将校は原則として「部隊長」の名前しか書けず、戦闘が行なわれた場所も「当局ノ発表シタルモノ又過去ノ戦跡等」以外はすべて伏字とするよう定められた。軍の公式発表の他に掲載を認められたのは、「現地ニ於ケル過去ノ行動中現在及将来ノ企図ヲ暴露スル惧ナキ記事」と「局部的ノ写真」、「時刻ヲ明記シタル「激戦中」

「攻撃中」等ノ記事」に限られ、「惨虐ナル写真」「支那兵又ハ支那人逮捕訊問等ノ記事中虐待ノ感ヲ与フル惧アルモノ」は許可されなかった。要するに、原則として軍の発表を後追いすることしか認められず、〈何があったか〉は辛うじて書けたとしても、どこで、どんな部隊が、どんな作戦目的を担っていかなる戦闘行為を繰り広げたかは基本的に表現することができなかった。いきおい、戦場報道はきわめて類型化された、単調なものとならざるを得ない。一例として、一九三八年六月一三日付『東京日日新聞』号外の記事「夜襲 安慶城を占領　高橋部隊続々入城す」の冒頭部分を引く。

【大王廟十三日発同盟】　わが高橋、佐藤両部隊の精鋭を乗せた○○隻の海上トラック隊は去る八日軍艦○隻に掩護され太平（蕪湖の北方約四十キロ）沖合の揚子江上に集結し戦史上稀有の揚子江遡航敵前上陸の態勢を整えた、〔……〕十一日午後九時陸軍部隊を乗せた○○隻は大通上流約卅キロの地点に到達した、折柄沛然たる豪雨は救命胴衣をつけて小艇に乗り移る決死の勇士の鉄兜を洗ひあやめもわかたぬ暗夜を冒して敢行する雨中敵前上陸の困難さは言語に絶するものがある、いよ〳〵十二日午前一時半永山揚陸部隊長の命令一下するや左岸へは高橋部隊が徳広、山田両揚陸部隊の小艇○○隻に、右岸へは永田部隊、鳥井揚陸部隊の将兵約○○隻にそれ〴〵分乗霖雨降りしきる暗黒の江上を両岸に向つて波を蹴つてまつしぐらに突進した、秒速一メートル七○の水流と向い風は小艇を木の葉の如く翻弄する、艇上黙々として銃把を握る勇士達の面上にはすでに敵を一気に屠らねばやまずとの緊張の色が漂つてゐる、船中よりは結果如何と戦友が固唾をのんで待つ、かくて午前二時廿分突如両岸より敵機関銃の音、豆を煎るやうに江上に響き渡るとまづ右岸太子磯付近に上陸した田中部隊から烽火があげられた、敵前上陸決行の合図だ、船中にある戦友の顔には感激の色が浮ぶ

日本軍が揚子江を遡上、南京から武漢三鎮へと向かう途次にある交通の要衝・安慶に向けて侵入した様子を伝える記事である。見られる通り、勇ましく扇動的な文句がくり

東京日日新聞
號外
夜襲安慶城を占領
高橋部隊續々入城す
戰史に稀な遡江作戰
壯絶 暗夜雨中の敵前上陸
太子磯砲台占領
揚子江から敵前上陸
陸上部隊も驀進
董家嶺 舒城占領

図 1-5 『東京日日新聞』
1938 年 6 月 13 日（号外）の紙面。
見出しには「戦史に稀な」「壮絶」などの形容句が躍る。
日中戦争を伝える新聞は、
こうした大仰な表現で戦況を報じ続けた。

返される一方で、各部隊の編成や規模、作戦に参加した人数などはまるで分からない。上陸地点と目的地こそ明記されてはいるが、なぜこのような闇夜を冒した軍事行動が必要だったのか、戦略上どんな意味があるのかは一切記されない。そのかわり、あたかも戦場からの実況中継を思わせるような、将兵たちの姿や面持ちから自在に内面を語ってみせる言葉が情報の空白を埋める役割を果たしていく。戦場の様子を知りたいという銃後の読者の渇望は、軍が提供した戦場での〈美談〉によって、あるいは将兵の「困難」を強調する情動的な言いまわしによって、積極的に置き換えられていたのである。(15)

白石喜彦がつぶさに検証したように、隊の規模や編成単位を書かずただ「西沢部隊」とのみ記す「生きてゐる兵隊」の記述は、さしあたりこのガイドラインに即したものと言える。だが、作の冒頭で兵たちが、次の転戦先を「ソ満国境だ！」と噂するシーンは明らかな逸脱と見てよいし、「北島中隊」などと明記してしまった部分や、何度も書き込まれた中国人たちへの「虐待」の場面などは問題となる部分だろう。ただし、石川達三や『中央公論』編集部に酌量の余地がないわけではない。というのも、少なくとも「生きてゐる兵隊」以前の文学テクストでは、上記ガイドライン違反が疑われる表現が散見されるからである。例えば、日中戦争を作中に描いた最初の作と言えるだろう徳田秋声「戦時風景」(『改造』一九三七年九月)には、藤井忠俊が「赤紙の祭」と名付けた華々しい出征兵士見送りの場面で、歓呼の声を聞く出征兵士が「畜生、行けない奴は陽気でいやがる」と「顔の筋肉を痙攣」らせる場面が確かに書き込まれているけれ

共和国急使

第22号

2018年5月10日

地上五階より

下平尾 直（共和国代表）

もう三十年近くも前のことだが、神保町にあった、とある古書店のご主人にはとてもお世話になった。こちらは大阪の大学生だったので多くは目録上でのお付き合いなのだが、年に一度か二度でも上京の機会があるたびにいそいそと通ったものだ。当時70歳台後半にみえたが、出入口から古本が山と積まれて足の踏み場のない店の奥で、大柄な白い蓬髪のその親父さんからいろいろ教えていただくのが、プロレタリア文学や転向文学、戦争文学といったジャンルの本を読み始めていたわたしにとって楽しい時間だった。値付けはやや高めだったが、かれが薦めるものは、多少無理してでも無条件で買うことにしていた。

あるときも、やはり薄暗い店舗の奥であれこれ話していたら、ちょっと肘にふれて山から床に落ちた本があった。

「あ、『呉淞クリーク』、日比野士朗ですね」。拾いあげると、

「きみは若いくせにウースンクリークが読めるのか。さいきん代替わりして二代目になった古本屋でも、これは読めない人がいるね。それどころかこの表紙のとおり『クーリク淞呉』と逆に読んで目録に書いている店すらあって……」

と、しぜん話は神保町の移り変わりになっていったが、ふとネットで検索してみたら、いまも『クーリク淞呉』と記載している古書店があるようだ。その後、1年ほどでこの親父さんが他界されたのを知ったのだが、つい昨日のことのようである。✴

ご、取り立てて問題視された形跡はない(16)。榊山潤の「戦線」(『日本評論』一九三七年八月)は、一九三二年の第一次上海事変の戦場を描いた小説だが、語り手「私」は、大学を出たものの就職口がなく、二年間の放浪生活のすえに虚無的な思想に囚われた人物と設定されている。そのため、「私」は小隊長という立場にもかかわらず、部下の生死にまるで無関心かつ無頓着である。また、このテクストには、「私」が「生れて始めて、この手で人を殺した」ことを「歯切れのよい満足」と感取する場面や、恐怖のあまり戦場で錯乱する兵士の姿も書き込まれている。

その時、軽機を持つた二等兵が、ひらりと塹壕の上に跳び上つた。

「危い、何処へ行く」

「敵です。歩いて来やあがる」

上から怒鳴つて、駈け出した。何、敵が歩いて来る? 死体の蔭から前方を見渡した。人間の影もない。こんな時にのそのそ歩いて来る莫迦な敵がゐるものか。さういへば跳び上つた………、異常なものに………であつた。白昼…………………のであらう。何も見えない闇夜の敵は恐ろしくはない。しかし今、陽は黄浦江の彼方から登り始めた。陽光は赤い光の矢となつて、立ち迷ふ砲煙を射ぬいてゐる。まざまざと繰りひろげられる…………、彼の…………であらう。置かれた環境を、ありのままに見透した…………である。

「……、……」

声を限りに吶鳴つたのは、私ばかりではない。五六歩駈けた彼は、三方からの狙撃の的になつた。軽機を落し、大手をひろげると、仰向けに倒れた。陽に向つて何か叫んだやうだつた。が、叫び声は判然と届かなかつた。

伏字だらけの場面だが、この「二等兵」が戦場での心的ストレスに耐えかねて、精神に異状を来していることは明白だ。先述のように「戦線」は、同時代からすれば過去の戦争を描いたテクストである。しかし、版画荘文庫の一冊として刊行された一九三七年九月には、まさに作中に描かれた付近で戦闘が始まりつつあった。その意味では、不吉な予見を書き込んだテクストと読まれてもおかしくはなかった。

つまり、開戦劈頭の時点では、小説の言語なら、こうした表現は見過ごされていたか、許容されていたのである。だからこそ石川は、占領直後の南京で「発表が許される範囲に於て、しかも戦争の真実なものに触れなくてはならぬ欲望」（石川「南京通信」未発表原稿）[17]にかられつつ、取材を重ねていたのだろうし、彼なりの成算もあったはずである。この従軍に先立って石川は、六カ月にわたる現地取材をもとに、東京・奥多摩の小河内ダム建設計画に翻弄される住民たちの姿をルポルタージュ的な文体で描いた『日蔭の村』（新潮社、一九三七年）を発表、好評を得ていた。『中央公論』側も、こうした実績を評価したからこそ石川に従軍を依頼し、一九三八年三月号の創作欄を石川だけのために空けておいたのだろう。だが、石川達三と『中央公論』編集部が決定的に見誤ったのは、このテクストが〈南京事件〉以後に、しかも南京作戦に参加した部隊への取材を踏まえて書かれたことの問題性である。

注意すべきは、事件が司法レベルに移行する際、新聞紙法の「安寧秩序」条項だけではなく、陸軍刑法第九九条（「戦時又ハ事変ニ際シ軍事ニ関シ造言飛語ヲ為シタル者ハ七年以下ノ懲役又ハ禁錮ニ処ス」）の適用が検討されていたことだ。「陸軍刑法」とは、陸軍の軍紀維持を目的に制定された軍刑法である（別に「海軍刑法」もあるが、内容はほぼ同じ）。第一条で「本法ハ陸軍軍人ニシテ罪ヲ犯シタル者ニ之ヲ適用ス」とある通り、基本的には陸軍組織の成員に適用される法律だが、一部、陸軍軍人ではない者にも適用される条文が存在した。そのうちの一つが、「流言蜚語」を定めた第九九条だった。「書類を送局　〝生きてゐる兵隊〟の処置」（『東京朝日新聞』一九三八年四月二九日）は、警視庁検閲課の取り調べの結果「作者石川達三、中央公論前編輯長雨宮庸蔵、同前発行人牧野武夫、同前編輯当事者松下英麿の四名を〝陸軍刑法並に新聞紙法違反〟のかどで一件書類を東京地方検事局へ送局」したこと、とくに「造言飛語」の点で陸軍刑法に抵触したと見なされたことを伝えている。そのことは秋田市立中央図書館明徳館や同志社女子大学図書館が所蔵する「生きてゐる兵隊」事件にかかわる石川達三の事情聴取記録と、石川、雨宮、牧野の公判調書とによって裏付けることができる[18]。

聴取書の中で石川は、自作について「私ハ実際ノ戦争ヲ見ズ　実際殺戮ノ行ハレル場面ヲモ目撃シナカッタ」「従ツテ小説ノ構成ニ就イテハ聞得タ事ニ就イテ空想的創作シタモノデアリマス」と供述している。「斯ル記事ハ造言飛語ニナルト考エナイカ」という問いかけには、次のような返答の記録が残されている。

> 小説ト云フモノハ元来仮定ノ事ヲ実際ラシク書キ表ハスコトヲ以テ建前トシテ居ル　今回事変ニ取材シタ仮定ノコトヲ事実ラシク書イタノモ其ノ平素ノ創作方法ヲ行ツタノミデアツタ　然シ此ノ場合ニ斯様ニ事実ラシク書クコトガ造言飛語ニナルノニ気ガ付カナカツタノガ迂闊極マルコトデアリマス

この後石川は「今更ナガラ思ヒバ《ママ》事変ニ就イテノ小説ヲ書カウトシタコト自身ガ既ニ向ウ見ズナ考エデアツタ」とまで口にしてしまう。達三の実弟・石川中が加わった弁護団の方針が「無罪にすることではなく、執行猶予にすることにあった」とはいえ[19]、彼の一連の発言は、単に自らの〈罪状〉を認めてしまっているだけではない。ジャンルとしての小説の定義を「仮定ノ事ヲ実際ラシク書キ表ハス」ものと簡潔に述べた石川は、まさしく「迂闊極マル」ことに、自身のテクストにとどまらず、この「事変」を「事実ラシク書クコト」＝小説化すること自体が、「広く軍に関する虚偽の事実の外は根拠なき事実や又誇張した事実を意味する[20]」「造言飛語」に該当する可能性を語ってしまっているのだ。

初出『中央公論』誌に掲げられた「生きてゐる兵隊」前書きには、「この稿は実戦の忠実な記録ではなく、作者はかなり自由な創作を試みたものである。部隊名、将兵の姓名などもすべて仮想のものと承知されたい」とある。発禁処分直後の石川は、「野田部隊の兵士諸兄」「高橋通訳、佐野上等兵の諸君」と実名を挙げながら従軍取材の謝辞を記してしまっているのだが（石川「内地からの通信」『オール読物臨時増刊　皇軍慰問全集』一九三八年四月）、少なくとも事情聴取の際には、取材対象者秘匿の原則を貫いていた。しかし、

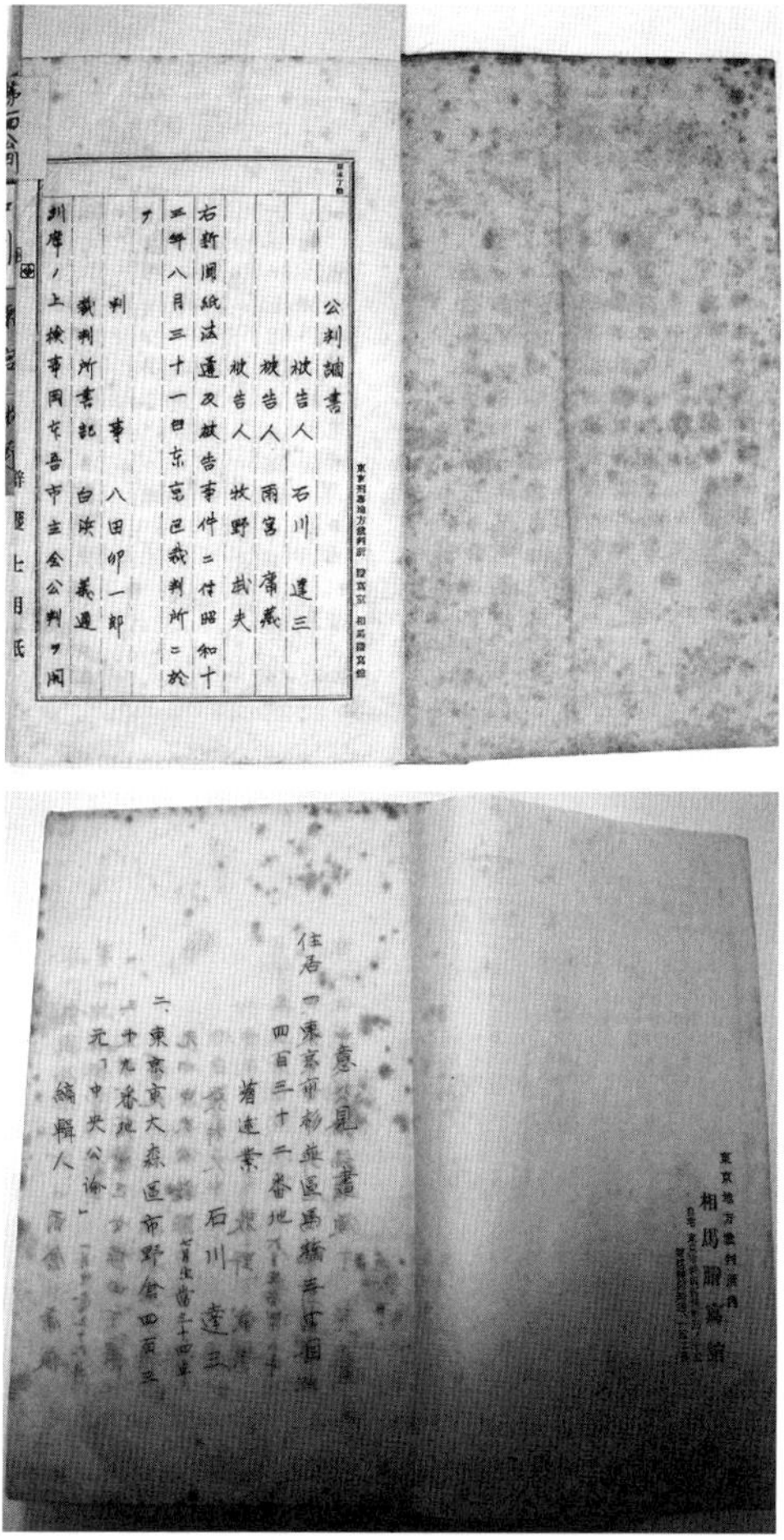
公判調書
被告人 石川達三
被告人 雨宮庸蔵
被告人 牧野武夫
右新聞紙法違反被告事件ニ付昭和十三年八月三十一日東京区裁判所ニ於テ
判事 八田卯一郎
裁判所書記 白浜義通
列席ノ上検事岡本吾市立会公判ヲ開

意見書
石川達三
元「中央公論」編輯人

図 1-6 「生きてゐる兵隊」事件の公判調書（上）、
「『生きてゐる兵隊』事件
警視庁警部清水文二　意見書　聴取書」（下）。
写真提供：秋田市立中央図書館明徳館。

この「自由な創作」「仮想」という文言が逆用され、言質に取られてしまったのだった。取り調べを担当した警視庁検閲係の清水文二は、四月二三日付「意見書」の中で、石川が「「生きてゐる兵隊」ト題スル創作ハ我ガ軍ノ士気並ニ軍紀ニ関シテ我軍ニ不利ナルノミナラズ相手国ニ悪用サルベキ造言飛語ニ相違無キ旨自供シ居レリ」と要約しつつ、石川、雨宮、牧野と『中央公論』の他の編集者（松下英麿、佐藤観次郎）を、新聞紙法・陸軍刑法違反として「動機目的ノ如何ニ不拘酌量ノ余地ナク厳罰」に処すべき（『「生きてゐる兵隊」事件　警視庁警部　清水文二　意見書聴取書』）と具申しているのだ。

　先に見たように、実際の裁判では陸軍刑法の適用は見送られている。だが、石川らの起訴を伝える新聞記事が「虚構の空想をあだかも事実の如く著述せる点は安寧秩序を紊すものと断じ新聞紙法違反として処断することを決定し」た（「〝生きてゐる兵隊〟の作者起訴」『読売新聞』一九三八年八月五日）と書くのは、明らかに聴取における石川の発言を受けてのものと考えてよい。だが、少し立ち止まって考えてみよう。「虚構の空想をあだかも事実の如く著述」すること、「仮定ノ事ヲ実際ラシク書キ表ハス」ことは、まさに小説の、あるいは文学の定義以外ではない。あくまで調書の上でのことではあるが、当の石川が自ら「造言飛語」となる可能性を認め、「改心」を表明している以上、検察当局は、その気になれば陸軍刑法違反事件を構成できたはずである。にもかかわらず、この一件が新聞紙法の案件としてのみ審理されることになったのは、この戦争にかんして、映画・演劇等を含めたあらゆる〈創作〉が不可能になりかねないと判断されたからではあるまいか。さすがに軍も政府もそこまでは望まなかった。つまり、〈創作〉自体の禁止までには踏み出さなかった。東京区裁判所での判決を伝える報道によれば、判事が「石川は反戦的意識で執筆したものではないとしてもその影響は無視することは出来ず、又雨宮は自己の利益のみでなく国策の線にそふ編輯をする必要がある」と諭す場面があったという（無署名「石川達三氏ら執行猶予」『東京朝日新聞』一九三八年九月六日）。石川のテクストは意図せざる過失だった、ということで手が打たれたわけである。同じ内容を伝える『東京日日新聞』の記事は「「生きてゐる兵隊」に情の判決」という見出しを付けた（一九三八年九月六日）。

しかし当局は、そうした危険を冒してまでも「生きてゐる兵隊」を追いつめた。担当検事が執行猶予判決を不服としたあたりにも、この作に対する執拗なこだわりが読みとれる。というのもこの作は、戦争を遂行する権力の頭を痛める、どうにも困った事態を招き寄せてしまっていたのである。

3 プロパガンダとしての『麦と兵隊』

『出版警察報』第一一二号（一九三八年四—六月分）の「出版物司法処分彙報」は、「軍事関係」の「造言飛語」にかかわる案件として、「生きてゐる兵隊」に言及している。内務省警保局は、東京での発禁処分からおよそ一カ月後の上海で、石川のテクストが「抄訳」されていたことを問題視していた。

> 『中央公論』昭和十三年三月一日附第五十三年第三号三月号に掲載された石川達三署名『生て《(マヽ)》ゐる兵隊』は皇軍の威信を失墜し並に士気に悪影響を及す虞ある事項を掲載せるを以て行政処分としては本年二月十六《(マヽ)》日発売及頒布を禁止し司法処分としては陸軍刑法違反並新聞紙法違反事件として石川達三外関係者四名を所轄裁判所検事局へ送致したのであるが本件について犯罪内容以外に特記すべきことは差押を免れたる一部のものが支那側の入手する所となり『大美晩報』なぞは前記石川「生きてゐる兵隊」を翻訳して反日、抗日の宣伝に使用したことである。

興味深いことに、同時代の法解釈のレベルで言えば、「造言飛語」はいわゆるデマのことではない。一九三八年一二月に東京刑事地方裁判所検事の西ケ谷徹がまとめた報告書（『支那事変に関する造言飛語』）によれば、陸軍刑法九九条・海軍刑法一〇〇条が規定する「造言飛語」とは、「軍事に関し虚構の事実を捏造し、或いは根拠なき風説若は実在の事実を誇張する等、因て以て戦時又は事変に当り人心を惑乱し又は士気の沮喪を誘起し若は作戦の計画を誤らしむるが如き行為一切を禁遏取締る趣旨の規定」である。[21] つまり、かりに「実在の事実」であったとしても、「戦時又は事変」下で「国論の統一」「社会人心」を惑わす「不実」なものであれば、当該犯罪の構成要件を充足する、というわけだ。一九四〇年刊行の菅野保之『陸軍刑法原論』（松華堂書店）でも、「真実ナル事実ノ報道モ亦本罪ヲ構成スルコトアリ」と明記されている。どうしてなのか。

先の報告書で西ケ谷は、日中戦争の特質は「思想戦」「宣伝戦」にある、と指摘する。中国軍の戦略は「宣伝に依りて列国の同情を惹き我国の国際的の立場を不利ならしめ戦場に於ける我軍隊の士気を沮喪せしめ国民の精神的団結を破り政治社会上の不安を醸成」することで「戦争を不能ならしむる」ことを目指すものに他ならない。そうである以上、かりに「真実」「真相」を語っていても、「国益」や「国際的立場」にかかわる言説、「国民の精神的団結」に罅《ひび》を入れかねない言説は、すべからく取り締まらねばならぬ。だから、「事変の思想戦的特異性は斯くして多数の造言飛語事件を生まざるを得ない」。[22] もちろん、西ケ谷のこの指摘は、「生きてゐる兵隊」事件のあとで書かれたものである。しかし、こうした認識が形成されていく過程にこの事件があったことは重要である。石川達三を取り調べた警察官が「造言飛語」罪にこだわったのは、それなりの根拠も事情もあったからなのだった。

それだけではない。内務省警保局からすれば、「生きてゐる兵隊」中国語訳を掲げた『大美晩報』という媒体が大問題なのだ（中国語題「未死的兵」。一九三八年三月一八日―四月八日、全二一回連載、四月四日は掲載なし）。山本武利は、当時の上海のメディア状況について、国民党軍が上海付近から後退して以後も「英米籍の人物を発行人にすれば、日本当局は抗日、反日、侮日のコンテンツを弾圧ないし抑圧する権限」を持てなかったために、「共同租界に地盤を置く抗日紙はかなり自由な活動を行ない、その報道は上海駐留の内外記者を通じ全中国だけでなく全世界に伝えられた」とまとめている。[23]『大美晩報』はアメリカ籍の夕刊中国語紙だが、『大陸年鑑』一九四〇年版（大陸新報社、一九四〇年）「最近に於ける外華字紙の動向」欄には、この新聞について「重慶派最近特に反汪精衛色彩濃化してゐる」という記述がある。一九四一年版の年鑑（大陸新報社、一九四一年）には、発行部数は一八、〇〇〇部程度、「重慶政権の財政的、人的補助を受け、反日反汪の記事や社説をその紙面に氾濫」させている英字紙『シャンハイ・イヴニング・ポスト』と「同一系統の経営」だとある。この他、石川の取り調べ担当官は、四月下旬の段階で、この作が英語、ロシア語にも翻訳されたと言及している。[24]

日本の軍や政府が、南京城内外での日本軍による性暴力事件の多発、捕虜・民間人の大量殺害といった事実を当初の段階からかなりの程度了知していながら、自国内では厳格な報道管制を敷いたことはよく知られている。陸軍省は南京戦の報道を事前許可制としていたし、外務省は、日本軍の南京占領を前に「国交に悪影響を及ぼす記事」の掲載を禁ずる通達を出した。内務省警保局は、列島外から移入された出版物を含め「南京虐殺を報道、掲載したものは全て発売禁止あるいは削除の処分にしていた」。[25]しかし、これほど注意を払ったにもかかわらず、「生きてゐる兵隊」は、やすやすと国境と言語を越えて流通し、〈敵〉たる中国側の「宣伝」に利用されてしまった。このテクストは、国際的な情報戦・宣伝戦にかかわるコンテンツとなってしまったのである。

『大美晩報』紙上の抄訳では、「生きてゐる兵隊」各節から、日本軍隊の暴虐ぶりを示すいくつかの挿話や、近藤・平尾の戦場心理にかかる内省の場面が抽出され、原作にはなかった章題が付されていた。このテクストの転載者たちが、現在進行形の戦争とのかかわりを強く訴求する仕掛けを施したことは言うまでもない。例えば、日本軍による南京占領後に慰安所が開設され、市内で放火が頻発したことを語る場面（第一〇節、「未死的兵」では「十　南京」）には、同日、同じ面に掲載された記事「日軍佔拠後之南京」（アメリカ系週刊新聞 *The China weekly review* からの翻訳）を参照するように、との指示が注記された。連載終了時には、訳者の白木が、「生きてゐる兵隊」を「反戦的思想」に裏打ちされた作と意味づけ、日本軍兵士の心理的な弱点が描かれていると指摘したうえで、中国側が勝利を宣伝した山東省・台児荘での戦いを含む「津浦線北部」の戦況に言及している[26]。

こうした一連の経緯は、日本の軍や政府にとっても相当な衝撃だったようだ。また『大美晩報』での連載が続いていた一九三八年三月二九日付の『都新聞』に、「奇怪！支那紙に「未死的兵《生きてゐる兵隊》」という記事が出ている。「発禁小説を故意に／翻訳して逆宣伝／原本移入コースに疑惑」と見出しが躍る中で強調されているのは、この翻訳が「支那側民衆への宣伝は勿論、外国側への宣伝資料として悪用されるに十分なもの」という点である。けだし当然であって、日本軍隊の暴力と残虐さとを他ならぬ日本人作家が書いたのだから、確かにその「説得力」は抜群だ[27]。先に紹介した『聴取書』でも「此ノ小説ヲ外国スパイガ悪用スル虞ガナイカ　其ノ場合我軍並ニ我国家ニ不利益デナイカ」と問われた石川が「外国スパイノ悪用スル虞ノアル小説デアリ万一悪用サレタナラバ我軍ニ不利ナルコトハ勿論今後ノ外交ニモ不利ナルモノト考エラレマス」と応じるところがある。また「非戦闘員ヲ殺戮スル場面ヲ描イテアルガ日本軍ハ国際法ヲ無視シテ居ル事ヲ裏書スルコトニナラザルカ」という問いには「ナリマス　書イタ当時ハ其ノ積リデ書イタノデハアリマセヌガ結果ニ於テ裏書スルコトニナリマス」と認めてしまってもいる。公判では、わざわざ『大美晩報』の現物が証拠品として提示されたうえで[28]、判事からの「外国ニ於テ翻訳サレテ居ル様ダネ」という質問に、石川は「斯様ナ事ハ想像シマセンデシタ　此ノ点ハ自分ノ考ヘノ足リナイトコロデシタ」としおらしく反省する場面が記録されている。この当時の書簡で石川は、『都新聞』の記事が出た直後に、担当編集者の松下英麿に宛て「海外で翻訳されてゐることが余計な紛糾とならなければいゝですが」と書き送っていた[29]。さらに石川は、この一件で中央公論社からの退職を余儀なくされた当時の編集長・雨宮庸蔵に「事態意外なる方面にまで延焼致し翻訳問題等惹起して小生も困惑」していると書き送ってもいる[30]。

ここまでの議論から、「生きてゐる兵隊」事件の意義は明白だろう。まず第一に、日本の軍や政府は、このテクストを通じて文学の潜在的な力を思い知らされることになった。確かにこの当時でさえ、文学読者は多いとは言えなかったし、すべての文学テクストが社会的な影響力を持つわけではない。だが、文学を舐めてはいけない。テクストが単なる情報や記録ではなく文学として登録され、文学の図書館‐収蔵庫に収められた瞬間に、そのテクストは、思いも寄らぬ場所で思いも寄らぬ読者に発見され、時間と空間と言語を越える可能性を手にしてしまう。そうした文学の旅を封じ込めることは、誰にもできないのである。しかも、彼らからすれば困ったことに、「生きてゐる兵隊」を掲載したメディアは、中国側も高く評価していた日本語の代表的なオピニオン誌なのだった(31)。それだけではなく、書き手とメディア企業の側にとってもこのテクストは、権力の装置が作動する境界線の存在を改めて意識させることになった。すでに示されていた規準を含め、戦争遂行権力がどこで、どのような禁止の力を作動させ、その力が書き手とメディア企業にどんな影響を及ぼすかを露わにしてみせたのである。火野葦平が満を持して発表した戦記テクスト『麦と兵隊』は、まさにこうした情勢の中で書かれた。

改めて「生きてゐる兵隊」で問題とされたことを想起してみればよい。中国軍との戦闘は原則として正規兵

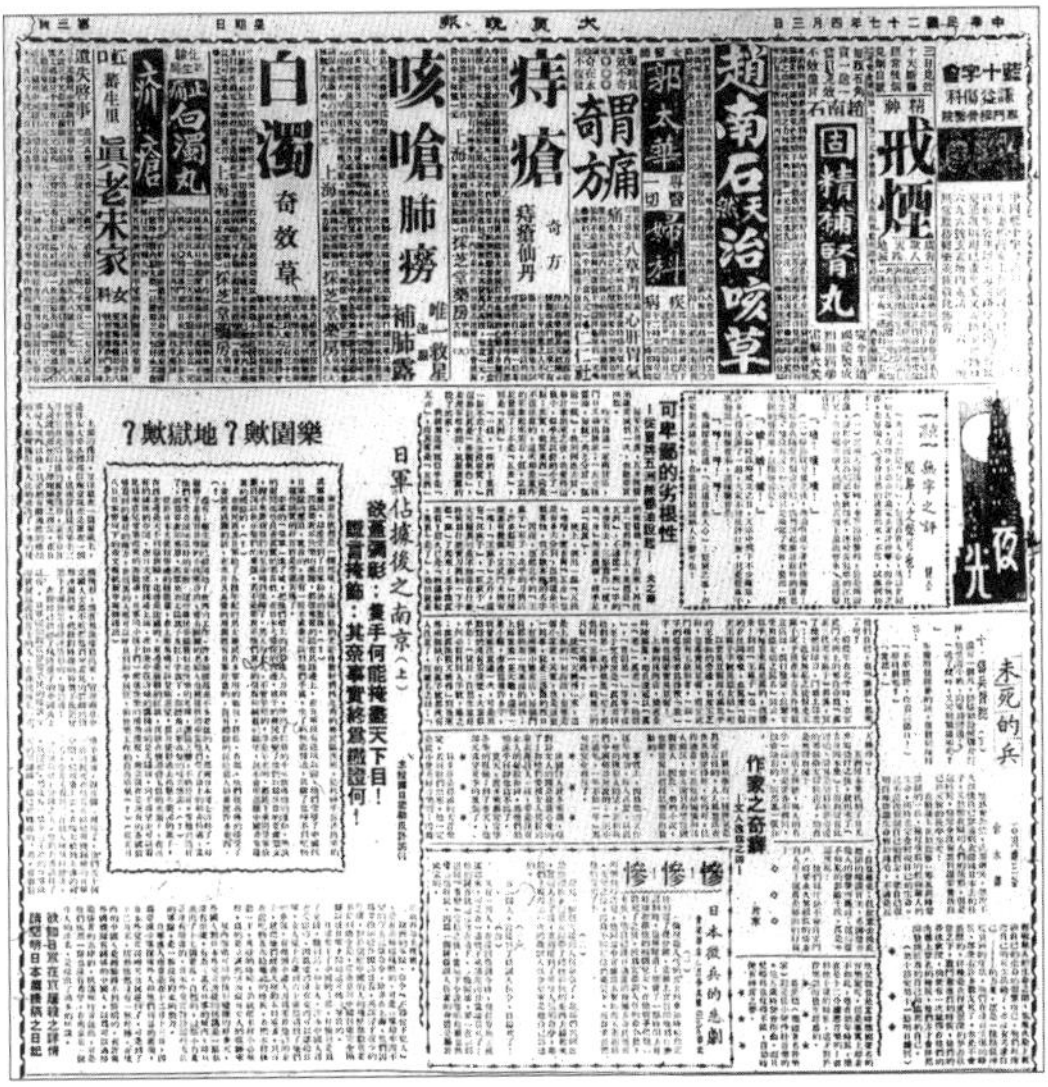

図 1-7　『大美晩報』1938 年 4 月 3 日号。
右下に「未死的兵」、左に「日軍佔拠後之南京」の記事が見える。

どうしの戦いであり、非戦闘員である民間人を傷つけたり殺したりする場面は書けない。作戦行動の全貌を書くことは許されないし、現地での中国人からの掠奪や力づくの物資の徴発も書けない。中国人女性に対する性暴力が書かれるはずがない。「虚構の空想をあだかも事実の如く著述」したことが問題となるなら、書き手が自ら〈体験した事実〉と言えるものしか書けないことになってしまうだろう。しかし、翻って考えてみれば、『麦と兵隊』は、こうした条件に見事なまでに適合するテクストではなかったか。周知のようにこのテクストは、徐州作戦に参加した陸軍報道班員・火野葦平の体験の記録という体裁を採っている。日付を明示した日録風のスタイル、たびたび挿入される写真や中日両軍の宣伝ビラ、「前書」にある「戦場の中に置かれてゐる一人の兵隊の直接の経験の記録」「私が従軍中毎日つけた日記を整理し清書したに過ぎない」等の言葉も、それを強調し上書きするものだ。歴史学者の黒羽清隆は、『麦と兵隊』は「「葱の塩汁」や「高粱の殻」を集めた「我等の新居」や「無数の蚤」の「襲撃」や、また「支那人に読まれないため」の「えいへいじょ」の「平仮名」「標識」や「粉味噌」や「穢いタオル」や土壁にチョークでかかれた「追放日本倭奴」の文句や――つまり、国民のまじめな関心にこたえるディテイルの描写」によって「現実に召集されたじぶんたちの父・夫・子・兄弟がおちいっている戦争の実態」を知りたいと願った戦時下国民への「慰め」を提供した、と書いた。(32) 日常が戦争遂行のために組織されようとしていた銃後に向かって、戦場という日常を生きる「兵隊」たちの肖像を書き置くこと。火野のテクストが、みずからを戦時下日本の「国民」と同定する人々が知りたかったことを、戦争遂行・戦場動員に差し支えない範囲で詳述してみせたことは確かである。

加えて、『麦と兵隊』のブームには、テクスト自体の力だけではない、いくつかの作為と操作を指摘できる。例えば、火野の中支那派遣軍報道部への転属は、当初から徐州作戦に従軍させることが目的だった。中山省三郎に宛てて「軍の期待に添ふだけの仕事が出来るかどうか」不安だが、「大いにやり甲斐のある仕事」「もとより男子の本懐」でもあると書き送っていた火野自身も、もちろんそのことを熟知していた（中山省三郎『海珠鈔』改造社、一九四〇年）。そもそも火野の転属に尽力し、報道部で彼の上官となった馬淵逸雄は、陸軍部内に数少ない情報宣伝活動の専門家として、中支方面の「派遣軍の報道・宣伝活動を実質的に指導した」人物である[33]。馬淵は、「私の兵隊たち」との別れを渋る火野に「私が君を急に欲しいと思うのは、近く、徐州会戦が始まるからだ」と語ったという[34]。こうした経緯には、南京戦を経験した戦争遂行権力にとっての〈反省〉を踏まえた、報道・宣伝戦略の方針転換を見なければならない。馬淵の著書『報道戦線』（改造社、一九四一年）は、盧溝橋事件以後の宣伝戦・情報戦の展開を日本側の担当者の立場から捉えた興味深い書物だが、その中で馬淵は「南京戦の報道」について、次のように述べている。

南京には外人記者が二、三居残つて、市中を巡回した形跡があつた。彼等は攻略日本軍の行動を観察して、アラ、欠点を探索し第三国の対日与論を悪化せしめんとするスパイ的な存在であるので、之が行動を完封したのであるが、それにも況して悪影響の種子を蒔いたのは、米国宣教師達の悪質デマ通信であった。恰かも入城した日本軍が鬼畜の行動を為したかの如き通信を為し、世界の対日感情を悪化せしめた。〔……〕

作戦に平《ママ》行する宣伝の重要性をつく〴〵感じさせられると共に、政治、外交の打つ手が逐次行はれて戦果に光彩を発揮し、宣伝が百パーセント物を云ふのであると云ふことを痛感した次第である。

中国戦線での日本陸軍の編成は時期によってかなり変動しているが、徐州作戦の時期には、満洲の関東軍の他、北京や天津を含む華北を担当する「北支那方面軍」（司令官＝寺内寿一大将）と、南京戦を戦った部隊を基軸に再編された「中支那派遣軍」（司令官＝畑俊六大将）とに区分されていた。馬淵の言を借りれば、徐州作戦は、北支那方面軍と中支那派遣軍の「協同」によって、「敵軍主力を殲滅し、事変解決の動機を作らんとするのが覘」いであった。そこで「報道部も南京攻略戦に鑑み、グッと戦争の前面へと押し出し、積極的に報道並に宣伝を実施することゝなつた」。作戦に並行する宣伝を意識して、陽動作戦に耳目を集める報道規制が行なわれ、日本国内に向けては、放送班のアナウンサーが空中視察の「実感放送」を行なう他、報道担当の将校が従軍記者を前線近くの根拠地まで誘導し、便宜を図った（『麦と兵隊』に登場する高橋少佐は、この誘導を担当した将校の一人である）。すなわち火野は、中国戦線の現地軍が新しい情報宣伝戦略を模索する中で報道班員となり、まさにその新たな戦略を体現すべく実地に養成された、すぐれて有能なエージェントに他ならなかった。

くり返すが、火野葦平当人も、自分に何が期待されているかはよくわかっていた。その証拠に火野は、「生きてゐる兵隊」中国語訳の存在を相当強く意識していた。少し後になるが、一九三九年の火野「凱旋」の折に行なわれた菊池寛、横光利一との鼎談で、火野は「向うでは、石川達三氏の「生きてゐる兵隊」（未死的兵）を非常にほめてゐますよ、石川は人道主義的な作家であつて、戦争の現実を露骨に書いてゐる、所が、火野葦平は軍閥の走狗であつていかん、といつてゐます」と暴露している（菊池寛、横光利一、火野葦平「火野葦平と語る」『東京日日新聞』一九三九年一一月二〇日―二五日）。また、同じころに『中央公論』がセットした石川達三との対談では、記者から「対内宣伝といつては語弊があるが、ああいふ小説を書く場合に、どの程度の効果をもたらすかといふ事を考へましたか」と問われた火野は、「それは考へました」「文学をしばらく離れて、事変の進行に対して一の拍車となればよいといふ考へで書いた」と語っている。「戦争文学といふものも、もう少し大所高所から見てもらへるといゝのだがね」とこぼす石川に対しては、「自分は軍の中にゐて検閲の仕事をしてゐたから大体その限界を知つてゐるが、その範囲内にいつぱい書いて行かうとすることは楽ぢやない」、けれどもそれが「任務だと思つて、つまらないものばかりだが、書いて行つた」と返答しつつ、それでも「遠慮して書いたのに、まだおこられて削られた」こともあったと応じている（「火野葦平・石川達三対談」『中央公論』一九三九年一二月）。矢野貫一が指摘したように、敗戦後の火野が『麦と兵隊』に軍当局から「二十四箇所」の修整指示があったと述べたのはいささか疑わしいとしても、[35]『麦と兵隊』が、南京事件以後の検閲当局の立場と軍の情報宣伝戦略とを織り込みながら、高度に管理・統制されたテクストであることは間違いない。

4 戦記テクストの情報戦争

日中戦争は、日本が初めて経験する本格的な国家総力戦であり、同時に情報戦争でもあった。「宣伝報道は思想戦の一分野」だと語る『報道戦線』の馬淵逸雄は、「秘密戦の要諦は、敵に情報を与へない、スパイを警戒すると云ふ消極的方面よりも国民が戦争の本質を認識し、国家の使命を確認し、わが主張を世界に光被せしむると共に、敵性ある流言蜚語跳梁の余地なからしむることが肝要」だと書いていた。佐藤卓己は、日中戦争期の「思想戦」構想では、当初から「対外宣伝」よりも「思想国防」「防衛的国内思想戦」に重きが置かれたと論じているが、[36]そのことは、決して情報戦への消極性を意味していない。この点は続く第二章と第六章で詳述するが、日本の軍と政府の情報当局は、〈国論〉の統一を妨げる「敵性ある流言蜚語」を排除し、苦難と苦闘の表象を通じて前線と銃後の一体感を演出することには、かなりの成果を挙げていたのである。

そのような観点から『麦と兵隊』の本文を読み直してみよう。「戦線に於けるかういふ地味な部隊の苦労を是非書いて欲しいな」という「高橋少佐」の言葉をなぞるように、橋を架ける工兵隊、電話線を敷く通信隊、「困苦と欠乏」の中で任務に就く鉄道警備隊の様子が綴られる。兵士たちが食糧を「徴発」する際には中国人の姿は見えず、まるで落とし物か無主物を占有していると言わんばかりだ。将校はみな思慮深く、慈愛にあふれ、温容な人格者ばかりだし、寝台の傍らに「艶本」が積まれた夫婦の寝室に入った火野は、「あやしい匂い」にいたたまれず、濃密な性の空間から「敗北者のごとく倉皇として逃げ出し」てしまう。中国で目にする「兵隊や土民」が日本人とよく似ているといかにも気遣わしげに述べる一方で、中国人農民には国家意識が欠如しており、政治には無関心で、中国軍を自分たちの軍とは思っていない旨の言葉が並べられる。『麦と兵隊』での戦場表象の特質は第三章で詳述するが、日本語の新聞で火野の遭難が伝えられた曰くつきの戦闘シーンでは、自らの直近にしか目を向けないとまるで心に決めたかのように、敵は雨あられと降りそそぐ砲弾としてしか描かれず、敵たる中国兵の姿や表情が書き込まれることはない。戦闘時の中国兵たちは徹底して抽象化され、生々しく残酷な描写は排除された。河田和子は、『麦と兵隊』の語りの特徴を「一兵士の体験記録が、他の兵隊の体験をも代弁して」おり、「「私」的体験、心情」が兵隊一般のそれとして「銃後の読者に享受、共有されていく」とまとめているが[37]、まさしくそれは、「国内思想戦」としての宣伝戦の目的に合致する仕掛けと言ってよい。

裁判所での公判の際、石川達三は「戦地ニ於ケル本当ノ人間ノ気持」にかんする「見聞」から、「国民ガ出征兵ヲ神ノ如クニ考ヘテ居ルノガ間違」なので、「或時ニハ故郷ヘ帰リタク或時ハ婦女ヲ凌辱惨殺シ或時ハ支那少年ニ兄ノ様ナ愛情ヲ与ヘ又時ニハ中隊長ト酒ヲ飲ンデ猥談シ　ソシテ勇敢無比ニ戦フ」日本兵の人間としての「真実」の姿を知らしめ、その上で軍への「真ノ信頼」を打ちたてるべきだ、と主張した。だが、そんな石川のテクストは斥けられ、「体験記」と称しながらも、統御された言葉で見せてよい範囲の戦場を描いた『麦と兵隊』が、戦争の現実を刻んだ一冊として、ベストセラーになっていく。細見和之は「生きてゐる兵隊」をまさしく「鬼」の振る舞いと内面とを描いた作と位置づけたが、(38)そのようなテクストが人々から遠ざけられ、捕虜殺害の現場に立ち会うことになった自己自身の心身の震えを「私は悪魔になつてはゐなかつた」と表現したテクストの方が同時代言説の場に流通していった。だから、当時の受容の場を考慮すれば、『麦と兵隊』について「新聞記事にも、ラヂオ・ニユースにも、映画ニユースにも欠けたものを、さうして臨時の我我従軍記者達にも企て及ばなかつたものを、つひに見事に我々の手許にまで送り届けてくれた」ことの「戦功」を強調した三好達治の発言（「『麦と兵隊』の感想」『文芸』一九三八年九月）は、文字通りの意味で読まれる必要がある。「生きてゐる兵隊」ではなく、『麦と兵隊』において戦争の現実が表象されたと見なされたことは、プロパガンダとしての『麦と兵隊』の価値と有用性を雄弁に物語っている。

メディア戦略という観点からすれば、『麦と兵隊』がなぜ『改造』に掲載されたかも重要である。芥川賞の慣例によれば、受賞後第一作は『文藝春秋』が掲げるはずである。火野は明らかにそのことを気にしていたし、『麦と兵隊』を〈小説ではない〉と強調するのもそのためだ。実際、第七章で紹介するように、『麦と兵隊』の掲載誌選定をめぐっては、火野と菊池寛との間でかなり深刻なやりとりもなされていた。しかし、自分に発表媒体を決める権限はなかったと語る火野は、さすがに『キング』は勘弁してほしいと懇願したところ、上官の馬淵から「司令部に行って相談し、『改造』に発表することに決定した」と告げられたと回想し、改造社の編集者だった水島治男は、軍から掲載を斡旋されたと述べている。[39] つまり、銃後のメディアが待ち焦がれていた火野葦平の最初の戦記テクスト『麦と兵隊』は、執筆者も編集者も掲載を運動したわけではない、と言っているのだ。こうした経緯に、『中央公論』に対する懲罰の意図を読み取ることは難しくないだろう。『中央公論』とほぼ同格で競合する媒体、つまり掲載によって『中央公論』が最もダメージを受ける（そして、中国でも評価が高い）媒体は『改造』である。経営危機のただ中にあった改造社が、火野の兵隊三部作を干天の慈雨のごとく受け止めたことはよく知られているが、『麦と兵隊』を通じて軍は、経済的な意味でも改造社に恩を売ることができたことになる。[40]

すなわち『麦と兵隊』は、「生きてゐる兵隊」とは異なる意味で、軍や情報当局に文学の力を見せつけたのだった。戦場の現実を統制的に語らせることで、戦争をめぐる表象に一定の歯止めを加えること。日本語による戦争の語り方を統御することで、人々の戦争観、戦争認識を一定の方向へと組織すること。文学はその点で情報戦の有用なツールであり、同じことは、おそらくその他の芸術についても言えるはずである。いみじくも、杉山平助は「「麦と兵隊」以来その後の作品は、彼がさう云はれるのを好むと好まざるとにかゝはらず、その生産の過程から見て明かに官製品」だと書いた(「火野葦平論」『改造』一九三九年一〇月)。事実、中支那派遣軍の〈お墨付き〉を得た『麦と兵隊』は、「生きてゐる兵隊」事件以後の戦記テクストの表現に、一定の規準を示すことにもなったのである。

『麦と兵隊』が『改造』に発表された一ヵ月後、まるでその効用を見極めたかのように、内閣情報部は菊池寛に声をかけ、来るべき武漢戦に合わせた文学者の派遣＝〈従軍ペン部隊〉の結成を慫慂する。武漢作戦は、南京攻略を行った中支那派遣軍にとって、南京戦の汚名を挽回するために、「軍紀引き締め」に細心の注意が払われ、対外・対内宣伝の必要性がこれまで以上に意識された作戦だった[41]。現地での情報戦を取り仕切った馬淵逸雄は、「武漢作戦では殆んど完璧に近い報道陣に加へて凡ゆる文化陣までをも総動員」し、「対内外、対支対敵宣伝にある種の自信を持つことが出来た」と書く(『報道戦線』)。〈従軍ペン部隊〉とは、中国との戦争を遂行する権力が盧溝橋事件以来の経験を踏まえて構想した、情報戦争の一翼を担うプランに他ならなかった。

第二章

文学・メディア・思想戦

〈従軍ペン部隊〉の歴史的意義

1 〈従軍ペン部隊〉とは何だったのか

高崎隆治は、一九三八年八月二三日を「戦時下文学の重大なエポック」として銘記すべきだ、と主張している[1]。首相官邸内に置かれた内閣情報部の会議室で、いわゆる〈従軍ペン部隊〉計画が披瀝され、招かれた文学者たちが支持と参加を明言した日のことである[2]。高崎は、この計画こそが「後年、米英蘭を相手取り、太平洋戦争地域まで戦火を拡大させた時点で、多くの文学者を徴用し、南方へと送り込んだ国家権力が、はじめて詐欺師のような顔つきで文学者の懐柔政策に乗出した第一歩」に他ならないと指摘している[3]。

こうした議論が象徴するように、従来〈従軍ペン部隊〉をめぐっては、いわゆる〈文学者の戦争協力〉という観点から論じられてきた。一九七〇年代以来、日中戦争期、アジア太平洋戦争期の戦争文学研究を主導してきた高崎や櫻本富雄は、貴重資料の掘り起こしを含む綿密な仕事を世に送り出してきた。[4] 近年は、彼らの仕事を深化させるかたちで、個々の書き手や具体的なテクストの様相に着意した議論が登場している。荒井とみ代は「ペンしか持っていない作家が、そのペンでわたしたちに何を残してくれているか、そこから何を学ぶことが出来るかを考えたい」として、〈従軍ペン部隊〉参加者の記述を概観し、日本の対中国政策に率直な不安を書き付けずにはおれなかった岸田国士の誠実さと「痛ましさ」について述べている。[5] 田中励儀は、丹羽文雄に即して〈従軍ペン部隊〉の足取りを整理しつつ、『還らぬ中隊』（中央公論社、一九三九年）を書いた丹羽が、他の参加者たちとは異なって「あえてドキュメント的な方法を排し、本格的な小説をめざした」ことを評価する。[6] 久米依子は、吉屋信子の戦争報告文の言説が、総力戦体制下で〈女性作家〉に期待される役割を折り込む一方で、透明で一義的な意味に還元できない余白を抱えているさまをあとづけている。[7] 飯田祐子は、〈従軍ペン部隊〉ではメディア的にも吉屋と対抗しつつ、抜け駆けまがいの行動もふくめて最も華々しく活躍した林芙美子が、「兵隊さん」たちへの熱い思いをあられもなく書きつけたテクストにさえ、従軍記をめぐる期待の地平を逸脱しかねない過剰さがはらまれているさまを看取している。[8]

もとより、作家たちの残したテクストをつぶさに分析することは重要である。

けれども、それ以前に考えるべき基本的なことがらがあるとわたしは思う。まず第一に、なぜ一九三八年八月下旬の時点で、公権力による文学者の戦地派遣が構想され、実施されたのか。そして、文学者たちは、戦争が現在進行形で展開する中で、ジャンルとしての文学の領分をどのように位置づけていたか、ということだ。日本の軍や政府の情報当局は、〈従軍ペン部隊〉計画の段階で、中国との戦争が長期化することを前提に言説の管理や統制を行なおうと企てていた。そうした状況下で文学者たちは、戦争という現実とどのようにかかわり、どんな役割を担おうとしていたのか、ということだ。

そこで重要なのが、第一章で詳述したように、『麦と兵隊』登場以後、文学は、戦争遂行権力にとって思想戦・宣伝戦の一翼を担うプロパガンダとしての機能を期待され、現実に担ってしまっていた事実である。その点で、武漢作戦報道における林芙美子の名高い〈漢口一番乗り〉は、戦争報道を大きなビジネスチャンスと見た朝日新聞社が「共同制作したメディア・イベント」だったことを明らかにした佐藤卓己(9)や、武漢を「東方のマドリード」と呼ぶことで、国際的な反ファシズム運動の潮流に棹さそうとした蔣介石率いる国民政府の宣伝戦略との対抗関係を視野に入れるべきとする蒲豊彦の議論(10)はたいそう有益である。ただ、この二者の議論にしても、このときの日本の軍と政府が具体的にはいかなる報道宣伝戦略を企て、文学者や文化人に何を期待したかという検討は十分とは言えない。

以上の問題意識にもとづき、この章では、軍や情報当局の内部資料も参照しながら、〈従軍ペン部隊〉計画の背景と狙いについて検証したい。そのうえで、実際の〈従軍ペン部隊〉参加者をふくめ、この計画に対する反応や反響の言説を確認する。一般に戦時体制期の問題を検討する際には、公刊された新聞や雑誌に掲げられた言表を追いかけるだけでは不十分である。戦局や国際情勢、国内政治の動向が刻一刻と変化していく中で、検閲体制の変化や軍・情報当局による〈指導〉と称する介入・干渉など、言説の場それ自体を規制・統制する力との交渉の局面を念頭に置く必要があるからだ。言いかえれば、〈何が語られているか〉と〈何が語れなくなっているか〉とを、つねに合わせて考慮しなければならないのである。本章では、語られた言説のレベルと言説を管理・統制する側の問題意識・問題構成の双方を突き合わせて検討することで、戦争を生きた文学言説の担い手たちがどんな役割を引き受けようとし、実際のところ何を語ったり行なったりしてしまったのか、同時代の文脈に即して考えてみようと思う。

なお、この時期〈ペン部隊〉という用語は、とくに新聞紙上では、従軍する文学者・文化人・新聞記者一般を指す言葉として普通名詞的に使われる場合もあった。だが、同時代に与えた社会的・文化的なインパクトという点では、一九三八年九月に中国に向かった菊池寛、久米正雄らの文学者グループが圧倒的に重要である。よってここでは、とくに断りない限り、〈ペン部隊〉という名称は〈従軍ペン部隊〉を指すものとする。

2 武漢作戦の宣伝戦略

日本軍が一九三八年秋に実施を予定していた武漢・広東両作戦は、重慶に遷都していた蒋介石国民政府に物心両面で決定的な打撃を与え、戦争終結の契機とすべく立案されたものである。とくに、上海陥落・南京撤退後の国民政府にとって実質的な政治・経済・文化の中心だった漢口を含む武漢三鎮の攻略は、陸軍だけで一二箇師団、海軍と合わせると三五万人余の兵力が動員される、中国との全面戦争開始以来最大規模の軍事行動となった(11)。

〈従軍ペン部隊〉が、この武漢作戦時に企画されたことはよく知られている。よって、その背景と狙いを考えるためには、本格的な戦闘開始に先立って、中支那派遣軍参謀長河辺正三名で決定・発令された中支派遣軍命令「伊作戦ニ伴フ宣伝計画」(一九三八年八月四日)を見ておく必要がある(12)。後の記述ともかかわるので、少していねいに確認しておこう。「主トシテ蒋政権並其統制下ノ支那及第三国ヲ主ナル対象トシテ攻勢的ニ実

文壇總動員
漢口從軍
めざす"ペン報國"
戰爭文學の最高峰
菊池寛氏の手許で卅名人選
情報部斡旋　軍部の熱援

漢口從軍　在京文壇人

図 2-1　〈従軍ペン部隊〉関連記事
(『東京日日新聞』1938 年 8 月 24 日)。
〈従軍ペン部隊〉計画をめぐって、
内閣情報部に懇談に出向いた作家たちの写真が掲げられている。
このうち、横光利一は華北・満州方面への視察を希望するとの理由で、
実際の〈ペン部隊〉には参加しなかった。

施」するとされたこの計画は、基本的に公然情報にもとづく「一般宣伝」と、いわゆるブラック・プロパガンダにあたる「謀略宣伝」とに大別される。(13)「一般宣伝」は、さらに「対支宣伝」「対外宣伝」「対内宣伝」とに区分され、それぞれの目的と実施内容が規定された。

具体的には、「対支宣伝」では「支那軍民ノ抗日意志ヲ喪失セシメ且政略並謀略ト相俟チ漢口政権ノ倒壊ヲ誘致促進」するため、日本軍の宣撫や救恤の状況を周知させ、中国人俘虜を活用した宣伝を積極的に展開すること。「対外宣伝」では、列強諸国が中国での権益を保持するためには日本の軍事行動を支持した方が得策だという認識に至らしめるため、上海を拠点に「外人記者」の「掌握」に努めること、「好機ニ投ジ外人記者ヲ戦場ニ誘導シ戦況ノ実相ヲ把握」させるべきことが謳われた。「対内宣伝」の項では、「国民ニ対シ志気ヲ鼓舞シ希望ヲ与フルモ本作戦ヲ以テ事変ガ終結スルカノ如キ印象ヲ与フルヲ避ケ、長期戦ノ決意ヲ益々鞏固ナラシムベキ報道」を展開することに加え、「皇軍ノ勇戦奮闘ノ状況、戦場ニ於ケル将兵ノ労苦等ハ成ルベク速ニ且詳細ニ報道シテ、国民ノ奮起緊張ヲ促ス」旨が述べられている。「謀略宣伝」では、こうした活動と並行して、国民政府内部の対立を煽り、蔣介石下野を含む国民政府の弱体化、さらには内部崩壊を目途した各種の工作を行なうともされた。

以上の方針が、武漢作戦の軍事的な目的と一体的であることは見やすい。また、そもそも作戦実施に先だって、こうした詳細な宣伝計画が策定されること自体、上海戦・南京戦の経験にもとづくものと言える。この当時、中国大陸の日本軍は地域ごとに関東軍・北支那方面軍・中支那派遣軍として編制されていたが、[14]一九三八年五月の徐州作戦は北支那方面軍を主力とするものだったから、中支軍にとって武漢作戦は南京戦以来の大規模な軍事行動であった。[15]情報宣伝という観点からしても、東アジア最大のメディア・センターである上海での報道戦に直面した中支軍報道部は、彼らからすればいくつかの手痛い失敗を経て、徐州作戦を機にようやく態勢を整えつつあった。その意味で、武漢戦はこれまでの経験と学習の成果を試す格好の機会と意識されたことは想像に難くない。

そのことは、大妻女子大学図書館が所蔵するパンフレット『従軍記者ノ栞』（『中支派遣軍報道部映画関係調査資料』内。以下、『栞』と略す）の内容を見れば明らかである。A5サイズ全四三ページ、表紙に「㊙」の文字が印刷されたこの小冊子は、一九三八年八月十三日という表紙の日付から、武漢作戦時の戦争報道と報道統制の指針を提示し、徹底させる目的で作られたものと考えて間違いない。目次を繰ると、「第一　従軍記者ニ対スル希望」「第二　新聞記事取締要領」「第三　従軍記者心得」「第四　新聞掲載事項許否判定要領」「第五　戦死者氏名新聞掲載ニ関スル件」「第六　陸軍省令第二十四号ニ基ク「陸軍省許可済」ノ意義ニ関スル件」という六つの節と、「附録」として、中支軍報道部・馬淵逸雄中佐によるラジオ演説「報道戦線ニ立ツ従軍記者ノ活動」が収録されている。

この文書の立場は、冒頭の「従軍記者ニ対スル希望」に端的にあらわれている。「覚軍政権ヲ壊滅」させるための「意義深イ大会戦」にあたって、「戦争ノ目的ヲ遺憾ナク発揮スルノニハ諸君ノ報道ノ力ニ由ルコトガ極メテ大デアル」と鼓舞する字句は、単なるリップサービスではない。以下の文面を参照されたい。

〔……〕皇軍勇戦奮闘ノ状況ガ逐一迅速ニ報道セラレ国民並軍隊ノ志気ヲ弥ガ上ニ昂揚シ戦勝ノ余威ヲ敵国及第三国ニ反映セシムルコトハ従軍記者諸君ノ双肩ニ掛ル重大使命デアル、諸君ハ直接銃ヲ執テ戦場ニ立テル将兵ト斉シク国防第一線ニ立チ国策具現ノ陣頭ニ立ツ勇士デアル　諸君ノ一言一句ガ国民ハ勿論敵国否全世界ニ及ス影響ノ甚大ナルニ鑑ミ大局的見地ヨリ報道報国ノ道ヲ竭サレンコトヲ切望スルト共ニ櫛風沐雨不眠不休ノ努力ニ対シ最大ノ敬意ヲ捧グル次第デアル

「漢口攻略ノ歴史的報道戦線」に立つ記者たちは「直接銃ヲ執テ戦場ニ立テル将兵」と同じく「国策具現ノ陣頭ニ立ツ勇士」だという最上級の評価を含んだ呼びかけは、「諸君ノ一言一句ガ国民ハ勿論敵国否全世界ニ及ス影響」がきわめて大きい、という認識にもとづく。八項目に及ぶ記者たちへの具体的な要望の中にも、「機秘密ノ保持ヲ厳守スルコト」とあわせて、「皇軍ノ正義ヲ尚ビ軍紀ノ厳正ナルコト、無辜ノ民ヲ愛撫シ秋毫モ犯スコトナキコト、外国ノ権益ヲ尊重シ列国ト協調ヲ失ハザルコト等ハ対外的ニ大ナル影響アルヲ以テ此種ノ報道ヲ重視スルコト」という一節が読まれる。つまり、この

『栞』の作成者たちは、パリ不戦条約（一九二八年）以後の戦時国際法を強く念頭に置きながら、従軍記者たちの記事が翻訳され、「敵国」「全世界」に伝えられ、「対外的ニ大ナル影響」をもたらす可能性を想定しているわけだ。その前提に立って『栞』は、政府の内部資料である『出版警察報』にも掲げられた検閲コードの一部を開示しながら（第四―第六節）、従軍記者たちを軍に包摂し、一体化させようとしている。「報道報国ノ道」とは、そうしたあり方を象徴的に表現した標語に他なるまい。

しかるに、この『栞』が書かれる直近で、従軍記者の資格で取材・執筆した日本語の

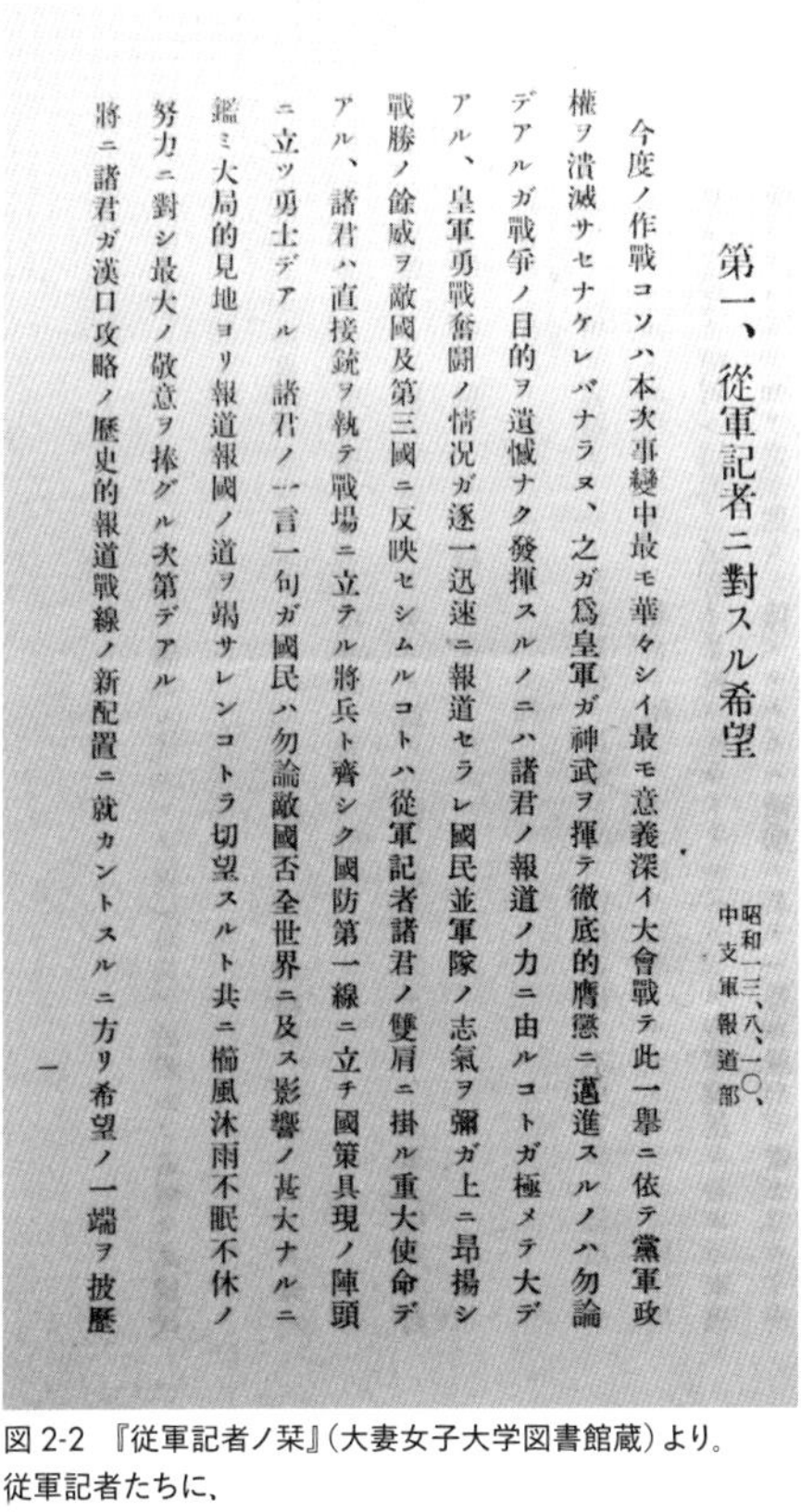
第一、従軍記者ニ對スル希望

昭和一三、八、一〇、
中支軍報道部

今度ノ作戦コソハ本次事變中最モ華々シイ最モ意義深イ大會戰テ此一擧ニ依テ黨軍政權ヲ潰滅サセナケレバナラヌ、之ガ爲皇軍ガ神武ヲ揮テ徹底的膺懲ニ邁進スルノハ勿論デアルガ戰爭ノ目的ヲ遺憾ナク發揮スルノニハ諸君ノ報道ノ力ニ由ルコトガ極メテ大デアル、皇軍勇戰奮闘ノ情況ガ逐一迅速ニ報道セラレ國民並軍隊ノ志氣ヲ彌ガ上ニ昂揚シ戰勝ノ餘威ヲ敵國及第三國ニ反映セシムルコトハ従軍記者諸君ノ雙肩ニ掛ル重大使命デアル、諸君ハ直接銃ヲ執テ戰場ニ立テル將兵ト齊シク國防第一線ニ立チ國策具現ノ陣頭ニ立ツ勇士デアル 諸君ノ一言一句ガ國民ハ勿論敵國否全世界ニ及ス影響ノ甚大ナルニ鑑ミ大局的見地ヨリ報道報國ノ道ヲ竭サレンコトヲ切望スルト共ニ櫛風沐雨不眠不休ノ努力ニ對シ最大ノ敬意ヲ捧グル次第デアル

將ニ諸君ガ漢口攻略ノ歴史的報道戰線ノ新配置ニ就カントスルニ方リ希望ノ一端ヲ披歴

図2-2 『従軍記者ノ栞』（大妻女子大学図書館蔵）より。
従軍記者たちに、
情動的な文句で軍との一体化を呼びかけている。

テクストが少なくとも「敵国」で翻訳され、「全世界」に「大ナル影響」を及ぼす恐れがあった事例と言えば、石川達三「生きてゐる兵隊」以外にはない。第一章で論じた通り、「生きてゐる兵隊」の掲載誌『中央公論』一九三八年三月号は発売禁止となったが、そのうち「差押を免れたる一部のものが支那側の入手するところとなり」、上海に拠点を置くアメリカ系資本の中国語紙『大美晩報』紙上で抄訳され、「反日、抗日の宣伝に使用」された（内務省警保局『出版警察報』第一一二号、一九三八年四―六月分）。こうした状況に対抗し、芥川賞受賞直後の玉井勝則伍長＝火野葦平を中支軍報道部に引き抜いたのが、「附録」の講演者たる馬淵逸雄に他ならなかったことも、さきに述べた通りである。

ところで、〈従軍ペン部隊〉の創設をめぐっては、当時、陸軍中央で陸軍省新聞班のメンバーだった松村秀逸陸軍中佐による発言がある。九月三日、東京日日新聞・大阪毎日新聞社が主催した日比谷公会堂での「従軍文壇人壮行講演会」の席上で陸軍を代表して「激励の辞」を述べた松村は、〈従軍ペン部隊〉のアイデアは「昨夏七月頃か八月頃の中央公論か改造に林房雄氏の戦争文学についての文章中に文士を戦線に出してほしい」というくだりを見つけ、面白い考えと思ったので自分があちこちに「進言」したことが「導火線」となった、と述べている（「世界の作家たれ　戦線と銃後を結ぶ筆の力」『東京日日新聞』一九三八年九月六日）。ここで松村が言及したのは、内容から判断して林房雄「国策と文学」（『改造』一九三八年六月）を指すと見てよい。林自身も、「漢口従軍のことは、半年ほど前に、僕が陸軍軍人の前で発言したことが動機になつてゐると伝へられてゐる」と、自らが発案者と認めるような一文を残している(「内輪話」『文学界』一九三八年一一月)。だが、いつもの彼に似合わずいまひとつ歯切れが悪いのは(しかも松村と林の発言内容には食い違いがある)、単に彼が〈従軍ペン部隊〉の選に漏れたからなどではなく、似たような発想がすでにあちこちで語られていたからだろう。林が『改造』に書いた同月号の『新潮』で岡田三郎は、いちはやく〈大日本陸軍従軍画家協会〉を結成した美術サイドの動向を例示しつつ、「軍方面と協力して行ふ」「団体的行動」を提案している(「文芸時評」『新潮』一九三八年六月)。芥川賞授賞式をきっかけに戦地で火野と親交を深めていた小林秀雄は、「僕が若し役人なら日支事変報告製作の為に一流文学者を総動員する」「観察にも文章にも熟達した一流文学者を続々とたゞぶらりと支那にやつてみるがよい」と書いてしまっている(「支那より還りて」『東京朝日新聞』一九三八年五月一八日―二〇日)。結果的に〈従軍ペン部隊〉のメンバーが「一流文学者」だったか否かは大いに議論の余地があろうが、小林の発言が実際の計画に最も近いように思える。

現在とは異なり、文学者の従軍取材が決して珍しくなかったことは、考慮に入れておくべきだろう。おそらく、この時期の文学者たちにとって、従軍取材は、自らの創作活動とも深く関係すると意識されていた。日清戦争時の国木田独歩・正岡子規、日露戦争時の田山花袋の例だけではない。ヨーロッパにおける第一次世界大戦の悲惨な戦場を描いたエーリッヒ・レマルク『西部戦線異状なし』は一九二九年に、ハンス・カロッサ『ルーマニア日記』は一九三六年にそれぞれ日本語に訳され、知識人読者の間で話題を呼んでいた。日本におけるプロレタリア文学運動の重要な出発点である雑誌『種蒔く人』（土崎版は一九二一年二月創刊）が、フランスの詩人・小説家アンリ・バルビュスの反戦運動に強い影響を受けていたことは周知の事実である。坂口博によれば、若き火野葦平も、一九二八年の最初の軍隊生活の時期には、「軍隊批判・戦争反対の立場」から第一次世界大戦後の反戦詩の翻訳と紹介を行なっていた[16]。

もちろん、戦場や戦地を取材した結果、何を書くか／何が書けるかは別の問題である。しかし、当時の文学者たちにとって、中国の戦場に触れること、中国で日本軍兵士たちの生の声を聴くことが、一つの文学的な挑戦と見えていたことは推測できる。だからであろう、武漢作戦以前の段階で、軍と直接コンタクトを取り始めていた文学者たちもいたようだ。尾崎士郎は、通俗大衆作家たちが軍部と協力するための会合や、榊山潤を中心とする文士派遣のプランがあったらしいことを伝えている（「漢口へ行く前の感想」『新潮』一九三八年一〇月）。菊池寛も、〈従軍ペン部隊〉人選に当たって、「他の計画から合流した人が二、三人ある」とする（「話の屑籠」『文藝春秋』一九三八年一〇月）[17]。少なくとも同時代の言説を追うことで見えてくるのは、現地軍である中支軍報道部の〈成果〉に対抗するかのような陸軍中央の情報関係者たちの動向だけではない。文学者たちの側も、かなり積極的に自分たちの売り込みを図っていたらしいのだ。

以上の経緯を踏まえると、一九三八年七月下旬に発表され、社会現象とも言えるブームを巻き起こした火野葦平『麦と兵隊』が、当時の軍や政府と文学の書き手それぞれにどんなインパクトを与えたかも了知されよう。ひとまず前者について言えば、武漢作戦の時点で火野葦平と『麦と兵隊』は、中支軍報道部がプロデュースした最大のスターであり、ヒット商品であった。『紙弾』（一九四三年）は、中支軍報道部の後身である支那派遣軍報道部が活動の事績をまとめた部内の記念誌だが、その中には、武漢作戦当時の佐藤賢了陸軍省新聞班長（兼大本営陸軍部報道部長）が、大々的な報道キャンペーンを行なうために各方面と協議を重ねていたこと、中支軍からは馬淵逸雄が現地案を携えて打ち合わせに臨んだこと等が記述されている（岩崎春茂「武漢作戦の報道」）。実際に、武漢作戦全体の宣伝方針に中支軍の経験やノウハウが重視されたことは、内閣情報部のまとめた「漢口作戦ニ伴ヒ政府ノ行フベキ宣伝方策」（一九三八年八月二九日付）が、構成・内容ともに先掲の中支軍による計画を踏まえていることからも明白である。[18] 馬淵は、著書『報道戦線』（改造社、一九四一年）で、軍のスポークスマンの立場から、「武漢作戦の記録を国民的記録として後世に伝へんがため」日本国内の「凡ゆる文化陣」の動員を企てたと回顧しているが、この時点で火野『麦と兵隊』が、軍の庇護下で文学言説の書き手を従軍させ、テクストを生産させた貴重な成果であり、前例となる実績と見なされていたことは確実だろう。[19]

大本営が陸海軍に武漢攻略を下命したのが八月二二日、翌二三日午後には、内閣情報部と菊池寛以下一二名の文学者との会合がセッティングされた（「文壇人起つ　銃後文芸指導」（『東京日日新聞』一九三八年八月二三日）。軍や政府の当局者にとって、文学者・文化人を活用した宣伝工作は、間違いなく作戦行動の一翼を担うものだったのである。だが、それはいったいどういうことなのか。

3 思想戦と文学者

〈従軍ペン部隊〉計画を考える上では、どの時点で誰が発案し、誰が企画や稟議の書類を作り、誰が決裁したかという経緯を確認するだけでは不十分である。まず問うべきは、この時点で軍や情報当局が文学者・文化人に何を期待し、どんな役割を配分しようとしていたか、ということだ。そこで、〈従軍ペン部隊〉に手向けられた激励の言葉を参照してみよう。

陸軍省新聞班の鈴木庫三は、「一流の文士諸君が奮つて従軍を志願し、得意の筆によつて報国の誠を致さうといふ企ては国を挙げて聖戦を遂行してゐる今日甚だ結構な事である」としつつ、「従軍したからとて、直にその役目が済まなかつたら済まなくとも吾等は敢て催促がましいことを言はないつもりだ」「従軍の意義は文士諸君の作の何処かに現れて将来の人間陶冶に資するに相違ない」とコメントしている（「漢口従軍を前にして従軍文士に期待」『東京朝日新聞』一九三八年九月三日）。内閣情報部書記官の川面隆三も、長期戦に入りつつある重大時期に文学者に現地を視察してもらって、「民心の高揚と正しい思潮を培かふ為に尽くしてもらふつもり」だが、「何も行つて来たからといつて直ぐどうしてくれのこんな物を書いてくれのと注文などしはしません」「何十年か先に文学上の効果が現はれるのでもいゝ」と述べている（「漢口戦線へ筆の進撃　菊池、久米、吉屋氏等先ず決定」『都新聞』一九三八年八月二四日）。何とも気の長い話だが、具体的な要望を述べたものもある。先にも紹介した松村秀逸は「銃後と戦線」が「がつちりとスクラムを組んで」進むためにも、従軍文士には「ペンの力で楔となつていたゞきたい」「銃後と戦線をかたく縛りつける紐となり帯となつてほしい」と発言する（前出「世界の作家たれ　戦線と銃後を結ぶ筆の力」）。海軍省軍事普及部の松島慶三は、海軍の立場からいろいろ注文もあるが「今まで概ね国民の視野の外で活動してゐる関係者、多数の無名戦士の働きが伝はりきらぬところが多くある」から、海上制圧の意義や江上部隊の苦しみ、陸戦隊や航空部隊の武勲の蔭の努力などを誤りなく伝えて欲しい、とする（「百万大軍の支援　天地に文化の暁鐘を鳴らせ」『東京日日新聞』一九三八年九月六日）。類似の文言は〈従軍ペン部隊〉メンバーの複数人が書き留めているので、軍・情報当局側から繰り返し強調されていたと推測できる。

　だが、これらの発言には、どうにも既視感がつきまとう。まずもって想起されるのは、火野葦平による『麦と兵隊』「前書」と、単行本版巻末に収録された中支軍報道班高橋少佐による「「麦と兵隊」所感」である。そこで火野は「此の壮大なる戦争の想念の中で、なんにもわからず、盲目のごとくになり、例へば私がこれを文学として取り上げる時期が来ましたとしましても、それは迥か先の時間のこと」で、「戦争について語るべき真実の言葉を見出すといふことは、私の一生の仕事とすべき価値のあることだと信じ」ている、と書いていた。しかし高橋は、まるでその言葉を打ち消すように、自分は「玉井を連れてゆく時には別に何にも註文はしなかつた」にもかかわらず、彼がやむにやまれぬ思いに突き動かされて書いた『麦と兵隊』は「純乎たる戦争文学」となった、と言挙げしている。ちなみにこの高橋少佐は『麦と兵隊』で、記者発表をしながら、新聞報道でニュースにならない戦闘にかかわる「惨憺たる苦労」「言語に絶する犠牲」にも注目せよ、と語っていた人物でもある。松本和也は、その場面を「〈戦場〉の描き方／読み方」にかんする「読解のコード」を自己言及的に語ったものと看破したが、[20]一方でそれは、軍の報道担当官の立場として、同時代の戦争報道・戦場報道にどんな情報が欠けているかという認識を物語ったものでもあろう。

すなわち、『麦と兵隊』を含め、〈従軍ペン部隊〉を取り仕切る側の人間たちは、ほぼ同じことを語っているのだ。陸海軍と政府の情報当局は、企画趣旨にかんして、『麦と兵隊』の線で事前調整を行なっていたとみて間違いない。むろん、対象・地域・主題について特に指定はしないし、文学的成果を早急に求めないというコンセプトが明言されたことは、決して書くことの自由／書かないことの自由を意味しない。それでも「生きてゐる兵隊」事件の記憶が生々しいなか、むしろ文学言説の側に寄り添うような振る舞いは、文学者・文化人の警戒を和らげる格好の誘い水となった。

ただし、状況を見れば、別に注文をつけなくても〈従軍ペン部隊〉参加者たちが何かを書くだろうことは明らかだった。陸軍班長の久米正雄が学芸部長を務めていた『東京日日新聞』は、『大阪毎日新聞』とともに陸軍班の一〇名、海軍班の七名と契約、「現地ルポルタージュの執筆通信」を掲載すると告知している（「十七氏本紙に執筆　文壇部隊従軍報告」一九三八年九月一六日）。これに先だって『読売新聞』は、川口松太郎、丹羽文雄、尾崎士郎、片岡鉄兵、佐藤春夫、白井喬二が「現地からの生々しい便り」を寄稿すると宣伝している（「颯爽・ペン部隊出陣」一九三八年九月一二日）。林芙美子と東西の朝日新聞社との関係はつとに佐藤卓己が論じた通りである。(21) 従軍作家二二名の壮行会は中央公論、改造、日本評論、新潮、主婦之友、講談社、松竹、東宝、新興といった名だたるメディア企業の共催として行なわれ、出発時には松竹、東宝、日活の俳優陣が顔を揃えていたので、映画会社とも何らかの契約があるに違いないと勘繰られてもいた。つまり、軍や情報当局と同様に、メディア企業の側も、南京戦・徐州戦の〈経験〉を蓄積していたのである。そうでなければ、武漢戦が「戦線に活躍した記者も千名以上」にのぼる「報道戦史上特筆すべき」（馬淵逸雄『報道戦線』）作戦になるはずがない。だから、〈従軍ペン部隊〉計画それ自体が、メディア企業どうしの激烈な報道合戦を見越して練り上げられていたと考えた方が適切だ。少なくとも一九三八年秋の段階で、戦争を遂行する権力は、こうした競争を通じて国内メディアを統御するすべを、すでに自家薬籠中のものとしていた。

では、道義的にも契約的にも書く責務を負ってしまった〈従軍ペン部隊〉参加者たちは、実際には何を、どう書き得たのか。そこで注目したいのが、先に見た松村秀逸の「ペンの力」で前線と銃後の「楔」となれ、という発言である。この場合の「楔《くさび》」は、語義としては「二つの物事を強く結ぶもののたとえ」という意味である。しかも、この比喩は、いわゆる従軍記者たちとの役割分担を示唆してもいる。前節で触れたように、『従軍記者ノ栞』は、戦線の報道記者たちを軍と一体的な存在と位置づけていた。馬淵逸雄は、国内メディア向けにも、将兵と従軍記者は「生死苦楽を共にする戦友」だと持ちあげていた（「戦線に活躍する従軍記者」『文藝春秋』一九三八年一〇月）。その一方で、佐官待遇の軍属として戦地に向かうことになった〈従軍ペン部隊〉のメンバーが、現地に到着後、戦跡めぐりにかなりの時日を費やしたのは、ゆえないことではない。[22] 第一線の攻防に集中しがちで、基本的には速報性を重視する報道記者たちがフォローしきれない後方部隊の活動や過去の軍功の顕彰、占領地での宣撫活動の苦労や「建設」に向けた課題と覚悟を言語化し、各種メディアに掲げること。〈従軍ペン部隊〉参加者の思いはどうあれ、彼女ら彼らにまず求められたのは、前線と銃後との物理的な距離を心理的な距離としないための言葉であり、現地軍の多面的な活動を〈顔が見える〉ものにし、銃後の読者に理解させることだった。言い換えれば、帝国の版図を超えていびつに膨張してしまった日本社会を、前線、ロジスティクス、銃後の三者を包含するかたちで、切れ目なく再統合する物語なりキャラクターなりキーワードなりを生産することが期待されていたのだ。

『麦と兵隊』について壺井繁治は、「作家は物事を長い眼で見て行くが、新聞記者は短い眼で手取早く片づけて行く」と書いた（「長い眼と短い眼」『日本学芸新聞』一九三八年九月一日）。

文学の言葉の〈遅さ〉を強調した内容だが、この発言はじつに示唆的である。従軍報道記者との差異化において、文学者や文化人の言葉が担うべき役割が、あくまで速報性を重視するジャーナリストたちの活動との差異において言語化されているからだ。そしておそらく、戦場での日常性にスポットを当てた『麦と兵隊』や、銃後の弟に宛てた書簡という体裁をとった『土と兵隊』（改造社、一九三八年）は、まさにそのような狙いを実践したテクストと意識されたことは間違いない。

加えて、こうした発想は、内閣情報部が前身の内閣情報委員会時代から議論していた思想戦の方向性ともぴたりと符合している。この時期に構想されていた思想戦の基本的発想を理解するには、前出の中支軍による対敵宣伝戦略を反転させてみればよい。情報委員会の部内資料『時局宣伝資料　国防と思想戦』（一九三七年八月一五日）には、「国家総動員」で戦われた第一次世界大戦では、「国家の結合を破壊し、思想的に敵国を崩壊に導く」思想戦の地位が高まり、連合国は宣伝と経済的圧迫によってドイツを「内部より崩壊せしめ、以て戦意を放擲するに至らしめた」という認識が語られている。だからこそ、思想戦の目標は、何よりも「国民の不安」「民心の動揺」を抑え、「国民が戦争の汎ゆる苦痛と不安とを克服し」「戦捷に向つて一路邁進する鞏固なる国民の精神的団結を確持」することに置かれることになったのである（前掲『国防と思想戦』）。事実、中園裕によれば、日中戦争期の「検閲標準」では、対中国政策にかかわる政府部内の混乱や対立、政府に対する国民の不信を感じさせる記事を極力排除する方針が立てられていた[23]。

当時の内閣情報部長・横溝光暉は、〈従軍ペン部隊〉企画は陸海軍側から持ちあがり、内閣情報部が「斡旋役」だった、と言う（「漢口へ、漢口へ　剣はペンと同じ鉄から成る」『東京日日新聞』一九三八年九月六日）。各省庁間の情報部局の連絡調整役として当然の職務ともいえるが、山下聖美は、「文壇人従軍関係費受領証」（日本大学芸術学部図書館蔵）という資料から、九月六日に行なわれた首相官邸午餐会の際、〈従軍ペン部隊〉メンバーに各七〇〇円の支度金が支払われたこと、その予算の醵出先が内務省、陸軍省、海軍省、内閣情報部の四者だったことを明らかにした[24]。メディアコントロールを所管する内閣情報部や治安維持を司る内務省が主体的に参与する理由は大いにあったわけだ。

さらに言えば、当時の日本の情報当局者たちからすれば、文学者とはどうにも厄介な存在でもあった。石川達三の事件だけではない。ちょうど上海で石川のテクストの抄訳が掲載されていた最中の一九三八年三月二六日、日本プロレタリア作家同盟の最後の書記長だった鹿地亘が武昌に到着していた。一九三六年に上海に渡っていた鹿地は、周恩来、郭沫若らの推薦で国民政府軍事委員会より招請を受け、政治部長・陳誠から政治部少将設計委員会委員の辞令を交付されたのである[25]。このあと鹿地は、当時のパートナーだった池田幸子とともに、漢口で開かれた「抗敵文芸家協会発会典礼」に日本人反戦作家として参加する他、国民政府部内で「文化領域の戦時動員機構」とされた政治部第三庁（郭沫若庁長）に所属、対敵（対日本人）宣伝の作成や、日本人捕虜の反戦教育活動に参与した。鹿地は、一九三八年七月発行の夏衍による「生きてゐる兵隊」中国語訳

『未死的兵』にも、ファシズム批判の立場から、石川のテクストを評価する序文を寄せている。(26)

興味深いことに、こうした鹿地の動向は、日本語の国内メディアでも逐一報じられていた。鹿地の漢口到着直後の三月二九日には、早くも『読売新聞』夕刊が中国語新聞の記事を紹介するかたちで、その動静を伝えている（「プロ作家の鹿地亘　漢口で奇怪な演説？日本女性と二人で現る」）。翌日付の『都新聞』は、鹿地が漢口で「全国文芸会抗敵協会」成立大会にて反戦演説を行なったこと、「或は彼の交友たる支那側急進分子のために自由を奪はれ半ば自暴自棄に陥」ったのではないか、という観測を記している（「漢口に邦人二名作家鹿地亘と内妻　抗敵文芸会で演説」）。自分たちの側は中国のあちこちに傀儡政権を作っておいて、いざ中国側に協力する日本人が出現すると慌てふためくというのは二重基

抗日支那に躍る國賊！鹿地亘夫妻
八ッ裂きなほ足りぬ
賣國演說と論文
署名入りの新聞雜誌外務省へ
更に謎の二人物登場
デマ爆撃の勇士

図 2-3　鹿地亘の動静にかかわる記事
（「抗日支那に躍る国賊！ 鹿地亘夫妻　八ツ裂きなお足りぬ
売国演説と論文」『読売新聞』1938 年 4 月 23 日）。

準もいいところだが、このあとも鹿地の活動は、「国賊」という最上級の侮言で修飾されながら、度々紹介されている（例えば、「抗日蔣政府一員に　国賊鹿地亘が任命さる」『読売新聞』一九三八年四月六日、「売国奴作家　この醜状」『東京朝日新聞』一九三八年四月二三日）。「抗日支那に躍る国賊！鹿地亘夫妻　八ツ裂きなお足りぬ　売国演説と論文」（『読売新聞』一九三八年四月二三日）には、のちに漢口から日本語のラジオ放送を担当することになる長谷川テルの名前も掲げられていた。

鹿地亘の姿は、この時期の小説テクストにもしばしば登場している。少し後になるが、鹿地のかつての同志・山田清三郎は、明らかに鹿地をモデルとした小説「嵐の蔭に」（『文学界』一九三八年一二月）を発表している。そこで山田は、「木崎透」の名前で鹿地を登場させ（しかも山田は「転向をあきらかにして実刑をゆるされた木崎が、偶々勃発した事変の発展の中で、祖国に弓をひくことになつたのは、運命の皮肉でなくして何だらう」と書いている）、もはや死をもって償う以外に「日本人に甦る」道はない、と訴えかけていた。気になるのは、山田のテクストが、鹿地の上海脱出の経緯や国民政府部内での活動を、かなり正確に押さえていることだ。同様のことは、やはり鹿地の同志だった立野信之『後方の土』（改造社、一九三九年）にも言える。作中で自身を仮託しただろう人物に（鹿地と同音の）「梶」という名を付した立野は、鹿地亘と思しき人物を（鹿地の最初の妻・河野さくらと同姓の）「河野和夫」と名付けたうえで、受動態の表現を用いて、彼は「敵方の宣伝に利用されて」いると書きつける。さらに立野は、鹿地が日本軍の漢口占領直前まで「抗日宣伝」に従事し、中国語・日本語で書かれた『抗日宣伝標語集』というパンフレットの作成にかかわったこと、漢口市内「到るところの壁に十年まへ日本で流行した左翼口調の宣伝標語が日本語で書かれて」いたことなど、かなり立ち入った記述を残している。

もちろん、当時の鹿地の活動が、現地の日本軍将兵を大きく揺さぶるものだったとまでは言えない。しかし、日本の情報当局は、治安維持法違反による執行猶予期間中に日本を脱出し、中国で公然と日本の戦争に反対する活動を開始した鹿地の存在を重視し、その動向に神経を尖らせていた。もちろん、こうした注視の背景に、一九二八年三月のナップ（全日本無産者芸術連盟）創設時からの中心メンバーであり、一九三二年一月には小林多喜二の紹介で日本共産党に入党、翌年に小林が拷問で殺害された後には、小林を継いで日本プロレタリア作家同盟書記長の地位に就いたという彼の経歴が強く意識されていたことは疑えない。日本政府は、外交ルートも活用しつつ、中国での鹿地の言動や活動を執拗に追跡していた。山田や立野がそうした情報に接触していた可能性は否定できない。

米谷匡史は、「一九三〇年代半ばの上海には、「帝国」のメディアがその外部に通じる境界領域があったのであり、日・中文学者の文化運動が双方向的に連携していくようなネットワークが生まれつつあった」と論じている。[27] 「運動」「ネットワーク」と呼べるほど持続的で組織的な動きだったかは留保が必要だと思うが、いずれにせよ大事なことは、まさに「生きてゐる兵隊」事件が露呈させたように、つねに〈移動〉と〈翻訳〉の窓は開かれていた、ということだ。実際に鹿地亘や青山和夫は、当時の中国で日本語のラジオ放送や総合雑誌などをもとに日本の国情分析を行なっていた、と証言している。[28]少なくとも武漢作戦時の日本の戦争遂行権力が、日本語の言説が国外で翻訳され流通する可能性を前提としていたことはさきに述べた。当然ながら、書物というモノや、発信される電波に乗って流通する言説の受容圏は、現実の国境と重なってはいない。いかなる権力もメディア空間での情報の拡散と流入を完全にコントロールすることはできない。その意味では、重慶の政府も東京の政府も、お互いに手の内が見られていることは百も承知だったのである。先に挙げた山田や立野にしても、ていねいに読んでいくと、自らのテクストが鹿地本人に読まれることを期待しているのではないか、と疑えるような言いまわしも登場する。だが、当時のメディア状況を考えれば、そうした期待を持ったとしても、あながち荒唐無稽とは言えなかったわけだ。

そこから推せば、武漢作戦への石川達三の再従軍も、単なる温情的措置ではないことも見えてくる。中央公論社から再び声をかけられた石川にとっては、「名誉恢復の唯一の好機」であり、「前の失敗をとりかへし過ちを償ふ意味」を持っていたのかも知れない(石川達三『結婚の生態』新潮社、一九三八年)。別のところでは、「僕は必ずしも前の筆禍の雪辱を目指して再従軍をした訳ではなかつた」「私的な雪辱ならば再従軍しなくとも他の方法があつたらう」と書いてもいた(石川「大江賢次君に　従軍作家の使命に生きむ」『読売新聞』一九三八年一一月三〇日)。だが、それはあくまで石川達三の側の論理である。のちに石川は、この件について「裁判中の人間は、外国旅行を許さないのが当然」だが、「私が二度目の従軍を願い出ると、陸軍報道部では文句なしに許可してくれた」「それを裁判所に言うと、『正式にはダメだが、軍が許可しているなら大目に見ましょう』と認められた」と語っている。[29] この発言を根拠に、「陸軍では「生きている兵隊」を、どうやらほとんど問題にもしていなかった」のではないか、という声さえあるが[30]、陸軍はそれほどご迂闊でも寛容でもないだろう。

軍や情報当局にとって、再び『中央公論』で石川に戦争を書かせることは、とくに中国側に向けて、石川が反戦作家ではまったくないことをアピールする絶好の機会だったと考える方がはるかに合理的である。秋田県立図書館が所蔵する石川達三書簡は、石川の二度目の従軍が軍主導で行なわれたことの有力な証拠である。石川は、中央公論社の編集者に宛てて、上海到着後も「報導部」が「文句なしに便宜をはかつてくれ」たこと、従軍に際して「火野葦平がビールを抜いて祝つてくれ」たことを書き送っていたのである。[31]『報道戦線』の馬淵逸雄は、「生きてゐる兵隊」で、「残忍な場面が当局の忌諱に触れた」石川達三が、『武漢作戦』(『中央公論』一九三九年一月)で「見事に名誉を恢復した」と書いた。このことは、「どうやって検閲を逃れるか」を第一に考え、戦略・政略の全体性を描くことで「ロマン」を完全に排除した『武漢作戦』が、彼らのもくろみを満足させるものだったことを証し立てている。[32]

4 〈従軍ペン部隊〉の歴史的意義

日本の軍や政府にとって〈従軍ペン部隊〉計画は、『麦と兵隊』の成功をモデルとしながら、「生きてゐる兵隊」事件が露呈させてしまった文学テクストの秩序攪乱的な可能性を懐柔し馴致することを目指した試みと位置づけることができる。その際文学者は、前線部隊に追随するジャーナリストたちとは異なる役割とフィールドを割り当てられた。具体的には、速報主義に傾斜したメディア企業の論理に束縛されがちな報道記者たちがカバーしきれない戦場の多面性・多元性を、戦争報道とは質の異なる言説として登記していくことが求められたのである。さらに陸軍は、武漢作戦と並行して実施されることが決まった広東攻略戦に、再び火野葦平を送り込む。火野の回想によれば、軍命で書きはじめ、久米正雄によって勝手に『海と兵隊』と名付けられてしまった従軍記は、明らかに『麦と兵隊』のスタイルを踏襲した日録体のテクストであった[33]。

では、肝心の文学者たちは、『麦と兵隊』以後の状況下で、〈従軍ペン部隊〉構想をどう受け止めたのか。ちなみに、発案者側のキーワードだった思想戦という語は、一般に知られていない言葉ではなかった。つとに、一九三四年の陸軍パンフレット『国防の本義と其強化の提唱』でもその語は使われていた。ジャーナリストの伊佐秀雄は、新聞を「最も有効なる思想戦の武器」にすべきと主張する論説で、軍や情報当局と同様の宣伝観を書きつけている（「戦争、宣伝、新聞」『日本学芸新聞』一九三八年九月一日）。だが、自己の著作が「対内宣伝」として活用されていることに自覚的だった火野葦平は別として（「石川達三・火野葦平対談」『中央公論』一九三九年一二月）、管見の限り、〈従軍ペン部隊〉に関係した文学者たちが思想戦の論理を参照した形跡は見られない。

とはいえ、ごうやらそれは意図的なずらしではないとわたしは思う。というのも、〈従軍ペン部隊〉計画をめぐる文学者たちの反応は、〈何をするのか〉ではなく、〈誰が行くのか〉という一点に集中したからである。『都新聞』の取材に応じた菊池寛は、「始め四五人だけと思つたから私の極く親しい知人だけに頼んで行つて貰ふ積りでゐた」のだが、「廿人まで行けるといふことになつたんで、慌てて文壇総動員の形で五十通ばかり勧誘状を出した」と語った（「ペン部隊顔触れ決る廿二名　面会謝絶で出陣準備」一九三八年八月二七日。ただし、菊池は『東京日日新聞』一九三八年九月六日付の記事「負傷兵の血」では「四十人ばかりに通知を出した」とも言っている）。

新聞報道ベースでその後の経緯を確認すると、何しろ急ぐ必要があったので、従軍希望の返信が届いた三五名をリスト化し、菊池自身が二五日午後五時に内閣情報部に提出、二六日午前一〇時から開かれた内閣情報部と陸海軍関係官による会議の席上で二二名の決定を見た、ということのようだ。だから、広津和郎に宛てて「僕は行きたいといふ希望を答へて置いたが、君も是非行け」と手紙を書いた宇野浩二や、勧誘状を見て「全く思ひがけない幸運」に「胸が躍つた」という広津和郎のように、従軍希望の返事を出しながら「糠喜び」に終わったという書き手が続出した（広津和郎「漢口行きの人選　残念だが止むを得ぬ」『都新聞』一九三八年八月二九日）。萩原朔太郎のように病気療養のために「返事を一日遅らせたお陰で人選からオミットされた」と嘆く者もいた（「文士の従軍行」『東京朝日新聞』一九三八年九月三日）。あまりの反響の大きさに、陸軍部内では、選に漏れた「一流文壇人」のうち、里見弴、宇野浩二、広津和郎、川端康成、阿部知二、山中峯太郎の六名を派遣するプランがあると報じられたり（「文士部隊に第二次動員令」『都新聞』一九三八年九月一日）、長谷川伸や甲賀三郎らが「ペン部隊第二陣出陣に備えて〝文士健脚部隊〟を結成」し、奥多摩でメディア向けのパフォーマンスを披露したり、というおまけもついた（「ペン部隊の第二陣が従軍前に「足」の猛訓練」『都新聞』一九三八年九月三日）。中支軍報道部ともコネクションがあるせいだろうか、ひとかどの事情通を気取る大宅壮一は「経済的に恵まれることの少い純文学系の中堅や新人乃至は批評家」たちを念頭に、人選の範囲を広くすれば「志望者はまだ〳〵多くなるだらう」という観測を述べてもいた（「文士の大陸進出　漢口戦への大量従軍について」『東京日日新聞』一九三八年八月二七日）。

かような状況だったわけなので、「内閣情報部及び陸海軍当局の計画は全文壇人をこぞつて感激の嵐に捲きこみ従軍を願ふものが殺到した」という観測は、戦争報道ならではの大仰な誇張とは言えないだろう（「従軍作家廿二氏決る　来月中旬、勇躍戦地へ」『読売新聞』一九三八年八月二七日）。実際に、海軍が長谷川伸や中村武羅夫ら、大衆文学・通俗小説作家を中心とする第二陣を組織、広東方面に派遣している。もちろん、ことの性質に鑑みれば、この企画への反対や躊躇は沈黙の形で表明する他なかっただろうことは、割り引いて考える必要がある。また、周知のように武漢作戦には、画家、音楽家、映画人、写真家など多くの芸術関係者が従軍している。しかし、その中でも文学者グループの積極性とメディアへの露出の量は際立っている。

こうした積極性の背景に、国家による文学（者）の承認という受け止めが作用したことは疑えない。感激のあまり舞い上がってしまったのだろう久米正雄は、今回の計画は「直に血と火の出る直接さで、吾々の筆を役に立てやうとの企図」であり、内閣情報部・陸海軍当局が「これほどまでに文士を役に立たせてくれやうとは」思わなかった、と書きつける（「文壇部隊出動　鉄火の洗礼」『東京日日新聞』一九三八年八月二七日）。このあと久米は「悲壮な声を張上げて「靖国神社で会はう」と仰つしやつたほど」興奮していたとは吉屋信子の少々意地の悪い観察だが（「日本女性の覚悟」『東京日日新聞』一九三八年九月八日）、別に久米だけが突出していたわけではない。〈従軍ペン部隊〉計画によって、「国家が文芸に対する政策をはじめて積極的な形であらはしはじめた」（無署名「五行言」『文芸』一九三八年一〇月）こと、「政府も、文芸家の存在を、嘗て示したことのない程度の関心を以て認識し出した」（上泉秀信「ペン部隊に望む」『東京朝日新聞』一九三八年八月二九日）ことを歓迎する論調は少なくなかった。

日中戦争以前の「文藝懇話会」や文芸統制をめぐる議論を知る立場からすれば、どうにも釈然としない展開ではある。確かに、これに先立つ一九三四年、小松清がフランスにおける知識人の反ファシズム運動を紹介したことから始まった「行動主義文学論争」

は、何ら文学的な成果は生まなかった。だが、一連の議論では、当時の内務省警保局長・松本学が直木三十五と構想した官制アカデミー「帝国文芸院」に対する違和や、貴族院議員に転じた松本が三井財閥の資金を導入して文学者の包摂を図った「文藝懇話会」を牽制するという問題意識は共有されていた。少なくとも一九三五年前後の段階では、国家権力による文学への介入・干渉と見える動きをよしとしない立場からの発言が、それなりに力を持っていたのである。(34)

だが、あらためて事態を文学者の側から考えてみよう。そもそも文学言説やその担い手にかかわる情報が、新聞のトップニュースを飾る事態が〈従軍ペン部隊〉以前に何度あっただろうか。『麦と兵隊』の成功に気をよくした軍・政府の情報当局が、文学者の発言は「全国民の心理傾向に極めて重要な関係を持つてゐる」と認めてくれたのである(無署名「漢口戦線へ筆の進撃 菊池・久米・吉屋氏等先ず決定」(『都新聞』一九三八年八月二四日)。小沢節子は、「たとえば、絵画であれば、戦争画=同時代の国家的な出来事を記録する歴史画を描くことは、画壇という狭い世界で生息してきた日本の画家たちにとって、いままでにない「公共性」への挺身と、その見返りとしての社会的な承認を意味した」と書いたが、文学においても基本的に同断と言える。(35) むしろ、一九二〇年代以来、文学の主題として「社会」を意識し続け、「社会」との密接なつながりを切望し続けてきた文学者たちの方が、いっそう強くそれを実感していたのかも知れない。

何とも暗澹たる気分にさせられる話ではある。もちろん、どんな時でも現場を見たがるのが文学者の性なのだと一般化して語ることはできる。小谷野敦が言うように、日清戦争にも日露戦争にも文学者は従軍していたのだから、驚くには当たらないと言えば言えるのかもしれない。(36) しかし、国家総力戦たる日中戦争と日清・日露戦争とでは、情報メディアの規模と速度や産業基盤が決定的に異なっている。日露戦争当時には、この当時の『大阪毎日新聞』『大阪朝日新聞』のような、日刊一〇〇万部を超える規模の新聞メディアなどはなかった。『キング』や『主婦之友』のような影響力のある大衆的なメディアもなければ、総合雑誌、青年雑誌、大衆雑誌、女性雑誌というジャンル化されたメディア間の激しい競争も存在しなかった。

加えて、国家機構や政策プロジェクトの下請け化を社会的な承認と取り違えていく文学の書き手たちが、自分たちの有用性を訴える言葉の中で、それまでの立論の軸を明らかに移動させてしまっていたことを見逃してはならない。〈従軍ペン部隊〉計画は「国民の感情生活と時代の国民精神との最も尖端に立つべき自負をもつ文壇人が、高揚された国民精神を最もよく表現してゐる前線の現実と空気を身をもつてふれる覚悟をしたところに十分な意義がある」とした『東京日日新聞』の社説に呼応するかのように(「無署名「文壇人の出陣と議員団の国境視察」『東京日日新聞』一九三八年八月二五日)、『新潮』の匿名時評欄「スポット・ライト」は、「国民の感情に一番親しく働きかける職能を持つてゐるのは、文学者である」(『新潮』一九三八年一〇月)と書いてしまう。文学者の書く言葉が、「国民」の心情や思いを代弁すると言いたいのだろうが、それにしても文学の書き手は、いつからそんな立派な「職能」を持ち始めたのか。

興味深いことに、その徴証として持ち出される事例が『麦と兵隊』なのである。事実、同時代の文学言説の場では、『麦と兵隊』は「文学人火野葦平の、文学魂をとおして書かれた「文学」である」という岡田三郎の発言が象徴するように（「文士と兵隊」『都新聞』一九三八年八月一日）、文学者によって知覚され観察され体験された記録だから価値がある、という議論が頻出する。[37] より直接的に火野の戦場体験を記述したと見なされた『土と兵隊』によって、この傾向はさらに昂進する。板垣直子は、『麦と兵隊』『土と兵隊』二作を「武漢三鎮占領」のニュースと並置しつつ、「純文学系統の偉大な二つの戦争文学をえたことも、国の大きな喜びでなければならぬ」と書く（「戦争の真実」『都新聞』一九三八年一一月二日）。森山啓は「「純文学」といふあまり大衆に馴染まれてゐない」スタイルで書かれた『麦と兵隊』が多くの読者を獲得したのは、「日本の極平凡な質実な国民（わけて農民達）の誰でもがもつやうな魂」と「矛盾しない作家の魂の率直さ」が「大多数の国民の気質に適合した」からだ、と述べる（「「土と兵隊」と純文学」『国民新聞』一九三八年一〇月三〇日）。『名作鑑賞　陣中文学』（前進社、一九四〇年）の和田国雄は、伊藤整の所説を引きながら、「もし戦闘の真只中での行為を表現する為に人が低俗な文章の表現法しか知らなかつたとするならば、精神の最高潮の瞬間は、死滅した言葉の骸になつてしまふだけだ。戦争は純文学の厳しさを社会人の精神の真剣さと結びつける又とない機会であつた」と書き記す。「極平凡な質実な国民」の「感情」や「気質」、真剣に戦う「社会人の精神」を代表＝代行するものとしての「文学」。「精神の最高潮の瞬間」を生きた表現へと転化させうる唯一のジャンルとしての「文学」。文学の意義と価値を雄弁に謳いあげようとする言葉が、ある種の有用性・実用性の訴えにシフトしてしまっていることに留意しよう。つい直前まで「社会」という記号との距離を問題化していたことなどすっかり忘れてしまったかのように、論者たちは、「文学」は現に「国民」を代表しており、「国民」の役に立っているのだ、と主張している。また、こうした語りの中で、出征前の火野が地方の無名作家でしかなかったことや、彼の芥川賞授賞作が哀しいユーモアに貫かれたテクストだったことは、見事に忘却されてしまっている。

　さらに、「文学」の「有用性」を訴える議論が、「文学」の内部に差異化の線を持ち込もうとしていることも瞭然である。さすがに芥川賞・直木賞を主催する菊池寛は、「我々作家は、結局読者の代

図 2-4　〈従軍ペン部隊〉時の写真。
左の写真で双眼鏡を構えているのが久米正雄。
右の写真は、前列左から白井喬二、岸田国士、一人おいて久米正雄。
2列目は二人おいて佐藤惣之助、丹羽文雄、片岡鉄兵。
（写真提供：こおりやま文学の森資料館）

理として行くやうなものだから、読者の多い作家が、それ丈《だけ》優先権があるのではないかと思つた」と書いている(「話の屑籠」『文藝春秋』一九三八年一〇月)。だが、〈従軍ペン部隊〉メンバーの帰国後に書かれた『新潮』の時論は、「営利的な大衆向の出版界で成功してゐる文士を多く選んだことは失敗であり、もつと実質的に効果を挙げ得る若い作家を送るべきであつたと云ふことは、一般の批評をまつまでもなく明らか」だ、と断言していた(「新潮評論　時局・芸術・文学」『新潮』一九三八年一二月)。近代日本文学史をひもとくと、「大衆文学」に対立するものとして「純文学」という概念が本格的に意識され始めるのは、おおむね一九二〇年代半ば以降である。もちろん現実には、大衆読者を目がけた作品は一九世紀以来陸続と書かれていたし、「純文学」の側に属する書き手の側にも、そうした作に手を染める者は少なからず存在した。そして、おそらくそうであるからこそ「純文学」は、言説のレベルで、商業ジャーナリズムからの自律性や多くの読者を惹きつける物語性との距離を強調し、芸術的な文学の純粋性というイメージを作り上げ、上書きしていたのだった。

もちろん、「純文学」は無用の用に徹するべきだ、と言いたいのではない。こうした発言を言説レベルでの戦略と見ることは可能だろう。例えば、このあと第七章でつぶさに確認するように、日中戦争開戦当初の小林秀雄は、非常時の政策はあっても非常時の思想はないという言葉によって、従来通りの文学を書き続ける道筋を作ろうとしていた、と見ることはできる。「純文学の作家が、戦争の小説を書くためには、一月や二月の従軍では何にもならぬ」ので、「純文学の戦争小説は、火野君の例もある通《とおり》、結局第一線の将士の中の文学的素質のある人から起るのではないか」とする菊池寛の発言は、ひょっとしたら「純文学の作家」は「戦争小説」を書かずともよい、というメッセージのつもりだったかも知れない（「話の屑籠」『文藝春秋』一九三八年一〇月）。だが、かりにそれが言説の流通可能性を担保するために用いられた「お守りことば」（鶴見俊輔(38)）に過ぎなかったとしても、語られた言葉は、そこに付された署名の信用と発信力に応じて、言説の場の構成に参与してしまう。よって、むしろ決定的な問題は、「純文学」を自任する者たちの節操のなさの方である。芸術の自律性とか商業ジャーナリズムへの批判、武士は喰わねど的な高踏的姿勢の称揚といった議論で使われていた術語や言辞をいともあっさりと捨象し、むしろ否定や批判の標的としていた言葉の方を積極的に身にまといはじめていく「純文学」言説の担い手たちの変節の方である。

話はそれで終わらない。ある種の高揚感とともに「純文学」の有用性を主張した論者たちは、自分たちの「職能」にかんする自意識をいたずらに肥大させてしまっている。本章前半でも紹介した岡田三郎の文章には、以下のような一節が読むことができる。

いまの現実に於て、国策の線に沿ふところの、最も積極的にして有効な文学運動は、といつて間違ひならば、文学者の運動はと、いひなおしても、宜しい、それは何かいふならば、国策遂行のための一助たる、対外宣伝、及び宣撫工作のための、宣伝文学を書くことである。文学と名のつけられるやうな種類のものでなくとも結構、ともかく、習ひ覚えた文筆を、直接、国策遂行のために役立てることである。そこから、或は進んで、真に日本民族のための文学が、おのづから芽ばえて来るかどうか、それは予言の限りではないとしても、そのやうな将来の如何を詮議立てするより、いまのいま応召兵がただちに銃をとると同様の意味で、必要とあらば、文学者の筆もその時局の急務に動員された場合は、ただちにそのところに赴く筋合のものだらうと思ふ。それでなければ、国家総動員の意味はない。

（「文芸時評」『新潮』一九三八年六月）

　このコメントが重要なのは、「政治の優位性」を強調した後期プロレタリア文学での問題構成が反復されているからだけではない。一九四一年一二月以降の「文士徴用」の論理を先取りしているからだけでもない。着意したいのは、文学、それも「純文学」に携わる者たちが、誰よりも言語のことを知悉し、言語の加工と操作に長けているという根拠のない自負に貫かれていることである。だが、文学者の「職能」とは、広告デザイナーやコピーライターと同じでよいのだろうか。確かに文学者は言葉とかかわり続ける仕事である。しかし同時に、文学者とは、他の誰よりも言葉に突き放される経験を積み重ね、言葉の手に負えなさをこそ熟知する存在ではなかったか。言葉の専門家とは、道具としての言語を自在に駆使できる者の謂ではないだろう。いつ、誰に、どのように読まれてしまうかも十分に把握できないまま、それでも誰かに何かを伝えようとまさぐるように文言の彫琢をくり返しては、その言葉に裏切られることの痛覚と、その痛みに含まれるわずかな悦びとを全身で感じ取れる者こそ、その呼び名に相応しいとわたしは思う。日中戦争期に生きた書き手たちの中にも、こうした感覚を知る者は確かにいたはずなのだ。例えば、彼ら彼女らは、つい一〇年ほど前に盛んに論議されていた前衛的な言語実験の記憶を、いったいどこに置き忘れてしまったのだろうか?

ここまでの議論を踏まえて、〈従軍ペン部隊〉の歴史的意義をまとめておこう。

第一に、海軍が対内宣伝に組織的に乗り出す契機となったことである。もちろん、それ以前の海軍がメディアに無関心だったわけではない。笠原十九司は、第二次上海事変当時の海軍中央（米内光政海相＝山本五十六海軍次官）が、航空部隊による中国大陸への「渡洋爆撃」を大々的に宣伝するメディア・キャンペーンを展開、大規模な軍事予算を獲得するための〈戦果〉と世論の支持を調達しようとした、と論じている。(39) しかし、総力戦体制への関心から、より積極的にメディアの〈指導〉を企図した陸軍が、一九三八年九月に従前の陸軍省新聞班を「情報部」と改称、大臣直轄の組織としたのに比して、それに対応する海軍の部局は、一九三二年以来「軍事普及部」という名称で一貫していた。この一事が象徴するように、日中戦争の本格化以後、各種メディアを活用した工作・戦略は、基本的には陸軍によって主導されていた。しかし、〈従軍ペン部隊〉計画以後、海軍は広東方面に文学者・文化人を次々と送り込み、映画や音楽を活用した国内向けのイメージ戦略に本腰を入れていくことになる。

二点目は、第二節、第三節で論じた思想戦のコンセプトとのかかわりである。確かに〈従軍ペン部隊〉計画は、火野葦平に匹敵するスターを生み出すことはなかった。しかし、思想戦の狙いをあくまで国内世論の管理・統制に見るならば、軍や情報当局の目的は一応達せられていたと考えられる。日本軍占領地での宣撫工作を視察して、日本人による「文化工作」の惨めさに多くの紙幅を費やした岸田国士『従軍五十日』(創元社、一九三九年)にしても、長期戦に向けた覚悟と新秩序建設の困難という枠組みから逸脱しているわけではない。少なくとも、一九三八年七月の『麦と兵隊』登場以後、〈従軍ペン部隊〉計画の発表と陸海軍両班の動向、林芙美子の「漢口一番乗り」、火野葦平『土と兵隊』の発表と朝日・東日紙上での『花と兵隊』『海と兵隊』同時連載、そして『中央公論』『改造』一九三九年一月号の丹羽文雄、石川達三、立野信之による武漢作戦関連テクストと、中国での戦争を主題とする文学的コンテンツは継続的に供給され続けた。すなわち、メディア空間を占拠し、文学テクストの遊動的な流通可能性を極小化することには成功していたのである。確かにこのあと、〈従軍ペン部隊〉に類する大規模なメディアイベントが企画されることはなかったが、それは、少なくともアジア太平洋戦争の開戦までは、日本が中国大陸で大規模な軍事攻勢を展開する余力が失われたからに過ぎない。

では、この一連の計画は、文学者たちに何をもたらしたのか。重要なのは、当時の農林大臣・有馬頼寧の肝煎りで農民文学懇話会が作られる際、〈従軍ペン部隊〉の活動がモデルとされたことである。『東京日日新聞』での第一報は、「内閣情報部が文壇部隊を漢口攻略戦に動員してその成果に大きな期待がかけられてゐる折柄、今度は農林省が農民文学を通じて都会人に農村の真実を理解させ農業政策の遂行に役立たせようと農民文学の作家を動員する計画を立てゝゐる」というものだった（「文壇部隊の出陣に〃土の文学〃で呼応」一九三八年九月二〇日）。〈従軍ペン部隊〉メンバーのテクストがひとまず出揃った一九三九年二月には、「武漢攻略を前に内閣情報部の企画により多数文壇人の陸海軍従軍が実現されたのを機縁に文壇の時局的関心は頓に高まり」、農民文学懇話会以外に、文芸興亜会、評論家協会、都会文学懇話会、大陸開拓文芸懇話会、旅行文化懇談会など、実態がよくわからないものも含め「つぎつぎに時局的集団」が作られている、という記事も出ている（「時局と文壇　簇生する集団　その成立の経過と動向」『日本学芸新聞』一九三九年二月一日）。そこにどんな立場から誰が参加していったかはそれぞれ検証する必要があるが、

図25　生澤朗「ひろめや続出」（『日本学芸新聞』1939年2月1日）

この記事に付された挿絵が物語るように、「純文学者」グループの「国策」への傾斜は誰が見ても明白になっていた。〈従軍ペン部隊〉は、文学者側にとっても貴重な先例となったのである。

文学者たちは、必ずしも軍や情報当局の考える思想戦の問題構成を理解していたわけではなかった。しかし、とりわけ自らを「純文学」の側に位置づけようとする書き手たちは、むしろ積極的に自分たちの技能の有用性をアピールし、彼ら彼女らが「国策」と見たものに抱きついていった気味合いがある。むろん、それなりの思惑があり、それなりの戦略が意図されていたことまでは否定しない。しかし、そうした言表自体が、彼ら彼女らが依拠していたはずの概念を掘り崩し、従前の議論の水準をひそかに、だが決定的に変質させてしまったのである。

第三章

戦場を書く文体

戦記テクストの戦場表象

1 問題の所在

日中戦争期に大量に公刊されていた戦記テクストのページを繰っていると、しばしば何とも言えない既視感に襲われる。

それぞれのテクストには、それなりの起伏や展開が刻まれている。いわゆる軍国美談的なそれとは異なる意味で劇的な場面や、忘れがたい記述を含んだテクストもある。書き手の位地や立場もさまざまだ。決して数は多くないものの、隊長クラスの将校や軍医が書いた書物もあるし、下士官や兵士については、ほぼすべての兵種が網羅された印象がある。白兵戦を至上とした日本陸軍の基軸を担った歩兵の従軍記録が多くを占めるが、重たい野砲を運びながら歩兵を支援した砲兵や、戦場で陣地や塹壕、橋梁などの建設と破壊の任を担った工兵、兵站を担当し前線への物資の運搬を行なった輜重兵、軍艦や潜水艦の乗組員である水兵、通信兵、衛生兵、司令部勤務で佐官や将官の世話をした当番兵の書いたテクストも存在している。軍属にまで視野を広げれば、将兵たちと銃後の家族とがやりとりした郵便物を集配した野戦郵便局員たちを描いた書物（原四郎『野戦郵便局と兵隊』高山書院、一九三九年）があり、板垣直子『事変下の文学』（第一書房、一九四一年）が「従軍看護婦のかいた最初の報告」として言及した大嶽康子『病院船』（女子文苑社、一九三九年）をはじめ、看護師たちの見聞や体験を綴ったテクストも無視できない分量で存在している。しかし、実際にそれらのテクストをひもといてみると、別の戦記にも登場する場所や、非常に似通った言いまわし、紋切り型めいたやりとりをあちこちに発見できてしまう。

テクストの書き手どうしが接点を持っている事例もある。『征野二年』（潮文閣、一九四一年）の著者・松田利通は、陸軍第一〇師団第一〇連隊（編成地＝岡山、連隊長＝赤柴八重蔵大佐）麾下の少尉として従軍した人物だが、彼の部下にあたるのが、『帰る兵隊』（大洽閣、一九三九年）を書いた難波虎一である。松田と難波は、一九三八年三月末から四月初頭にかけて、日本軍部隊三万が中国国民党軍によって包囲攻撃を受け、一万人を超える戦死傷者を出した山東省北部・台児荘での激戦に加わっていた。(1) この戦闘は、中国軍にとって最初の「大勝利」として国際的にも宣伝されたが、その同じ戦場では、第一〇師団第六三連隊（編成地＝松江、連隊長＝福栄真平大佐）所属の下士官だった棟田博（『分隊長の手記』新小説社、一九三九年）や、同じく第六三連隊に所属した『火線を征く』（大隣社、一九三九年）の山口季信も死線をくぐり抜けていた。坂口博によれば、『戦友記』（六藝社、一九四一年）を書いた安田貞雄は、火野葦平＝玉井勝則が所属した同じ第一八師団第一一四連隊第二大隊第七中隊第一小隊に所属していて、火野が『土と兵隊』（改造社、一九三八年）で描いた杭州湾上陸作戦にも参加した。その証拠に、『土と兵隊』には「斥候」を命じられた安田上等兵が登場し、安田のテクストには「絹川伍長」の名で、火野をモデルとした下士官の姿が書き込まれている(2)。

もちろん、同じ部隊・同じ戦場にいても、将校か下士官か兵卒かによって、あるいは部隊種別によって、戦場で何が見えたかはまるで異なっていたはずだ。それこそ一センチ二センチの差がひとの生き死にを分けてしまう場所での体験なのだから、戦記テクストの書き手たちは、少なくともそこに書き込まれた戦場からの生還者として、交換できない個別的な時間を生き抜いてきたはずである。にもかかわらず、日中戦争の同時代に彼らの署名が付されて発表されたテクストは、一見するとどこか単調で、平板な語りに終始しているように思えてしまう。

この事態について、わたし自身はそういう立場を採らないが、そもそも言語による表現である以上、発話され語られた体験の一般化はまぬかれないとまさに一般的な説明を与えることは可能だろう。戦闘行為が継続している同時代の戦記テクストに書き手の戦場体験がそのまま反映されていると考えるのはナイーブに過ぎようし、第一章で紹介した戦争報道をめぐる検閲と統制が、戦闘や戦場について書けることを厳しく規制していたことは確実である。そして、おそらくはそのような単調さ、平板さゆえに、日中戦争期の戦記テクストは、研究や批評のレベルでも、火野葦平をはじめとする〈兵隊作家〉たち個々に対する関心のほかは、ほとんど注目されてこなかった。

　議論の狙いを絞り込むために、関連する先行研究を整理しておこう。高橋三郎の名著『「戦記もの」を読む』は、「戦争体験に基づいて書かれた手記、回想録、日記、手紙、エッセイ、研究論文、小説など」を広く「戦記もの」と捉える立場から、それらを「第一次世界大戦後の欧米において刊行された戦争体験者の手記、ナチスの強制収容所の生存抑留者が第二次世界大戦後に書いた手記、そしてアメリカにおけるヴェトナム帰還兵の手記」との類比において捉える興味深い視角を示すが、日中戦争・アジア太平洋戦争の同時代に書かれたテクストは、初めから検討の対象に含めていない。[3] 高橋の著書も参照した成田龍一は、「「アジア・太平洋戦争」の語られ方を探り、そこから戦争、および植民地への歴史認識についての考察」を試みた一冊の中で、戦争の同時代に書かれたテクストの語りを「「状況」としての戦争の記述」として手際よく分類整理しているが、その内容や表現の特質にまで立ち入った分析を行なっているわけではない。[4] 文学研究・批評の領域では、上田廣や日比野士朗のテクストを読み直すことから、「主体的に侵略戦争を担った人間たちの生きた姿」を捉えようとした池田浩士『「海外進出文学」論・序説』が重要だ。[5] 近年では、神子島健が榊山潤、石川達三、火野葦平のテクストに「人々がさまざまな形で戦争に巻き込まれ、戦争体験者になっていくそのプロセス」の反映を見ようとしている。[6]

しかし、わたしの関心は、中国の戦場で実際に暴力を行使したり、暴力と対峙したりした身体だけにあるのではない。また、戦争の同時代に書きつけられた言葉の集積は、必ずしも「文学」として書かれたテクストだけではない。そして、戦争・戦場に限らず、個々の身体がその全身で受け止めた体験の記憶のすべてが、伝達可能な語りとして提示できるわけではまったくない。自分が見、聞き、感じ取ってきたものを、どんな表現、どんな比喩、どんな語句で言い取るのか。かりに言語化できたとしても、断片的な記憶の語りをただ投げ出すわけにはいかないから、同時代の言説の中でその体験を位置づける枠組みを参照しながら、語りを一定の論理のもとで秩序立て、整理する必要もある。〈いま・ここ〉で向き合う受け手とのコミュニケーションにおいて内容や表現を調整できる音声による語りとは違って、直接には受け手の顔が見えない書き言葉にあっては、より説明的に文脈を補足したり、表現上の工夫が求められたりすることにもなる。

その意味で言えば、日中戦争期の戦記テクストは、写真やニュース映画といった視覚的なメディアと連動しながら、第一義的には統制された戦場の表象を日本語の読者に提示するメディアとしてあった。言いかえれば、戦記テクストが語る戦場は、ときに痛切に、ときに興味本位で、あるいは恐いもの見たさで人間が傷つけ傷つけられる現場の実相を知りたいと願う銃後の読者の注意と関心を惹き寄せつつ、前線と銃後との想像的な関係を表象することで、同時代の読者の戦争観や戦場表象を形づくっていく役割を期待されていたのである。加えて、そのようにして集積された戦場の語りは、これから戦地や戦場に向かう者たちにとって、自己の体験を認識し言語化する〈型〉となっていたとも考えられる。

以上の問題意識をふまえて、本章から第五章にかけての部分では、日中戦争期の戦記テクスト群を、個々の書き手による〈作品〉としてではなく、複数のテクストが織り上げた集合的な言語空間として措定する。戦記テクストの言語空間は、同時代の日本語の読者に向けて、いったいどんな戦場・戦争を、どのように語ってみせていたのか。そして、いま改めて戦記テクストを手に取る読者は、それらの語りからどのような問題を読み込むことができるのか。テクストの論理や細部のざわめきに配意しながら、わたしなりに考えてみようと思う。

その最初のステップとなる本章では、戦記テクストの語りのあり方に着目し、その形式的な特質と構造的な問題について検討する。まず、以降の戦記テクストの規準とも規範ともなった火野葦平『麦と兵隊』が、表象レベルでいかに〈戦場のリアル〉を構成したかを分析する。そのうえで、火野以降の戦記テクストが語らなかったこと／語れなかったことをあぶり出す作業を通じて、戦記テクストの語りの特質が、この種の言説に期待されていたイデオロギー的な要請と密接に連関していたことを明らかにする。あくまで語りのレベルにこだわった検討を行なうことで、続く第四章・第五章で展開する議論の土台を作ることが、ひとまずの目標となる。

2　戦場を書く文体

第一章でも触れたが、松本和也は、『麦と兵隊』という書物自体が、銃後において戦争報道をごう読むべきか教育するメタテクスト的な意味合いを持っていた、と指摘している。(7) では、半ば陸軍公認のテクストとして書かれ、同時代の言説の場に〈戦場の現実〉というイメージを伝えるうえで圧倒的な影響力を持った『麦と兵隊』では、どんな戦闘の場面が描かれたか。テクストのクライマックスである孫圩《そんう》城外のシーンを見てみよう。中国軍の激しい逆襲にさらされ、火野の消息が途絶えたことから「芥川賞の火野伍長　奮戦、消息絶ゆ」と報道された（『東京朝日新聞』一九三八年五月一九日）、あの有名な場面である。

顔前の事態はますます逼迫して来た。迫撃砲弾はいよいよ廟に向つて集中し、次から次に落下した。当れば仕方がないと既に諦めながら、私は廟の中に居《お》つた。急に、すさまじい音響が耳元でしたと思ふと、ぱらぱらと石ころが頭の上に落ちて来た。刎ね起ると、濛々として何も見えない。私は今のは何処に落ちたのだ、誰かやられたかと、誰にともなく怒鳴つた。云ひ終らないうちに、又、轟然たる音とともに眼の前にぱつと火の柱が立ち、礫のやうに顔に小石が飛んで来たので、表に飛び出した。何人も一緒に飛び出した。後ろから私に落ちかかるやうに縋つた者がある。

振りかへると、負傷して居るらしいので抱いてやり、入口の右側に壕が掘つてあつたのでその中に担ぎ下した。左腕らしい。私はその兵隊の巻脚絆を解いて、とりあへず血を止めるため、腕の着根のところをぐるぐる巻きにしてしつかりと縛つてやつた。

あえて皮肉な言い方をするが、『麦と兵隊』は、じつによく作り込まれたテクストである。同時代的にも高く評価されたこの場面では、当時の検閲コードが許容する範囲で、見事に「戦場のリアル」が描き取られ、演出されていると言える。

まずは引用箇所の確認から。陸軍報道班員である「私」は、一九三八年五月一六日払暁、突然に孫圩城内からの奇襲にさらされる。程なく救援の歩兵部隊も到着するが、中国軍の猛烈な銃撃と迫撃砲による攻撃を受け、部隊司令部が置かれた「廟」の中に立て籠もることを余儀なくされる。成田龍一は、「孫圩での戦闘の記述は、中断や時刻の挿入によって記述の同時進行性という形態がいっそう強調され、戦闘の展開にそって描かれたかのような形式となっている」と書いた(8)。だが、実のところ、この日の夜までをカバーする一連の記述から、戦況の推移や変転を読み取ることは難しい。何しろ「私」は、この戦場を脱出した後、孫圩での戦闘を報じる新聞記事を検閲してはじめて、事態のあらましを了知しているのだ。むしろここでは、「私」の身体の辺縁に生起したできごとが、順次、断片的かつ不均質な時間の流れとともに記されたと見るべきだろう。時折挿入される、「私は今、廟の前の穴から出て来て、再び廟の中に入り、この日記を書きつけて居る。私は昨日まで一日終つて、その一日の日記を書きつける習慣であつたけれども、今、私は、既に、一日終る迄生命があるかどうか判らなくなつた。今は午後六時二〇分である」といった実況中継的な語りも、「私」の視点の限定性という印象を強めている。

語りのスタイルにも目を向けよう。まず気づくのは、短いセンテンスを畳みかけ、語っていることば（物語言説）自体よりは語られた内容（物語内容）に注意を喚起するシンプルな語りが採用されていることだ。はじめに、周囲の状況が「顔前の事態はますます逼迫してきた」と概括的に言語化され、切迫感のいや増す〈いま・ここ〉が縁取られたのち、なすすべなく佇立する「私」の姿が書き置かれる。見えない敵から襲い来る迫撃砲の砲弾は、まるで何かの災厄でもあるかのような突然さで訪れ、「濛々」と土煙が舞い上がる中、着弾後の状況判断は視覚以上に聴覚と皮膚

芥川賞の火野伍長
奮戰・消息絶ゆ
同盟特派員七名も

【瓦子口にて岡田特派員十六日發】

火野伍長

十六日午前三時頃瓦子口南方三キロの地點における敵の逆襲のため先に芥川賞を獲得したペンの戰士火野葦平事軍報道部玉井勝則伍長並に同盟通信須藤記者外六名の同社特派員は敵と激鬪後消息を絶つに至つた之を知つた軍報道部高橋少佐は報道戰士並に部下思ひの情やみ難く危險を冒して救援隊の先頭に立つて捜査に赴いたが同少佐の心情は昔日の廣瀨中佐のそれの如く鬼神を哭かしむるものあり、全軍崇敬の的となつて居る

図 3-1　火野葦平の「遭難」を伝える新聞記事
（『東京朝日新聞』1938 年 5 月 19 日）

感覚が優先される。はじめ「ぱらぱら」と「頭の上」に落ちた瓦礫は、やがてより強い痛覚を伴って「顔」へと当たり始める。加えて、すぐ傍らにいた者が重傷を負ったことにあとから気づく「私」の様子が描かれることで、身体を変形させ生命を奪うかもしれない暴力が「私」のすぐ至近にまでにじり寄っていることが示唆される。ポール・ヴィリリオは、「過剰殺傷兵器」が登場した第一次世界大戦以降、前線の兵は「理性的判断力の喪失」と「知覚の壊乱」に襲われると書いたが、(9) そのような中でも沈着に対処できる「私」の、歴戦の勇士ぶりが印象づけられもするだろう。全体として、熟慮の結果と思しき言いまわしや洗練されたレトリカルな表現は徹底して排され、文章を推敲するゆとりもない現場の緊迫感が強調されている。

同様のことは、火野自身が戦場で銃を取った際の記録として書かれた『土と兵隊』にも当てはまる。さきにも触れたが、火野は上海戦線での日本軍の苦境を打破するために急遽編成された第一〇軍（司令官＝柳川平助中将）の一員として、一九三七年一一月五日に上海南方の杭州湾に上陸、黄浦江方面になだれ込むという作戦に参加した。以下は、現場の下士官として、旧日本軍では最小の戦闘単位である「分隊」を率いた「私」が、上陸直後から中国軍の激しい反撃にさらされる場面である。

〔……〕私達は弾丸に向つて、泥の中にへたばつたり、土堤の蔭に腰を下したり、家の中に入つたり、前進したり、右に行つたり、左に行つたりした。雨のために土はごろごろになつて何回も辷つた。我々は全く泥の中を転げ廻つたやうなものである。私達はさういふ風にしていつたい時間がどれ位経つたのか、どの方角をどう進んだのか、何も判らないのだ。ただ、私達は弾丸の来る方に向き、弾丸の中を進んだ。敵は私達が行くに従つて何処までも退いて行つた。我々は前進の道で、幾つも支那兵の屍骸を見た。ある部落からはごんごん走つて行く二十人ばかりの敵兵を見た。軽機関銃手内藤一等兵は沈着にそれを狙つた。ばたばたと重なるやうに三人殪れるのがはつきり見えた。奇妙な笛のやうな音が聞えて来た。ちやるめらのやうな音だつたが、誰かが、あれは支那兵の退却喇叭だと云つた。すると、急に我々に降り注ぐ弾丸が劇しくなつて来て、我々はクリークの中に腰まで浸つてはまり込み、暫くは頭を挙げることも出来なかつた。それは逆襲の合図に違ひないと思はれた。田中部隊の近藤准尉が戦死し、兵隊も大分負傷したことを聞いた。

こうした戦場の語りが、『麦と兵隊』と基本的に同じ特徴を有していることは明らかである。「た」止めの単文が積み重ねられることで、「私達」が強いられた行為や、「私」の視野に入ってくる情報が、脈絡を欠いたまま断片的に並列される。状況については、描かれた戦闘の直後に知り得ただろう最低限の情報が大まかに補足されるだけで（「田中部隊の近藤准尉が戦死し、兵隊も大分負傷したことを聞いた」）、複数形で語られる「私達」の行動だけが括り出される。しかも、この記述は戦場の具体的な様相・様態を述べているようで、必ずしもそうなっていないところがある。なるほど、戦場の「私達」がどんな危難を生きたか、どんな辛苦の中にあったかは読みとれる。しかし、「弾丸に向つて」右往左往し、「弾丸の中を進んだ」「私達」の誰が、どこで、どのように傷つき、壊れ、どんな声を残してこの世を去らなければならなかったかが立ち入って描かれることはない。

受傷や被害の表現だけではない。「私達」が戦場で行使した暴力や加害にかんする言及も慎重に抑制され、回避されている。「敵は私達が行くに従つて何処までも退いて行つた」などと、まるで潮の満ち引きの様子を表すかのような、曖昧で抽象的な文言で語られるか、軽機関銃で「敵兵」を狙い撃ちした「内藤一等兵」の「沈着」な行為を描き取った表現のように、原因となった行動とその結果の関係のみが淡々と記される。言い換えれば、「私達」にしても中国軍兵士にしても、傷つき仆れていく身体の具体的なありようを想像させないような、死に行く身体との距離を感じさせるような言いまわしが選ばれている。

こうしたあり方は、火野のテクストだけの特徴ではない。日比野士朗『呉淞クリーク』(中央公論社、一九三九年)は、『土と兵隊』と同時期、同じ上海戦の別の戦場を描いたテクストである。一九〇三年四月生まれの日比野はこのとき満三四歳――上田廣よりも二年、火野葦平よりは四年年長だから、後備兵としてもかなり高い年齢だ――、一九三七年九月、新設された第一〇一師団第一〇一連隊に召集され、上海戦線に従軍するも、呉淞クリーク付近での渡河戦で負傷、後送された。(10)「呉淞クリーク」(初出は『中央公論』一九三九年二月号）は、一九三七年一〇月二日から、日比野が負傷するまでの五日間を描いたテクストである。[11]

上海での戦闘は、「中国軍の頑強な抵抗により、呉淞に上陸した日本の上海派遣軍がわずか一〇キロ進軍するのに、一ヶ月もかかった」激戦だった。[12] 蒋介石は、ドイツの軍事顧問団の支援を受けながら、日本との全面的な軍事衝突に備え、上海方面に強固な陣地・防塁を構築していた。欧米列強諸国の利権が複雑に入り組んだ上海での戦闘が長引けば、国際社会の圧力を味方にできると踏んでいたのである。[13] その目論見にしたがって、蒋介石は上海戦線に最精鋭部隊を惜しげなく投入、中国軍はクリーク（運河）などの地勢も活用した頑強な抵抗を繰り広げた。日比野が所属した部隊も、上級指揮官にあたる第一〇一連隊長加納治雄大佐、第

図 3-2　呉淞付近での戦闘を伝える写真。
下の「鉄舟」が、日比野たちが前線で担いだ同種のもの。
軍事機密に触れるとして「不許可」となった。
（『毎日新聞秘蔵不許可写真 1』毎日新聞社、1998 年）。

二大隊長卯野穣二郎少佐が戦死するほどの苦戦を強いられた。その激戦の現場を日比野は、やはり「私」の身体の辺縁にかかわる情報を軸に書き取っていく。日本軍の侵入を阻もうとする猛烈な銃火の中を前進するさまは「野球で盗塁をするときのやうに、おもひきり地面にぱつと体をなげ、土に顔をすりつけるやうにすると、頭上低く霰のやうにとび去る鋭い弾丸の音だ」と語られる。いよいよ呉淞クリークでの「敵前渡河」が試みられる場面では、「弾丸が頭をすれ〳〵にひゆつ、ひゆつと飛び、どうしても頭があげられない。斜め右からも左からも来る」「誰かの足音が後から追つてきて、いきなりごさりと私のすぐ左に倒れた」等々、自身の受傷可能性を臨場感たっぷりに描きながら、まるで戦場の「私」(と、「私」の属する日本軍隊)が一方的に「弾丸」の猛火にさらされているかのような印象が醸し出されている。日比野の部隊は、対岸に中国軍が強固な陣地を構えている中で、「幅四五十米」のクリークに重たい鉄舟を押し浮かべて渡るというひどく無謀な命令を受けるが、「たとひどんな不利な条件であらうと、渡河は決行しなければならぬ」と、「村雨」のように銃弾が降り注ぐ中でも「前進」を続ける「私」と彼の戦友たちの様子が、緊迫感あふれる短文によって活写されていく。

中谷いずみは、『麦と兵隊』の語りが、同時代に話題となっていた豊田正子の「綴方」のそれと類似している、と指摘している。中谷によれば、大木順一郎・清水幸治編『綴方教室』(中央公論社、一九三七年)に収録され、舞台化・映画化によって一大ブームとなった豊田の「綴方」では、直接的な内面の表出が抑制される一方で、「出来事や事態をそのときその場の目線で再現的に語る」スタイルを徹底させ、読者が場面を実感的に想像できるような語り口が目ざされていた。同様のことは火野のテクストにも言える、というわけだ[14]。だとすれば問題は、現場性を訴求する細部として、何に対して、どんな注意が差し向けられるか、ということだ。より具体的に言えば、書き手の身体に刻一刻と危機がにじりよってくるスリルを演出するにあたって、戦記テクストの語りは何をどのように描き、何をどのようには描いていないのか、ということだ。

その意味では、戦記テクストが定着させた戦場が、注意深く構成されたものであることは自明である。そもそもここには、論理的に考えればそこにいるはずの者たちがおらず、論理的に考えれば書かれるべき情報や表現が存在していないからである。また、戦場の現場を考えれば明らかに不自然さを感じさせる場面も看取できる。例えば、さきに引用した『麦と兵隊』の場面の直前、迫撃砲弾の波状攻撃を受けているさなか、「此処に居たら皆やられるぞ」と、兵たちに「突撃」を呼びかける「川田伍長」なる人物が登場する。日本陸軍の教本である『歩兵操典』には、「分隊長ハ自ラ好機ヲ発見スルカ或ハ突撃ノ命令アルトキハ直ニ突撃ノ号令ヲ下シ率先先頭ニ立チ全分隊ヲ挙ゲテ猛烈果敢ニ敵陣ニ突入スヘシ」という記述が見られるが（『歩兵操典草案』兵用図書、一九三七年）、果たしてこの彼の行動は、死中に活を得ようとする彼単独の判断なのか、それとも上官に命じられてのことなのか。火野が付き従っていた大隊の「副官」は、孫圩の戦場に援軍として到着した「福田戦車隊」の曹長に向かって、「如何でせうか、戦車を以て城門に突き当てれば訳無く開くと思ひますが、さうすれば歩兵は同時に突撃して城門に突入しようと思ひます」などと、まるで取引先の担当者を相手取っているかのような、敬体を用いた言葉づかいで話しかけていたのだろうか。その場面に先だってこの「副官」は、「数ヵ所負傷」したと書かれるが、「副官」の傍らに上官である大隊長の姿が見えないのはどうしたわけなのか。既述のように、孫圩のシーンで「私」が立て籠もったのは部隊司令部がある建物だったが、そこにはいったい何人の「将校」がいたのだろうか。現実に将校がいなかったとしたら戦場の混乱ぶりを説明する重要な情報だし、たとえそうだったとしても「兵隊」たちが思い思いに行動するはずはないのだが、「副官」が登場する場面を例外として、誰が、誰に、どんな命令を下していたのか、その結果として誰が、どこで、どんな戦闘行為を行なっていたのかがテクストを読むだけではまるで分からないのである。

『土と兵隊』でも同断である。上陸作戦に従う「私達」の行動は、当然ながら、現場の指揮官や司令官の指示命令によって行なわれていた。しかし、指示する範囲が曖昧な「私達」という一人称複数形が用いられることで、泥の中を七転八倒しながら中国の大地を踏む兵士たちが、誰の、どんな命令で、何を目的に行為しているかは一切分からない。分隊長としての「私」が、戦場で部下たちにどんな命令を発していたかも書かれない。もちろん、『呉淞クリーク』でも、「私」の部隊がなぜこの場所を渡らなければならず、その行為がこの戦場でどんな意味を持つかが語られることは一切ない。火野も日比野も、実際の戦場では部隊の日誌を書く役割を委されていたが、彼らの戦記テクストを読むだけでは、彼らが属した小隊や中隊が、どのような任務を帯び、それを遂行するためにどこで何をしたのかという動向を読み取るのは容易ではない。つまり、これらのテクストだけでは、戦場での組織的な動向や、指揮命令系統の詳細がほとんど理解できないのである。

語りを位置づける枠組みの問題も重要だ。基本的に日中戦争期の戦記テクストの語りはあくまで「私」の身体とその近傍に焦点化される。もちろん、『麦と兵隊』は日録風の、『土と兵隊』は戦地からの書簡という体裁をとっているのだから、あくまで「そのときの「私」に知覚できたもの」を書くというスタンスでは一貫している。だが、これらはいずれも過去の戦闘である。『麦と兵隊』の徐州戦も『土と兵隊』『呉淞クリーク』の上海戦も、新聞等で逐一報じられていた戦場である。ならば、書く現在の「私」が、たとえば新聞報道などを用いながら、その時点で判明した事実関係や関連情報を補うことはいくらもできるはずだろう。実際に、『呉淞クリーク』では、本文中に括弧書きで、のちに「名誉の戦死」を遂げていった者たちの名前が一人一人書き込まれている。しかし、戦況や戦場にかかる補足や追補は最小限にとどめられている。

以上のような語りのあり方が、同時代の戦争報道にかかる検閲コードとの交渉の産物であることは自明である。第一章でも確認したが、内務省と陸軍省は、盧溝橋・北平附近での戦闘が上海方面に飛び火する以前の段階から、戦争報道に関連する「新聞掲載禁止事項ノ標準」を定めていた（『出版警察報』第一〇七号（一九三七年七月分））。そこでは、軍が発表した以外の作戦計画や命令の内容、発信者・受信者、「戦闘序列又ハ軍隊区分ニ基ク隷属系統、部隊号、部隊数」「現在及ビ将来ニ亘ル任務又ハ企図」の掲載は認められないと明記されていた。「戦闘序列」や「軍隊区分ニ基ク隷属系統」が書けない以上、つまりは小隊・中隊・大隊といった組織区分やそれを推定させる将校の階級が書けない以上、尉官だろうが佐官だろうが「部隊長ハ「某部隊長」、部隊ハ「某部隊」トスルコト」しかできない（「新聞掲載事項許否判定要領」一九三七年七月二八日）[15]。すなわち、どの戦場にどれだけの兵力が投入されたか、どの部隊が、何を目的に、どんな作戦行動に従事したのか、個々の部隊にどんな任務が与えられ、それがどのように遂行されたのか等、戦場でのできごとをある立場から整序し、筋道立てて語り示すこと自体が原則として禁じられていたのである。

　しかし、こうした禁止が即ち沈黙をもたらしたわけではない。たとえ完全に明示的ではなかったとしても、禁止の基準さえ見えてくれれば、それを迂回し、回避することも可能になる。そのように考えれば、火野のテクストが採用した「他ならぬこの「私」に見えた戦場」を語るというスタイルの有用性も理解されよう。当然ながら、一人の兵、一人の下士官が知覚し認識できる戦場の様相は限られたものでしかない。しかし、そもそも書けること自体が厳しく制限されている状況下にあって、「この「私」」に見えていた戦場という大前提は、戦場の当事者性を強くアピールすることで局所化されたリアリティを担保しつつ、書かれた内容の限定性を合理化する格好のアリバイとしても機能する。言ってみればそれは、「書けないことを書かずに済ませる」ための仕掛けでもあったわけだ。語りの形式面においても、火野のテクストが、以後陸続と書かれていく従軍体験テクストの範例となったのは、決して偶然ではない。

3 制約と変形

ここまで、日中戦争期の戦記テクストに特徴的な戦場表象のあり方について検討してきた。確認的な陳述も含むが、他の同種の語りとの差異を検証することから、戦記テクストの特質をさらに掘り下げて考えてみたい。

火野葦平の〈成功〉以後、多くの戦記テクストが、戦場体験者・従軍体験者である「私」の一人称語りとして書かれたことはすでに述べた（丹羽文雄『還らぬ中隊』のように、特定の戦場体験者・従軍体験者を固有名で名指しつつ焦点化していくテクストも、これに準じて扱うことができるだろう）。しかし、一人称の語り手が自ら体験した過去を書いた手記と考えてみると、日中戦争期の戦記テクストの語りには、かなり際立った特質が指摘できる。

こうしたタイプの語りの場合、一般的には、語り手／書き手としての「私」は、語ろうとする出来事が終わった事後の立場から、その出来事のあらましを一応は把握したうえで語り／書き始めていくことになる。文学テクストの分析で、しばしば〈語りの現在〉と〈語られる現在〉とを方法的に区別するのは、物語世界の外部にあって、物語世界を提示する役割を担った語り手としての「私」と、その世界の中で行為する人物としての「私」の位相の違いに注目するからだ。この分節化によって、一人称の語り手「私」が、自らの過去にまつわる物語を、いつ、どこで、誰に、どのように語り訴えようとしているかという語りの宛先や、物語る行為の場を検討する筋道が開かれる。また、その語り手「私」が、言葉の宛先を意識しながら、自らの過去をどのように反省し、総括し、どんな立場からどのように描き出したかという批判的な問題提起も可能となるだろう。彼は昔の彼ならず、という慣用句があるが、そこに時間的な距離が介在する以上、〈語りの現在〉の「私」が、過去の＝〈語られる現在〉の「私」とまったく同じではありえない。だから、このタイプのテクストでは、一人称の語り手「私」が、過去の自己自身と対話的にかかわっていくあり方が問われることにもなる。

だから、夏目漱石『坊つちやん』（一九〇六年）では、「親譲りの無鉄砲で子供のころから損ばかりしてゐる」という有名な冒頭の一文が、なぜ完了形や過去形ではなく現在形で語られるかが問題になるわけだ。森鷗外『舞姫』（一八九〇年）では、「げに東に帰る今の我は、西に航せし昔の我ならず」と、希望に満ち溢れていた過去と「今」との懸隔が強調された上で、「人の心の頼みがたきは言ふもさらなり、我と我が心さへ変はりやすきをも悟り得たり」という痛切な内省が、テクストを枠取る主調として作用することになるだろう。語りの宛先にかかわる関心も、単にテクストを手に取る読者を一般的に指すだけではない。谷崎潤一郎『痴人の愛』（一九二五年）の語り手「私」が、冒頭で「あまり世間に類例がないだらうと思はれる私達夫婦の間柄に就いて、出来るだけ正直に、ざつくばらんに、有りのまゝの事実を書いて見やうと思ひます」「それは私自身に取つて忘れがたい貴い記録であると同時に、恐らくは読者諸君に取つても、きつと何かの参考資料となるに違ひない」と述べていたことはよく知られる。この記述が、以後の文言をどう読むべきかという要請であることは疑えない。そのうえでこの語り手は、自分たち「夫婦の間柄」を疑いなく先進的と位置づけていく自らの語りに読者を巻き込むべく呼びかけ、働きかけていると考えられる。

ここまで押さえたところで、この時期の戦記テクストの語りを振り返ってみよう。さきに見たように、一人称を用いた過去の語りでは、〈語りの現在〉の立場から、その当時は知り得なかったことや理解出来なかったことを補ったり、過去の「私」のありようを反省的に捉え返したりすることはいくらも可能である。もしあのときこうしていたら、という反実仮想的な思いを書き込むこともできるはずである。にもかかわらず、戦記テクストの語り手はみな一様に慎ましい。語り、書く現在の「私」が、過去の戦争体験・戦場体験を見つめ直し、メタレベルから意味づけていくような記述はほとんど見られないのである。

よって、戦記テクストを流れる時間はつねに一方向的なものとなる。ほとんどの戦記テクストは、〈語られる現在〉に焦点化し、出来事が時間軸に沿って展開するリアリズム小説と同様の語り方を採用している。しかも、いくつかの例外を除くと、語られる出来事をより印象的なものとするために語る順序を操作したり、これから起こるだろう出来事を予示したり仄めかしたりすることはない。語り手たちは、まるでそれだけはすまいと申し合わせたかのように、〈語りの現在〉から過去の戦場体験を振り返ったり、悔恨の念にかられたり、怒りを新たに湧き立たせたり、悲嘆に暮れたりすることはない。テクストの時間は基本的に〈語られる現在〉に固定され、語り手が自らの戦争や戦場の記憶と対話的にかかわることがないのである。

むろん例外もある。将校が書いた戦記テクストの中には、書く現在の「私」の立場から過去を振り返る記述が散見される。本堂英吉『花咲く戦場』（教育社、一九四〇年）は兵站部隊長として上海戦・南京戦・徐州戦と転戦した人物の従軍記だが、テクストでは著者が過去に従軍したシベリア出兵時の回想に加え、自らが関与した命令で同期の少佐が戦死したことについて、「私は、昨日の夕方、あんなに強く浜島少佐に云ふのではなかつたのに――と思つた」と悔やむ文言が記される。瀬尾正三「死の中にもがく」（三省堂出版部編『我らは如何に戦ったか』三省堂、一九四一年）は「靖国神社」にいる「友」に話しかけるというスタイルを採るが、そこでは、陸軍中尉としての筆者が率いた小隊で戦死・戦傷した兵士たちのことが「感激」の「涙」とともに記述される。このテクストを読む限り、著者は明らかに戦場での状況判断を誤っているのだが、それは修養の足りない「不完全な自分」の「精神生活」の問題として語られてしまっている。このように、将校の語りでは確かに戦場にかかる内省が書かれるが、その反省はあくまで感傷のレベルにとどまり、書く主体を脅かす記憶として呼び戻されているわけではない。

よって、考えようによっては、戦記テクストの語りはじつに折り目正しく、整序されたものと見ることもできる。〈語りの現在〉と〈語られる現在〉との間に明確な距離が設けられているので、読者が物語の時間を見失うことがないからである。しかし、そうした語りの特質が逆に、現在から見るとひどく不自然な事態を招き寄せてしまう。

例えば、書き手たちの中には、戦場での負傷や疾病のために後送され、そのまま除隊になった者も少なくない。だが、「私」がいつどこで負傷したり落伍したりしたのか、「私」がいつ戦場から離脱したのか、テクストの中で予め語られることはない。山口季信『火線を征く――台児荘激戦記』（大隣社、一九三九年）は、一九三八年三月の台児荘会戦で脊髄を負傷した著者による戦記だが、テクストの冒頭に赤十字病院での生活を綴った「白衣魂」という章が置かれているので、どこかで著者が大ケガを負ったことは了解できる。しかし、一九三七年一二月の記述から始まる戦記の部分では、「私」がどのタイミングで負傷するかを予示したり予測させたりする表現は、まるで存在しない。国文学者の風巻景次郎が「跋」を寄せた伊藤武雄『左手の書――音楽伍長の手記』（萬里閣、一九四〇年）は、敗戦後も声楽家・音楽教育者として大きな功績を残した著者の従軍記である。日比野士朗と同じ第一〇一師団第一〇一連隊所属の分隊長だった伊藤は、やはり日比野と同じ呉淞クリークの戦場で「右手首爆創」の重傷を負い、野戦病院での切断手術を余儀なくされた顛末を書いた。しかしここでも受傷の瞬間は、突然に「「ガツ」といふすさまじい音がして、地べたに付いてゐた右の手首を、鉄の棒か何かでなぐりつけられたやうな手応へ、はつとしたが、しばらくはたゞ呆然。おやおやといつた気持だけである」と抑制的に言及されるだけなのだ。この時期の戦記テクストにあっては、〈語りの現在〉の視点が可能にする、もしあのとき違う選択や判断をしていたらという仮定や、負傷や病気の原因を事後的に発見していくような表現が書き込まれることはない。テクストを読んでいると、人物たちは前触れなくいきなり負傷してしまうので、唐突に戦場の語りが打ち切られてしまうのである。

それだけではない。過去の戦闘や戦場にかかる情報が補われないということは、テクストが再現＝表象する戦場について解説し、戦局や戦況の展開の中に位置づけていくパースペクティヴが存在しない、ということでもある。結果、戦記テクストでは、〈語られる現在〉の「私」が知り得ない他の戦場の様子は、「私」以外の戦場体験者の語りによって補足されることになる。『麦と兵隊』の「五月十九日」には、「蕭県」での戦闘で功績があったという「清水部隊長」の口から、「今夜の戦ほご気持のよい事はありませんでしたよ」と一連の戦闘について紹介される場面がある。大隈俊雄『軍靴千里』（東進社、一九四〇年）は、劇作家で、セルゲイ・トルチャコフ『吼えろ支那』の翻訳者（日本語版は春陽堂より一九三二年刊行）でもあった著者が、一九三七年九月に応召、第一〇一師団第一〇三連隊（編成地＝東京、連隊長＝谷川幸造大佐）の下士官として、上海戦から武漢戦にかけて従軍し、負傷して除隊するまでを描いたテクストである。そこには、武漢作戦当時、本隊から別れて弾薬や食糧を運ぶ輜重隊の護衛に向かった著者が、その間に中国軍の激しい攻撃を受けていた同僚から、「何しろ、激戦だぞ」「だが、やつぱり日本の兵隊だよ、交替してみれば、年配も疲労も兵器も問題ではない」と、「戦友」たちによる戦闘のありようを説明されるシーンが書き込まれている。

　戦場を俯瞰する視点が徹底して避けられたらしいことは、石川達三『武漢作戦』（中央公論社、一九四〇年）の記述からも裏付けられる。まちがいなく『生きてゐる兵隊』での〈失策〉を意識して、「なるべく個人を避けて全般の動きを見ようとした」と書いた石川は、武漢作戦時の日本軍が、白居易の詩や『枕草子』の引用で知られる廬山の山岳陣地に「総攻撃」を展開した場面を、次のように表現した。

「砲兵隊、撃ち方はじめ！」

図 3-3　伊藤武雄
『左手の書　音楽伍長の手記』（萬里閣、1940 年）。

そして参謀が受話器をおいたとたんに大口径砲の第一弾がはなたれた。全山一瞬にして呼びさまされ、朝空の冴えた空気を引きちぎる砲弾のうなりがきり〳〵と空間に穴をあけてはるか遠くに消えると、前面に高い金輪峯の喇嘛塔の下に炸裂の煙があがつた。

歩兵前進！

戦車隊前へ！

重砲各個に撃て！

飛行機は連山の肩のあたりで爆撃の急降下をはじめた。硝煙は山容をかくし砲声は全山の樹木をざわめかせて鳴りつゞけた。

前線の観測所から電話がかゝつてくる。

「たゞいま撃つてゐるところから左三分角ほどの所、谷が四つならんで黒く見えてゐます、その一番右の谷に敵がかなり密集してをります」

参謀は報告をうけるとすぐ電信兵に言つた。

「砲兵隊長を呼び出せ」

電信兵はしばらくしてから受話器を持つたまゝ呼んだ。

「安藤参謀殿、砲兵隊長出ました」

安藤参謀は前線から知らせてきた位置をくりかへして砲撃を命じた。するとまた前線から別の電話がくる。

「硝爪船の下方、図上イの地点から舌山高地にむかつて戦車隊進んでゐます。歩兵も登つてをります」

「どれ〳〵」と部隊長は双眼鏡をとつて参謀とならんだ。はるかの小山のあいだを登つてゆく戦車が三つ四つ前後して見えた。

「あ！　歩兵がのぼつてゐます。日章旗をもつたのが、ほら、松林のなかを、さかんに登つてゐます」

参謀は嬉しさうであつた。さつきの谷間を撃つ砲弾がつぎ〳〵とこの小山の上を越えて行き、そのたびに頬をなぐられるやうな空気の動揺がきた。

語り手が状況を描写するのではなく、その場に居合わせた軍人（将校）の口で、戦況の展開を語らせる。そうすることで、語られた内容にかかる直接的な責任を回避しながら、戦場を見渡す全体的な視野を確保する――。白石喜彦は、『武漢作戦』で石川は「戦線全体を鳥瞰する位置におり、時間と空間を自在に移動」する視点を設定したが、中央公論社に対する義理立てを優先したことで、「軍が奨励するところをそのまま」忠実に言語化することになった、と論じている。[16] 確かに、戦記テクストで参謀が登場する場面は珍しい。「戦車隊」「砲兵隊」「飛行機」の各隊が連動して戦闘に参加する〈立体的〉な語りは、おそらく石川が狙っていた（そして、軍の側も許容した）ところだろう。ここでは、部隊の規模を明らかにせず、部隊長の指揮・命令にかかる具体的な言葉をなるべく書き込まないかたちで、戦況の展開がたどられている。ある意味では、戦闘終了後に軍の担当官が行なう報道発表のヴァリエーションとも言えるが、どうやらこの手法は石川の独創ではなかったようだ。石川と同様に日本軍の武漢作戦に従軍した立野信之は、やはり『武漢作戦』初出と同月号の『改造』に発表した『後方の土』（改造社、一九三九年）において、軍人の発話を用いた実況中継的な語りを挿入している。少し長くなるが、こちらも確認しておこう。

「戦車が来た！」と誰かゞ叫んだ。

望遠鏡でみると灰色の、カタツムリに似た戦車が〇台、街道を敵陣地に向つて、一直線に走つてくる。今頃、のこのこ出てきちや危いがな、あの一本道を進んで行つたら、集中射撃をうける、何だつて昨晩のうちに、この山の下にでも出てきてなかつたんだ――砲兵はやきもきしてゐる。だが、戦車隊は堂々縦隊のまゝ、次第に車輪の音を高くひゞかせながら行進して行く。上から見てゐるとのろくさく見えるが、実は相当な速力らしく、見てゐるうちに街道の真ん中にある部落をくぐり、田圃の中の道をまつしぐらに、敵陣地に向つて進入して行つた。

「あツ、迫撃砲をうち出した！」と一人が叫んだ。

見ると、白い煙が戦車隊の前後左右にパツパツとあがる。続いて、機関銃の音も聞えはじめた。戦車が来ては――と穴ぐらにもぐつてゐた敵はやつきになつて、撃ちはじめたのであらう。

「第一中隊。」砲兵隊長がいつた。「山家山前面のベロ山。舌のやうな山。その右角に、敵の迫撃砲陣地があるらしい。そこを撃て！ 暫く戦車隊の掩護射撃！」

と、戦車隊は敵陣地の道路上に、次々と止つた。四囲には迫撃砲や機関銃が雨と降りそゝいでゐるらしい。その中を、戦車の中から数名の兵が飛び出した。

「あッ、工兵が橋を架けるらしい。あそこには川や戦車壕があつて、渡れないんだ。おやッ、先頭の戦車が引ッくり返つたぞ。田圃へのめりこんだらしい、あッ、戦車兵が機関銃をもつて飛び出した。勇敢だなア……！」

若い伍長が、砲隊鏡をのぞきながら、一々アナ

熱火の猛撃廬山震撼
硝瓜船山麓我に歸す
敵の第二線へ突入
一發で敵塔吹き飛ぶ
田家鎮を猛攻撃
敵・八里棚へ集結
羅信街道に戰機熟す
一ケ月に百里
對支機關妥協案纏る
骨子は五相會議直屬
總額四十五億突破
豫算概算書出揃ふ
大藏省は増税回避の肚
船員の登錄

図 3-4　日本軍による廬山の総攻撃を伝える新聞報道
（『東京朝日新聞』1938 年 9 月 27 日）。
立野信之はこの戦場に従軍していた。

ウンスする。私も覗かせて貰つた。〔……〕

「あツ、戦車がベロ山に上つた！」観測兵が叫んだ。

このとき立野は、長江南岸の地域に侵攻した第一〇一師団歩兵第一五七連隊（編成地＝佐倉、連隊長＝福井浩太郎大佐）、同騎兵第一〇一連隊（連隊長＝大島久忠大佐）の部隊に従い、中国国民党軍の頑強な抵抗に直面していた。その状況を打破すべく、日本軍が一九三八年九月二六日——この日付はテクストには書かれない——午前七時を期して、「廬山から、前面の黄龍山の方」の中国軍に総攻撃を開始した場面の展開を、立野は、傍らの将兵たちの声によって描き取っていく。(17) 日本軍の爆撃機が編隊で現われ、「敵陣地」を空爆する様子は「いゝ所へ落としやがつたな！」という砲兵伍長の「惚々とした声音」で言い取られ、「ダダン、ダーン……といふ地軸を揺がすやうな爆破の音」がもたらした結果は、各隊に射撃の指示を伝える「砲兵隊長のおだやかな口調」によって読者にも伝えられる。さらに詳しい戦況は、「砲隊鏡にしがみついてゐた若い観測兵」と匿名の兵士の声が説明を担当する。「あツ、敵兵が逃げはじめた！」「戦車が来た！」「あツ、迫撃砲をうち出した！」。的確に判断を下す部隊長の指示が挿入されたあと、再び兵士の声がテクストに響く。

「あツ、工兵が橋を架けるらしい。あそこには川や戦車壕があつて、渡れないんだ。おやツ、先頭の戦車が引ツくり返つたぞ。田圃へのめりこんだらしい、あツ、戦車兵が機関銃をもつて飛出した。勇敢だなア……！」――。

じつは、この場面で「私」は、観測兵と同様に「砲隊鏡」を覗いている。しかし、「私」が発した声として刻まれたのは、日本軍の戦車に押し立てられた国旗を見付けて「日の丸だ！」と叫んだ一言だけである。あくまで戦場の主役は軍の将兵たち、ということなのだろうか。同じ場所にいて、同じ情況を目にしているはずなのに、戦闘を説明する言葉の主語は徹底して軍人たちの側にある。彼らの言葉を直接話法的に引きながら、間接的に戦場の動静を実況中継する語りのスタイルは、現在からすれば、いささか奇妙なものに感じられる。しかし、こうした語り方は、同時代の戦争報道・戦場報道にかかる検閲コードを遵守しつつ、ある戦場の局面を総体として示すために発明され、許容された書きぶりだったのだ。

4 テクストの破綻？

戦記テクストの物語行為の場についても言及しておきたい。論理的に考えれば、それぞれのテクストを手に取る銃後の読者に呼びかけ訴えているのは、テクストを書く現在の「私」のはずである。だが、やはりすでに見たように、戦記テクストでは、基本的に〈語りの現在〉の「私」が語られた過去について、メタレベルからコメントすることはない。そのため、具体的に進行している戦闘について語る言葉の中に、突如として次のような言表が入り込んでしまうのだ。棟田博『分隊長の手記』（新小説社、一九三九年）が描き出した戦場の一シーンを見てみよう。

〔……〕軍曹は殪れた馬と馬との間の血の漣の中に俯向けに倒れて手足を拡げてゐた。腰部に滅茶々々に破片を受けてゐる。彼のもぢやらの髯は、鉄兜の陰になり見えないけれど、真綿の胴着の忠君愛国の文字は、今さつき僕の見たものと正に同じだ。いや、これは同じではない。僕はしばらく、まぢろぎもせずにこれを睨み突ッ立つてゐた。今、この眼で見る忠君愛国の四つの文字は、今さつき生きてゐた軍曹の背中にあつたものではない。これは今さつきまでは至極ありふれた文字であり言葉であつた。しかし今や、血の海の中へ殪れてゐる軍曹の背中では、これは、言ひ尽くせぬ無限のものを含み、燦然たる光芒を放つて僕を駭かせた。動かぬ軍曹の背中で、忠君愛国の文字は次第に生き〳〵と躍動し、烈々として真紅の火を噴き、ぢり〳〵と胸に灼きついて来た。僕はすさまじい感動に囚はれ、わなわなと慄へた。

「僕」は、銃火の飛び交う戦場で、「まぢろぎもせずに」立ち尽くした、と書かれる。しかし、そこは戦場である。時間が止まっているわけではないのである。ありていに言って、こうした観念的な内言が戦闘の現場で考えられていたとは考えにくい。だからこれは〈あり得ない〉記述なのだが、戦場を語る語りとして考えた場合重要なのは、こうした内省が続くことで、テクストにおける戦場の描写が中断されてしまうことだろう。語られる現在の「僕」は、まさに戦場の暴力のただ中にある。その意味で、戦場の〈いま・ここ〉を、一瞬たりとも気の抜けない時空を生きているという緊張感が戦記テクストのリアリティを支えていることは先に述べた通りである。しかし、この場面では、死に行く「軍曹」のありように「すさまじい感動」を見て取る「僕」のありようが謳い上げられている間、語られる時間は停止してしまっている。まさに眼前に展開しているものとして語られる戦場の時間が感激的な言葉の連なりによって押しとどめられ、戦場の〈いま・ここ〉にいるはずの語られた「僕」の位置が不安定なものとなってしまうのだ。似たような問題は『麦と兵隊』にも指摘できる。

　生死の境に完全に投げ出されてしまつた。死ぬ覚悟をして居る。今迄変に大胆であつたやうに思へたことが根拠のないもののやうに動揺して居る。弾丸なんか当らぬと変な自信のやうなものを持つてゐた。そんなことは気安めに過ぎない。迫撃砲弾は幾つも身辺に落下し炸裂する。その度に何人も犠牲者が出て、血の色を見せられる。ただ、その砲弾が、私の頭上に直下して来ないといふ一つの偶然のみが、私に生命を与へて居る。私は貴重な生命がこんなにも無造作に傷けられるといふことに対して劇した憤怒の感情に捕はれた。〔……〕穴の中に居た時、私は兵隊とともに突撃しようと思つた。我々の同胞をかくまで苦しめ、且つ私の生命を脅してゐる支那兵に対し劇しい憎悪に駆られた。私は兵隊とともに突入し、敵兵を私の手で撃ち、斬つてやりたいと思つた。私は祖国といふ言葉が熱いもののやうに胸いつぱいに拡がつて来るのを感じた。突撃は決行せられず、時間ばかりが流れた。

一九五二年の中野重治が、「強盗が、押し入つた家の子供か何かが抵抗してくるというのでたちまち憎悪にかられて祖国を持ち出すというのは常識で解せぬことである」と書いた部分である。(18) いかにも中野らしい言いまわしで問題のありかを示しているが、ここでは、テクストの語り口に着目し、中野とは違う観点から分析を加えたい。

冨山一郎は、「戦場での死とその記憶」は「ナショナリズムの恐るべき源泉である」と書いた。(19) しかし冨山は同時に、戦場をめぐる語りが生の偶然性・偶有性への問いを起動させることで(「なぜわたしではなく、彼/彼女が傷つかねばならなかったのか？」)現在と過去を否応なしに結び付け、過去の語り自体を揺さぶる契機をはらんでしまう、とも論じている。だが、同じように「偶然」性に言及するこの内省は、「兵隊」という集合的な呼称と、何度も起きたできごとをまとめて語る括復法的な言いまわしと、情景をまるで観客のように眺めやるさまを思わせる受け身の他動詞とによって記述されることで、「私」と傷ついていく彼との個別的な関係に遡及することはない。語られている「私」の情動と、語る「私」の言葉の調子とが不整合を来していることにも注意したい。「劇した憤怒」という強い情動に刺し貫かれているというわりに、「私」の語りはあくまで冷静で、どこか観察者的でさえある。それもそのはずで、報道班員である「私」は、この「兵隊」たちと同じ立場にいるわけではないからだ。「私」が「祖国といふ言葉」を手繰りよせるのが、「兵隊とともに突入」することの不可能性を切実に自覚した瞬間に他ならなかったことを見逃すべきではない。ともに「突撃」「突入」しようと考えても、この「兵隊」たちは、「私の」という連体修飾格で結ばれた、命令する＝される関係ではないのである。『麦と兵隊』の表現戦略を論じた河田和子は、孫圩の戦闘シーンでの「私」は、「生死の境」で最後までカメラを廻し続けるカメラマンのようだと述べたが、卓抜な指摘と言うべきだろう[20]。

『麦と兵隊』ほど作り込まれていないテクストでは、こうした場面にしばしば出会うことになる。石塚響一『進軍』（蛍雪書院、一九三九年）は、南京戦・徐州戦に司令部付きの兵として従軍した元音楽教員によるテクストである。記述された地名から、第一一四師団（編成地＝宇都宮、師団長＝末松茂治中将）の隷下の部隊にいたのだろう「私」は、日本軍が南京城近くにまで肉迫した一九三七年一二月一一日の戦闘の様子を、オーケストラの比喩で語ってしまう。「豆を煎るやうな」「甲高い小銃の音」は「ヴアイオリンの顫音《トレモロ》」、疎らに鳴る「軽機関銃」は「ヴイオラ」、「重々しい重機関銃」は「チエロのやうな荘重な音」を立て、「轟然たる大砲の音」はあたかも「ドラムか、コントラバスを撥くやう」だと聞きなし、「夢見る如く陶然と」聞き入ってしまった、というのである。おそらく、語る「私」は、大地も生命も容赦なく抉り取り、原形をとどめぬほど破壊してしまう轟音と爆風と震動に包まれた戦場の途方もなさを活写したつもりなのだろう。しかし、まさにその描かれた戦場の凄まじい暴力にさらされているはずの「私」は、まるで映画のスクリーン越しに、「戦争交響楽」を享楽する観客のようだ。言ってみれば「私」は、自らが体験した戦場の〈いま・ここ〉について述べながら、その書かれつつある戦場から疎外されてしまっているように見えるのだ。

重要と思うのは、こうした戦場からの疎外と、「支那兵」「祖国」をめぐる抽象的な内省とが連動し、共起している点である。戦場で危機にさらされる自己自身の〈いま・ここ〉をスリリングに描くことばと、黙考された思惟において想起される「祖国」「故郷」への情熱・情動を刻むことば。こうした位相の異なる二つの語りの併存が、『麦と兵隊』以降の戦記テクストに顕著な言語的特徴だと言ってよい。そして、これらのテクストではしばしば、銃後の読者に対する訴求という物語行為の場の要請が、戦場を語ることばの中に滲み出し、あるいは唐突に前景化することで、語られた時間を停滞させて、語りの秩序を混乱させてしまう。語られる／書かれる戦場での「私」の位置に、不自然な歪みをもたらしてしまうのだ。

ここまで、具体的なテクスト分析を通じて、戦記テクストの語りの形式的特質について検討してきた。続く第四章、第五章への接続を意識して、本章の考察から展開できる論点を整理しておこう。

まず第一に、戦記テクストの語り手が、自己の戦場体験を反省的にフィードバックすることや、〈語りの現在〉の立場から戦場のありようを論じることに対し、非常に強力な自己規制が作用していたらしいことである。日中戦争期の戦記テクストが、戦場での日記や記録という体裁に固執するのは、戦場の時間を過去にピン止めし、〈語りの現在〉に回帰しないよう釘付けにしておこうとする特質とかかわっている。この問題をめぐっては、第四章でさらに検討を深めていく予定である。

第二に、現在の読者には不自然に感じられるテクストのひずみが、同時代にはそれほど問題とされなかった可能性があることだ。すなわち、戦記テクストに求められている社会的な役割とは、個々の戦場の忠実で整合的な記録や身体経験の言語化ではなくて、戦場体験者としての語り手が、そのときどきに感じた（とされる）特定の情動の前景化であり、可視化だったのではないか。実際ここには、呼びかけと主体化をめぐるイデオロギー的な構造が看取できるように思う。戦記テクストの読者は、戦場で感じた思いとして言表された情熱的な語りかけを読む行為を通じて、「祖国」を同じくする「同胞」という立場を受け取り、確認することができる。このようにして、表象のレベルで〈前線〉〈銃後〉という空間的な位置が配分され、自らを銃後の側に同定した読者は、戦場の〈いま・ここ〉を共有しない立場から、将兵たちの苦闘と労苦を思いやることになる。

以上のような自閉的な回路は、酒井直樹が言うところの、「他者の他者性」を「徹底的に排除した」、感傷の共同体という構図を想起させる。[21] テクストの秩序を攪乱しかねない長大な内言が、戦場の〈いま・ここ〉での内省として提示されていくこと自体が、読者の想像力を統制し、特定の構図へと分節化していく働きを担っているのである。

第三の論点は、こうしたテクストの語りの特質と、そこで描出される兵たちのイメージとの奇妙な一致である。上田廣の『黄塵』(改造社、一九三八年)をはじめ、戦記テクストはしばしば現地の中国人とのかかわりを描くのだが、戦記テクストに登場する日本兵たちは、とにかくとても屈託がない。描かれた兵たちは、作中で何度も中国人の「苦力」や住民たちに欺かれ、裏切られ、時には危険にさらされるのだが、それでも、向こうからやって来る中国の人々への親愛の情を失わない。大げさに「哀願」されると、「支那人の常套手段だと思ひながらもつい参つてしまふ」(『黄塵』)ほどお人好しで、過去にとらわれない闊達な人々が、戦記テクストの日本兵たちなのである。描かれた日本兵たちは、記憶を欠いた厚みのない〈現在〉を生きているが、こうしたありようは、戦記テクストの語りの特徴と明らかに通底しあっている。戦記テクストの語りの特質は、確実に物語内容を統制する力として作用してしまっている。

第四章

スペクタクルの残余

戦記テクストにおける想像力の問題

1 禁じられた記憶

前章での議論を確認すれば、日中戦争期に量産された戦記テクストには、戦場体験者としての書き手の当事者性を強くアピールするかたちで戦場のスペクタクルを構成する一方で、きわめてシンプルな語りの形式を採用しているという特徴がある。戦地や戦場で書き手が知覚し、認識し、経験したことがらが、あくまで時間軸の順に沿って整然と語られていく。文学理論用語で言うところの〈先説法〉的に、語られている以後の出来事が予示・予告されることはないし、何らかの伏線が用意されることもない。逆に、語られた時間の中で、いわゆる〈後説法〉的に過去の戦闘や戦場の様子が回想されたり、語る現在の立場から総括されたりすることもない。戦記テクストの語りの現場では、書き手が自らの戦争体験・戦場体験を反省的に捉え返すことが厳しく制約されている。

さらに、同時代の戦争報道にかかる検閲コードによる制約から、戦場において誰が・

いつ、どこで、何を目的に、何をなしたかという説明的な記述が圧倒的に不足している。そのため、戦地での将兵たちの苦闘ぶりがひたすら強調される一方で、傷つけ傷つけられる個々の身体のありようがつぶさに描出されることはない。加えて、戦記テクストの語りは、物語行為の場の要請から、しばしば奇妙な歪みやいびつさを抱え込んでしまう。戦場の苛酷さを語る言葉の中に突如として「祖国」「民族」「日本人」といった抽象的なナショナリズムにかかわる語彙が持ち出され、それらとの〈絆〉が高らかに謳い上げられることで、位相の異なる時間を生きているはずの戦場の「兵隊」たちと、テクストを手に取る銃後の読者との想像の共同性が上書きされていく仕組みになっている。

こうした戦記テクストの特質を、単に書き手の文学的な技術の未熟さ、〈作品〉としての完成度の低さとして片付けてはならないとわたしは思う。むしろ留意すべきは、戦記テクストの語りのあり方が、これらのテクストに期待されたイデオロギー的な要請と連絡している可能性の方である。

どういうことか。まず思い浮かぶのは、その戦場を構成した上官や戦争指導者に対する非難・批判に転化する可能性である。藤田実彦『戦車戦記』（東京日日新聞社・大阪毎日新聞社、一九四〇年）は、軽装甲車（軽戦車）部隊長として盧溝橋事件直後の華北戦線に従軍、のち上海戦・南京戦へと転戦した筆者の従軍記である。だが、テクストの後半で、千葉陸軍戦車学校教官に着任することになった藤田が、日本内地に戻った際、武漢作戦の最中に夫が戦死したという女性の不満を仄聞するシーンが書き込まれている。

「主人の属してゐた隊はとても戦死者が多かつたさうで、噂に依りますと部隊長様の指揮がとてもまづかつたんですつて。ですから宅なども、死なくてもよかつたのを部隊長様に殺されたやうなものださうです」。もちろんこのテクストでは、「かなり派手な、けば〱しい身装」だったというこの女性が、藤田の説得によって「改心」する様子が主題となっている。しかし、たとえ最終的には否定されていくとしても、「私は部隊長様が恨めしくてなりません」と言い、電車の中で偶然出会った「部隊長様の奥様」に「主人を還して下さいと言ひたいやうな気がしました」といった言葉が書かれてしまうこと自体、潜在的には同様の不信と不満が渦巻いていたことを雄弁に物語る。しかもこの女性は、夫の死を部隊の別の誰かからの伝聞として語っているので、この種の語りがひそかに伝播し、拡散していたらしいことが窺知できる。軍隊組織にとっては交換可能な兵士下士官、将校かもしれないが、銃後に残された者にとっては誰もがかけがえない一人の人間である一ノ瀬俊也は、日中戦争

図 4-1　藤田実彦『戦車戦記』
（東京日日新聞社・大阪毎日新聞社、1940 年）。
のちに陸軍情報部に転じた藤田は、
「ヒゲの部隊長」としてメディアにも
しばしば登場した。
1945 年の日本敗戦時には
関東軍参謀の任にあった。

期の日本軍では、上官（主に中隊長）が遺族に対して戦死の状況を詳しく報告することで、〈名誉の戦死〉という意味づけがなされていったことを指摘している[1]。こうした対応も、銃後の遺族からの不信や不満を先んじて抑えるために他なるまい。なぜ自分の父や夫や兄弟や家族や友人が戦地で生命を落とさなければならなかったのか。なぜ殺し殺される現場へ投げ込まれ、武器を取らなければならなかったのか。どうして命令する側は生き残り、命令される側の人間だけが異国の地で斃れなければならなかったのか。さきに『麦と兵隊』『土と兵隊』では将校や指揮官が描かれないと指摘したが、偶然そうなったわけではない。つまり戦記テクストでは、日本軍将兵の受傷や死にかかる戦略的・戦術的責任が問われかねない記述が、極力あらかじめ排除されていることになる。

予想できるように、このことは日本軍の組織原理とも合致している。日本軍隊にとっての「軍紀」が、戦時国際法のようなルールや、それを支える近代的人間観に基づくモラルなどではなく、何よりも上官への絶対的な服従を意味していたことはよく知られる。「軍紀ノ要素ハ服従ニ在リ全軍ノ将兵ヲシテ至誠上長ニ服従シ其命令ヲ確守スルヲ以テ第二ノ天性ト成サシムルヲ要ス」とは、一九三七年五月に配賦された『歩兵操典草案』「綱領」の一節である（一九四〇年二月一九日発布の『歩兵操典』では、ここに「身命ヲ君国ニ献ゲ」という文言が付け加わる）。そして、敗戦直後の丸山真男が「超国家主義の論理と心理」（『世界』一九四六年五月）で明晰に論証し、陸軍内務班における〈知りません・忘れました〉問題を出発点に大西巨人『神聖喜劇』（光文社、一九七八―一九八〇年）

が生々しく描いてみせたように、服従する相手としての上官の頂点には大元帥たる天皇が鎮座ましましている。なぜ戦記テクストに登場する将校たちは、揃いも揃って温和な人格者で、部下思いの慈愛あふれる人物として登場するのか。もちろん現在の読者は、日本軍隊の将校たちが人格識見ともに優れた人物ばかりとはとても言えなかった事実を知っている。ドライな言い方をすれば、人間としての善良さと指揮官としての能力とは別だという論理も成り立つかもしれない。しかし、戦記テクストでそうした論理が展開されることはない。人間性に対する評価も含め、上官に対する批判は、上官による戦争指導責任の追及へとつながってしまうからである。

そのことを別の角度から裏づける資料もある。すでに日中戦争当時から、中支那派遣軍の憲兵隊は、南京事件以後も軍内部で「戦闘倦怠、帰還希求ニ因ル図免従軍、逃亡、或ハ軍紀観念不徹底、服従心欠如等ニ依ル上官蔑視」、中国民衆に対する「物慾色慾犯罪」が依然として頻発していたことを掴んでいた(2)。大本営陸軍部研究班が一九四〇年九月にまとめた極秘文書には、「師団長閣下ニシロ、隊長殿ニシロ余リ自分個人ノ功名心、意地ニ捉ヘラレ我々　天皇陛下ノ赤子ノ生命ハ無視シタ戦法ヲ少シ反省シテ戴キ度イ」「虫ケラ同様ニオ思ヒデセウ此ノ兵士等ニハ部隊長殿ト同様国ニハ親モアリ、妻モアリ、子供モアリマス」と、あからさまな上官批判をくり広げた兵の言葉が書き抜かれていた(3)。しかし、そうした戦地での「軍紀」の弛みぶりが、インフォーマルなかたち以外で銃後に伝えられることはなかった。日本軍の内部に亀裂や葛藤や対立の表象を持ち込むことにつながってしまうからである。加えて、将来的な動員の対象を含む銃後の読者たちに、不安と不信の種子を植え付けることになりかねないからである(4)。

戦記テクストに刻まれた時間の単調さも、議論しておくべき問題である。これは、戦場体験の語りとして考えれば、かなり異様な事態と言える。アメリカ合州国陸軍士官学校で軍事学・心理学の教鞭を執ったデーブ・グロズマンは、「軍の世界では、戦闘でまっさきに犠牲になるのは真実だと言われ」ていると指摘する。「戦場からの最初の報告は必ずまちがっているとも言う(5)」。さらにグロズマンは、兵士・元兵士たちからの聞き取りや身体生理学的な研究を踏まえて、次のように結論づけている。戦場の身体が曝される強烈なストレスによって兵士の心拍数は極限まで高まり、筋肉と血管が収縮、激しい情動の渦に巻きこまれる。視野が狭まり、しばしば聴覚も遮断される。戦闘中の身体には「一連の奇怪な知覚の歪みが生じ、周囲の見え方、現実の認識のしかたが変化」してしまうのだ、と(6)。だから戦場記憶には混乱と混濁が避けられない。フロイトが第一次世界大戦に従軍した兵士の症状から〈戦争神経症〉を〈発見〉したことはよく知られる。二〇一五年の日本の安全保障法制関連法案をめぐる論議でも、アフガニスタン戦争・イラク戦争に従軍したアメリカ合州国軍の兵士二〇〇万人の四分の一にあたる約五〇万人が、PTSD(心的外傷後ストレス障害)とTBI(外傷性脳損傷)に苦しんでいる、という統計が話題となったことは記憶に新しい(7)。戦場体験者が受ける心のダメージは、最新のテクノロジーという鎧を身にまとったアメリカ合州国軍隊にあっても、いまや深刻な社会問題となってしまっている。

『戦争と罪責』の野田正彰は、「戦争は、国家の指導者たちの観念によって引き起こされる」としたうえで、次のように続ける。「観念の生起は短時間で終るが、戦場の時間は永く、それに耐えている者にとって終りがない。永い非人間的な時間のなかで、ほとんどの人々が人格の解体の危機に直面する(8)」。

ここで言う「永さ」とは、時計で計測できる物理的な時間のことではない。また、戦闘や戦地からの離脱が、その身体にとっての「戦場の時間」の終わりを意味するわけではない。自己自身の戦争の終わりが見通せないという痛覚が、いつでもどこでも、ひとを戦争の、まさにその現場の空気へと引き戻す。何度も何度も同じ記憶が反芻され、自分自身の行動がいちいちモニタリングされて、瞬時の判断動作に誤りや気の弛みがなかったか、自責と悔恨の念とともに振り返られる。かと思えば、唐突に怒りや悲しみなどの感情が暴発したり、自らの理性や知覚に確信が持てないことから来る苛立ちと過剰なまでの自己防衛が顕在化したりする。震えや発汗、摂食障害や睡眠障害といった身体反応があらわれ、加害の主体となってしまった自己を受け入れられず、孤独の中で自己自身への不安や恐怖にさいなまれ、これらすべてを引きくるめた戦場の現実からの自閉と退行に陥ってしまう者さえあらわれる。

下河辺美知子は、「トラウマとは、衝撃的な出来事を体験したとき、人の心が、その場所とその瞬間に閉じ込められて、時間が経ってもそこから脱出できなくなることだ」

と書いた。[9] つまり、トラウマを抱えた身体は、二重の時間を生きることを強いられる。現在から未来に向かって流れ続ける通常の生の時間と、身体に凍結されて刻みつけられてしまったできごとの微分された時間と。凍結された記憶は、「五感による直截な記憶となって繰り返し日常にたちもどり、本人を苦しめる」[10]。同期できない二つの時間の併存と現前が人間をとまどわせ、こわばらせ、平穏な日常へと向かう歩みを押しとどめる。かりにトラウマ的な経験ではなかったとしても、過去の自分が何を言いごんな行為をしたか覚えていないという自認は、確実にひとを不安に陥れる。記憶の空白や欠如、歪みや断片化、時間意識の混濁。記憶の確かさへの懐疑は、そのひとのアイデンティティをあやうくさせるおそれにもつながっている。

しかし、日中戦争期の戦記テクストにあっては、管見の限り、第一章で触れた開戦当初の榊山潤『戦線』（版画荘文庫、一九三七年）をわずかな例外として、戦場を生きる／生きた身体の錯乱ぶりが詳しく描かれることはない。とりわけ戦闘の場面を描く際には、語りの現在の〈私〉にかかわる記述が排除されているので、そのような戦場記憶が想起されるその瞬間の痛苦が前景化することもない。

歴史学者の中村江里は、当時の日本軍の中でも戦場で精神に変調を来す将兵の存在自体は認知されていたが、そうした症状がしばしば「ヒステリー」と名指され、「侮蔑的な眼差し」の対象となっていたと指摘している。[11] 別の論文で中村は、日中戦争期の日本陸軍には「戦場で恐怖を表出する男性を女・子どもにも劣る存在として蔑む風潮」があったとも述べている。[12]「ウィークネス・フォビア」（内田雅克[13]）の思考に貫かれた日本軍隊では、戦闘時の不安と恐怖を乗りこえられない身体はしばしば女性ジェンダー化され、〈一人前の男〉ではないと否認されていた。そもそも「ヒステリー」という診断名自体が、歴史的に女性ジェンダー化された病であることも重要だろう。日中戦争初期、日本軍も多くの戦死傷者を出した上海戦や南京戦の時期には、男女を問わずヒステリーの少ないことが「日本人の民族的特色」（式場隆三郎「戦争とヒステリー」『発明』一九三七年一二月）とまことしやかに語る言説も流通していた。すなわち、戦場の恐怖におののき、過酷な記憶に取り憑かれてしまった身体は、ジェンダー化され、人種主義的な語彙によって象られることで、幾重にも他者化され、周縁化されてしまっていたのである。さきの野田正彰は、日本軍の強さは「感情麻痺の強さ」に由来する、と述べていた。[14]日本軍では、トラウマ的な記憶を抱え込むことや、〈戦争神経症〉的な症例自体を〈あってはならないこと〉として、認識の埒外へと排除するような力が働いていたのである。

この事実は、戦記テクストの記述によっても裏付けることができる。林房雄『戦争の横顔――文学者は戦線で何を見たか』（春秋社、一九三七年）は、一九三七年八月の第二次上海事変勃発直後にいちはやく戦地に向かった著者のテクストだ。林は、プロレタリア作家時代にも、最前線で取材したいという客気に駆られ、戦場に迷いこんでしまう従軍記者の物語を描いていた（「鎖」日本左翼文芸家総連合編『戦争に対する戦争』南宋書院、一九二八年）。しかし、このテクストで焦点化されるのは、激しい市街戦の舞台となった現地で感じた圧倒的な恐怖である。しかも重要なのは、林が自らの語りの位置を前線と銃後の読者のあいだに定めていることだ。「トオキイのスクリーンの上では、いくら弾が唸らうが爆弾が破裂しようが、観客席に被害はありません。だが、ここでは、音を聞くだけで、皮膚が剥げ神経が削られる思ひがするのです」。中国軍の空爆の記憶は悪夢となって甦ってくるほどで、「爆弾が屋根の上に落ちた場合、一町向ふに落ちた場合、破片が窓から飛びこんだ場合、腕に当つた場合、顎に当つた場合、腹に当つた場合——ありとあらゆる場合が想像の中を駈けめぐり、それが大密集部隊となつて、ワッと突喊《（マヽ）》して来る」ようだった、と。だが、こうした恐慌・狼狽の直截的な表出が許されるのは、著者が軍人ではないからである。そして、軍人ではない著者が戦地の現実に縮み上がり震えおののくほどに、「鉄砲玉に向つて」突撃する将兵たちの勇壮さという表象を際立たせることができる。こうした記述が、当時の日本語の文脈では、一九三二年二月の第一次上海事変時、爆弾を抱えたまま中国軍の鉄条網に突撃し、文字通りの〈血路〉を開いたと喧伝された「爆弾三勇士」の物語を想起させただろうことも改めて銘記しておきたい。

　このように考えを進めれば、中国軍による猛攻撃にさらされながら自らの情動の震えを冷静に記述できる『麦と兵隊』の火野葦平は、まさに日本軍隊のあるべき身体像を提示していたことになる。また、そんな範例があるからこそ、『呉淞クリーク』の日比野士朗は、初めての戦闘に臨む自己を描く際に、「人間の本能」としての「恐怖」を乗りこえること、どんな危険や困難の中でも「男らしく任務を遂行」することが「鍛え磨かれた人間の魂の問題」なのだと言い聞かせていくのである。

2 記憶の動員

このように見てくると、日中戦争期の戦記テクストが、銃後の読者に戦場の実相を伝えるためだけに書かれたわけではなかったことが了解される。まず第一に、戦記テクストは、かつてない規模で拡大してしまった日本社会に横たわる物理的・心理的な距離を、ナショナルな情動を媒介に埋め合わせていくことが期待されていた。そして戦記テクストは、戦場の兵士を規範とするかたちで、あるべき男性身体の表象を構成した。加えて戦記テクストは、ある特定の〈型〉にはめ込んだ戦場の語りしか認めないことで、戦争の当事者たちの戦場記憶を管理・統制する役割をも担っていた。言ってみれば、日本の軍・政府の情報当局は、日本語による国内向けのプロパガンダを活用することで、苛酷な戦場記憶を抱え込んだまま生きることになった身体さえ、動員し続けたのではないか。

第三章でも触れたように、過去の体験を語り／書くことは、まさにそのことを通じて、過去を再び自らの前に呼び戻し、想像的に生き直すことでもある。さらに、その語り／書く媒体としての言語自体の特質も問題になる。言語はあくまで線条的なものなので、ひとは同時に二つの音を発音できず、同時に二つの語を書きつけることはできない。だから、ある語、ある文、ある言いまわしを語り／書いたその瞬間に、そうではない別の語、文、言いまわしが生まれ出る可能性を抑圧することになる。すなわち、言葉で記憶を語り／書く営みは、過去のできごとや体験の表象を生み出す一方で、必然的に、語り落とされた何かの感覚や、語ることを通じて抑圧してしまった過去をめぐる残余の表象を析出してしまう。容易にひとが思い出せる体験やできごとでさえそうなのだ。冨山一郎は、自分の一〇センチ横をかすめた銃弾がもたらした戦友の死にこだわりつづけた安田武の戦争体験の語りを念頭に、「戦場の具体的体験を語ることは、「空白」をいかに埋めるかという作業ではない」と断言する。[15] 語られた言葉それ自体が、しばしば痛切な情動を伴いながら、語られなかった記憶のありかを示唆し、意識させてしまう。さらに、そうした発見がなされてしまうこと自体が、自らが語った体験の語りの確かさを疑わせ、想起する現在の身体と過去のそれとの自己内対話を駆動させてしまう。聞き手や読者を意識して戦場での体験を語り／書くことが、自らに潜む他者性を突きつけられるプロセスでもある、ということ。だから冨山は「動かしがたい個的な体験を語っているのではなく、語れば語るほど個的な領域が解体してしまう不安定な発話こそ、戦争体験の語りなのである」と書く。[16] 聞き手の側も、自らの語る言葉を懐疑し、まるで内側にとぐろを巻いていくように記憶に囚われていく語り手の姿を感受することで、その体験が語り手の心身に与えた衝撃の大きさを突きつけられることにもなる。

では、そんな可能性さえ潜在させていた戦場の記憶を、戦争を遂行する権力はどのように統制し、動員しようと企てたのか。注目したいのは、戦地からの「帰還兵」たちに差し向けられた言説である。

この問題については、神子島健『戦場へ往く、戦場から還る』が、同時代に発表された二つのパンフレット――陸軍省情報部編『輝く帰還兵のために』（一九三九年四月）、火野葦平『戦友に愬ふ』（軍事思想普及会、一九三九年）――を手がかりに、詳しい検討を行なっている。神子島は、軍や治安維持担当部局が、中国大陸の「戦場の現実を銃後に持ち込む」帰還者たちの動向に相当ナーバスになっており、とりわけ帰還者たちの言動が戦争指導にかかる不満や批判として政治化・急進化していくことに神経を尖らせていた、と論じる。[17] だが、むしろわたしが注目したいのは、この二つのパンフレットが、まるで符節を合わせたように、帰還者たちによる戦場記憶の語りを強く牽制する内容を含んでいたことだ。例えば、『輝く帰還兵のために』では、「諸士は単なる個人ではなく、帝国の在郷軍人として、殊に名誉ある歴戦の勇士として、第一線と銃後との連鎖たる役割を有し、銃後国民の士気と熱意とを強化して戦地と銃後の一層緊密なる連繋を助長すべ

図 4-2 『改訂版　輝く帰還兵のために』（陸軍省情報部、1940 年 4 月）。
軍当局は、「内地帰還は新任務の第一歩」「一言一行に注意せよ」として、帰還する兵士たちの言行の引き締めに努めた。

き重要な責任を有するのであるから、苟《いやしく》もその言動を誤ることがあつてはならない」と呼びかけつつ、次のように記している。

殊に帰還早々で気分が昂《あが》り、歓迎や歓待を受ける場合などになると不知不識の間に謙譲のたしなみを忘れて自己の功績を得々として語り、或は戦況特にその労苦や惨烈の状況等を誇大に吹聴して、国民の戦争に対する恐怖心を深からしめたり、或は戦友や上官を誹謗して皇軍の名誉を傷けたり、或は軍に対して誤解を抱かしめたり、支那側の逆宣伝の材料として利用せられたり、又時とすると軍事上の機密を漏洩する等の過失を犯すやうなことがないとも限らないのである。〔……〕

従つて諸士が戦場で他から聞いたことは、実際に見たことゝは自ら区別して考へたり話したりしなければならず、又話して差支あるかないかといふことに就ては控目にするか、或は先輩に質して見る等の注意が必要である。

諸士が戦場で得た体験は極めて貴いものであるが、個人の狭い観察や経験は実際の真相と異る場合もあれば、又局部的の事情や状況は必ずしも全般の情勢と一致するものではないのであるから、軽々しく全般的の判断を下したり、或は故《ことさ》らに誇張したり捏造した言葉を用ゆることは絶対に之を避けなければならない。縦令事実を事実として語る場合に於てもそれが銃後の国民や対外関係に及ぼす影響等を考へたならば、そこには語ることの出来ない限界といふものもあり得るのである。

この文章が、戦場体験の語りには〈語ってよいことと悪いことがある〉といった一般論でとどめられていないことに留意したい。曰く、戦場の苛酷な現実を過度に強調することは「国民の戦争に対する恐怖心」や「軍」への「誤解」を生む原因になりかねない。戦場で見聞きしたさまざまな風聞を語ることは、みすみす「支那側の逆宣伝」に利用されるようなものである。自分たちがどこで何をしていたか、中国大陸をどのように転戦したかを紹介することは、「軍機保護法」による訴追対象となりかねない――。[18]

では、複数のレベルで禁止の網の目が張りめぐらされた中で、いったい何をどう語ればよいというのか。パンフレットの書き手はいかにも親切めかして、「先輩」の力も借りながら、自分自身の体験と言葉を自ら検閲せよ、自主規制を働かせよ、と勧めてみせる。語ること自体が禁止されているわけではもちろんない。しかし、許されるのはあくまで公式的な戦場の語りを逸脱しない範囲での体験の言語化に限られる。『輝く帰還兵のために』が、戦場体験の語りの参考書として、陸軍省新聞班監修『支那事変戦跡の栞』全三巻（陸軍画報社。上巻は一九三八年九月、中巻は同年一一月、下巻は同年一二月に刊行）を紹介しているのは象徴的だ。

同様の問題は、火野葦平が「帰還兵」の先輩として「兵隊」たちに呼びかける形式で書かれた『戦友に愬ふ』にも看取できる。

〔……〕人間は得意の絶頂にある時に、知らず知らずのうちに墓穴を掘るものだ。然しながら、それでは、ここで、えらい人達のやうに、たとへば言動をつつしめ、とか、大言壮語するな、とか、謙譲であれ、とか、そのやうな細目を一一《いちいち》列挙する必要はない。そのやうな一切のことは、ただ一つの心構へによって、ことごとく避けることが出来るからだ。

我々は一つの自負をもつて生きよう。然もその自負に謙虚の衣をかぶせて、我々が日本の中心の力となることを心がけたい。我々は兵隊となり、人間としての最大の成長を遂げた。その一個の自己の成長が直ちに国家の成長となるやうでなければならない。日本を生かすことでなければならない。戦場に於て体得した素晴らしい精神力をもつて、我々の新しい日本の貴重なる糧としなければならない。我々一人一人の兵隊が、既にもはや単なる一個人に止まるものではなく、自分一個が直ちに日本であり、歴史である、といふことの根本的な意義がそこにある。我々の心構へひとつによつて、日本がよくもなれば悪くもなる。

「極端にいへば、我々兵隊は言語を絶する衝動をうけて、神経に異常を来し、頭の調子が狂つてしまつてゐると称しても差し支へない」と記すこのテクストには、池田浩士が正しく指摘したように、火野の目に映った日本軍兵士の「不遜」「乱暴」が確かに刻みつけられている。[19] 陸海軍を問わず、日本の軍隊は組織原理の根幹に、心身両面に対する苛烈な暴力を内在させていた。日本軍の下士官や兵にとって、より弱い者、より目下とされた者に別の暴力を行使することは、身体が抱え込んだ鬱屈を開放するひとつの手段ではあった。しかし、『戦友に愬ふ』の全体を見るなら、火野は、日本軍の構造的な問題とも言える他者に対するいわれなき暴力性の発露を、一部の不心得者の仕業として局所化し、戦場全体の異常性に感化された一時的なものとして例外化してしまっている。それもすべて、彼が愛し、寄りそおうとした「兵隊」を、組織としての日本軍隊全体のイメージを救い出すためである。そして火野は、帰還者たちに「謙虚」であれと語り、新たな戦場としての銃後に立ち向かおうと訴える。「戦争から帰つた者は気が荒くなると一口にいはれてゐる」が、そんな風評に負けず「戦地で鍛へられて来た我々」は「国民」の「兄貴」として、「日本を生かし、いつまでも人から指をさされない立派な兵隊として生きようではないか」と。まさしく火野葦平は、軍の立場から〈そうあってほしい〉「兵隊」のありようを代表＝代行するのみならず、軍装を解いたあとでも「兵隊」がなすべきこと・語るべきことの〈型〉を示すことで、彼が引き受けた任務を全うしていた。

3 スペクタクルの残りのもの

成田龍一は、『麦と兵隊』での戦場体験の語りは「自らの切実な固有の体験であったはずのものを」、「祖国」「国民」という大いなる理念に接続しつつ「体験一般へと解消」する方向で論理化されている、と述べた。[20] わたしの立場から付言すれば、ポイントは二つある。一つは、「兵隊」という集合名詞の問題である。「兵卒」「兵士」というと下士官が含まれるかが微妙になるし、「軍人」というと、どうしても職業的な軍人の方が想起されてしまう。かといって、「一等兵」「上等兵」などの階級を明示すると、軍としての一体感の表現が難しい。火野は、軍隊内部の階級的な差異や組織における位置づけを明示しない、しかも個人ではなく複数の人間を束ねて表象する「兵隊」という語を代名詞的に持ち出すことで、中国大陸の各地で侵略戦争に参加しているすべての軍人たちを「私」という一人称に通底させていく回路を作り上げた。松本和也は、『麦と兵隊』に、「作品内の一人物を媒介として戦場／銃後、個人／国家を交通させる〝代表化／一般化〟の運動」を見て取っている。[21] もう一つは、その「代表化／一般化」が、どんなタイミングで、どのように生起するか、ということだ。その意味では、『麦と兵隊』で、「死闘」を終えた兵隊たちが、次の戦場に向けて「炎天に灼かれながら、黄塵に包まれながら、進軍して行く様子」に「逞しい力」「荘厳な脈動」を感じ取ったと記されたことは象徴的である。ここでの火野は、戦場での行動をそのまま「祖国」「国民」という理念に接続しているわけではない。むしろ彼は、一糸乱れず「蜿蜒と続いて行く」「長蛇の列をなして行く」日本軍部隊のイメージを美しいものとして描き取り、その表象に自覚的に没入していくことで、「祖国の行く道を祖国とともに行く兵隊の精神」を言挙げしてみせるのだ。

だが、『麦と兵隊』をはじめとする戦記テクストは、こうしたイデオロギーを体現した書き物であるだけなのか。この問いを考える補助線として、ベネディクト・アンダーソン『想像の共同体』（増補版＝NTT出版、一九九七年／定本版＝書籍工房早山、二〇〇七年）を批判したホミ・バーバの議論を参照したい。

比較文学者であるバーバは、「多から一を」――成田の議論では「個」から「一般」を、と言い換えられよう――というイデオロギーは、近代国民国家の基礎命題であり、そのイメージは「国民という観念がもつ巨大な力を日常生活の暴露のなかで、国民生活の隠喩ともなる決定的な細部」を描くことができる文学批評の言語によって最もよく表現される、と述べる。しかし一方でバーバは、次のように釘を刺すことを忘れない。アンダーソンは、まさにそのような「国民」をかたどる言葉自体にはらまれている、「反復するよそよそしい時間」「恣意的な記号の瞬間的な突発性やその波動」を考慮に入れていない、と。[22] この批判は、本章での議論にとってもすぐれて示唆的と言える。

そもそも、〈われわれ＝国民〉という「一」が象られ、上書きされなければならなかったのは、そこに表象上の〈危機〉が、何がしかの点で埋め合わせるべき乖離が現前したからに他ならない。言葉やイメージはそれぞれの論理を組み立てて〈危機〉を糊塗し、〈われわれ＝国民〉という想像の共同性を構築していくのだが、まさにそれを象り上書きするはずの言葉自体に、一般化へと向かう論理から逸脱し、脱臼させてしまうような差異や葛藤や亀裂が宿ってしまうことがある。バーバによるアンダーソン批判をわたしなりに敷衍すれば、『想像の共同体』のアンダーソンは、テクストが描く物語の論理を説明できてはいるが、テクストのテクスト性を無視してしまっている。それと同じことが、火野葦平を論じる成田龍一にも言えるのではないか。たとえそれがどのような場面で、どんな制約の下で書かれていたとしても、本質的にテクストとは厄介で、手に負えない代物なのだ。

第三章で論じたように、日中戦争期の戦記テクストには、記憶の語りに固有の不安定さとは違う意味で、ある種のいびつさや歪みを観察することができる。明らかに戦争遂行、戦場動員を支持するイデオロギー的な意図を担った内容が綴られていることは疑えない。だが、それがテクストである限り、単一の意味に還元されることはない。つぶさに見ていけば、テクストの表層には、これ見よがしにぽっかりと開いた穴があり、異質な論理のきしみ合いがあり、物語の秩序に容易に回収も還元もできない過剰さのようなものが看取できる。ここでは、以下三つのフェイズから確認しておこうと思う。

①空白と欠如。戦記テクストをひもといていると、明らかに検閲を意識したであろう文字の空白に出会うことがある。いわゆる伏字や、それに類する単語レベルの空白だけではない。たとえば、中国の女性作家・謝冰瑩が日中戦争初期に従軍した際の記録『女兵』（中山樵夫訳、三省堂、一九四〇年。原題『新従軍日記』）の本文には、読者をつまづかせるほ

ご明らかな文字の隙間が顕在化している。図4－3は、前線近くにいた著者を訪ねて来た夫の維特《ウェイトー》が後方に戻る場面が記された箇所である。訳者の中山は、「現に進行中の事変の相手国」の軍隊の視点で書いたものだから、「理智の垣を越えて感情的プロパガンダや事実無根のデマに堕してゐる」部分があると断り書きを入れているが（「訳者の言葉」）、漢口の天馬書店から刊行された版（中華民国二七年＝一九三八年）で中国語の原文を確認すると、維特の体験として、日本軍機が一般乗客を乗せた列車を空襲した様子が書き

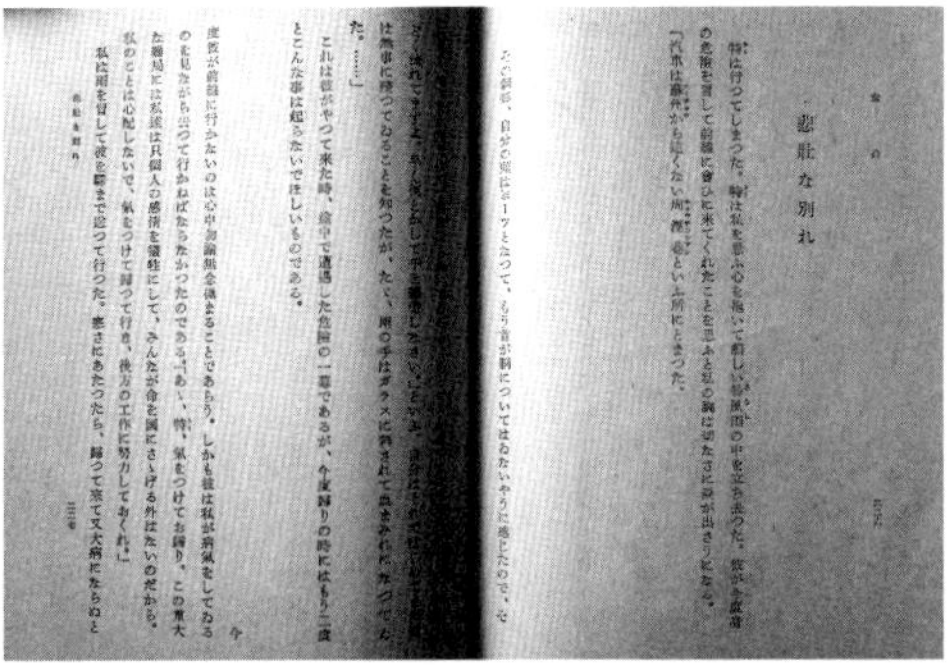

図 4-3（上）『女兵』226-227 ページ。
各ページの中間部分に不自然な空白がある。
図 4-4（下）『女兵』216-217 ページ。
2ページにわたって本文が空白になっている。

込まれていた。日本軍隊にとって「不利」な「記事写真」は一切掲げないという検閲コードに対応したものであることは瞭然だが、同書には、およそ三ページにわたって一文字も本文が存在しない箇所もある（図4―4）。少なくともこれは印刷のミスではない。天馬書店版と中山訳の日本語版の目次とを比べてみると、中国語の原文では、ちょうどこの部分に、著者が出会った日本人捕虜について記述した節「俘虜」が書き込まれていた。当時の日本語の文脈では、大阪出身という負傷した日本人捕虜の姿に、「軍閥強盗的犠牲者」の姿を看取したという挿話を書き記すことはできなかった。だから、おそらくこれも、どの段階でかの自主規制の結果なのだろう。しかし、果たしてこれは〈自主規制〉になっているのだろうか。ページを示す数字以外に何ひとつ印刷されていない白紙のページ。検閲の痕跡自体を消去することが求められた敗戦後の占領軍検閲とは異なり、この時期の日本の検閲では、こうした表現（？）は法的には問題がなかった。だが、本来文字が掲げられるべき場所にぽっかりと開いた空白は、異様な生々しさで読者の視界に飛び込んでくる。少なくともここに書かれるべき何かがあったこと、同時代の日本の戦争遂行権力の視線を憚らねばならない何ごとかが確かに記述されていたことを触知することは可能である。

だが、戦記テクストに穿たれた空白は、単に字面のレベルで物理的に視認できるものだけではない。火野葦平『麦と兵隊』『土と兵隊』の双方に、日本軍将兵による捕虜虐殺を思わせる場面で不自然な記述の飛躍があることはつとに言及されてきた。

同時代において、火野の「ヒューマニズム」という評価の根拠となった『麦と兵隊』のラストシーンにしても、あくまで抵抗をやめない三人の中国人捕虜の様子を「飽く迄抗日を頑張るばかりでなく、こちらの問いに対して何も答へず、肩をいからし、脚をあげて蹴らうとしたりする」と書き取られた直後に、「私は眼を反らした。私は悪魔になつてはゐなかつた。私はそれを知り、深く安堵した」という一節が続くのだから、何が行なわれたかを想像することは決して難しいことではない。[23] ただし、こうした空白を含んだ記述は火野の専売特許ではない。むしろ、『麦と兵隊』以降、戦場・戦地での中国人捕虜や民間人の殺傷にかかわる箇所には、戦略的に空白を設定する黙説法的な語りの手法が援用されていたふしがある。

上田廣『黄塵』（改造社、一九三八年）には、鉄道部隊に勤務する「私」が使役している中国人青年・柳子超が、かつては「共産党員の影響下にゐた」とされる中国人労働者たちの集団に呼び出され、日本軍への協力をなじられる場面がある。心配になった「私」がひそかにあとをつけると、「貴様は売国奴だ!」と柳を責めたてる労働者の手には「白い刃」が光り、男は柳に「刃をかざしてかゝつ」ていく、という決定的なシーンを「私」が目にしたところで、突然節が改められてしまう。だが、次の節の冒頭では、まるで何事もなかったように柳子超が「私」の前に姿を見せている。つまり、絶体絶命の窮地に陥った柳を「私」が救い、「私」がその労働者をおそらくは殺害しているのだが、そうした加害の記述は一切が空白にされているのだ。

井上友一郎『従軍日記』（竹村書房、一九三九年）は、当時読売新聞の特派員だった井上が、一九三八年秋の武漢戦を取材する従軍ペン部隊を取材するところから書き起こされたテクストである。その後半、語り手「私」は、最前線から少し下がった小さな村に駐屯していた部隊が、捕虜となった中国人兵士を殺害する場面に際会する。


「よし、来たか」

軍曹は多分暑いのか、ふと上衣を脱いで傍にゐる兵士に渡した。それから、少時その辺の地べたを見廻してゐたけれど、

「よし、連れてゆけ」

と、命令した。

私は急に気が付いて、肩のカメラを外すと、早速一枚この捕虜の姿を撮した。四人の捕虜を囲みながら、一同はぞろぞろ建物の角を曲り、裏手に続く芋畑の小径へ歩いて行つた。遅れてぼんやり顔を出した兵隊は、この場の様子を人に聞くと、「うへつ、そいつあ！」といふやうな声をあげ、バタ〳〵急いで後を追つて行つた。

私はしかし、茫然とその場所に残つてゐた。

すると、民家の中から、突如一人の苦力らしい支那人が現れて、これも、「うへつ……」といふ風な表情で、すぐさま後を追駈けて行かうとしたが、

「こらこら、你ッ！」と、奥のはうから兵士が怒鳴つた。「……こら、你ツ、お前

はいかん、不行々々《プシンプシン》！」

結局は呼びとめられた。かれはガッカリした顔付で再び建物の中へ入つてしまつた。

後半で、いかにも物見高い様子で飛び出して行く「苦力らしい支那人」の姿を配することで、日本軍隊の荒み具合をいくぶんか希釈する語りの戦略が採用されてはいる。しかし、この一節が「軍曹」による捕虜斬首の直前の瞬間を描いていることは確実である。従軍記者としてカメラを構え、捕虜たちの表情を自らの手で確かに記録したのだろう「私」は、まるでいたずらっ子のように「うへつ、そいつあ！」と声を挙げながら「バタ〳〵急いで後を追つて行つた」「兵隊」たちを後目に、「茫然とその場所に残つてゐた」と書きつける。カメラのレンズ越しにではあれ、こちらを見返す捕虜の視線を感受してしまった「私」は、ひとが首切られるところを心躍る見世物として愉しもうとする「兵隊」たちに同調できず、容易に近づけない、近づきたくないという隔意を感じてしまっている。『戦場日記』の「私」は、この時点ですでに一カ月以上も従軍生活を送っているのだが、それでもまだ馴染みきれない戦場の暴力性が、確かに書き込まれているさまを読み取ることができる。

②迂回と遅延。以上のような空白や不在は、相当程度書き手によって構造化できる余地があり、読み手も推測や想像で補える可能性がある。しかし、戦記テクストには、よ

りテクスト的な細部、奇妙な存在感を発揮するイメージが現前することがある。興味深いことに、そうした細部は、『麦と兵隊』のような高度に管理されたテクストにも指摘することができる。たとえば、単行本版でおよそ四〇ページ、テクスト全体のおよそ六分の一近くに及ぶ孫圩での戦闘シーンに、次のような場景がはさみこまれている。

広場の楊柳に繋がれて居た驢馬が、二頭は綱が附いてゐるが、二頭は何時切れたのか、弾丸雨飛の中をのろくさと歩き廻つて居る。その四頭が交替で、例の、錆ついた釣瓶を汲むやうな、奇妙な、身体中で鳴く声で、時々鳴く。白い驢馬が不意によろけたと思ふと、後脚を地に突いた。尻たぶのところから、真赤な血が簓《ささら》のやうに噴き出し、其処ら一面を真赤にした。止つたと思ふと又噴き出し、何回も血を噴いた。殪《たお》れるかなと思つて見てゐると、何度も後脚を折つて苦しんでゐたが、やつと立ち上つて、何でもないやうな顔をして其の辺を歩き廻つた。すると又、木に繋がれてゐた鼻の頭と鼻筋の白い栗毛の驢馬が急に飛び上つた。横面を射ち抜かれたらしく、両方の鼻孔から盥《たらい》の水でもあけるやうに、血が迸り出た。しかし、この驢馬も見てゐて嫌になるほど血を出したが、殪れないで、樹の周囲を歩き廻つた。〔……〕我々の居たところから二十米《メートル》位の所だ。最初に尻を打たれた白い驢馬は地面に坐つてしまつた。すると、もう一頭の白い驢馬が、地面に坐つて射たれた個所の血を舐めて居る白い驢馬の所に寄つて行つて、話でもするやうに鼻と鼻とを突き合はせたり、首筋を擦りつけ合つたりして居る。射たれた白い驢馬は立ち上つた。それから、例の奇妙な声で鳴いた。その声は然し非常に弱々しく聞えた。後から寄つて行つた白い驢馬は射たれた白い驢馬の後に廻ると、いきなり前脚を挙げて、後から射たれた驢馬の背中に乗りかかつた。誰か兵隊が石を拾つて投げた。二匹の白い驢馬は別れ別れになつたが、飛び来つた敵弾は又最初射られた白い驢馬に命中し、音を立てて横に殪れた。脚で地面を掻いて居たが、暫くすると動かなくなつた。私は口の粘くなるやうな不快さを感じながら、厭なものを見たと思つた。残つていた驢馬も次々射たれた。

「火野葦平伍長ついに徐州戦線の花と散る、かな」と死をも覚悟した火野の傍らでは、本文を読むかぎり、少なくとも一〇人の日本軍将兵が死傷しているはずである。しかし、先に述べたように、状況はただ概括的に説明されるだけで、人間身体の変形・切断・損壊・四散を想起させる生々しい描写は一切排除されている。その中で、この部分だけは、それなりの分量の言葉が費やされながら、「見てゐて嫌になるほど」流れ出す血液と、生命が尽き果てようとするその間際までの苦悶のありようとに目が向けられている。決して「凝視」されているとまでは言えないかも知れない。けれども、いったいなぜこの場面が書かれたのだろうか。そもそも『麦と兵隊』という物語にとって、この一節は必要なものなのか。

越前谷宏は、このロバの声に「兵隊たちの〈性〉の問題」を読み取っている[24]。だが、わたしはむしろ生命への泥臭い執着の方を読み込みたいと思う。この戦場のいずれの当事者でもない白いロバは、傷つきながらも、より深く痛手を負ったもう一匹のロバのもとに身体をすり寄せ、まるで生きていることを確かめる術をそれしか知らないとでもいうかのように、交尾の態勢を取る。そこでなぜ、火野の傍らの「兵隊」は、二匹のロバを引き離さずにいられなかったのか。一連の光景を目に焼き付ける「私」は、どうして「口の粘くなるやうな不快さ」を感じてしまうのか。火野は何を指して「厭なものを見た」と思い、なぜそれを「厭」だと感取したのか。中谷孝雄の従軍記『滬杭日記』は、従軍ペン部隊陸軍班のメンバーとして、中支那派遣軍お抱えの従軍カメラマンの小柳次一とともに山岳越えの難行軍に追従した様子を描くテクストだが、そこで中谷は、戦場近くで聞いたロバの啼き声を「なんとも云へないいやな声」だと形容している。ロバは鳴くとき、からだ一杯に空気を吸い込んで、全身をふるわせながら、どこか間の抜けた、唸るような声をあげる。じつはテクストとしての『麦と兵隊』には、こうしたロバの声が至るところで聞こえている。戦場に響くロバの声は、想像の共同性としての「祖国」「国民」への帰一を説く一般化の声とは異なる倍音として、「トカトントン」（太宰治「トカトントン」一九四七年）の空耳よろしく、テクストの中に刻まれてしまっているように見える。

③冗長と剰余。②にも同様の気味合いがあるのだが、いくつかの戦記テクストには、読んでいてどうにも形容に困る、切ない虚しさを突きつけられるような場面が描かれている。里村欣三「輜重隊挿話」（三省堂出版部編『我らは如何に闘ったか』三省堂、一九四一年）は、かつて『文藝戦線』派のプロレタリア文学作家として活躍、その後徴兵忌避者として中国大陸を放浪した里村が、一九三五年に自首した後、三七年、三五歳の夏に召集され、岡山歩兵第一〇連隊所属の特務兵として北支戦線に従軍した際の体験に依拠したテクストである。[25]

「戦争とは歩くことと死ぬこと」だと書いたのは、『花と兵隊――杭州警備駐留記』（改造社、一九三九年）の火野葦平だけれど、三〇～四〇キログラムに垂んとする携行品を背負った歩兵の行軍の厳しさは、戦記テクストが必ず記述することがらだ。南京へと向かったある部隊は、「股のつけ根が一歩ごとにすりむけ、とび上るほど」の痛みを抱えながら、冷たい雨を冒して「泥と泥にもみぬかれ」ながら行軍を続けた（松村益二『一等兵戦死』春秋社、一九三八年）。武漢作戦のために徐州から転戦を命じられた部隊は、体感温度が五〇度を超えるのではないかという炎暑の下、疲労のあまり倒れ込んだ兵士を「戦友」たちが庇いあいながら、「全く死の苦しみ以上」の「連続的難行軍」を続けていた（松田利通『征野二年』）。広東作戦に従軍した別の部隊は、一〇月になってもなお強烈に照りつける日射しの中を「悉く憤怒に近い表情」をたたえつつ、「炎天の下を、例のごとくあまり芳しくはない足取りで、汗に濡れ、歯を喰ひしばつて」ひたすら足を動かしていた（火野『広東進軍抄』新潮社、一九三九年）。一方、中国北部で黄河渡河作戦を命じられた部隊の兵たちは、中国軍の襲撃を避けるため、零下二〇度近い酷寒の夜の闇を、一週間にわたって「真黒なかたまり」のように「石の如く、徐々に音もなく、かはらぬ速度で歩みつゞけ」なければならなかった（山口季信『火線を征く　台児荘激戦記』大隣社、一九三九年）。

日本陸軍が伝統的にロジスティクスを軽視していたことはよく知られる。まさにその兵站を担当する部隊として、弾薬や食糧の輸送に従事した輜重兵部隊の行軍は惨めの一言に尽きる。山田朗によれば、日中戦争期の日本陸軍で「苛酷な行軍」が慣行化したことには、明確に構造的な理由がある。中国大陸の鉄道は基本的に大都市間のネットワークとして敷設されていたが、すなわちそれは、国民党軍・共産党軍の特務機関が容易に日本軍の輸送状況を確認できることを意味していた。それを避けようとすれば自動車輸送が必須となるが、日本製の自動車は中国大陸の悪路でしばしば故障に悩まされ、地雷による被害も頻発した。よって、馬匹での輸送に依存せざるを得なかったのだが、トラック一台分の搭載量は輓馬なら七頭、駄馬なら一五頭が必要となる。その状態で輜重部隊は、「戦闘部隊を追求して一日、二〇キロメートルから四〇キロメートルもの泥濘或いは砂塵舞い上がる悪路を馬とともに歩くこともしばしばあった」。おまけに輜重部隊にはろくな武装がなかったから、長大な隊列は中国軍による格好の襲撃対象ともなった(26)。里村の部隊もその例に漏れない。彼は書いている。「特務兵たちは、手綱を短くつめて、馬の馬銜《はみ》へぶら下がつたやうな形で、泥の中を引き摺られて」しまう。泥水が胸まで届き、粘土質の地盤がズルズル滑って靴が「一尺」＝三〇センチほども土中にめり込んでしまうので、馬について歩くことさえできないからだ。そんな調子の行軍がえんえんと続く。


　上陸後行軍に移つて、まだやつと四五時間経つか経たないうちに、もう馬も兵隊もヘトヘトに弱つてゐた。すると「待つてました」とばかりに事故が頻発する。車輛が顛覆する。馬が泥の上へ寝てしまつて、動かなくなつてしまふ。部隊の隊形は、事故と故障のために、泥の海の中でちぎれちぎれに寸断されてしまふ。〔……〕「馭兵は前の車輛に馬を密着《くっつ》けて、橋をのぼれ！　間隔をとると、馬が飛び出すぞ！」

　雨の音……馬と車輪が泥水をかき立てる騒がしい飛沫で、班長の命令が濡れ鼠の馭兵には、はつきり聞き取れない。耳の中まで雨がつまつてゐるのだ。

　先頭の第一車両は、山崎輜重兵の誘導す

図4-5 「泥濘を征く砲兵隊」(『アサヒグラフ』1937年9月29日)。
中国戦線での日本軍の行軍と補給は、馬匹と人力とに依存していた。

る乗馬の尻ッ尾へ鼻面をくつつけて、無難に太鼓橋を躍り越えて行つた。直ぐその車両に続行する筈の竹田が、嫌がつて尻込みをする馬に手古摺《てこず》つてゐるうちに、前車との距離がのびてしまひ、やつと動き出したと思ふと狂つたやうな勢いで太鼓橋へ駆け上がつた。そして橋の弧の頂点から、物凄い速力で下り勾配を一気に走り下りた。

竹田と馬と車輌が凄まじいハズミをつけて、矢のやうに駈け去つた橋の中途に、ふいと粘土の塊りのやうなものが見えた。

「あッ！」と思つた瞬間に。《ママ》次の車輌がガッツと石の響きを立てゝ、通り過ぎてゐた。

「あッ、こらッ！　車輌は止まれッ。後の車輌は動くなッ！」

班長が片手を挙げながら顔色を変へて、一足跳びに橋の上へ躍りあがつたと思ふと、矢庭に馬から飛び下りて粘土の塊りのやうなものを抱き上げてゐた。竹田だつた。彼は馬の狂奔について走れず手を離したところを、自分の車輌と次の車輌にはねられて負傷したのだつた。

折からの豪雨で、「戦闘帽の廂から雨が流れ込」み、全身はずぶ濡れ、腋から下は「お汁粉のやうな泥の海」にまみれて、「兵隊も馬も車輌も、天ぷらのコロモの中を転げまはつたやうな格好」になってしまっている。辺り一面泥の海で、どこが道なのか畑なのか水路なのかまるで見当がつかず、前から少し遅れただけでも、馬や車輌は痛ましい事故を引き起こす。車に轢かれ腰骨を折る兵士がおり、馬の下敷きになって後送される兵士が出る。もちろん、馬とて生きものだから、疲れもするし壊れもする。馬も人も「絶望的な思ひ」に囚われながら、ただひたすらに「泥の海の中をのた打ちまはつて」歩きつづける。中国軍に発見されることを恐れ、夜になっても灯火を点けることもできない。「手の先」さえも見えない暗闇の中で、「半分眠むりながら」でも、歩みを進めていかなくてはならない――。

もちろんこれは、戦場の〈労苦〉を銃後の読者に説く目的で書き記された場面である。しかし、視点が固定され、状況を描写する言葉が積み重なれば積み重なるほど、将兵たちの行為の虚しさ、馬鹿馬鹿しさ、無意味さという印象ばかりが喚起される。なぜこんなことをしているのか。何のために、誰のためにこんな苦行を強いられているのか。戦場の困難と苦闘を具体的に描写

図 4-6　泥濘の中、野砲を引き上げる日本兵。
平塚柾緒編『日中戦争　日・米・中カメラマンの記録』(翔泳社、1995 年)。

する言葉が費やされれば費やされるほど、この戦場の、ひいてはこの戦争自体の意味をめぐる問いが浮上してしまうのだ。戦場の〈労苦〉を描く言葉は、一義的には、そうした困難に立ち向かっている戦場の兵士たちのありようを強調することで、銃後の読者の規律化を促すイデオロギー的な効果を期待されていた。現在の視点で考えれば厭戦的と読まれかねない戦場での身体的な苦痛や苦渋、疲弊や憔悴ぶりに筆を致すことは、献身の対象としての「祖国」への情動の強さを引き出す限りにおいてなら、必ずしも制限されていたわけではなかった。しかし、その描写は、少しでも過剰になり冗長になったとき、テクスト的な抵抗と攪乱を引き起こす契機ともなり得てしまう両義性をはらんでいた。

見られるように、戦記テクストの語りの現場は、決して平板でも平坦でもない。ただし、テクストに指摘できるこうした攪乱的なありようを、書き手個人の芸術的な抵抗の物語に還元すべきではないとわたしは思う。何度もくり返すが、戦記テクストは基本的に厳しく管理されたテクストである。のちの回想で火野葦平は、『麦と兵隊』を書いてから後、一兵隊の私に自由はなく、検閲から発表にいたるまでの経路において、軍というものの暴力に痛い目を見せられた」と述べた。[27] 火野によれば、『麦と兵隊』の発表にあたっては、最終的には中支那派遣軍参謀長だった河辺正三少将（当時）の裁可を得たという。『土と兵隊』の検閲は上官だった馬淵逸雄に一任された。『東京日日新聞』に連載された『広東進軍抄』は、初出の時点では、当時の学芸部長・久米正雄によって、断りなく『海と兵隊』というタイトルが付けられたという。つまり、戦記テクストは、軍や情報当局、あるいはそれらの意向を忖度した出版者や編集者によって、いつでもどのようにでも一度世にでた後であっても、切り取られ削られ、加工されるおそれがあった[29]。逆言すれば、書き手たちは、自らのテクストが最終的にどう成形されるかをあらかじめ予測することがきわめて困難な中で、言葉を紡いでいたのだった。われわれがいま読むことができるテクスト自体が、複数のエージェントによって織り上げられたものなのである。

むしろわたしが重要と思うのは、日中戦争期の戦記テクストのような、あからさまにプロパガンダ的な意図を担ったテクストにさえ、〈国民＝民族〉の物語を攪乱する細部が確かに看取できてしまう、という厳然たる事実である。もちろん、わたしはこれらの戦記テクストを肯定的に評価したいのではない。これらを「文学」に登録し、文学史の中で再評価しようと目論んでいるわけでもない。テクストとしてかんがえれば、戦記テクストは明らかに不幸で不自由な環境で書かれており、複数の制約がテクストからしなやかな柔軟性を奪ってしまっていることは、ここまで縷々述べてきたとおりである。けれども、だからといって、戦記テクストに読む価値がないとは言えない。テクストにかかる強固なイデオロギー的要請や、かなり綿密に行なわれた表現規制にもかかわらず、テクストを織りなす言葉が、読む者の視線を躓かせ、戸惑いへと突き放す不穏なざわめきを失っていないことを、確かに見て取れることが重要なのだ。テクストそれ自体は決してユートピアではないけれど、テクストを、コトバそれ自体を管理・統御するのは窮極的には不可能ではないのか、というかすかな希望を与えてくれることが、現在の読者にとってはとくに重要なのだ。

だからこそ、言葉を管理・統制したい権力は、第一義的には受け手の身体を標的に定める。言葉を完全に統制することはできなくとも、法的・政治的・社会的な制約によって、受け手の身体を萎縮させこわばらせること、受け手自身が自らの身体と感性を狭い牢獄の中に閉じ込め統制するように仕向けることは可能である。戦争を遂行する権力がもっとも管理し統制したいのは、構成された「戦場のリアル」や、刻み込まれたイメージの断片から触発され、思いもよらない別の言葉やイメージを招き寄せてしまう、戦場にかかる公的な語りが作り上げる物語の残りのものを想像してしまう、そんな身体と感性の方ではないのか？

第五章

曖昧な戦場

戦記テクストにおける他者の表象

1　〈敵の顔〉の不在

日中戦争期・アジア太平洋戦争期の日本語の戦時プロパガンダの特徴として、しばしば〈敵の顔〉の不在が指摘される。佐藤卓己は、第一次世界大戦から冷戦期に至る各国のプロパガンダの図像を分析したサム・キーン『敵の顔　憎悪と戦場の心理学』が、「日本人がその「敵」を描いたポスター」を一枚も掲げなかったことに触れながら、日本の戦時宣伝における〈敵の顔〉の曖昧さは、「良きにつけ悪しきにつけ「敵」を意識的に排除したわが国の鎖国的文化システムの特徴」に由来している、とする。(1) 一九八〇年代に書かれたジョン・ダワーの古典的著作『容赦なき戦争』では、しばしば〈一億〉という数字を呪文のようにくりかえす戦時下日本の各種スローガンや、「一九三〇年代末から四〇年代初めにかけての日本の歌謡曲」が、「敵のことを名指しすることはほとんどない」と観察されている。(2) ダワーは別の著作で、同じ時期に製作された「日本の戦争映画の多く」には、「はっきりとした敵の姿がまったく現われ」ず、「焦点はほとんどもっぱら純粋な自己にあてられたままなのだ」とも指摘している(3)。ダワーによれば、日本語の戦時プロパガンダでは、同時代のアメリカのそれに比較して、〈われわれ〉に対峙する〈かれら〉を象る際に、あからさまに人種主義的なイメージの文法に依拠した差別化が行なわれたわけではなかった。「西洋における人種主義は、他の人々を侮辱することに際立った特徴があったのに対し、日本人は、もっぱら自分自身を高めることに心を奪われていたのである(4)」。

こうした見解は示唆的ではあるが、補足や修正の必要もある。例えば、自国内に大量のアジア系移民を抱え、〈敵国人〉を演じさせることができたアメリカの映画人たちに比べ、日本の戦争映画に欧米人を出演させることが決して簡単ではなかったという現実的条件は考慮するべきだろう。また、この事態を日本文化の歴史的特質から説明するのは、端的に言って誤りである。メディアの規模や影響力には大きな違いがあったとはいえ、一九世紀の日清戦争の際には、〈日本人〉としての〈われわれ〉意識が、〈支那〉＝清国を劣位の他者として差別的に表象することから析出されていた(5)。一九四一年一二月八日以降の戦争では、前線・銃後の双方で帝国の〈臣民〉たちの大量死が現実として突きつけられていくにつれ、〈敵〉たる米英に「鬼畜」の文字が付され、野蛮な獣性にかかる語彙や記号が節合されていったことは、誰もが知る通りである(6)。

しかし、二〇世紀の日本が経験した長い戦争の前半期＝日中戦争期における〈敵〉の姿の曖昧さは、この戦争の本質にもかかわる重要な問題をはらんでいる。改めて確認すれば、中国との戦争それ自体が、日本にとってどうにも位置付けの難しいものだった。一九三七年七月から本格化・全面化した戦争は、一九四一年一二月に「大東亜戦争」と遡って命名される以前は、一貫して突発的な騒動・事件を意味する「事変」という語で表現されていた。「はじめに」でも触れたように、開戦当初から掲げられた「暴支膺懲」というスローガンは、日本を軽侮し抵抗する中国に制裁を与えて懲らしめるという意味の文言で、このスローガンの含意に従えば、日本の行動はあくまで反省を求め態度を改めさせるための〈しつけ〉としてなされているのだから、中国の人々を、自分たちとは相容れない〈敵〉と完全には見なしていないことになる。

もちろんこれは、日本側が主張するタテマエ上の話ではある。実際には「やがて大陸からもたらされる戦勝と、その戦勝の後に莫大な利益がこの狭い国土に流れ込むことを、人々も兵隊自身も信じて疑はなかつた」(里村欣三『第二の人生』河出書房、一九四〇年)という観察の方が正鵠を射ていたのではあるまいか。しかし、大義名分の立たない戦争は、つまるところ野放図な暴力の発露と変わらない。思い通りにならない相手に向かって癇癪を爆発させたような子どもじみた軍事行動に向けて、長期間にわたって大量の人々を動員することは難しい。そこで発明されたのが、〈東洋平和のための戦争〉〈新しい東亜を作るための戦争〉という耳に心地よいスローガンであった。

けれども、その主張をあくまで貫くなら、論理的には、〈われわれ=日本人〉が戦場で武器を構えて向き合う対手でさえも、潜在的な和解の対象でなければならない。高垣金三郎『帰順兵』（三省堂、一九四一年）は、戦後に朝日新聞社の幹部もつとめた著者が、華中地区で〈宣撫〉活動に従事した際の体験記だが、そこには「ふと自分はこの炎熱下に、所在の敵を追払ふ友軍と無駄な抵抗を続けてゐる支那軍が相提携して、揚子江の治水工事に従事してゐる」情景を夢想する一節がある。それこそが、「今度の事変が解決しようとしてゐるところのものに違ひない」からである。原口統太郎『支那人に接する心得』（実業之日本社、一九三八年）は、他者としての中国の人々をどう表象するかについて、次のような観察を披瀝している。「今度の事変は支那人が余り図に乗り過ぎたから、大きな拳骨をぐわんと喰らはしたやうなもので、何も真から支那人が憎くてやつた戦争ではないことは明白だ」「今次の事変に当り、これほどの大戦争をなしつゝ、日本人の誰一人も、目前の支那人に悪感を抱く者がない。日清戦争には「ちやんころ」日露戦役には「露助」などゝいふ悪口《あくこう》が流行したが、今度は支那人を指して何の新語も生まれない」という一節を読むことができる。全員が本当には〈敵〉でない以上——そして、実際の占領地の統治には多くの中国人協力者の存在が不可欠であった以上——、中国の人々全体を貶め差別化するような言葉は使えない、というわけなのだ。それ以前に、南京占領の知らせに舞い上がってしまった近衛文麿の政府は、中国国民政府は〈われわれ〉の「真意」を理解せず「反省」が足りないから、「爾後国民政府を対手とせず帝国と真に提携するに足る新興支那政権の成立発展を期待」する、などと口走ってしまっていた（第一次近衛声明、一九三八年一月一六日）。律儀で生真面目な検閲当局は、日本の戦争を領土や利権を目的とする帝国主義的な侵略とする国内外の論調を周到にチェックし、排除する作業を続けていた。

　ではいったい〈われわれ〉は、誰と、何のために戦っているのか。〈われわれ〉の家族や兄弟や知友や隣人たちは、なぜ〈われわれ〉と共に過ごすことを許されず、遠い中国大陸で他者を傷つけ他者から傷つけられなければならないのか。このように考えてみれば、日中戦争期の戦時プロパガンダ言説が、きわめて困難なタスクを背負わされていたことが見えてくる。この種のプロパガンダの一般的な役割は、〈われわれ〉と〈かれら〉の間に線を引き、〈敵〉として領域化した〈かれら〉を差別的な表象で包み込むことで、悼まれ嘆かれるべき生とそうでない生とを区分することにある。ならば、戦争の目的も〈敵の顔〉もはっきりしない戦場を表象する際、〈われわれ〉と〈かれら〉、〈友〉

図 5-1　日中戦争期に作成されたプロパガンダ・ポスター。愛国婦人会、大日本国防婦人会、大日本総合女子青年団が1940 年に作成した。関心は「敵の姿」よりも〈われわれ〉の側に向けられている（田島奈都子編『プロパガンダ・ポスターにみる日本の戦争』勉誠出版、2016 年）。

と〈敵〉の境界線は、どこで・どのように引かれるのか。〈われわれ〉と〈かれら〉が戦うことの意義は、いったいどのように語られるのか。

第四章でわたしは、『麦と兵隊』の語りに不協和音のように聞こえてくるロバの声に注目することから、戦記テクストの攪乱的なありようについて指摘した。だが、べつにわたしは、戦記テクストの文学的な可能性を顕揚したかったわけではない。同時代の戦争報道をめぐる検閲コードや、戦場体験の語りに向けられた期待の地平によって強力に規制されながらも、なおしなやかに制度の枠組みを逸脱していくテクストの批評性を謳い上げることは、いかにも文学主義的で美しい結論だけれど、それだけでは不十分である。テクストの論理が強力に認識を枠取り、構造化していくありようから目を背けるべきではないと考えるからである。

そこで本章では、第三章・第四章とは異なる視点から、戦記テクストが織り上げる言語空間の特質に迫りたい。歴史学者の黒羽清隆は、日本軍戦死者の死因を分析することから、日中戦争は「「歩兵の白兵主義」による戦争」であり、「「目撃可能な中・近距離」の戦争」だった、と書いた(7)。だとすれば、〈敵の顔〉を目の当たりにすることができていたであろう戦場で、あるいは、すぐ傍らにいる現地の人たちがいつ〈敵〉になるかもしれない可能性を潜在させていた場所で戦うことの意味を、戦記テクストの書き手たちは、いったいどんな言葉で書きつけたのか。後方の占領地で、軍隊生活の日常の中で出会いかかわった他者のことを、どんな言葉で象り描きだしていくのか。つまるところ戦記テクストは、〈われわれ〉と〈かれら〉、〈友〉と〈敵〉という関係性の表象を、どんな論理で、どのように配分していくのか。複数のテクストを横断的に検討することから、この曖昧な戦争の継続を下支えした言語空間の秩序について、わたしなりに考えてみようと思う。

2 戦場の教養小説

本書は日中戦争期の戦場・戦地を描いた著作を戦記テクストと総称しているが、そこに描かれるのは、必ずしも具体的な戦闘にかかわる情景だけではない。火野葦平『花と兵隊』(改造社、一九三九年)や、新田義夫『特務兵の手記』(今日の問題社、一九四〇年)、東大セツルメント出身で紙芝居(!)を用いた宣撫工作に従事したという松永健哉『南支戦線教育従軍記』(昭和書房、一九四〇年)のように、そもそも戦闘にかかるシーンがまったく登場しないテクストも少なくない。

では、いったい何が描かれるのか。典型的な事例として、日中戦争期・アジア太平洋戦争期に火野葦平と並称された〈兵隊作家〉上田廣の代表的な従軍記『建設戦記』(改造社、一九三九年)の一節を見てみよう。一九〇五年生まれの上田は、高等小学校卒業後に国鉄に入り、機関助手見習いや事務手伝いをしながら文学活動を続けて、一九二四年には、プロレタリア作家同盟解散後に若手の左翼系作家が創刊した雑誌『文学建設者』に参加する。その後、『文化公論』『文学評論』『早稲田文学』『文藝首都』などにも、労働者としての自己の体験に依拠した作品を発表していた。盧溝橋事件後は、火野葦平とほぼ同時期の一九三七年九月に応召、陸軍工兵伍長として千葉県津田沼の鉄道第二連隊に所属、「破壊された鉄道や橋梁の修理と保全、さらには新線の敷設などのほか、軍事物資の輸送や沿線の警備や住民の宣撫工作を主な任務とした」(8)。『建設戦記』は、一九三八年五月の徐州作戦前後、展開する日本軍の輸送ルートを確保すべく、中国軍やゲリラによる「列車妨害」に苦しんだ部隊の日々を描いたテクストである。

作業にかゝる一寸前に、最後部の列車からの情報が中間にゐる列車を介してはいつてきた。最後部列車の相当後方から更に反転破壊がやられてあるといふことであつた。私たちは今更のやうに自分たちの前にある破壊を見直しながらそれを聞いた。私たちは初めてこの集団列車の南進にたいする妨害の意図が、どんなに悪辣に執拗であるかを見せられたやうな気がした。私たちはこの前途の破壊を修理すれば、容易く目的が果されるかのやうに思つてゐた自分自身に、激しい鞭を加へなければならない必要に迫られた。私たちは敵に包囲されたまゝ前進してゐるのである。私たちはやれるだけやつてくるがいゝ、と言い合つた。我々もまたやれるだけやるであらう。何れが最後まで頑張るか、そこに勝負があるのだと自分自身に言ひきかせる。反転破壊の復旧作業は、土砂降りの雨の中を開始する。一時は眼もあけて居られぬ

ほどの降り方であつた。私たちは相変らず釘着班。水が飛び泥がはねる。うつかり踏んばると足が辷る。〔……〕

私はびしよ濡れになつてゐる自分も忘れてゐる。何日の連続作業による疲労も忘れてゐる。なにもかも忘れてゐる。私は目まぐるしい中にもさはやかな気持ちの中にその瞬間を置いてゐる。私は死ぬときは、たとへ声がたゝなくも　天皇陛下の万歳を叫び、大和の民族の為に両腕をあげ、我が水間部隊の名誉のために、「作業をつゞける」と言ひ残さうと思ふ。私にはもう考へることがない。私はたゞ槌をふりあげる。なにも見えなければなにも聞えない。たゞ生きてゐる瞬間々々だけがその都度意識され、最後の力で槌をふりあげる。

よく知られているように、中国の国民党軍・共産党軍は、それぞれのやり方で日本軍の補給路を妨害し、後方攪乱を目的とする遊撃戦をくり広げていた[9]。山田朗によれば「一九三八年以降一九四三年まで「満洲国」をのぞく中国

図 5-2　上田廣（本名は浜田昇、1905-1966）。
千葉県出身。
敗戦後も鉄道をテーマとする小説を執筆し、
国鉄本社総裁室修史課嘱託として
『日本国有鉄道百年史』の製作にも参加した。
写真は『建設戦記』のトビラに掲げられたもの。

大陸に駐屯する日本陸軍の兵力は、常に七〇万人前後を維持していた」が、そのうち国民党正規軍との組織的な戦闘の任にあったのはおよそ半数程度。残りは日本軍の占領地・占拠地の〈治安維持〉に当たっていた。言い換えれば、日本陸軍は、それだけの規模の兵力を、非正規戦の要員として配置しなければならなかったのである。中国大陸の日本軍隊が〈点と線〉しか押さえられなかったと称される所以である。陸軍が仰々しくも「高度分散配置」と呼んだ部隊配置は、「警備地区一km四方あたりわずか〇・三七人の兵力密度しかなく、歩兵一個大隊の兵力（八〇〇人前後）で平均して五〇km四方を警備していた計算になる[10]」。中国共産党第八路軍が活動した地域の近縁で、まさにその警備に追われる日々を描いた『建設戦記』には、抗日ゲリラのさまざまな破壊工作が、写真付きで実に詳細に、実に執念深く、書き込まれている。橋を爆破し、線路の土台を掘り崩し、レールを外してはどこかに隠し、レールと枕木を固定する釘を抜き、レールそのものをひっくり返す。「私たち」は、汗まみれ泥だらけになってそれらを修理するが、その度に待ち伏せしていた中国軍に襲われ、ようやく仕事を終えると今度は別の箇所が壊されている。引用した部分は、まさにほんの少し前に「私たち」が復旧させた箇所が、再び中国軍に襲撃されているという場面である。

誤解のないようにあらかじめ書いておくが、先の文章は、中国での日本の戦争の無意味さを語った部分ではない。ましてや、中国軍の戦術的な卓越性を評価した記述でもない。思わずシシュフォスという名前を想起してしまうこの情景は、あくまで「私」の戦争への積極的な献身ぶりを語る目的で用意されたものだ。

せっかくの骨折りが水泡に帰したと知ったときのやり場のない怒りや途方もない無力感、耐えがたいほどの悲しみやすべてを投げ出してしまいたくなるような絶望など、ありうべき情動のうごめきは管理・統制され、そうした反応をあらかじめ上書きするかのように、抽象的な思念が展開されていく。「私たち」と「敵」と、「何れが最後まで頑張るか」。この戦争は我慢比べなのである。中国軍による砲撃や銃撃を受けながらであっても、たとえ「人間の歩行に劣る」ほどの速度であったとしても、ともかく列車を前進させなくてはならない。たとえ「物を考へる力がなくなり、自分で自分の存在さへわからなくな」ったとしても、「自分たちを機械化す《(ママ)》ることで疲労と苦しみ」を乗り越えなければならない。戦場で周囲の状況への顧慮を遮断することほど危険なことはないはずなのに、「私たち」は、命じられた「仕事」を自分たちに課せられた「義務」と引き受け、「なにも見えなければなにも聞えない」と自らに言い聞かせながら、ひたすらに戦場での労働に専心する。その瞬間に「私たち」は、「祖国」「民族」の意志を体現し、「日本人《ニッポンジン》」――かつて戸坂潤は、「ニッポン・イデオロギー」を論じた際、「ニホンと読むのは危険思想だそうだ」と書いた(11)――という「絶対」の観念に生きることができる、というわけなのだ。

池田浩士は、出征以前の上田廣がプロレタリア文学運動の影響圏にあったことに注意を促し、日中戦争期の彼のテクストを転向文学の一変種と捉える見方を提示している。また、池田は、上田が一貫して現地の中国の人々のまなざしを方法的にくり込もうと苦闘した点に触れて、「かれが選んだ文学的方法には、プロレタリア文学運動のなかでえられたものが、脈々と生きていた」とも論じている。[12]いずれも重要な指摘と思うが、同様のことは、池田の論脈とは異なる意味ではあるが、先の引用にもあてはまる。西田勝によれば「戦前唯一の反戦アンソロジー[13]」である『戦争ニ対スル戦争』(左翼文芸家総連合編。南宋書院、一九二八年)にも収録された黒島伝治の短篇小説「橇」では、シベリア干渉戦争を舞台に取りながら、いくら国家や上官が命じても「戦争をやつとる人は俺等だ。俺等がやめれや、やまるんだ」と、戦場でのサボタージュと集団的抗命の可能性に心づく兵の姿が点綴されていた。戦争を労働の語彙で語る発想は、まさにプロレタリア文学が育ててきたものに他ならないからである。

そこから考えれば、『建設戦記』の思索が、そうしたプロレタリア文学の発想を正確に裏返したものであることが見えてくる。〈いま・ここ〉で戦うこと、徒労としか思えぬ作業を命じられることへの懐疑が頭を擡げようとするまさにその瞬間に、「祖国」や「民族」といったナショナルな価値を前景化させ、戦争の意味への問いを溶解させてしまっているのである。言い換えれば上田は、危険きわまりない戦場で、自ら進んで滅私奉公の回路に没入することによって、ナショナルな価値と想像的に一体化できるという論理を提示してみせたのである。

自らの行為や存在の意義それ自体が摩滅するような戦場での経験が、自己を高めるた

図 5-3　中国軍によって破壊された鉄道の様子。
上は『アサヒグラフ』1937 年 9 月 1 日号、
下はいずれも上田廣『建設戦記』（改造社、1939 年）より。

めの試練と意識される、ということ。死と隣り合わせの戦場で、いつ終わるとも知れない作業にわき目も振らず注力することが、自己自身を鍛え、より高次の価値に近づく契機に他ならない、ということ。こうした発想は、戦記テクストにあって決して珍しいものではない。例えば、先にも触れた火野葦平『花と兵隊』には、従軍する前は画家をしていたという下士官が、「私に話しかけているやうでもあり、全くの独り言でもあるやうな口調で」次のように語るシーンがある。

〔……〕戦争は人間が集つて作つてゐる国と国とが戦ひ、戦場では人間と人間が戦ふ。それは甚しく気狂じみて見えるが、それはやつぱり人間によつて行はれるものだ。人間が新《あらた》に人間の道を探す人間としての戦ひだ。戦争の中に常に人間があり、人間はその中から新しい人間として抜け出て来なければならぬ。俺にはこの人間の成長が楽しみだ。ところがこの人間の成長は何かの心の中での戦ひによつて、一層完成されなければならぬ。俺は考へるのだ。今、この戦地にある兵隊が一度にごつと内地に帰還したら、一体日本はどうなるか。つまり、頭の調子の狂つた兵隊達が、平和な生活の中に何百万も飛びこんだらどうなるか。社会的に、文化的に、どんな変化が起るか何も変化が来ないといふわけはない。それは俺には一種の希望であるとともに、また一種の杞憂でもある。ああ、これは大変なことだよ。兵隊は戦場で銃を把《と》つて戦はなくてはならん。同時に心の中の戦ひがなされなくてはならん。常に反省がなされなくてはならん。その反省が人間を本当に鍛え、本当の人間を完成し、日本を美しくすることだ。

〈敵〉として括り出された他者に向けて暴力を行使し、人間としての生を否定し、毀損する行為が、「人間の成長」につながっていく――。『花と兵隊』というテクストが最も緊張する瞬間と言ってよいこの発話に、戦場での火野自身の思索が投影されていることは明白である。前線で加害と殺戮の当事者として行為した／行為しなければならなかった「兵隊」たちを「頭の調子の狂つた存在」と言い取ることで、「戦場」で過ごす時間が、「内地」の「平和な生活」から決定的にずれ落ちた異質なものだという認識と、「戦場」を知ってしまった者はかつての日常に戻れないかも知れないという畏怖にも似た感覚が、確かに刻みつけられているからである。自ら他者を傷つけ殺し、すぐ傍らの他者が無惨な死を死ぬ瞬間に立ち会ってしまった「兵隊」が、もはや以前と同じ「人間」ではなくなってしまっているのではないか、という懐疑が

図 5-4　火野葦平『花と兵隊』（改造社、1939 年）。

書き込まれているからだ。火野のテクストに「ヒューマニズム」を看取する評価はまさにこうした記述に由来するのだろうし、書き手としての火野に即して考えれば、軍隊組織の中で「兵隊」であると同時に「人間」でもあり続けようとするために編み出された、自己合理化と自己抑圧のためのぎりぎりの理窟であっただろうことも想像できる。こうした文を書くことが、戦場の表現にかかわる検閲コードを意識しつつなお、自分なりに誠実に言葉を紡ごうとした結果であったことも明らかである。しかし、現在の読者にとっての問題は、あくまで書きつけられた文字にある。注目したいのは、この場面の話者が、中国の戦線で戦うことの意義を「人間の成長」「人間の完成」という語でくくり出していることだ。

「戦場では人間が人間と戦ふ」。二〇世紀の戦争では、それは自明なことである。だが、そのことが常軌を逸した狂気の沙汰としてではなく、「人間が新に人間としての道を探す人間としての戦ひ」だと言い直されることで、傷つけあい殺しあう戦場の現実は後景化され、すぐそこに見えていたはずの、自分が銃を向けられ向けていたはずの「人間」=〈敵〉の姿が消去される。この論理に従うかぎり、戦争の中から「新しい人間」として「抜け出て」くるのは、「日本」の「兵隊」たちだけなのだ。幾度もテクストの界面に浮上する「反省」という語は、戦場での軍のありようや自己の行為にかんする懐疑や内省には決して向かうことはなく、「人間」としての「完成」を目指す「心の中での戦ひ」へと閉じられる。戦場では「人間」であることをいったんやめなければならないが、そこでの「反省が人間を本当に鍛え、本当の人間を完成し、日本を美しくすること」につながる、というわけなのだ。

　まぎれもなく他者の生と身体を傷つける加害の現場であり、他者から自己の生と身体を傷つけられる受傷の現場でもある戦場を、「人間」を「成長」させ、「逞しく立派」にする自己形成・自己鍛錬の場と見なす倒錯的な発想は、戦記テクストの基本的なコンセプトとさえ言える。実際、この時期の類書のページを繰っていると、幾度となく同種の表現に出会うことになる。

　先に紹介した新田義夫『特務兵の手記』には、多くの兵士たちが「命を捨てる覚悟」を全身で体得するこの「戦争」が、「自己の完成した人間を数多く作つてゐる」という記述がある。戦場で他者を傷つけ殺したとしても、決して軍隊生活以前の個性や心性が歪むことはないと主張する丹羽文雄『還らぬ中隊』（中央公論社、一九三九年）は、「昔から兵隊に行けば人間が鍛へられてくると、よく言はれてゐる」けれど、「事実兵隊となることによつて、人間は一人前に鍛へ

図 5-5　丹羽文雄『還らぬ中隊』（中央公論社，1939 年）。装画は藤田嗣治。

られてゐる」「この戦場で鍛へられ、体験したものは、内地にかへれば、きつと疾風のやうな精気をまきちらすに違ひない」と部下のことを思いやる陸軍少尉が登場する。一方で、従軍記者の立場から書かれた井上友一郎『従軍日記』（竹村書房、一九三九年）には、日本軍にとっての武漢戦を最前線で見つめたいという思いに駆り立てられた自らのありようを、「私はもうどのやうな理窟や意味も附けたくない」、自分は「何も「人間をつくるために」わざわざ戦場へ来たわけではない」と述懐する場面がある。こうした断り書きをいちいち書き込まずにはいられないこと自体が、この戦争を「人間」的な「成長」の場所と捉える言説の影響力の強さを証し立てている。

いってみれば、日中戦争期の戦記テクストは、日本軍隊の一員として中国大陸の戦場に参与することを、自己自身を鍛え高める〈修行〉と捉える枠組みを作り上げているのだ。もちろんそれは、兵士としてのスキルや運動能力の向上という意味ではまったくない。戦術的な判断力や身体的な強靭さの獲得が目指されているわけでもない。あくまで自らの「心」、気構え、戦争にかかわる姿勢や態度の問題に他ならない。だからこそ、その成果や達成度を判断する外的な物差しはどこにもないし、〈修行〉の結果どのような自己像が「完成」するのかを描き出すことは誰にもできない。よって、この〈修行〉は、かれが戦場・戦地にいる限り、決して終わることはない。

この戦争は〈修行〉であるのだから、ただそこにいるだけでは不十分である。〈修行〉の内実は、戦争体験の中で遭遇した危険や困難の度合いによって決定される。戦場での死を窮極的な規準とし、そこからの距離いかんによって、各々の戦場体験・戦争体験の意義や価値が意味づけられていくのである。戦記テクストの中で、実際の戦闘行為に参加していない兵士や、後方の兵站業務、占領地での〈宣撫〉工作に従事する兵士たちが、前線で戦う兵士たちへの負い目や後ろめたさを口にするのは、そうした事情に拠っている。

一連の戦記テクストが、こうした〈修行〉の回路に参入すること自体を、「日本人」としての主体化＝国民化と規定していることも重要である。思想史学者の金杭《キムハン》は、中国との戦争を「危機ではなく試練」と捉えた小林秀雄が、ひとは「死という極限」において「日本人であるという運命」を発見するという語りを編み上げることで、「靖国の論理をデカルト的方法において反復」してみせた、と論じている[14]。

日中戦争期の小林の思考については第七章で詳述するが、本章の文脈で重要なのは、こうした「運命」の発見が、ある種の特別な〈決断〉の結果としてなされるわけではない、ということだ。戦場で、軍隊組織の中で、自らの身体の内奥でざわめく情動や衝動や欲求を抑圧し、与えられた任務を黙々とこなし続けること。それこそが、「最も簡単にして単純なるものが最も高いものへ、直ちに通じてゐる」(火野葦平『土と兵隊』)という、「祖国を守る道」、つまりは「日本人」の「道」なのである。棟田博『分隊長の手記』(新小説社、一九三九年)は、そのことをもう少しわかりやすく言い換えてくれる。「兵隊の道はチャンときまつてゐるのだ。その道は険はしくも難しくもない坦々たる大いなる道である。日本人ならば、誰もが容易に堂々と進んで行ける道である」のだ、と。

戦場での挺身という〈修行〉の回路に没入することで「日本人」たる証しを立てることができるなら、過去に貼り付けられた負のスティグマを清算することも不可能ではない。事実、戦記テクストの言語空間では、自分も立派な「日本人」なのだと口にする転向者たちが、重要な役回りを担っている。(15)

応召前は読売新聞社新潟支局員だったという岡村津三郎「煙草」（三省堂出版部編『我らは如何に闘ったか』三省堂、一九四一年）は、実際の社会運動にこそ加わらなかったものの、「ある思想の洗礼を受けたまま現役で入営」した池谷という兵士が、訓練教官H少尉の薫陶よろしきを得て、上海戦の激闘において「はげしい民族の血飛沫に鍛錬」されたことで「真の民族の基調」を掴み取り、「祖国への激情の中へ裸身のまゝ」飛び込んでいった様子が描かれる。難波虎一『帰る兵隊』（大洽社、一九三九年。表紙題は『転向手記〝帰る〟兵隊』）は、出征時には日本無産党常任中央委員・日本労働組合全国評議会常任執行委員の任にあり、労働運動のベテランとして「数十のストライキを指導した経験をもつてゐる」と述べる筆者が、一九三七年一二月の人民戦線派の大検挙というニュースに胸を痛めながら、「同志の悪名の万分の一でも、雪ぎたい」と戦場で挺身する様子を描いたテクストである。そこでは、「どんな思想運動家でも、一度戦争を実践すれば、必ず日本人に甦る。私は断じて甦えると思ふのである」という悲壮な訴えにも似た言辞が刻まれている。かつては徴兵忌避者だった里村欣三の『第二の人生』『第二の人生　第二部』（河出書房、一九四〇年）は、そのタイトル自体が「新しく生き返るつもりで、戦争に来てゐるんだ」という人物のありようを物語っているだろう。そして、著者自身を仮託したと思しき語り手を「旧左翼の陣営にゐて思想に躓いた者の一人」と設定した立野信之『後方の土』（改造社、一九三九年）には、以下の一節が記される。

〔……〕支那大陸の運命を考へることは、同時に日本の運命を考へることだ。そしてまた同時に、それは梶たちの生き方の問題でもあつた。戦争は事態をそこまで押詰めてしまつた。いや、元々この戦争は、さうした命題の中から必然的に生れ出たのかも知れないのだ。梶は、前線や後方の思ひがけない場面で、旧左翼の連中が実に勇敢に働いてゐるのにぶつかつた、盧山の戦線で出逢つた一人の輜重少尉は、梶の手を握つて、僕は勇敢にやります、それ以外に自分の生き方はないと思つてゐます。やつてやつてやりまくつた彼方に、僕は何かを発見したいんです、掴みたいんです、と涙を流して語つたのを梶

図 5-6　難波虎一『帰る兵隊』（大洽社、1939 年）。

は終生忘れぬこと（ママ）が出来ないだらう。〔……〕旧右翼も旧左翼も、共に思想的にはこの運命的な大戦争の前に、一日本人としての白紙に立ち返つて、戦争そのもの丶中に、日本の運命をそして同時に自分たちの新たな生き方を求めてゐるのである。

思えば、立野信之も里村欣三も、さきの反戦小説集『戦争ニ対スル戦争』に小説を掲げた作家なのだった。おそらくはそのためだろう、まさに自己語りをするかのように『後方の土』の視点人物は、かつて「この国の国法に叛く運動に狂奔した者ら」が「この戦場の砲火の中」に「日本人としての新らしい生き方」を求めているのだ、と揚言する。中国大陸での日本の侵略戦争と、自己の「生き方」を模索する転向者たちの苦闘とを節合する理窟はまるで論理の体をなしていない。しかし、この戦争が、自らの過去を浄化し、「日本」「日本人」との和解の機会を提供してくれているという信念（あるいは切望と言うべきだろうか）の強固さだけは明確に看取できる。かつて藤田省三は、日中戦争期・アジア太平洋戦争期に至って、「転向は以前のように単にマルクス主義・反国体主義・革命運動「からの」転向だけではありえなくなり、総力戦があたえる目標「への」転向となった」と論じた[16]。そうした、「積極的に「日本人」であることを証明」せよと強いる言説実践の範例が、他ならぬ中国大陸の戦場での命がけの挺身に求められていたことは、あらためて注意されてよいだろう。

3　戦場と〈人間性《ヒューマニズム》〉

鹿野政直『兵士であること』は、『山西省』の歌人・宮柊二の戦場詠を取り上げて、彼は「「兵隊」であることによって「人間」を放棄することをでなく、「兵隊」を放棄することによって「人間」に到達することをでもなく、「兵隊」に徹することによって「人間」として成長することを、みずからに課したのであった」と論じた。[17] 井上俊夫『初めて人を殺す』は、古参兵たちの陰湿なイジメと「私的制裁」に苦しんだ「初年兵時代」に、次のような人生訓を編み出したと語っている。[18]「軍隊と戦場に於いて、内地の暮らしではめったに体験できない色々な問題や事件にぶつかり、苦労すればするほど自分は男らしくて立派な人間になれるんだ。だからどんな苦しいこと、いやなことにも耐えていかなければならないんだ」。もちろん、〈知識として知っていること〉と、切なる体験をくぐり抜けることから掴み取られた信念とを同列に論じることはできない。しかし、鹿野や井上が述べたような認識の枠組みは、すでに同時代の戦記テクストにおいて、半ば定型化されていたことも事実である。

慌ててつけ加えるが、こうした〈修行〉の論理自体は、日中戦争期の戦記テクストが新たに発明したものではまったくない。生活と身体の規律化と、自己自身の人格的完成とを結びつける論理は、近代の日本で「立身出世」「成功」のレールに乗れなかった勤労青年たちが、日常的な実践を通じて「人格の向上」「自己形成」を目指した〈修養〉

の論理にも通じている。[19] 自らの身体を痛めつけるほどに高次の主体性を獲得できるという発想は、たとえば夏目漱石『心』の「K」の思索とも親和的だろう。同時代の文学表現との関係で言えば、「生活してゐる、と自ら感じ得る生活がまづ必要であり、それの結果ならば、それがたとひ何であらうとそこからまた道は拓けよう」と語る人物が登場する、やはり転向者だった島木健作『生活の探求』(河出書房、一九三七年)との類似性も指摘できるかもしれない。いずれにせよ戦場での主体化＝国民化を語る〈修行〉の言説は、すでに日本社会で一般化されていた通俗道徳の語りが節合され、再利用されたと考えた方が適切だろう。そしておそらくそうであるからこそ、〈修行〉の言説は、戦時下において強力なイデオロギー的効果を発揮した。死と隣り合った戦場で「祖国」のために戦い、自己自身と戦っている兵士たちという表象そのものが、「銃後」の生活と身体の規律化を促す資源となったのである。

例えば上田廣は、「帰還兵」の立ち位置から、「今次の事変が、正に国家総力戦であるだけに、銃前・銃後の区別なく」それぞれの戦いに邁進しなければならない、と語りかける(『戦場より帰りて』学藝社、一九四〇年)。同じく日比野士朗は、「「前線の将兵の労苦を思へ」といふ言葉は、親には孝を尽せといふ言葉と同じやうに、今日では国民学校児童の頭にまでしみこんでゐる倫理である」(『一つの思考』六藝社、一九四二年)と断じていた。

興味深いのは、たとえ軍隊経験者・戦場経験者であっても、ひとたびそこを離れれば、

〈修行〉のステージが下がってしまうと感覚されていることである。一九三九年末に除隊、帰還した火野葦平が、もはや「兵隊」ではない立場で再び中国戦線に向かった際、土と埃だらけで疲れ切った兵士の顔を「私たちが兵隊であつた時には私たち自身がさういふ顔をしてゐた」と書きつけながら、その兵士から視線を向けられた瞬間に、「底光りのする眼は気味わるい光を帯びて私を詰問してゐるやうに見えた」と書いたことは忘れるべきでない（「宜昌戦線　従軍手帖抜萃」『兵隊について』改造社、一九四〇年）。このときの火野は、自分を戦場の当事者とは思っていない。だから彼は「兵隊」としての時間と立場を共有できない。その認識は彼自身を脅かし、いたたまらない気持ちにさせる。火野は、自己の恐慌ぶりを覆い隠すかのように、説教じみた語句を発せずにはいられない。「私はもはや数へ切れないほど、何度もあはてた気持で弁解した」「何か前線と銃後との間に溝がある」、「純粋に祖国のために生命を挺して戦ふ兵隊の心をこのやうに乱すことの責任はどちらにあるのであらうか」と。

だが、それだけではない。戦場を〈修行〉の場とみなす言説は、戦記テクストの表象秩序を安定的に保つうえで、きわめて重要な役割を果たしている。そのことを確認するために、戦記テクストにおける他者の表象について考えてみたい。

中国大陸での戦場体験を描く戦記テクストでは、かなりの頻度で、他者としての中国軍将兵や中国の人々と接触してしまった瞬間のとまどいにも似た感情が記述される。例えば成田龍一は、『麦と兵隊』の「支那の兵隊や、土民を見て、変な気の起るのは、彼等があまりにも日本人に似て居るといふことだ」という一節に注目して、戦場では〈敵〉であるはずの「「かれら」に「われわれ」を見出す――見出してしまう」火野のテクストには、「日本人／中国人、日本兵／中国兵の境界をゆるがし」てしまう瞬間がある、と述べている。[20]

だが、同時代の用例を追いかけるかぎり、成田の指摘は適切とは言いがたい。日中戦争の当初から、中国人と日本人の外見の類似に言及する発言はしばしば語られてきた。いちはやく中国の戦場に向かった作家たち三名（尾崎士郎、林房雄、榊山潤）と中国問題に深くコミットしていた改造社社長・山本実彦による座談会の席上で、尾崎は「北平から、八達嶺に行く時」に見た多くの捕虜たちに「一人や二人、知つた人に似たのが居るんだね。――（爆笑）――何かこう、見て居て気の毒なやうな気がする」と口にしていた（「小説家が見て来た戦争を語る「話」の会」『話』一九三七年一〇月）。「爆笑」のあとに、言葉を連ねずにいられなかった心の動きが気になるところではある。火野は別のテクストで、「われわれがバイヤス湾上陸以来遭つた支那兵は、一層日本人に似てゐる。われわれはなにか兄弟喧嘩をしてゐるやうな、いやな気持ちを禁ずることが出来ないのである」として、『麦と兵隊』の際には「友人」「隣人」と表現した中国の人々へのまなざしを、より自らに引きつけるかたちで繰り返している（『広東進軍抄』）。『黄塵』（改造社、一九三八年）の上田廣は、より端的に、戦場での〈かれら〉と〈われわれ〉とは同じである、と書いてしまう。

私たちの気概も次第に昂《あが》つては来たがその頃から一命の存在を忘れる必要に迫られた。敵はすでに何千発かを放つてゐる。これからも放つであらう。そのうちの一発が自分にあたらないと誰が言へよう。いやあたらないのが不思議なのだ。一発、一発、私はハッキリ発射の反動を肩に感じながらねらひを定めた。うごめく敵帽にまともにねらひをきめると、それは私を目がけて飛んでくる弾丸を途中でうちとめることが出来るやうにさへ思へてくるのであつた。私は斜《は》すつかひにくる弾丸など考へる暇を持たなかつた。たゞひたすらに正面の敵にいくつも弾丸を放つた。

そしてどのくらい時間が経つたであらう。私には味方の散兵線の被害がわからなかつたが、敵の損害は相当大きいと見当づけることが出来る。西瓜でも転がつてるやうな鉄帽がひよこんと持ちあがつてはうしろへひつくりかへつてゆく様をなん度も私は目撃したからである。その度に私に妙にヒヤリとしたものを感じさせられた。朝のまぶしい太陽のためでもあつたらうか、その度に私は鏡に映る自分の姿を見せられたやうに思はれたからである。日沢一等兵に話すと、

「いや俺もさうだよ」と彼も大胆に眼脂のたまつた眼瞼をこすりながら、「鏡も鏡、いやはつきりしてる鏡だぞ」

「気持ちはわりいが最後まで鏡で行かう」

二〇世紀の日本と中国との戦争を〈十五年戦争〉と見るスタンスで考えた黒羽清隆の一連の仕事は、この戦争での人間の生き死にの現場に迫るうえで決定的に重要である。黒羽によれば、少なくとも日露戦争から日中戦争に至るまで、「日本軍の戦闘とは、多くのばあい、大陸の山野における野戦（攻城戦や要塞戦以外の地上戦）であり、銃撃戦であり、歩兵部隊を主力とする突撃戦・白兵戦であって、そのさい、小銃あるいは機関銃による敵兵のねらいうちがもっともありふれた戦い方になり、そのことは必然的に、頭部・頸部――やや一般的にいうと上半身――を銃撃の標的《ターゲット》とする」ものが中心だった。(21)

まさにその「白兵戦」の場面を、「突つ込んだ一瞬、手榴弾をふりあげたまま塑像のやうに身じろぎもしなかつた敵兵の顔を見た」「最大限度の愕きの表情で、じいつと突つ込んでくる者を眺めてゐるのもあつた」とスローモーション風に描き取った丹羽文雄『帰らぬ中隊』の記述はいささか芝居がかっているにしても、「ねらいうち」が可能であるからには、戦場で互いに傷つけ傷つけられあった者たちは、対手の姿を、様子を、表情を視認することはできていたはずである。引用した『黄塵』の一節は、まさにそのような場面としてある。

この直後に「私」は、他の兵士たちとともに「三百をくだらない」数の中国兵がいるだろう陣地に向かって突撃を試み、右腕を撃ち抜かれて負傷する。だが、ここで注意したいのは、照りつける朝の日差しの中で「「かれら」に「われわれ」を見出」してしまったという「私」や「日沢一等兵」は、「ヒヤリとした」気味悪さを感じながらも、決して銃撃を止めているわけではないことである。戦記テクストにあって、〈われわれ〉と〈かれら〉、自己と他者との通底性が発見されること自体は、戦場での〈友〉と〈敵〉との境界の危機や混乱に直結していない。どうしてなのか。

まず第一に考えるべきは、〈修行〉の言説が兵士たちの身体を主体化＝国民化する回路の問題である。誰もが知る通り、自己の表象は、他者として立てられた表象との差異化を通じて析出される。酒井直樹の言葉を借りれば、「西洋であれ非西洋であれ、人種、民族、国民といった近代的主体は外発的に構成され、対―形象化的な図式によって媒介されざるを得ない」。よって、「自国民の像を再現―表象することによって主体をつくり出すためには、どうしてもこの対称的な他者の形象が必要なのである」[22]。そこで大事なことは、一般に戦記テクストには、中国の人々を貶め「日本人」から差異化・差別化して表象する場面もあるにはあるが、そうした声だけがテクストを覆いつくしているわけではないことだ。つまり、戦場での主体化＝国民化が要請する他者の表象は、中国の人々のそれだけではない、ということだ。

考えてみよう。ひとが戦場での鍛錬＝試練を通じて「日本人」というアイデンティティを受けとるのなら、そこで「自己確立のための対称的な他者」[23]（酒井直樹）として措定されるのは、軍隊以前・戦争体験以前の過去の「私」のありようであり、戦地や戦場で欲望や情動に突き動かされてしまう現在の「私」のありようだと考えられる。なぜかならば〈修行〉とは、何より自己自身との戦いであり、過去の、あるいは現在の自己の乗り越えとして意識される営み以外ではないからだ。〈修行〉の言説は、主体構成の回路に時間性を持ち込むことで、表象のレベルでも、自らとは異質な他者を必要としない自閉的な枠組みを作り上げる。だから『黄塵』の上田廣が、戦場で対峙した中国兵たちを自分たちの鏡像と表現したことは、いかにも象徴的である。鏡像は、ときに死を予兆するおぞましいイメージでもあるけれど、同時に、そもそも自分自身の似姿に他ならない。

艱難辛苦汝を珠にす、ということだろうか。他者からの暴力さえも自らが打ち克つべき試練と表象する〈修行〉の言説は、戦場で遭遇する〈かれら〉＝「敵」の存在自体を後景化させ、意識の界面から遠ざける役割を担っていたと考えてよい。言いかえれば、〈修行〉の言説はテクストのレベルで他者と出会わないための、テクストの表象秩序を揺さぶる他者の侵入を押しとどめるための、安全装置として機能していたのである。

確かにそこに他者がいるのに、そのようには意識も認識もされないということ。目と目を合わせ、いわゆるピジン的な言語や身振り手振りでコミュニケーションさえ行なっているのに、結局のところ彼女ら彼らを、戦場や後方の一点景へと追いやってしまうこと。『他者の記号学』のツヴェタン・トドロフは、「人は他者の完全な発見をなしとげることもなく（他者の完全な発見があると仮定してだが）一生を過ごすこともありうる」と書いていた。(24) その伝で言えば、日中戦争期の戦記テクストには、他者の姿を書き入れながら、他者とは出会わないための仕組みが構造化されていた、と言えよう。あくまで自己自身のありようにのみ集中する主体のあり方は、〈なぜ、誰と戦うか〉が決定的に曖昧で、しばしば揺動的でさえあった戦争を意味づけるうえでも、たいへん好都合なものだった。

第三章で詳述した戦記テクストのエクリチュールの特徴が、その一端を担ったことは指摘するまでもない。語り手たちは、語りの現在から過去の戦場体験を振り返ったり、悔恨の念にかられたり、怒りを新たにしたり、悲嘆に暮れたりすることはない。テクストの時間は徹底して語られている現在に固定され、語り手が自らの記憶と対話的にかかわることはない。戦記テクストが戦場での日記や記録という体裁に固執するのは、戦場の時間を過去にピン留めし、語りの現在に回帰しないよう釘付けにしておこうとする特質とかかわっている。

それでも、テクストの字面をていねいにたどっていると、不意打ちのように他者が横切り、戸惑いとともに刻みつけられた姿や表情に出くわすときがある。例えば、『特務兵の手記』の新田義夫は、移動の途中で目にした農民たちの表情を、「他意ないやうであり、意味ありげでもあり、たゞニコリともしないのが不愉快で癪であつた」と書き記す。上田廣『続建設戦記』（改造社、一九四〇年）は、日本軍が創設した傀儡軍「皇協軍」の元中国兵に「たいへん間のびしてゐるやうでゐながら、どことなく精悍な、一寸奥底の知れない表情」を認め、「私たちにない底力があるやうに思はれ」「その性格の強さに、私たちが果して勝てるであらうか、といふ初めての不安に襲はれた」と書きつけてしまう。火野葦平は、軍報道部で中国語新聞を作成するために雇った中国人の印刷工に銃口を向けて、「間諜」容疑で射殺すると残酷に戯れかけたとき、こちら側を「無表情な眸で一瞥すると、眼を瞑ぢ、しづかに両手をさしあげた」男の様子に「なにか寒いものが背筋をつたふのを感じ」「圧倒されるものを感じ」、必死でその場を取り繕ったありようを綴り置いていた（「南京」『兵隊について』）。北九州小倉出身の小倉龍男が、潜水艦の水雷員「丹農兵曹」を視点人物として描いたテクスト『海流の声』（六藝社、一九四一年）には、たまたま船内に置かれていた雑誌のグラビア・ページに写った中国の人々の表情について、以下の内省が記される。

私は、考えてゆくうちに何かわからなく、かへつて空恐ろしいものにさへ感じられて来るのであつた。その人たちと私たちは戦つてをり、今、私たちは戦ふために航走《はし》りつづけてゐるのである。私たちは、戦地へ送られる運命を感じ、限りない声々にはげまされて、戦ふために気負ひ込んで出てはきたが、私たちの、さうした燃える火のいのちを、茫漠たる空、茫漠とした土、そこに生きる虚無的な表情などが迎へ、貪婪に吸収しても少しも変らぬのであらう。足踏みも、何か空辷《からすべ》りする空しさを感じる。私はこの人たちを憎悪してもいいのであらうか。戦争は決闘であるのだから、私は敵を打ち仆《たお》す心に燃えねばならぬ。私たちも撃たれ、撃たれつつある。撃たれたから、撃たねばならぬ、と私は決然と感じたのであつた。けれど、この私の気持は、一体どうしたといふのであらう。〔……〕これが戦ひにゆく者の心であつていいのだらうかと考へながら、写真の頁をくつた。そこにも、やはりさうした数々の表情があつたが、その中に多分カメラに向けた眼であらう、理智的な、ひんやりとした嶮しい眼にぶつかり、私は、はつとしたものを覚えたのであつた。かうした眼の色もあつたかと一層錯雑とした気持に捉はれ始めたが、こつんと堅いものに突き当つたやうな抵抗を感じ、それをぐつと瞶《みつ》め返す気持になつたが、それは、うたれて帰つてきた兵隊を眼の前に見て、高まつていつたものに近いこころであつた。不安に満ちたやうな、善良な眼は、カメラのつかんだ風物の中にも、じつくり根をおろしてゐるやうに見えるが、この一つの冷たい眼は、鮮やかなほど浮き上つてゐるではないか。これは、多くの美しい花々の中の一本の毒草だ。この眼が私たちをうち、私たちがうたうとしてゆくのであろう。

カメラが写し取った表情を、中国大陸の広大な「雲や水や土」に、悠久の歴史が織り上げたこの土地の懐の深さに重ねていく視線は、確かに、自然に対する文化/停滞に対する進歩として、〈われわれ=日本人〉の表象を構成する常套的な言いまわしではある。しかし、ここで大事なことは、印刷され、複製された「顔」からも、こちら側を見返す「理智的な、ひんやりとした嶮しい眼」の光に気づく身体が描出されたことである。彦坂諦は、伊藤桂一と富士正晴のテクストに触れながら、たとえ視点が「一方的に日本兵のがわに固定されている」語りの中にも、「自分自身をも対象から除外しない」「明晰な眼」を持つことは可能であるはずだ、と述べた[25]。その「鍵」は、こちら側を見返す者の眼の力が書き込まれているか、それがどのように書き込まれているか、ということだ。もちろん、すべての戦記テクストがそうとはいえない。しかし、いくつかのテクストには、屈託なく笑っているようでいて、底深い怒りと憎悪とを胸中深く潜めているのだろう眼前の他者の身体に対する怯えが、確かな痕跡として刻まれている。

だが、読者は気まぐれで移り気である。書かれた言葉のすべてを脳裏にとどめおくことは到底できない。読書の経済はつねにテクストを単純化してしまう。細部にかかる印象は、それそのものとしては物語の論理へと従属させられ、不断に意識のうえから遠ざけられていくだろう。かてて加えて戦記テクストは、基本的に語られる現在にしか関心がない。その語りは、書き込まれた他者性の痕跡をあらためて想起したり、別の細部と象徴的な関係を取り結ばせたりすることがない。そのため、よほど注意して読んで記憶にとどめおかない限り、そうした痕跡に再び意識が向けられることはない。

4 〈われわれ〉の中の断層

日中戦争期の戦記テクストがやり過ごそうとした他者は他にもいる。スーザン・ソンタグは、戦争報道における写真について論じる中で、「同国人の死者にかんしては、むき出しの顔を出してはいけないとする強い禁止が常に存在した」と書いた。[26] しかし、日中戦争期の戦記テクストでは、〈敵〉としての中国人将兵の死者たちの「むき出しの顔」も、ほとんど描かれることがない。

ひとつの理由は、陸軍と内務省が定めた戦争報道のガイドライン「新聞掲載許否事項判定要領」（『出版警察報』一〇七号、一九三七年七月分）にある。そこでは、掲載を禁止する事項として「支那兵又ハ支那人逮捕尋問等ノ記事中虐待ノ感ヲ与フル惧レアルモノ」「惨虐ナル写真、但シ支那兵ノ惨虐ナル行為ニ関スル記事ハ差支ナシ」という記述が読まれる。すなわち、日本軍将兵による戦場での恣な暴力の発現をうかがわせるような内容は認められないし、日本軍・中国軍いずれの行動の結果であるかを問わず、「惨虐ナル写真」の流通は許可されなかった。戦場での凄惨な現場性を読者に突きつけるような表象は、あらかじめ排除されていたのである。

もちろん、こうした判断の背景には、井上祐子が述べるように、「犠牲者・被害者の写真や映像」が雄弁な「加害の証拠」たりうるという事情がある。[27] だからこそ現在の歴史修正主義者たちは執拗に「犠牲者・被害者の写真や映像」の証拠能力に疑念を突きつけ、その価値を引き下げることで出来事それ自体を否認しようとするのだが、ならばどうして、中国軍の行為にかかる「惨虐」さの表象まで規制する必要があったのか。

おそらく、日本の軍・政府が恐れたのは、戦場が人間の心身をねじ曲げ、歪め、ときに救いがたいほど変形させてしまうという事実自体が露呈されることだった。戦場に生きる身体が、日常のそれとは決定的に非連続な時間に埋め込まれてしまう現実を、自閉的な修行の論理の外部を、銃後の読者に感知させてしまうことだった。改めて想起すべきは、石川達三「生きてゐる兵隊」が処罰された事由である。『出版警察報』一一一号（一九三八年二月分）の該当箇所には、以下のように記されていた。

〔石川の作は〕殆ンド全頁ニ渉リ誇張的筆致ヲ以テ（イ）我ガ将兵ガ自棄的嗜虐的ニ敵ノ戦闘員非戦闘員ニ対シ慾ニ殺戮ヲ加フル場面ヲ記載シ、著シク惨忍ナル感ヲ深カラシメ、又（ロ）南方戦線ニ於ケル我ガ軍ハ掠奪主義ヲ方針トシテヲルガ如ク不利ナル事項ヲ暴露的ニ取扱ヒ、（ハ）我ガ兵ガ支那非戦闘員ニ対シ案リニ危害ヲ加ヘテ掠奪スル状況、（ニ）性慾ノ為ニ支那婦女ニ暴力ヲ揮フ場面（ホ）兵ノ多クハ戦意喪失シ内地帰還ヲ渇望シ居レル状況、（ヘ）兵ノ自暴自棄的動作並ニ心情ヲ描写記述シ以テ厳粛ナル皇軍ノ紀律ニ疑惑ノ念ヲ抱カシメ

石川は、警視庁警部・清水文二による取り調べの際、「現地視察ノ感想」として、「「兵士モ亦人間デアッタ」ト云フコト」、「或時ニハ故郷ヘ帰リタク或ル時ハ婦女ヲ凌辱惨殺シ或ル時ハ支那少年ニ兄ノ様ナ愛情ヲ与ヘ又時ニハ中隊長ト酒ヲ飲ンデ猥談シ　ソシテ勇敢無比ニ戦フ　カウ云フ兵士達ノ人間ラシイ心情」を目の当たりにした、と供述している。すなわち石川は、戦場での人間の変貌をかいま見てしまったわけなのだ。仲間

と親しげに談笑する同じ人間がちょっとした不安や不信から酷薄な暴力の主体となってしまうこと、対手が戦闘員だろうが非戦闘員だろうが、戦場で生きる人間には暴力のリミッターが外れてしまう瞬間があること、中には暴力それ自体の快楽に惑溺しているとしか思えない人間が確かに存在していること。火野葦平が、自分が「悪魔」にはなっていなかった、と安堵する「私」を書き込んだのは、もはや「悪魔」としか思えない所業に手を染める者をみてしまったからだというのは、深読みに過ぎるだろうか。しかし、いみじくも石川達三が語ったように、それもまた「人間」の姿に他ならなかった。「生きてゐる兵隊」の記述が今なお生々しく読む者に迫るのは、石川のそうした気づきによって裏打ちされているからだとわたしは思う。しかし、戦争遂行を目途する日本の軍・政府にとって、そのような記述は許しがたいものだった。戦場で怪物化する同胞のありようが言語化されて流通すれば、戦場と銃後との間に横たわる落差と断絶とがあらわになってしまうからである。戦場の日本軍将兵が日常にとっての他者なのだと暴き出してしまうことで、〈われわれ〉の内側に亀裂を走らせてしまうからである。戦場で立ち現れる他者とは、〈敵〉とされた人々だけではなかった。

ジュディス・バトラーは、アフガニスタン戦争、イラク戦争を念頭に、国家権力は戦争の見せ方を管理することで、人々が戦争から受け取る情動のエコノミーを統制しようと企てている、と論じていた(28)。「戦争は感覚の民主主義をむしばみ、わたしたちが何を感じることができるかを制限し、暴力のひとつの表現を前にしたときにはショックと憤りを、他の表現を前にしたときには独善的な冷淡さを感じるよう、わたしたちを仕向けるのだ」。この指摘を踏まえれば、二一世紀のアメリカ合州国も二〇世紀の日本帝国も、戦争を意味づけ、戦場を語るストーリーを提示していたわけではない。しかし、戦場についてて見せてもよい限界を規定することは、ときに人間を内側から強く動かす力の源泉となる情動のうごめきに、枷をはめることを意味している。即時的・反射的な身体反応を伴うゆえに根源的なものとして自然化・本質化されやすい情動は、すでに一定の枠に統制されてしまっているのである。

まさにそうであるからこそ、同時代言説の枠組みが形づくる物語の論理に、表象の強度を対立させることが重要ではないか。テクストがどうしたわけか書きつけてしまった、こちら側＝日本語の読者を鋭く見返すまなざしを、ぞわぞわと書き手に迫ったのだろうおののきを、分析を通じて取り出し、現前させることが重要なのだ。読者がテクストに能動的に介入することで、一見平坦にも映るエクリチュールに穿たれたクレバスの深さに、なだらかな語りの中にも時折姿をあらわす凹凸に、意識を向け続けることが必要なのだ。飯田祐子は、いわゆる〈ペン部隊〉の一員として武漢作戦に参加した林芙美子の従軍記『北岸部隊』（中央公論社、一九三九年）が、執拗に中国人将兵の死体に言及していることに注目して、「その描写の細かさと量の多さは、従軍記に対する期待の範囲を超えているのではないか」と述べている。[29] けれど、問題は費やされた言葉の分量だけではない。戦場を実見はしたが「兵隊」ではなかった林のテクストがスキャンダラスなのは、語られる現在に固着する戦記テクストの定型をそのまま踏襲しつつ、読んでいると胸が悪くなるほどに「屍骸」との出会いを何度も何度も文字にして書き付けることで、テクスト前段に描かれた中国人将校の死体の表情のクロースアップを、読む者に思い出させてしまうからではないか。

支那兵のことを中国兵《ツンコピン》と兵隊は云つてゐる。街道に捨てられた支那将校の背嚢を私は見てみた。〔……〕ほればれするやうな透明な赤型のある唐紙の便箋と、厚ぼつたい簡素な白い封筒を沢山持つてゐた。長い紫色の鉛筆も二本あつた。漢口、中山路、芳泉公司と鉛筆には商標がついてゐた。軍隊手帖の中には、此将校のらしく、自転車に乗つて笑つてゐる手札型の写真が張りつけてある。その写真の裏にもう一つ、前髪をたらした若い女の写真が貼りつけてあつた。その写真の下には新会楽東二弄西、筱双玉、と固い文字が書いてあつた。美しい女ではなかつたけれど、此将校の恋人ででもあるのかも知れな

図 5-7　林芙美子『北岸部隊』
（中央公論社，1939 年）。

い。兵隊は、池のそばに、その持主らしい将校が殪れてゐると云ふので、私は小径を連絡員達と池のそばへ降りて行つてみる。繁《しげ》みの中に、池の水を呑みに降りた姿で支那将校の死体があつた。もう大分頭髪ものびてゐた。写真の笑つた表情の主が今は一箇の死骸となつて、名もなき池のそばに、水を呑む恰好で死んでゐるのだ。眼を閉じ、顔は青くむくんでしまつて、唇には蟻が二匹這ひあがつてゐた。私は乾いたやうな野菊の花を四五本摘んでその将校の横顔の上へ置いておいた。水は腐つて、よごんだやうに静かに光つてゐる。

わたしは別に、何をするにも少しばかり過剰な林のテクストの批評性を云々したいわけではない。だが、先に見た上田廣『黄塵』が、朝の強烈な太陽にかこつけて、〈敵〉の顔をまったく描こうとしなかったことを想起しよう。ここに書きとめられたのは、戦場の暴力によって無惨にも変形させられてしまった生々しい身体のありようである。戦争によって日常から切断されるだけでなく、生の持続まで断ち切られてしまった人間存在の痛ましいありようである。これは決して精細な描写ではない。しかし、最後の力を振り絞って水場に行き着いたまま絶命した、描き出された〈敵〉の死者の表情を凝視する視線は、〈われわれ〉と〈かれら〉が戦う意味への問いを、戦場と日常の間に横たわる断層の感覚を、確実に読む者に突きつける。

第六章

言語とイメージのあいだ

プロパガンダをめぐる思考空間

1 言語とイメージのあいだ

まずは、一枚の写真にまつわる話から始めよう。アメリカのグラフ雑誌『LIFE』一九三七年一〇月四日号が、「海外からの写真——上海南駅のこの写真を一億三六〇〇万人が見た」と題して掲げた有名な写真である（図6—1）。

〈戦争と子ども〉をテーマとする写真は、それぞれの時代で、観る者の情動を揺り動かしてきた。ベトナム戦争時のフィン・コン・ウト『戦争の恐怖』（一九七二年）だけではない。二〇一六年に、ロシア軍の空爆にさらされたシリアのアレッポで、全身を血と土埃とでいっぱいにしながら、救急車のオレンジ色の椅子に所在なげに腰掛けている男児の映像が大きな衝撃をもって受けとめられたのは、記憶に新しいところだ。

明らかにそうしたモティーフに連なるのだろう『LIFE』の写真には、日本軍の空爆によって上海南駅そばの線路上に焼け出されてしまった赤ん坊であるという解説が付されていた。すでに指摘されているように、タイトルの「一億三六〇〇万人」という数字は、あくまでこの写真が配信された媒体の推定発行部数を単純に足しただけのものなので、必ずしも実数を表していたわけではなかった(1)。

この写真は、日本の歴史修正主義者たちが、たびたび演出や捏造を指摘してきた一枚としても知られている。そのうち、藤岡正勝の議論に対しては、テッサ・モーリスースズキが詳細な批判を加えている(2)。本章では、その指摘に学びつつ、この写真が同時代においてどのように受け止められたかを検討したい。それは、現在の歴史修正主義者たちが、この写真について当時語られた言説をほぼそのまま反復している、という理由だけではない。この一枚の写真が、日本の軍や政府の情報当局に、中国との戦争が国境を越えた情報戦争に他ならないことを痛烈に意識させる重要な契機となっていたからである。

『日本のインテリジェンス工作』の山本武利は、一九三七年の第二次上海事変からアジア太平洋戦争開戦までの時期に、「日本陸軍は国際関係のなかでの宣伝組織、宣伝メディア、情報戦、宣伝戦についての知識や戦術・戦略を、上海や華中での実践経験から初めて習得し、徐々に洗練させていった」と述べたが、同じことは東京の政府当局者についてもあてはまる(3)。一九三七年九月に発足したばかりの内閣情報部は、中国国民政府の首都・南京からのラジオ放送が、まるで『ＬＩＦＥ』の発行日に合わせるかのように、日本語で「上海南停車場ニ於ケル爆撃ハ避難民ニ多数ノ犠牲者ヲ出シ、其ノ他各停車場ノ爆撃ハ一々枚挙ニ遑ガナイ、日本ノ大和魂トハ斯クモ卑怯ナ行ヒヲスルモノトハ思ハナカッタ」と訴える声を聞き分けていた（調情第一号「南京宣伝放送ヨリ見タル中国軍転落ヘノ過程」第一輯、一九三八年五月）(4)。『容赦なき戦争』のジョン・ダワーは、「日本の爆撃による中国人犠牲者の写真、ニュース映画が欧米の人々の感情面に与えた影響」の大きさを強調したが(5)、恐らくはその空気を敏感に感じ取ったのだろう日本の外交当局は、一〇月五日にルーズベルト米国大統領が日本を侵略国と断じた演説を行ない、翌六日には国際連盟が日本の軍事行動を九カ国条約・不戦条約違反に該当するとの決議を行なっていく一連の動きの背後に、この写真の影響があったのではないかと神経を尖らせていた(6)。まさにその『ＬＩＦＥ』の契約フォトグラファーだった写真家の名取洋之助が、この写真を見て

図 6-1 「130,000,000 People see this picture of SHANGHAI'S SOUTH STATION」
（『LIFE』1937.10.4）。

「日本もこれだよ、これをやらなきゃ世界が味方してくれんよ」と、軍と結んだ戦時宣伝に深入りを始めるのも、よく知られた挿話であるだろう。(7)

注意したいのは、この写真が、もとはニュース映画の一シーンとして撮影されたものらしい、ということだ。(8)これらの挿話が端的に物語るように、日中戦争期における戦時プロパガンダの問題を考えるうえでまず前提とすべきは、写真や映画といった視覚的なイメージの圧倒的な優位性が強く意識されていたことだろう。一九三七年七月に盧溝橋で始まった戦闘が上海・南京へと飛び火していった時期、日本帝国の銃後の人々がこぞってニュース映画のスクリーンの前に集まったことはよく知られる。大阪朝日・東京朝日、大阪毎日・東京日日、読売、同盟といった新聞社通信社は競って前線からフィルムを送り、多いときには毎週の定期ニュースの他、週一〜二回の「号外」ニュースが提供された（伊藤恭雄「戦雲を衝くニュース・カメラマン――支那事変とニュース映画の位置」『改造臨時増刊』一九三七年一〇月）。飛行機便で前線から送られた大量の写真は週刊誌やグラフ雑誌に掲げられ、多くの読者の視線を引きつけていた。

如上の状況は、もちろん、文学の表現者たちにも明確に意識されていた。この時期を代表する戦記テクストである火野葦平『麦と兵隊』（改造社、一九三八年）の単行本には、名取洋之助の日本工房に所属し、一九三八年から中支軍報道部嘱託として従軍していた梅本左馬次による三二枚の写真が挿入されているが、(9)出版にあたって火野が、親友で東京でのエージェント役を任せていた中山省三郎に「本にするときには〔写真を〕ごつさり入れ、グラフのやうにしたい」と書き送っていたことには注意したい（火野『随筆　珊瑚礁』東峰書房、一九四二年）。

この発言はただのレトリックではない。写真雑誌が開いた座談会で『麦と兵隊』の内幕を訊かれた梅本は、「僕の方から火野氏に渡した」写真が七〇枚ほどあったが、「それが写真にヒントを得て、写真を文章に直して出した処が相当ありますね、是はしてやられたの観ですが、併し僕の写真が説明するより、よりたつぷり書いてあります」と明かしている（梅本左馬次、梅本忠男、泉玲次郎、光墨弘、土門拳ほか「「麦と兵隊」の梅本左馬次氏に訊く現地写真報告記」（『フォトタイムズ』一九三九年七月）。『麦と兵隊』を書く火野は、自らの取材メモの他に、中支軍報道部が集めていた写真を選び出し、それをもとに語りをふくらませていた、というのである。わたしが確認できた例を挙げれば、『麦と兵隊』中に、「雷国東」という中国人捕虜が持っていた恋人からの手紙が紹介されるくだりがある（この人物は、直後の場面で日本兵によって殺害されたことが示唆されている）。北九州市立文学館に寄

図６２　火野葦平『麦と兵隊』（改造社）に掲げられた写真（右が梅本）。

託されている火野葦平資料に、その手紙を写した写真が所蔵されているのだが、それとまったく同じ写真が、当時の火野の上官にあたる馬淵逸雄の著書『報道戦線』（改造社、一九四一年）に掲げられている。つまり、火野の手もとにあった写真は、おそらく中支軍報道部でストックしていた写真の一枚だった。言ってみれば、『麦と兵隊』一冊は、ある意味で、戦場を舞台とする大がかりなグラフジャーナリズムの実践でもあったわけだ。

火野のような発想は、決して突飛なものではなかった。すでに開戦当初の段階で、小林秀雄は「僕は事変のニユーズ映画を見乍《なが》ら、かうして眺めてゐる自分には絶対に解らない或るものがあそこに在る、といふ考へに常に悩まされる」と書いて、文学表現の課題は映像イメージの余白や外部にあると示唆していた（「戦争について」『改造』一九三七年一一月）。そんな小林の示唆に応答したのだろう石川淳は、「マルスの歌」（『文学界』一九三八年一月）で、やはりニュース映画が映し出す中国の子どもたちの「涙とか憂鬱とか虚無感」といったありきたりの語彙では到底表現できない徹底して平板な表情と「切羽つまつた沈黙」に、心の底深くからこみあげてくる「Ｎｏ！」のメッセージを読み込んでみせていた。火野ほどあからさまではないにしても、この時期の書き手たちの中では、戦争・戦場の表現にかかわって、視覚的なイメージの優位を踏まえた文学表現の再定義・再配置が試みられていたと考えてよい。

文学の表現者たちだけではない。当然ながら、戦争・戦場にかかるビジュアルなイメージの強度とどう向き合うかは、この時期の軍や政府にとっても、喫緊の課題としてあった。しかもそれは、ある意味で〈翻訳〉の問題でもある。戦争と戦場の表象をめぐって禁止したり制限したりしなければならないイメージを、いったんは法や制度の言語によって表現する必要があるからだ。いってみれば、検閲を行なう権力の側も、文学者たちとは違ったかたちで、イメージと言語の関係をどう捉え思考するかが問われていたのである。

図 6-3　上は、北九州市立図書館寄託火野葦平関係資料に含まれていた写真。
下は、馬淵逸雄『報道戦線』に掲載されたもの。
火野葦平は、『麦と兵隊』でこの手紙の一部をそのまま引用している。

以上の問題関心にもとづき、本章では主に、東京で情報宣伝の企画・立案に関与した人物たちの発言を取り上げ、彼らが戦争にかかる視覚的なイメージの氾濫という事態とどう向き合ったかを確認する。わけても、中国国民政府が活発に展開した写真やグラフ雑誌を用いた対外宣伝が、日本語の文脈では〈思想戦＝宣伝戦〉という議論の台座で理解されたことに注目する。

社会学者の難波功士は、一九三〇年代は「戦意昂揚のための出版物、すなわち「宣伝」（プロパガンダもの）の出版ラッシュのディケードであった」と述べたうえで、「思想戦」という概念が、国家総力戦を支える一方の柱として「宣伝」「宣撫」「防諜」「動員」などのキーワードを束ねる位置にあった、と指摘している[10]。広告研究の渋谷重光は、概念としての「思想戦」に「付加される意味合いは戦時状況の進捗とともに変化していった」が、少なくとも日中戦争の段階では、対敵・対中立国・対自国民を対象とする「宣伝戦」とほぼ同義で用いられていた、と概括している[11]。渋谷が言うように、満洲事変の時期から日中戦争・アジア太平洋戦争の時期にかけて、「思想戦」という術語から導出される観念の内実は、相当に変化している。一九三〇年代の初頭には共産主義運動に対抗する「思想国防」というニュアンスが強く押し出されたが、日中戦争が本格化して以後は、むしろ長期戦の遂行に向けた国内世論の引き締めという文脈の方が前景化した。アジア太平洋戦争末期には、反欧米・反西洋を基調とし、天皇を戴く「国体」との一体化を希求する切迫した信仰告白としての意味を強めていくだろう。「思想戦」概念が経験したこうした意味の屈曲が、中国戦線での戦局の展開、ヨーロッパにおける第二次世界大戦の勃発、独ソ開戦と日ソ中立条約の締結、アジア太平洋戦線での日本軍の侵攻と敗退という状況変化に対応するのは、言うまでもないことだ。

そのような歴史的文脈を踏まえ、本章では、「思想戦」という語をほぼ「宣伝戦」と同義で用いていた日中戦争期の軍や政府の情報当局が、中国国民政府の対外宣伝に対抗していく一方で、国内向けの宣伝(対内宣伝)にも新たな関心を振り向けていく様子に着目する。そして、同時代に語られていた〈思想戦=宣伝戦〉の問題構成を内在的に検証することで、そこにはらまれた矛盾が、言説の管理・統制にかかる別種の力を要請する契機となったのではないか、という問題を提起したい。

よって、本章の記述は、事実関係を確認しながら論を運ぶ実証的な叙述というよりは、言説の論理的な節合・交錯・展開の契機に注目する、いわば系譜学的なそれとなる。当時の専門家たちの言表と、それを支えた論理の枠組みに注目することで、彼らが何を考え発想できたか、という思考の〈可動域〉を描出してみたいからである。

2 〈思想戦=宣伝戦〉論の問題構成——日中戦争期のプロパガンダ論議

では、当時の検閲担当者たちは、戦争をめぐるイメージの情報戦とどう向き合ったのか。少なくとも残された資料を追いかける限り、それがはなはだ覚束ないのである。本書でも何度も話題にしたように、検閲担当部局である内務省警保局は、盧溝橋事件の直後から陸軍省・海軍省と打ち合わせを重ね、戦争報道・戦場報道のガイドラインを策定していた（「新聞掲事項許否判定要領」）。このガイドラインで映画に対する言及が、末尾の「映画ハ右ニ準ジテ検閲ヲ実施スルモノトス」という文言のみにとどまるのは、慣例的に映画が独自の検閲規則の体制下にあったという事情が関連していよう。[12] だが、文字による著作と同じ印刷物として取り扱われた写真の規制について、メディアとしての特性を踏まえた配慮がなされた形跡は見られない。確かに上記ガイドラインには、「掲載ヲ許可シナイ」内容の多くに「記事写真」という言い方が登場し、「写真」が検閲対象に含まれることが明示されてはいる。だが、別して「記事」と異なる扱いが求められた様子はない。内務省警保局は、逓信・外務両省と協力し、日本国外から持ち込まれる外来出版物のチェックも行なっており（「外来出版物取締状況」）、日本軍の暴虐行為を示す写真を載せたグラフ雑誌がしばしば槍玉に挙げられていた。実際に、写真付きで南京虐殺とパナイ号事件について報じた『LIFE』一九三八年一月一〇日号は、「故意ニ反日的説明ヲ施シ我国民ノ対米感情ヲ刺戟スル虞アリ」とされ、「我軍ガ無辜ノ人民ニ惨虐ナル行為ヲ為セル如ク曲説スルモノ」に該当するとして、発売禁止処分とされている（『出版警察報』一一一号、一九三八年一～三月分）。しかし、「外来出版物」関係のガイドラインには「皇軍ノ威信失墜ニ渉ル写真ヲ掲載スルモノ」という一項こそあるものの、「写真」だけに適用される独自の規準が作られていたとは言いがたい。[13] つまり、日中戦争期の検閲体

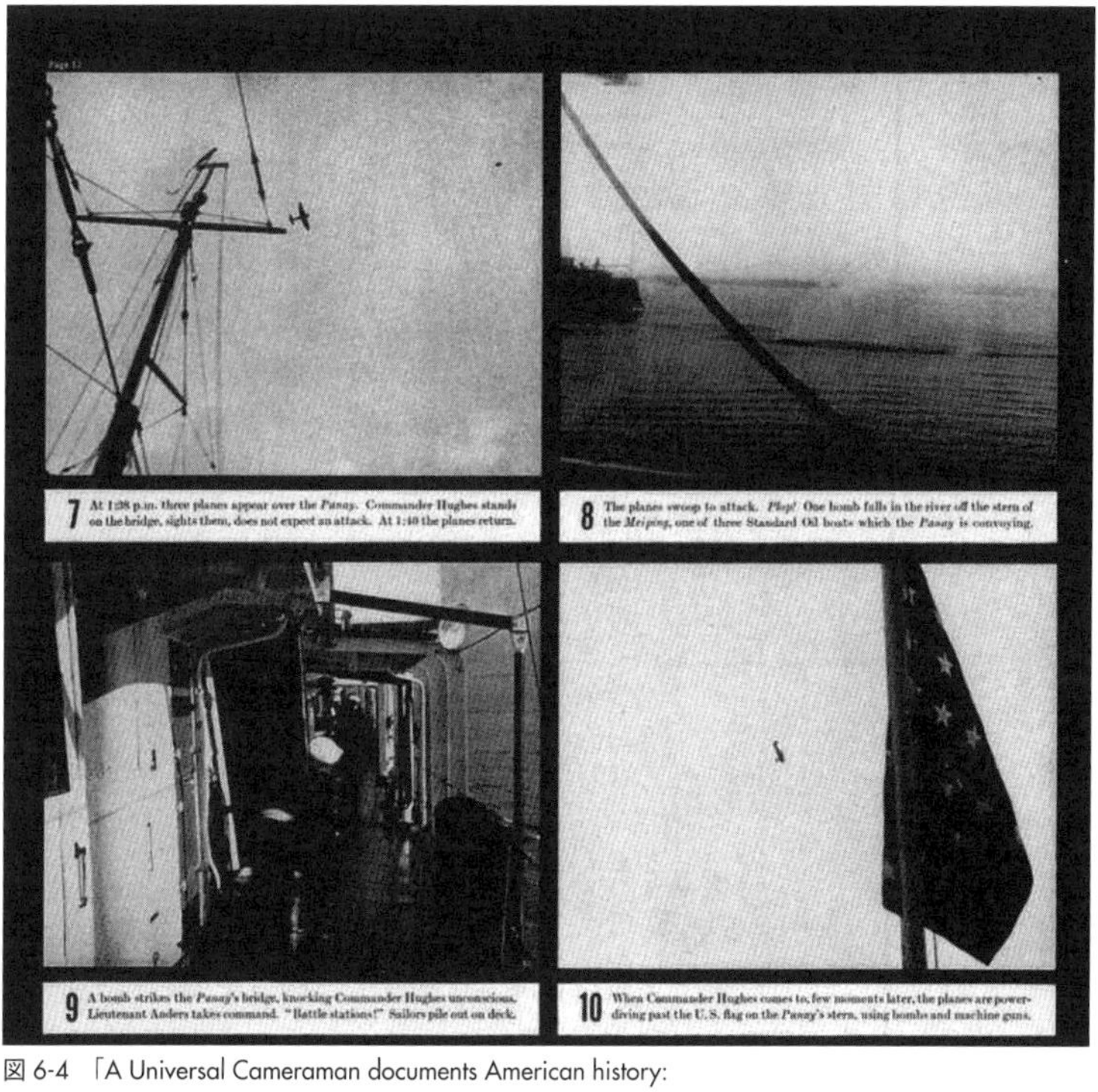

図 6-4 「A Universal Cameraman documents American history: "THE PANAY INCIDENT"」(『LIFE』 1938.1.10)。
「パナイ号事件」の現場にいたカメラマンが、日本軍による空爆の様子を撮影していた、という内容。この写真を掲載した『LIFE』は、日本国内では発売禁止処分となった。

制では、戦争・戦場にかかる記事の取り扱いをめぐって、文字言語と写真のイメージとが必ずしも明確に区別されていたわけではなかったようなのだ。

当時の情報宣伝部局の受け止めを物語る資料がある。大本営が武漢作戦を下令する直前の一九三八年八月二〇日、軍と政府の情報宣伝政策に関する連絡調整を担う立場にあった内閣情報部長・横溝光暉は、京都・大阪のラジオ関係者を集めた講演の中で、先掲の上海南駅頭の写真にも言及しながら、次のように語っている。

〔……〕所で今度は写真に付てお話申上げまするど、宣伝を効果あらしめるのは写真が一番良いことは言ふ迄もない、そこで贋の写真が非常な威力を発揮したと云ふことを申上げて見ませう。〔……〕其面白い例を申上げますと、写真のデマが直ぐ化けの皮が剥がれた例であります。それは上海北《(ママ)》停車場の爆撃された跡がありまして、其線路の辺りに赤ん坊が一人ちよこなんと座つて泣いて居る写真です。是は日本軍の爆撃によつて両親を失つた赤ん坊が線路の上で唯一人泣いて居ると云ふ情景です。〔……〕所が此写真は全く贋の写真、それはどう云ふ写真かと申しますと、爆撃された現状の写真と赤ん坊とをくつ付けた、此赤ん坊の写真は実は一人ではなく此辺に親爺と兄貴が居る、其親子三人の中から子供だけ引去つて其爆撃された北停車場の所に焼付けた、斯う云ふ念入りな贋写真でありました。そんな贋写真がいつ迄化けの皮を現さずには居りませぬ。遂に本年の二月に現はれたそうです。

〔……〕支那がデマ写真を作つたり、デマ放送をしたからと言つて、我が方も同一の手段を執つて之に対抗したのでは大国日本、正義日本の権威を失墜させる所以でありますから、正しき写真、正しきニユースを以て何処までも向はなければならぬと思つて居ります。

（横溝光暉『支那事変と思想戦』熊本中央放送局、一九三九年＝非売品）

以上の発言は、政府の情宣政策をあずかる部署のトップの認識を物語っているだけではない。ここには、同時代の日本語言説におけるプロパガンダの受け止めを考えるうえで、重要な文脈がいくつも折りたたまれている。

まずは、この講演のタイトルにも表現されているように、一連の事態が「思想戦」という概念において掴まれ、論議されていることを確認しておこう。

そのうえで、中国に比べ日本側が〈宣伝が下手である・立ちおくれている〉という認識が強く打ち出されるという点に注意したい。もちろんこれは満洲事変＝リットン調査団以来の常套句である。さらにその前提のうえで、中国側の対外宣伝が虚偽や捏造にもとづくものだという強力なネガティヴ・キャンペーンが展開されていることも見逃せない。先の発言の中で横溝は、宣伝における写真の強度＝「威力」を強調したうえで、写真を用いた「デマ宣伝」の一例として、上海の「停車場の爆撃された跡」の「線路の辺りに赤ん坊が一人ちよこなんと座つて泣いて居る写真」に触れている。横溝が「本年二月」にニセ写真のからくりが解ったと述べたのは、『アサヒグラフ海外版』一九三八年二月号に掲げられた「DOES THE CAMERA NEVER LIE?」という記事に拠ると見てよいが、井上祐子は、日中戦争開戦後の同誌に対し、外務省情報部が積極的な「指導」と「介入」を行なっていたことを明らかにした。[14] すなわち横溝は、日本政府お手盛りの対抗宣伝記事を持ち出して、「デマ宣伝」だと訴えていたことになる。

加えて横溝の議論では、「白髪三千丈式」対「武士道」という擬似文化論的な装いをとりながら、ニセモノとホンモノ／虚偽と真実という二項対立を立て、ニセの捏造された情報をいたずらに流布させることへの道義的な憤りという論脈で、中国と日本の〈思想戦＝宣伝戦〉が差異化されている。こうした決めつけも、同時代に広く共有された紋切型である。日本軍の徐州作戦をめぐって、陸海軍・内務省・外務省・内閣情報部の担当官が顔を揃えた座談会の中でも、中国では子どもの頃からウソは悪いことではないと教えられるので、「事実を以て示す以外に支那のデマを駁撃する方法はないです」と御託が並べられている（細谷資房、松島慶三、林群喜、仲内憲治、板垣修、尾之上弘信「徐州会戦を語るスポークスマン座談会」『文藝春秋』一九三八年六月）。こうした思考と発想の枠組みが作られることで、「大国日本」「正義日本」の宣伝は事実にもとづくものだから、「正しき写真、正しきニュースを以て何処までも向はなければならぬ」（横溝）という論理の筋道も作られることになる。

ちなみに、宣伝写真・報道写真をめぐる近年の研究では、中国との戦争にかかわる対外的なイメージの流通・拡散といった事態に対し、日本の当局者も決して手をこまねいていたわけではなかったことが指摘されている。白山眞理『〈報道写真〉と戦争』によれば、内閣情報部によるグラフ雑誌『写真週報』の創刊（一九三八年二月一六日）は、もとは写真宣伝のためのストック確保の手段として構想されたものだった。また、中支軍報道部とわたりをつけた名取洋之助は、写真通信社「プレス・ユニオン・フォト・サービス」を設立、日本側がキャプションを付けた写真を配信することで、報道写真の流通と受容をコントロールしようと試みていた。さらに外務省は、アメリカ人写真家を日本に招聘し、対外宣伝の一端を担わせようと企ててもいた。[15] しかし、いくら軍や情報当局の意向に沿って撮影され、軍や情報当局の意向に沿った説明が付された写真でも、それがどのように使われ解釈されるかまで統御することは不可能だ。じっさい白山は、名取洋之助が撮影した同じ写真が、『ＬＩＦＥ』では「中国の自由主義者の死」として、ドイツの『Berliner Illustriete Zeitung』では、日本軍が「抗日ゲリラに機敏に厳正に対処している」様子を示すものとして掲げられたことを示している。[16]

この挿話は、日中戦争期の〈思想戦＝宣伝戦〉論議にはらまれた矛盾を端的に物語っている。そもそも、日本の〈正義〉や日本側から見た戦争の〈真実〉を〈正しく〉伝えればよいという発想が、〈誤った認識の迷夢にまごろむ者たちに、真実を伝えて覚醒させる〉という啓蒙と教化の論理を土台としていることは誰でもわかる。そして、そのような見方を可能にしているのが、〈正しい情報を適切に伝えれば正しい認識が伝わる〉という単純で独善的なコミュニケーション観であることも見やすい。受け手はあくまで働き掛ける客体に過ぎず、受け手の能動性・主体性という契機がはじめから念頭にないのである。こうした問題が、とりわけ写真というメディアとの関係で鋭く浮上したことは象徴的と言える。写真が、現実の場面を瞬間的に切り取り、そのイメージの強度によってメッセージを伝えようとするメディアである以上、その写真のイメージをいつ、誰が、どのように伝え、そのメッセージが誰によって、どのように受容されるかというコミュニケーションの文脈と回路への問いが浮上せざるを得ないからである。

けれども、ここが一つのポイントになるのだが、こと同時代の日本語言説の内側では、〈日本の真意が伝わらない〉という状況認識、つまりは対外的な〈思想戦＝宣伝戦〉の挫折という契機こそが、現在進行形の戦争を意味づける重要な論拠へと転用されていた節がある。吉本光宏の省察に拠れば、陰謀論を語る者は、じつは自らの主張が受容されないという現実認識によって動機づけられている。「「すべてかゼロか」という、妥協や曖昧さをいっさい許さない極端な二元論的思考、絶対的な善か悪かの二つの立場しか認めない二元論的な道徳観に徹底的に蝕まれている」陰謀論者は、つねに・すでに現実の多様性と複層性に直面して「自己に課した目的を実現することに失敗し続け」るが、まさに「その挫折感こそが逆説的に陰謀の巨大さを証明していると解釈することで、陰謀論者は理論の正しさを再確認する」からである(17)。

だから陰謀論者はつねに自信たっぷりに発話するわけだが、日中戦争期の〈思想戦＝宣伝戦〉論の問題構成が、この逆説と類似の枠組みに収まっていることは注意されてよい。別言すれば、コミュニケーションの挫折という自覚が、自己の主張自体への懐疑へと折り返されることが決してないのである。なぜか。つとに赤澤史朗は「満州事変以来くりかえし主張される「支那人の宣伝上手」に対する「日本人の宣伝下手」という自己評価は、中国人に対する日本人の道徳的優位性を示すものとも理解されていた」と書いた。[18]だが、このナルシシスティックな常套句は、単に日本側のナショナリズムを心地良くくすぐる自己イメージの再生産に寄与する以上の効果を持っていた。中国大陸での戦争にかかる日本の立場が国際的に理解を得られないのは中国側のデマ宣伝のせいなのだ、という語りが何度もくり返されることで逆に、日本の侵略戦争に、堂々と打ち出されるべき〈正義〉〈立場〉が当初から備わっていたかのような印象が析出されることになるからだ。日本語の言説の場にあってさえ、〈暴支膺懲〉〈東洋平和〉というスローガンを声高に叫ぶだけで、明確な戦争目的もろくな大義名分も案出することができなかったこの戦争の正当性が、言説の効果というかたちで事後的に調達される、と言えようか。

それだけではない。当たり前だが、暴力の表象の不在と暴力の不在は同じではない。暴力の証拠として示された写真の信憑性を引き下げても、行使された暴力それ自体の痕跡までを否定することはできない。そもそも、〈誰が・何を・どう伝えるか〉というメディア戦略の問題と、〈いつ・どこで・何があったか〉という現実の加害＝被害の問題とは、本来的には別のレベルで議論されるべきことがらだ。だが、日中戦争期の日本の戦時プロパガンダでは、半ば自覚的にこの二つが取り違えられているように見える。雒かに、中国国民政府を率いる蒋介石の抗戦戦略は、外交的な手段を通じた「欧米諸国の支持と援助」の獲得と、「日本に対する国際的制裁の決定」を引きだすことにあった。そのため国民政府は、各種メディアを組織的に活用して、日本の侵略行為の不当性と非人道性を強調する対外宣伝を積極的に展開、「広範な国際世論の形成に全力を傾けていった[19]」。しかし、〈思想戦＝宣伝戦〉の文脈を過剰に強調することは、議論の土俵を情報伝達にかかるモラルの問題へとずらすことで、具体的な現場に向かうまなざしと関心を後景化させてしまう。

さらに付け加えるなら、〈思想戦＝宣伝戦〉を前景化する語りは、上海南駅の嬰児の写真のようなイメージが、なぜ日本軍による残虐行為の表徴として受け止められてしまうのか、というコンテクストへの顧慮を忘失させてしまう。よりていねいに言い直せば、第一次世界大戦後に成立しつつあった「戦争違法化体制」（伊香俊哉）において、中国の領土保全と政治的独立の尊重等を定めた九カ国条約（一九二二年）や、一九二八年パリ不戦条約、航空攻撃にあたって「軍事目標主義と意図的無差別爆撃の禁止を打ち出した」ハーグ陸戦法規（一九二三年）をはじめとする戦時国際法など、日本が中国大陸での戦闘行為にかんして行った数々の不法行為に対する自省・反省を意識させる文脈が、言説の場からあらかじめ遠ざけられてしまうのである[20]。中国側のプロパガンダの影響力ばかりを強調する議論は、中国大陸で日本陸海軍がくり広げた各種謀略工作に対する想像力を抑圧することにもつながるだろう。笠原十九司は、一九三七年一二月一二日、南京空爆を行なっていた海軍航空隊が引き起こしたアメリカ海軍砲艦パナイ号の轟沈事件が、日本語の言説では事実に反して〈誤爆〉と報じられ、いまなおそのように語られていることに注意を喚起している[21]。

こうして見れば、同時代の日本社会にあって、〈思想戦＝宣伝戦〉をめぐる語りが発揮していたイデオロギー効果は明らかである。第五章でつぶさに論じたように、日本にとっての日中戦争とは、敵と味方を区別する構図が描きにくい、誰が敵なのかが明確に決定できない曖昧で奇妙な戦争だった。その伝で言えば、〈思想戦＝宣伝戦〉での敗北と挫折を強調する語りは、この戦争における日本側の道義性・正当性という主張を曲がりなりにも支えることができる、数少ない頼みの綱の一つだったわけなのだ。

3　内攻する「思想戦」——プロパガンディストの思考空間

さきにも触れた通り、日中戦争が本格化した当初の総合雑誌メディアのページを繰ると、戦時プロパガンダをテーマとする論考としばしば出会うことになる。ざっと目につくものだけでも、だいたい以下のようなリストができあがる。

①小松孝彰「宣伝と近代戦争　北支事変を繞る支那側プロパガンダ」（『中央公論』一九三七年九月）

②武藤貞一「戦争と宣伝」（『文藝春秋』一九三七年一一月）
③戸沢鉄彦「宣伝戦に就て」（『中央公論』一九三七年一二月）
④名取洋之助「欧米の報道写真」（『セルパン』一九三八年一月）
⑤斎藤忠「国際宣伝戦をどう戦ふ」（『新青年』一九三八年二月）
⑥戸沢鉄彦「宣伝の意義」（『改造』一九三八年二月）
⑦室伏高信「プロパガンダ論」（『セルパン』一九三八年三月）

日本軍の上海戦・南京戦とその報道が問題となった時期だからだろう、ここに掲げた論者たちは、⑦の室伏高信を除いて、基本的には対外宣伝に話題と関心を集中させている。言及される論点も、〈思想戦＝宣伝戦〉を第一次大戦以降の現代戦争の特質と捉える立場や、開戦劈頭における日本側の対外発信の立ち遅れの指摘など、第2節で見た政府部内の認識とそう違っているわけではない。差異があるとすれば、それぞれの論者が、今後の対外宣伝のあり方について、積極的に提言する姿勢を見せている点である。

例えば、③の戸沢鉄彦は、宣伝に際しては誰もが面白く口にできる簡単で気の利いた標語を使うべきとか、映画などを通じてふだんから宣伝らしく見せない宣伝を心掛けるべきだ、と主張する。戸沢は⑥の文章では、宣伝においては議論より感情や欲求に訴えることが肝心なので、第一次大戦時のイギリスがそうしたように「勉めて被宣伝者の欲求や感情に訴へ、宣伝者に都合のよい判断が被宣伝者の欲求に合致し宣伝者に都合の悪い判断が被宣伝者の欲求に反する様に工夫」することが重要だ、と述べている。⑤の斎藤は、聴かれない宣伝は無意味なので、相手にこちら側の発言を聴かせるためにも、なるべく迅速かつ具体的な情報発信に努めるべきだ、と提議してみせる。

いずれももっともらしい献策ではある。だが、これらの立言が、現在進行形の戦争に対しどれほど有用だったのだろうか。どんな標語を使えば日本側に都合のよい宣伝の切り札となるかはついぞ示されぬままなのだし、相手に先がけて自分たちの色を付けた情報を流したいのはやまやまだとしても、問題は誰に、どんなルートで、いかなる情報提供を行なうか、であるはずだ。そのためだろう、④の名取はナチス・ドイツを念頭に「宣伝省」の設置を懇望しているが、③の戸沢は、他にもあちこちで語られていた情報宣伝関係省庁待望論にいちいち反駁しながら、「真に望ましい優秀な宣伝戦の機構は、寧《むし》ろ、恰《あたか》も秘密結社かスパイの組織みたいに、外からはその存在すら容易に知り難い、為政者側の人々の多くにすらその組織を知られないものである」べきだ、と主張する。謀略工作も宣伝戦の欠かせない一部だとすれば、国家機構の内部に「宣伝省」なる組織を作った瞬間に、敵方の警戒対象となってしまうではないか、というわけだ。

いったいに日中戦争初期のプロパガンダ論議では、対外宣伝の重要性こそ強調されるものの、ほとんどが抽象的な目標の確認と精神論めいたスローガンの連呼にとどまり、肝心の議論は迷走しているという印象が拭えない。日本の「宣伝下手」といういつもの常套句もしばしば顔を見せるが、この当時すでに存在していた対外宣伝グラフ誌や軍や政府の対抗宣伝キャンペーンに対する論評や批判がなされるわけでもない。

だが、軍や政府部内で実際に政策の立案・実施に参与する側の人間たちは、いつまでも論戦という名の饒舌にうつつを抜かしているわけにはいかない。何らかの手を打たなければ、当局者として組織や自分たちの存在意義が問われることになりかねないからだ。では、彼らは何をしたのか。注意したいのは、中国側による対外宣伝に対抗して、日本側も同様の手段で積極的な宣伝戦に乗り出すべきだ、という議論には決してならないことである。総合雑誌などの言説レベルでは、生き馬の目を抜くような国際政治の場面では、「沈黙は敗戦」に他ならないのだから、「不言実行は有言不実行よりなほわるい」と威勢よく断言する論者も登場していく（武藤「戦争と宣伝」②）。しかし、軍・政府当局者のレベルでは、たとえ部外秘扱いの内部資料であっても、そうしたあり方は頑なに退けられている。一九三八年二月に総理官邸で行なわれた第一回思想戦講習会の席上で、内閣情報部長・横溝光暉は、「今回の事変に於きまして支那の為《な》したる所謂「宣伝」」は「不正なる宣伝」「歪曲せられたる宣伝」であって、「真の宣伝こそは「或る目的達成の為めに正しいことをその儘に普く伝へて、共鳴と理解とを求める」ことでなければならない」と言っている。(22) 一九三九年二月の第二回講習会では、陸軍省情報部長・内閣情報部委員の清水盛明が、「我が国に関する限り」中国が行なっている（と日本側が喧伝していた）ような「捏造的のデマ宣伝は断じてやらぬ」と明言している。(23)

もちろん、政府や軍の情宣担当責任者として、事実確認のできない情報を流通させるとは公言できないという事情は、割り引いて考える必要があるかも知れない。しかし、本章での議論を想起すれば、かれらが徹底してプラグマティックな対抗宣伝に乗り出すとは言えないことは明らかだ。問題はそれが本当にあったかどうかではなく、自分たちに都合のよいイメージをいかに効果的に流通させるかにある、というメディア論的なシニシズムの立場に立つことは、中国大陸での日本の戦争が、〈道義〉にもとづく〈正義〉の戦争だという論拠を自ら掘り崩すことにつながってしまうからである。ならば、いったい何ができるのか。そこで興味深いのは、かれらが〈思想戦＝宣伝戦〉の立ち遅れという認識を内側に折り返していくことで、帝国内部の統制強化を志向した形跡があることだ。

さきにも発言を紹介した清水盛明は、陸軍の思想戦研究の中心として「プロパガンダの実務」を担った人物だが、

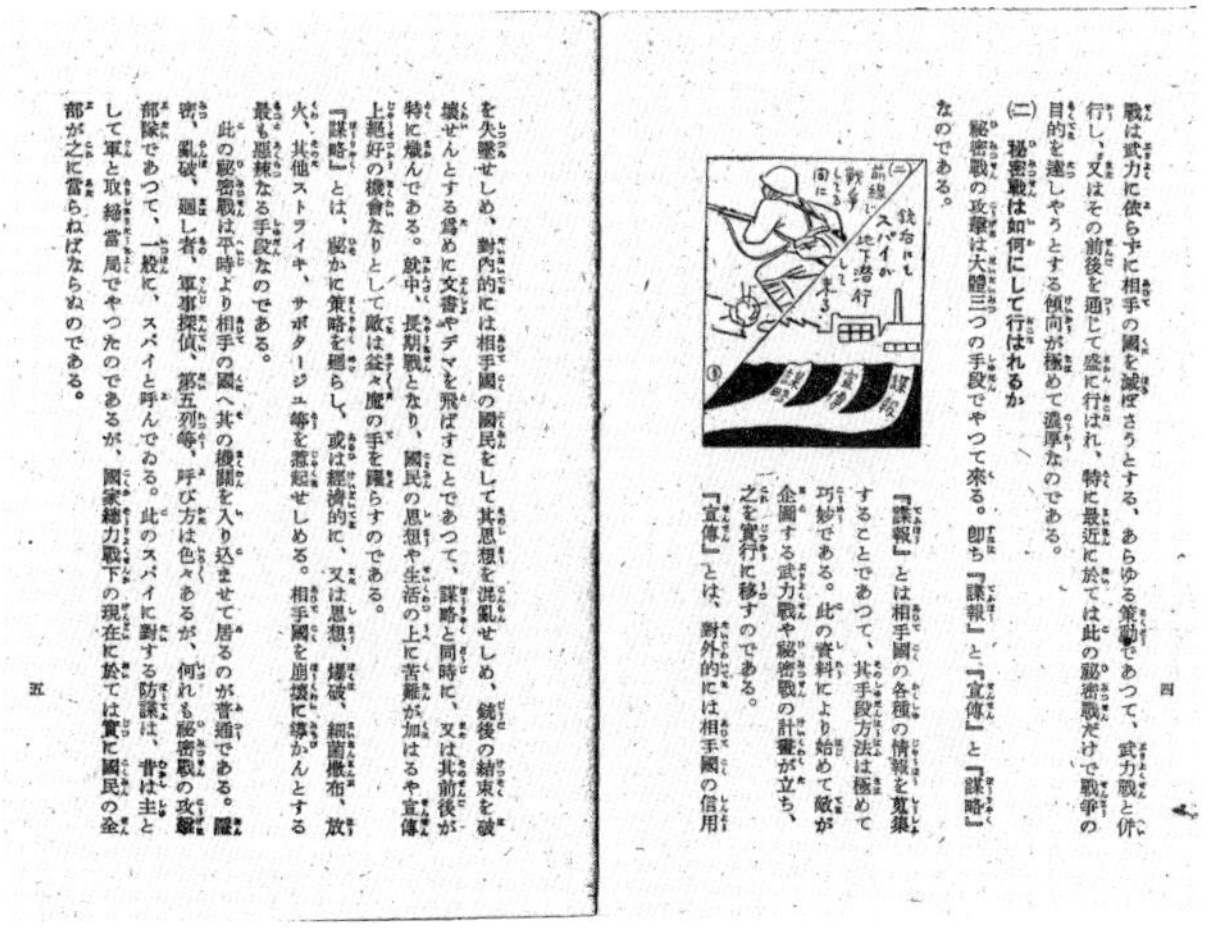

戦は武力に依らずに相手の國を滅ぼさうとする、あらゆる策動であつて、武力戦と併行し、又はその前後を通じて盛に行はれ、特に最近に於ては此の秘密戦だけで戦争の目的を達しやうとする傾向が極めて濃厚なのである。

（二）秘密戦は如何にして行はれるか

秘密戦の攻撃は大體三つの手段でやつて來る。即ち『諜報』と『宣傳』と『謀略』なのである。

『諜報』とは相手國の各種の情報を蒐集することであつて、其手段方法は極めて巧妙である。此の資料により始めて敵が企圖する武力戦や秘密戦の計畫が立ち、之を實行に移すのである。

『宣傳』とは、對外的には相手國の信用

四

を失墜せしめ、對内的には相手國の國民をして其思想を混亂せしめ、銃後の結束を破壊せんとする爲めに文書やデマを飛ばすことであつて、謀略と同時に、又は其前後に、國民の思想や生活の上に苦難が加はるや宣傳上絶好の機會なりとして敵は益々魔の手を躍らすのである。

『謀略』とは、竊かに策略を廻らし、或は經濟的に、又は思想、爆破、細菌撒布、放火、其他ストライキ、サボタージュ等を惹起せしめる。相手國を崩壊に導かんとする最も悪辣なる手段なのである。

此の秘密戦は平時より相手の國へ其の機關を入り込ませて居るのが普通である。隠密、亂破、廻し者、軍事探偵、第五列等、呼び方は色々あるが、何れも秘密戦の攻撃部隊であつて、一般に、スパイと呼んでゐる。此のスパイに對する防諜は、昔は主として軍と取締當局でやつたのであるが、國家總力戦下の現在に於ては實に國民の全部が之に當らねばならぬのである。

五

図 6-5　防諜協会『国民防諜の話』（1942 年 5 月）。
「宣伝」「諜報」について、「国民の全部」が当事者であると強調されている。
この本の奥付によれば、「防諜協会」本部は、
内務省の中に置かれていた。

彼が一般向けにまとめた『戦ひはどうなるか』（実業之日本社、一九三九年）の中に、次のような一節がある。

我国は武力戦に於ては、文字通りの連戦連勝の成果を挙げてゐるが、如何に皇軍が無敵であり、天下無類の精鋭を誇つてゐても、銃後に弛みを生じ、或は世界を相手の思想戦に敗北したならば、聖戦の目的は達せられないのであつて、第一線で奮戦しつゝある幾十百万将兵の尽きぬ労苦と、貴い犠牲とを一瞬にして水の泡に帰せしめる結果となるのである。

彼の世界大戦に於て、ドイツは五ヶ年の久しきに亘つて常に戦線では連戦連勝、連合軍をして一歩と雖も自国領土内に侵入せしめず、最後まで善戦したのであるが、遂にごたん場に於て思想戦の為め一敗地に塗れたのである。英仏等の連合軍側は、世界に精鋭を誇るドイツ軍を破る為には、単に武力のみでは到底駄目であることを悟り、思想戦に依つて、第三国を味方に引入れることを図ると共に、ドイツを内部から革命に導き、銃後から崩壊させやうとして、猛烈な勢ひを以てドイツに肉迫したのである。

ここに読まれるのは、当時の軍・政府の情報当局者にとっての、第一次世界大戦の〈戦訓〉に他ならない。ドイツは軍事的な戦いでは勝利していたが、敵国による〈思想戦＝宣伝戦〉の結果、自国に不利な国際世論に包囲され、国内の社会不安がかきたてられ、前線の兵士は戦意を喪失、銃後の国民が国家に不信感を持ち始めた結果、戦争継続が不可能になってしまった。言うまでもないが、こうした理解が歴史的に正しいか否かは問題ではない。大事なことは、〈思想戦＝宣伝戦〉に携わる当局者たちが、こうしたパラダイムの中で眼前の事態を認識していたことである。よって、彼らの思考の道筋が、以下の発語を生むのは、もはや論理的な必然というべきだ。

仮令《たとい》戦争が如何に長期に亘ることがあらうとも、仮令更に新なる敵国が現はれやうとも、国民は断じて動ずることなく、体を健康にし、物資を節約し、貯蓄を殖やし、支那側や第三国よりするデマ報道に耳を藉さず、政府を信頼して国策の線に沿つて邁進することそれ自体が思想戦に対する構へであり、この備へあるところには如何なる思想戦も謀略も侵入の余地はないのである。思想戦といへば、如何にも高遠な哲学か何かでも扱ふもののやうに聞こえるが、極く卑近な日常の生活自体の中にも、思想戦は行はれてゐるのである。

（清水『戦ひはどうなるか』）

国家総力戦をあくまで戦い抜くためには、「国民」ひとりひとりが「思想戦の戦士」として、「デマ報道」には耳を傾けることなく、あくまで政府や軍を信頼し、「国策の線」に沿って「邁進」しなければならない。「極く卑近な日常生活」の中にも、「国民の精神」に一寸でも隙間さえあれば、敵の思想戦は容易に跳び込んでくるのだから——。

さきにも言及したように、「思想戦」という術語から導出される観念の内実は、同時代の政治状況や国際関係の変化、戦局の展開によって大きく変化している。バラク・クシュナーは、「日本の戦時プロパガンダは軍事的効果としては失敗だったが、社会管理の技術としては戦後にも生き延びた」と書いた。[24]「思想戦」という語は一貫して、社会の成員ひとりひとりの生活様式や内面にまなざしを向けるものだった。だから「思想戦」の文脈では、〈防諜〉の語が、国家国民の一体性を損ねるあらゆる類の言動を抑圧する統治の技法として活用される。

そのうえでわたしが指摘したいのは、中国大陸での「武力戦」の勝利と「宣伝戦」の敗北という自認が、当時の情報宣伝担当者の中で、先述の物語に強烈なリアリティを与え、過剰な危機意識となってはねかえっていた可能性である。実際、漢口作戦（武漢作戦）時に内閣情報部が取りまとめた極秘資料「漢口作戦ニ伴ヒ政府ノ行フベキ宣伝方策」（計甲二一号、一九三八年八月二九日付）では、方針の最初に「支那ニ対シテハ本作戦ノ成果ヲ遺憾ナク宣伝シ、敵ノ抗戦意思ヲ挫折セシメ、国民政府ノ崩壊ヲ招来スベキ強力ナル宣伝ヲ行フ」とされていたのだから、同じ発想は、理の当然として「対内宣伝」にも振り向けられていくわけだ。[25]

興味深いのは、こうした事態にかかわって、盛んに「逆宣伝」なる言葉が使われることである。これは、日本語で国内の日本語話者に向けて書かれたことがらが、中国側によって逆用され、日本や諸外国向けのプロパガンダとして利用されてしまう、という事態を指す。その最も有名な事例が、「わが検閲当局でもつとも危険視してゐた「支那青年の死」とか「征途」等の初めから全然削除した個所」を含め「発禁小説を故意に翻訳して逆宣伝」に用いられた、と大々的に報じられた石川達三「生きてゐる兵隊」だったことは、第一章でも触れたとおりである（「奇怪！　支那紙に『未死的兵』」『都新聞』一九三八年三月二九日）。

武漢作戦の従軍記者たちに、「諸君ノ一言一句ガ国民ハ勿論敵国否全世界ニ及ス影響ノ甚大ナルニ鑑ミ大局的見地ヨリ報道報国ノ道ヲ竭サレンコトヲ切望スル」と書かれた『従軍記者ノ栞』が手交されていたことは、第二章で論じた。あくまで日本語の読者に向けて戦争と戦場を報じる書き手たちに、「敵国」「全世界」への影響を考慮せよと言い募っているのは、あきらかに〈翻訳〉の可能性を踏まえてのことである。加えてこの『栞』は、疑いなく南京戦の記憶を呼び出しながら、「皇軍ノ正義ヲ尚ビ軍紀ノ厳正ナルコト、無辜ノ民ヲ愛撫シ秋毫モ犯スコトナキコト、外国ノ権益ヲ尊重シ列国ト協調ヲ失ハザルコト等ハ対外的ニ大ナル影響アルヲ以テ此種ノ報道ヲ重視スルコト」とも指示してもいる。そうした問題意識と軌を一にするように、内閣情報部は「我が国で起る如何に詰らぬ事でも蒋介石政府にとつては思想戦謀略たるデマ宣伝の種となるのであります」と、国民政府の日本語放送が「東京の大学に起つたいはゆる粛学事件」や「議会の質問応答」を、日本の国力の疲弊・戦争遂行の困難と結びつけて語っていたことに、神経を尖らせていた（横溝光暉「思想戦の理論と実際」）。[26]「逆宣伝」への強い警戒を物語る典型的な事例だろう。

何かを語る前には、必ずそれが相手にどう受けとめられるかをよく考えよ——一般的な処世訓としてならともかく、戦時体制下でこの戒めが持ってしまう意味は重い。「平時内地に於て日本人向きに出します著書に於ても、常に対外宣伝といふ事を同時に考へませんと、将来戦に於て飛んでもない逆をかゝれるといふ危険がある」ことを、不断に意識することを求められるからである（清水盛明「戦争と宣伝」）。[27]しかもこの発想が、日本のプロパガンディストたちにとっての決定的な失策、日中戦争初期の対外宣伝戦における失敗の教訓をまさに逆用していることを見逃してはならない。メッセージを受けとめ解釈する側の文脈を統御することなど不可能だ、という認識が内側に折り返されているのである。受け手がそのメッセージをどう受けとめるかをコントロールできない以上、原理的に考えて、あらゆる発話は「逆宣伝」となる可能性を排除できない。どうしてもそのリスクを避けたければ、軍や政府が公的に発表した言葉をオウム返しにくり返す他にない。逆言すれば、日本帝国の軍・情報当局は、「逆宣伝」という概念を手にすることで、政府の立場から発信されたものではないあらゆる言説にいちゃもんを付け、問題視できる武器を手にすることになった。

4 戦時体制下の言説管理——検閲と統制の競合関係

もちろん、あくまでこれは、当時の当局者たちの言説が内在させていた論理を敷衍した結果見えてきた、可能的な思考の枠組みでしかない。わたしは、日本のプロパガンディストたちが、自覚的・意識的にそう振る舞っていたと言いたいわけではない。ただ、「生きてゐる兵隊」が、まるで見せしめのように「逆宣伝」の実例として言説の場に刻みこまれていたことの重要性は、何度でも強調しておくに足る。差し押さえを免れた雑誌以外では読むことができなかったこのテクストをめぐる記憶が、語る身体を抑圧し、躊躇させ、自己検閲を内攻させていくエンジンとなっただろうことは疑いを容れない。

公認されたたった一つの声だけが、ひたすらにユニゾンされる空間。わたしはここで、「兵隊の言葉」について述べた火野葦平の文章を想起する。「真の犠牲は一切の虚飾を排除する。心身ともに直ちに国の運命に通じ、国の運命に殉じる者の言葉は、一切の無駄を退ける」と記す火野が描きだした「兵隊の言葉」の世界とは、巨大な同語反復の場に他ならぬ。

私たちは、戦闘の場面で、しばしば、簡単極まる場面に遭遇する。部隊長が部下の前に立つ。

「死んで来い。」

部下が答える。

「死んで来ます。」

これほど、厳かな簡単さがあらうか。この意義深い簡単さは、その依つて来るところのものの大いさに思ひを致させる。〔略〕一切の号令は兵隊の行動を一点に集中せしめる簡略さをもつて、深く、犠牲の瞬間の緊迫さに繋つてゐる。一言の無駄が、戦場に於て、一切の戦果を瓦解せしめる場合は、常にあるのである。このやうなところから、兵隊の言葉は責任ある簡略さをもつて生れて来るのである。このことは、戦場のみならず、兵営にあつても変ることはない。

（「兵隊の言葉」『国語文化講座　第五巻　国語生活篇』東京・大阪朝日新聞社、一九四一年）


饒舌なおしゃべりを排し、ただ上官の、政府の言葉だけが復誦される、醇乎たる言語空間。命令として発せられた言葉が別の主体によって反復され、自発性の装いのもと、行為遂行的な言明によって引き受けられていくことで、行為の責任が無限に下位者に移譲されていく言語実践の場。これこそ、日中戦争期の情報官僚たちが夢想した権力のユートピアの姿に他なるまい。一九三八年六月に交詢社で行なわれた「思想国防懇談会」に陸軍側代表として出席したある情報官は、「思想戦即プロパガンダの如く考へられるが、当局は、吾々の立場は正しい、といふことを国民に徹底さす方針でやつてゐる。国民の一部には、新聞も雑誌も政府が統制してゐて自分の都合のいゝやうにしか発表させないだらう、といふ風に見てゐる傾向があるが、斯くの如く当局を信頼しないといふことは、既に思想戦に於て負けてゐるのである」と嘯いてみせる（「思想問題懇談会」『思想国防資料　今次事変と思想戦』思想国防協会、一九三八年）。「国策」としての戦争遂行を根拠に軍や政府への批判を抑圧する、いかにも手前勝手な理屈ではある。しかし、ここから読みとれるのは、プロパガンディストたちの「国民」に対する強烈な不信感であり、それ以上に、「思想戦」という概念を梃子に披瀝された、検閲のない世界、より正しくは〈検閲が不要な世界〉に対する逆説的な憧れなのだ。

しかし、そうだとすれば、ここに巨大かつ決定的なジレンマが姿を見せることになる。ヒントになるのは、上海戦・南京戦の時期に語られたプロパガンダ論のうち、⑦として挙げた室伏高信の議論である。「大衆の時代には、「知らしむべからず」の法則は行はれない。これは知らしめ、且つ納得せしめなければならない」、だからこそ、「大衆時代」にはプロパガンダが不可欠なのだ――。少し考えれば理解できるように、これとそっくり同じ理屈が、「思想戦」についても言えてしまう。そもそも「国家総力戦」には、〈国民〉全体の自発的・能動的な参加が欠かせない（そのために「思想戦」が問題となるわけだ）。だとすれば、いたずらに「国民」の身体をこわばらせ、一元的に軍や政府への従属のみを強いることは、望ましい「国家総力戦」のあり方から明らかに背馳している。公的なもの・形式化されたもの以外の自由な発話を制限し禁止することは、結局のところ、「国家総力戦」の遂行それ自体に支障を来すことにつながりかねないのである。

わたしが思うに、まさにこのジレンマこそが、日中戦争期以降の戦時体制下に〈統制〉という別種の権力を呼び入れた構造的な要因ではなかったか。権力による禁止を強く意識させることで、発話する身体に自己検閲・自主規制という名のモニタリングを作用させていく力とは質の異なる、ある種の自発性・能動性を前提とする力が要請される局面が生起したのではあるまいか。

ポイントは、〈統制〉的な力の導入によって、軍・政府の情報当局者たちが「思想戦」のジレンマとまともに直面することを回避できた点にある。言い換えれば、〈禁止〉の力に依拠した統治のテクノロジー自体が撤回されたり否定されたりしたわけではない。その証拠に、「思想戦」の発想は、アジア太平洋戦争の局面が日本不利に傾いていることを、軍・政府も認めざるを得なくなった一九四三年夏――山本五十六の戦死、アッツ島日本軍将兵「玉砕」発表のタイミングだ――以後に、再び前景化することになる。むしろこの二つは、ある種の葛藤をはらみながら、相補的・相関的に戦時体制期の権力を編制したと見た方が適切だろう。歴史学者の権錫永は、検閲と統制の差異について、「統制は確かに抑圧的だが、それ以上に生産的でもある」と述べた(28)。検閲は言葉を禁止し抑圧する力だが、統制は一定の種類の言葉を生かす／生きさせる力として作用する。ミシェル・フーコーの議論を参照し、検閲を個々の言説に対して作動する規律的な力と呼ぶことが許されるなら、巨大な〈塊〉としての言説空間それ自体を対象とする調整的な力が〈統制〉だと言えるのではないか。

興味深いのは、戦時下の日本語の言説の場では、こうした統制的な権力が、資源としての紙の管理という形で現象したことだ。一九三九年に商工省からの要請としてスタートした用紙統制は、内閣情報部（一九四〇年一二月から「情報局」に拡大改組）へと権限が移行された段階から、単に資源管理というだけでなく、言説生産の管理の手法としても活用されることになった。[29] そして、一九四〇年一二月、出版事業者の自主団体として設立された日本出版文化協会に、書籍・雑誌に関する用紙割当原案を作成する権限が与えられた。いわゆる〈出版新体制〉である。

日本出版文化協会は、用紙統制の制度化にあたって、〈出版企画の事前審査〉という方針を打ち出す（「出版物の事前審査」ではないことに注意）。日本内地の法律では、検閲は書籍雑誌が出版された事後に行なわれる。つまり、検閲より以前の企画段階で出版社から提出された内容自体を吟味・審査して、その結果に応じて印刷用紙を配付する、というわけだ。当然ながら、産業としての出版は、〈紙〉という資源なしには継続できない。その資源の一元的な管理と掌握を意味するこの制度設計が、検閲制度とは異質の大きな力となる可能性を秘めていたことは明らかだろう。[30]

重要なのは、いわゆる新体制運動期に、少なくない数の文学者・文化人が、この日本出版文化協会に介入しようと画策していたことである。その拠点として構想された場所こそ、岸田国士が文化部長に就任した大政翼賛会文化部に他ならない。実際、〈出版新体制〉の旗振り役も務めていた『日本読書新聞』の誌面をつぶさに見ていくと、いくつか興味深い動きが見えてくる。例えば、尾崎士郎、榊山潤、武田麟太郎、高見順、富沢有為男、中島健蔵らが中心となって準備されていた「日本文学者会」という組織は、当初から「日本編輯者会の結成に呼応、新文学運動と大政翼賛諸機関との連絡協力を目指」していたこと、就中「最大目標は近く実現する日本出版文化協会への積極的協力連携」だったと明記されている(「期待される日本文学者会」『日本読書新聞』一九四〇年一〇月一五日)。岸田国士の担ぎだしに一役も二役も買った中島健蔵は、「出版文化協会が健全な発展をなし得るか否か」に「無関心であることは、知識階級の怠業に他ならぬ」と断言し(「出版文化論」『文藝春秋』一九四〇年一一月)、「日本出版文化協会の名に実を与へるやうに」、「大政翼賛会の文化部なり、執筆者、著者、編輯者の組織してゐる諸団体なりが、この問題を見送らずに一層積極的に乗り出」すことが必要なのだ、と懸命に訴えていた(「翼賛会、文化団体等も積極的に乗り出せ」『日本読書新聞』一九四〇年一一月二五日)。

岸田の文化部長就任に際して各種総合雑誌・文学雑誌は一斉に支援の論陣を張ったが、岸田自身も、「不用意に発した言論の、而もその一端を捉へてその人の本当の思想」を評価することは絶対に反対だという立場を表明した(岸田国士、河上徹太郎「政治の文化性」『文藝春秋』一九四〇年一二月)。さらに岸田は、河上との別の対談の中で、翼賛会文化部の職掌は未だ確定していないが、中でも「紙の配給」については、「経済部」との連携に強い意欲を示してもいた(岸田・河上「大いなる構想」『文藝』一九四〇年一二月)。すなわち、当時の文学者・文化人たちは、新たに構成されようとしていた用紙統制という力に寄生することで、「思想戦」の言語空間に対抗しようとしたようなのだ。

とはいえ、それとて日本語の言説の場を管理し統御する権力であることには違いがない。一九四一年の清水幾太郎が書いたように、「如何なる書物を多く作らせるか、如何なる書物を少く作らせるか」は「根本的に見れば、将来の日本文化を如何なるものに作り上げて行くか」という問題に直結する（「協会の持つ力――出版統制について①」『朝日新聞』一九四一年六月一二日）。とりわけ新体制運動期の文学者・文化人たちは、あたかも「思想戦」を呼号するプロパガンディストたちの思考に感化されたかのように、自分たちを取り囲む力を、文学・文化言説総体の抑圧や制限を目指していると考えていたふしがある。だが、「思想戦」論議のジレンマとして指摘したように、総力戦体制下では、本来的には書き手と読み手の能動性・自発性をどう領有＝盗用し、戦争遂行のための資源として転化するかが問われる。とすれば、戦争遂行権力の側も、文学・文化を完全に禁止しては都合が悪いことになってしまう。大事なことは、総力戦に支障を来す類の言説を排除することであって、〈国策〉の線に沿った言説は奨励されこそすれ、決して制限される対象ではない。

あえて厳しい言い方をするが、結果的にこの時期の文学者・文化人たちは、まさに白発的かつ積極的に、戦時体制下の検閲権力を補完する仕組み作りの片棒を担ごうとしたことになる。じっさい、徹底した文書主義にもとづく官僚的システムの構築は、彼らの参加・協力なしには実現できなかった。かつて久野収は、「日本の戦争では引きずり込まれたほうが引きずるほうにまわり、しかけた方を逆に引っ張ったりするから、なかなか複雑怪奇なのです」と語った[31]。同じひとつの行動や言動が、ある立場から見れば抵抗となり、別の観点から見れば体制への自発的な協力となる。〈出版新体制〉の制度設計をめぐる議論と動向には、一筋縄ではいかないそうしたありようの一端がうかがえるように、わたしは思う。

本章での議論を整理しておこう。

まず第一に確認されるべきは、中国大陸での戦闘が本格化していくプロセスの中で、日本帝国の検閲権力に、小さくない綻びや混乱が生じていたという事実である。この時期の軍・政府の情報宣伝に携わっていた者たちは、かれらの目に〈問題〉と見えていた事態に対し、的確適切に対処できていたわけではまったくなかった。本章でわたしは、日本語の言説の場で展開されたプロパガンダをめぐる言表を内在的にたどり直すことで、写真のようなビジュアルなイメージの流通と受容にかかる問題が〈思想戦＝宣伝戦〉という議論の台座の上で思考されていたこと、そして、そこから始まる思考には、論理の軋みや、それ以上進めないデッド・ロックのような様相が看取できることを明らかにした。具体的に言えば、日中戦争期の〈思想戦＝宣伝戦〉のパラダイムでは、中国との戦争をめぐる日本帝国の対外宣伝の敗北と立ち遅れを指摘する言説が、国内的な引き締めの強化を動機付ける議論へと転用されていくのだが、とはいえその論理を徹底させてしまうと、今度は〈いま・ここ〉で戦われている「総力戦」の継続そのものに不都合かつ不適切な事態を差し招いてしまう。もし、こうした素描が誤りでないならば、ここから見えてきた知見は、検閲や言論統制をめぐって、従来とは異なる観点から考えるきっかけとなり得るのではないか。

近年、日本語の文学研究・批評でも、検閲をめぐる議論は顕著な進展を見せている。内務省警保局を中心とする戦前の新聞紙法・出版法に拠る検閲体制、GHQ／SCAPのプレス・コードにもとづく戦後占領期の検閲システムのそれぞれについて、資料に即した実証的な検討・検証が、多くの重要な成果を挙げている。出版文化史研究・メディア史研究の場面でも、検閲現場の実態に迫る新資料の発見が相次いで報告されている。

ただし、文学や文化を考える立場から検閲を問う場合、どうしても、検閲を受ける側を主語とした議論になりがちなところがある。そうなると、ともすれば、時代ごとの検閲制度が、厳然と、自律したかたちで、システマティックに機能していたかのような印象を析出してしまうおそれがある。だが、行為としての検閲は、最終的には言説の解釈にもとづく個人の判断に帰着する。そして、そうである以上、窮極的には属人的な要素さえはらんだ、不透明な曖昧さを排除できない。実際問題として、時々の検閲権力は、必ずしも効率的・効果的に自らの力能を行使していたとはとても言えない。検閲権力が立ち往生してしまったり、見過ごしてしまった事例はいくらもあるからだ。

ひとがより自由である／自由になるためには、どこで・どんな力に・どのように規制され束縛されているかをよりよく知る必要がある。知られるように、言葉を発する瞬間には、じつにさまざまな力が働いている。政治的なもの、経済的なもの、社会的なもの、文化的なもの、歴史的なもの……。さしあたって検閲は、法的・制度的なレベルにかかわると言えようが、そこでその任に当たった当局者が示す解釈と判断は、決して同時代の言説から隔絶した場所で行なわれているわけではない。牧義之は、おおよそ一九一〇年代後半から、検閲当局と出版者との間で「内閲」（内検閲とも）というインフォーマルな慣行が存在していたことに注目している。[32]検閲当局としては、ある程度事前に言説の管理と統制を行なうことができ、出版者の側は、処分による経済的なダメージに直面するリスクを回避することができる。こうした慣行は、一九二〇年代後半の段階で、左翼運動の盛り上がりに対抗した検閲体制の強化と、円本ブームに象徴される出版物の激増という状況変化の中で、打ち切りが宣言された。しかし、この後も非公式の形で「内閲」に類する行為が行なわれたことは、資料によって確認されている。[33]こうした出版者との日常的な接触とコミュニケーションが、検閲担当者の判断に影響しなかったとは考えにくい。確かに、検閲当局の意向を忖度し、伏字化を行ったのは主に出版者の側だった。書き手たちは、さらにその出版者の意向を忖度して、発言を控えたり、表現に自己規制を加えたりすることもしばしばだった。しかし、だからといって、規制を加える側の検閲当局が、つねに一貫して自らの職務に邁進していたとは言えない。そこには、それなりの揺らぎも、力点の移動も、ある種の戸惑いもあったはずなのだ。

論理的に考えれば、検閲に限らず、法や制度と現実との間には、つねに小さくない距離が横たわっている。不断につきつけられるその隙間を、ひとは「運用」という名の、前例と経験知とにもとづくその都度ごとの判断によって、どうにか乗り越えていこうとするだろう。ならば、そこで働く力学を見定めるためには、その時点で法や制度に関与していた者たちの文脈に加えて、彼ら彼女らに影響を与えていた思考や発想の文脈をも確認する必要がある。システムとしての検閲が、閉ざされた・自己充足的なものではありえないとは、そういう意味である。付言すれば、とくに日中戦争期の言説については、こうした検討が欠かせないとわたしは思う。日本が初めて戦うことになった本格的な情報戦争の中で、検閲権力は、明らかに帝国の〈外部〉を意識した対応を迫られることになったからである。また、日本語言説の流通圏が大日本帝国の境域とは同一ではないという現実を踏まえた認識論的な転換を迫られていたからである。さらには、少なくとも一九四一年一二月までは戦争と日常生活とがある程度併存する状況があり、加えて情報宣伝政策にかかるエージェントが複数化することで、検閲権力にかかるプレッシャーもいや増していただろうからである。

最後に付言すれば、本章での議論は、いわゆる〈文学者の戦争協力〉論の再評価と再審にもつながる可能性がある。里見脩は、日中戦争期から本格化し、一般に「一県一紙体制」と呼ばれる新聞社の整理統合を結果した一連の政策が、メディア関係者側の積極的な協力によって進められたと論じている。(34) 文学・文化言説の場合も基本的に同じだと思うが、問題は、いかなる認識にもとづき、いつ・誰が・何を目的として・どんな力を身に纏おうとしたかである。そして、その目論みが実際には何を生み出し、どんな帰結をもたらしてしまったかを複数の視点からつぶさに検証することである。その意味で言えば、用紙統制という新たなアジェンダは、戦時期の国家による検閲体制に棹さすだけではない、別のレベルの対抗的な力たりうると夢想されていた可能性が高い。だからこそ、文学者・文化人の多くが大政翼賛会文化部に期待し、日本出版文化協会に介入しようと試みたのではあるまいか。ただし、現実に彼らが何をしてしまったかは、また別して考えるべき問題である。

第七章

中国の小林秀雄

戦争と文学者

1　問題の所在

山城むつみ『小林秀雄とその戦争の時　『ドストエフスキイの文学』の空白』（新潮社、二〇一四年）は、小林が従軍記者の資格で初めて中国に渡った際の現地報告「杭州」（『文藝春秋』一九三八年五月）、「杭州から南京」（『文藝春秋臨時増刊』一九三八年五月）、「蘇州」（『文藝春秋』一九三八年六月）に強い関心を寄せている。山城は、現地の「慰安所」に関する記述が問題視され、検閲による削除処分を受けた「蘇州」初出形の復元を試みる一方で、いまだ戦火の傷痕が生々しく残る中国の地で小林は、「内地の時間」と「戦地の時間」の落差にとまどい、戦場を日常として生きる者たちが呼吸する「空気」とじかに触れ合ってしまったのではないか、と書き記す。想像以上にあっけなく人間は戦場の暴力に適応し、迷いも屈託もなく他者を傷つけ、殺す。小林は、そんな「ご強い」情景と「空気」に泥む中で、「本人自身、その意味を不断に誤解し続けたかもしれない無意識の変化」

を経験してしまったのではないか。そのように論を進める山城は、戦時下におけるドストエフスキー論の杜絶と敗戦後の再起筆に着目し、戦争と責任をめぐる小林なりの思索を読み込んでいく。

山城の著書が、あくまで小林のテクストとその空白に寄り添おうとする重厚な批評であることは疑えない。しかし、おそらくはあまりに自明に過ぎて問われなかったことが一つある。なぜ小林がそこにいたのか、ということだ。

戦時下の文学・文化を考える者にとって、〈小林秀雄と戦争〉という問いは、いまなお巨大な謎であり続けている。近年では、森本淳生の所説が重要だろう。戦時期のテクストは決して一時的な例外ではなく、むしろ「小林が確信をもって完成させた批評が状況に対して奇妙なまでに親和的になった」理由を考えるべきとする森本は、日中戦争期の小林が、「戦争」を状況の中で苦闘する個々の兵士の「個人的な体験」へと局限して捉えた上で、人間にとっての「戦争」を「表現行為」として描出した、とまとめている。(1)そうなれば「戦争」は、政治や社会の問題ではなく、ましてや思想的な問題でさえなく、動かしがたい「必然」であるところの「現実」をいかに生き死ぬのか、結末がわかりきった物語をどのように演じ受け止めるのかという文学の問題となる――。このような森本の提論は、一九四一年一二月八日以降の小林のテクストの論理を明快に説明してくれる。また、日中戦争期・アジア太平洋戦争期を通じて五度にわたって中国大陸の地を踏んだ小林の動向をめぐって、井上賢一郎は、一九四四年一一月に南京で開催された

第三回大東亜文学者大会の下準備のため、日本占領下の「中国の南北の文学界を統一し、「日本文学報国会に相当する一元的文学組織を中国に成立させる」」文化工作に従事していた可能性を指摘している。(2) しかし、森本にしても井上にしても、さきの素朴な問い――なぜ彼は一九三八年三月に中国にいたのか？――は、問われないままなのだ。

山城や森本の精緻で力強い仕事は、小林秀雄のテクストに徹底して内在的に思考することで、その論理を読み抜こうとする姿勢に貫かれている。井上は発見された中国語資料に依拠しながら、日本の軍や情報当局のエージェントまがいの仕事に従事したと思しき小林の内面のドラマを追いかけている。だが、あくまで小林の言葉に内在的に定位しようとするこれらの仕事には、彼のテクストが持ってしまった同時代的な問題性という観点が欠けている。確かに小林は、しばしば思想家として遇される。彼のテクストにはそれに相応しい強度があるし、ある時期以降、彼自身も積極的にそう振る舞おうとした形跡さえある。しかし、本質的に小林は批評家である。他者の言葉と出会い、他者の言葉と共に思考する批評家である。とすれば、より微視的な視点から、小林が同時代のごんな言説を意識し、誰に向かって発話していたかを具体的に検証する作業を疎かにすべきでない。同時に、そんな小林が投げかけた言葉の行方を見定めることも必要だろう。

そこで本章では、日中戦争が本格化した初期の小林の発言について考えるために、火野葦平という補助線を導入したい。知られるように、一九三八年の小林の中国行が、杭州の占領部隊にいた火野葦平に第六回芥川賞を授与するためだった。しかし、小林は文藝春秋の社員でもなければ芥川賞の選考委員でもない。では、なぜ彼だったのか。小林はこのとき、一度はとりやめた従軍を「やむを得ず引き受けたのではなく、志願した」（山城）のだった。[3]彼は、たんに中国の戦地を見ようとしただけではない。むしろ積極的に戦地の火野葦平に会いに出かけたのである。

一方、小林秀雄との出会いは、火野にとっても（恐らくは小林以上に）大きな意味を持っていた。この時点での火野は、さまざまな〈期待〉を集めていたとはいえ、いまだ芥川賞を受けたばかりの新進作家でしかなかった。その芥川賞決定にも、多分に文春側の「興行価値」（菊池寛「話の屑籠」『文藝春秋』一九三八年三月）的な狙いが見え隠れするが、[4]そのことを知らぬではなかったはずの火野が、プレゼンターとして小林がやってくると聞かされ、「えらい奴が来やがつたな」と思わず手帖に書きつけていたことも周知の通りである。このときの彼らには、それだけのキャリアの差があったということだ。[5]にもかかわらず、小林は「二人は直ぐ旧くからの友達の様になつた」（「杭州」）と書いた。これは、初対面の記憶を語る際の空疎な社交辞令ではまったくない。河上徹太郎は、中国から戻った小林が「おい、火野葦平っていい男だぞ」と口にしたと回想している。[6]高見澤潤子は、「昭和十四年頃」のこととして、質問に訪れた若い女性たちに「今の小説は実に読むべき価値がない」と言った小林が「火野葦平なんかの作品はよんでもいい」と語っていたという。[7]しかも小林は、やがて火野の次作『麦と兵隊』の熱心な推奨者ともなるだろう。だが、そもそもどうして小林は、「火野葦平」という存在に心を動かされたのか。火野との出会いは、戦地での小林の見聞や観察に、どんな影を落としたのか。そして火野葦平は、当代随一とされた批評家から何を学び、何を受け取ったのか。

現在、北九州市立文学館に寄託されている火野葦平関連資料には、小林秀雄からのものを含め、戦地で火野が受け取った書簡が多く残されている。また、同じ資料内の火野の「従軍手帖」には、ごく断片的なものではあるが、一九三八年三月二七日の陣中授与式当日の様子が書き留められている。本章でわたしは、公刊された二人の発言とインフォーマルなレベルでのやりとりの双方を視野に入れながら、それぞれにとってこの「友情」が持った意味について考えたい。彼らの親交が、たんなる個人的な親愛にとどまらない波紋を同時代に惹起してしまったと思うからである。

なお、ここで論及する小林の現地報告テクストには、大幅な改稿があることが知ら

図 7-1　芥川賞陣中授与式の様子。
中央で一歩前に出ているのが火野葦平　後ろ姿が小林秀雄（火野葦平資料館所蔵）。

れる。ここでは、テクストの同時代性を重視する観点から、原則として初出本文を採用する。削除処分を受けた「蘇州」については、単行本『文学Ⅱ』（創元社、一九四〇年）所載の本文を参照し、補うこととする。(8)

2 文学（者）の領分

一九三七年一二月三一日付けの『読売新聞』に寄せたエッセイの中で、小林秀雄は「従軍記者になりたくて、文藝春秋社に頼みやつてもらふ事に決つたが、お袋があまり心配するので心を翻へして了つた。思ひ止まるのは辛かつたが、今は止めてよかつたと思つてゐる」と書いた（「不安定な文壇人の知識」）。小林の読者なら、「私といふ人間を一番理解してゐるのは、母親だと私は信じてゐる」（「批評家失格Ⅱ」『改造』一九三一年二月）と書いたことを想起したくなる一節だが、彼の母親が心配するのも無理はない。時期を考えれば、小林は上海戦に続く激戦・乱戦となった南京戦か、その直後の時期に従軍を企てたことになるからだ。ちなみにこれは、中央公論社から特派された石川達三の従軍と前後するタイミングである（石川は一九三七年一二月二九日に東京を出発、一月五日に上海入りしている）。(9)この時期の小林は、従軍行を模索する一方で、戦時下の権力による検閲の強化についても積極的に発言している。石川が「生きてゐる兵隊」で発禁処分を受けた際には、いちはやく「今や発禁問題は、編輯者達の頭痛の種となつてゐる」「急速に延びた言論統制の手」に対する危惧を表明し（「思想統制とデマ」『東京朝日新聞』一九三八年二月二五日）、自らの「蘇州」が削除処分となった際には、ちょうど処分発表当日から始まった連載の中で、「今日までの思想家、文学者に対して行はれた当局の非常的処置については、僕は当然な事だと考へてゐた。今もさう思つてゐる」と、やや開き直りめいた反応を残している（「支那より還りて」『東京朝日新聞』一九三八年五月一八日～二〇日）[10]。

実際の小林の従軍行は、一九三八年三月下旬から四月末まで、約一カ月にわたるものだった。決して長い期間とは言えないが、たんなる視察や見物だけなら、これだけの時間は不要だろう。詳しくは後述するが、実際に彼は相当の危険を冒して動きまわり、戦時下の中国を注意深く観察している。その自負から小林は、帰国後に「戦跡見物ぐらいで人間の思想が新になるなぞといふ馬鹿気た事も起りやうがない」と断言した上で、「文壇の一隅にゐて考へあぐねた自分の孤独な思想が、意外な根強さを持つてゐる事を発見して大変気持がよかつた」と書いた（「雑記」『文学界』一九三八年六月）。同様の認識は、次のようにも言い換えられている。「平和時に文壇の一隅で独りで考へて来た事が、異常な事柄を見たり聞いたりしても、少しもぐらつかなかつた事を発見して気持よく思ひ自信が出来た様に思つた」（「支那より還りて」）。この言を信じるなら小林は、戦地で彼自身にさえ「異常」と観取されたことがらを実際に「見たり聞いたり」してしまっていた。そのうえで小林は、それでも自分は本質的には変わっていない、と行為遂行的に言明しているのである。

だが、そうした言葉とは裏腹に、小林の議論のシフトは、中国行の前後で明らかに変化している。それは山城むつみが言うような、自覚されざる内的な変化といったようなものではない。端的に言って、〈戦争を書く〉行為への評価が決定的に変わってしまっている。

時系列を追って確認しよう。小林が同時代の戦争に直接言及した最初の発言は、『東京朝日新聞』のコラム「槍騎兵」に寄せた短文「戦争と文学者」（一九三七年一〇月一六日）である。華北では河北省の石家荘・内蒙古の綏遠にまで戦線が延び、華中では上海での激烈な市街戦が報じられていた頃のことである。

　戦争と文学者についていろいろな感想や論文を読まされる。戦争だからといつて文学者の任務に変りがある筈がない。飽くまで冷静に批判的に戦争に処すがよい、さういふ意見が悪からう筈がない。併し自分は戦争について兎や角いつてゐるが、生れてから戦争なぞ一ぺんも実地に経験した事はないのだ、といふ事を忘れては駄目である。

　俺は生れてから恋愛といふものをやつた事はないが、恋愛といふものはかういふものであると言つたら笑はれるだらう。戦争だつて同じ事だ。戦争についてあまり何もかも心得た風な口のきゝ方は滑稽なのである。〔……〕今日の戦争は昔の戦争と異つて、その動機なり目的なり複雑になり、文化的色彩が強くなつて来た事は確だが、言語を絶した人間の異常な営みである事に変りはない。

　松本和也は、盧溝橋事件直後の文学者による「報告文学言説《ルポルタージュ》」の問題系を整理しつつ、「戦場との〝距離〟を関数とした作家の〝人間（性）《ヒューマニズム》〟——〝当事者性〟と呼ぶべき論点」がゆるやかに共有されていた、と指摘している。[11] 小林の発言も同様の言説圏にあると見てよいが、戦争の体験を「兵士一人ひとりが戦場の困難を乗り越え任務を遂行するさいに生きる個人的体験」（森本淳生[12]）に還元する小林が、戦場の当事者性をほとんご絶対化していることに留意しておきたい。引用文での小林は、戦争がいくら高度化複雑化しても「言語を絶した人間の異常な営みである事に変りはない」と、体験と表現の断絶をかなり極端に強調することで、文学者が安易に戦争を書くことを抑制しようと働きかけている。

　実際、この時点での小林は、戦争にかかわる言説一般に対して基本的に冷淡である。『文学界』一九三七年一〇月号の編輯後記では、「日支事変が拡大し、新聞雑誌は悉く編輯上の大革命を強制されてゐる」にもかかわらず、「本誌だけがまことに平和な恰好で出る」「暑くてやり切れんからね」といささかの韜晦を交えながら、誇らしげに書いている。翌月の編輯後記でも、第一次世界大戦が文学にどんな影響をもたらしたか、という問いを向けられたフランスの作家アンドレ・ジッドが「そんな影響は少しもない。よしあつても極く小さなものだ」と断言した言葉を引いて、「事変」をめぐる報道合戦を冷ややかに一瞥している。さきに紹介したエッセイ「不安定な文壇人の知識」では、「今度の事変がどういふ風に文壇に影響するかは、容易に見当がつかぬが、ルポルタージユ文学論が盛んになつたといふ様な浅薄な影響なぞ考へてみたつて始まらない」と、文学言説の場に直接的な戦争の影響を見出すような発想そのものを一蹴している。

小林のこうしたスタンスは、少なくとも従軍前までは揺るがない。一九三八年一月の「文芸時評」では、「文学の世界には事変は起つてゐない」と静かに言い切ってしまっている。「ラヂオも新聞も一変して了つた」し、「評壇の様子もまるで変つて了つた」が、独り「小説壇だけが依然として変らない」（「深海に棲む作家　現象に係りなき文学の本質」『東京朝日新聞』一九三八年一月八日）。

だが、これは相当に偏った認識である。『中央公論』一九三七年一〇月号の林房雄「上海戦線」・尾崎士郎「悲風千里」以来、従軍作家の現地報告の類は少なからず発表されていた。注文すれば何でも整理してくれる大宅壮一は「事変ルポルタージユ批判」（『改造臨時増刊』一九三七年一一月）で、文学者のうち誰がどこに行きどんなことを書いたか教えてくれる。加えて、出征する兵士が「畜生、行けない奴は陽気でいやがる」と吐き捨てるさまを書き入れた徳田秋声「戦時風景」（『改造』一九三七年九月）を嚆矢として、戦時下の日常を描く小説も少なからず登場していた。『文学界』一九三七年一二月号で小説月評を担当した林房雄は、「銃後にも戦争はある」のだから、文学者は戦争に行かずとも立派に従軍記者たりうるという武田麟太郎の言葉を引きながら、川端康成「高原」

（『文藝春秋』一九三七年一一月）、「風土記」（『改造』一九三七年一一月）、中野重治「原の襷」（『文藝』一九三七年一一月）に触れている（「戦争と文学者」）。にもかかわらず、「戦争と文学に関する幾多の感想や評論」「多くの従軍記の類」は「文学の本質部」とほとんど関係がないと確言した小林秀雄は、自ら担当した一九三八年一月・二月の文芸時評で、こうしたテクストのほとんどを無視している。例外は石川淳「マルスの歌」（『文学界』一九三八年一月）と林房雄「牧場物語」（『改造』一九三八年二月）だが、前者については「いゝ作品ではない」が発禁のため「言ひたいことも言へなくなつてしまつた」と述べるにとどまり、「上海事変の凱旋兵」を主役に据えた後者にかんしては、作者は力み返っているけれど読者はいっこうに説得されないと冷たく突き放してしまっている。

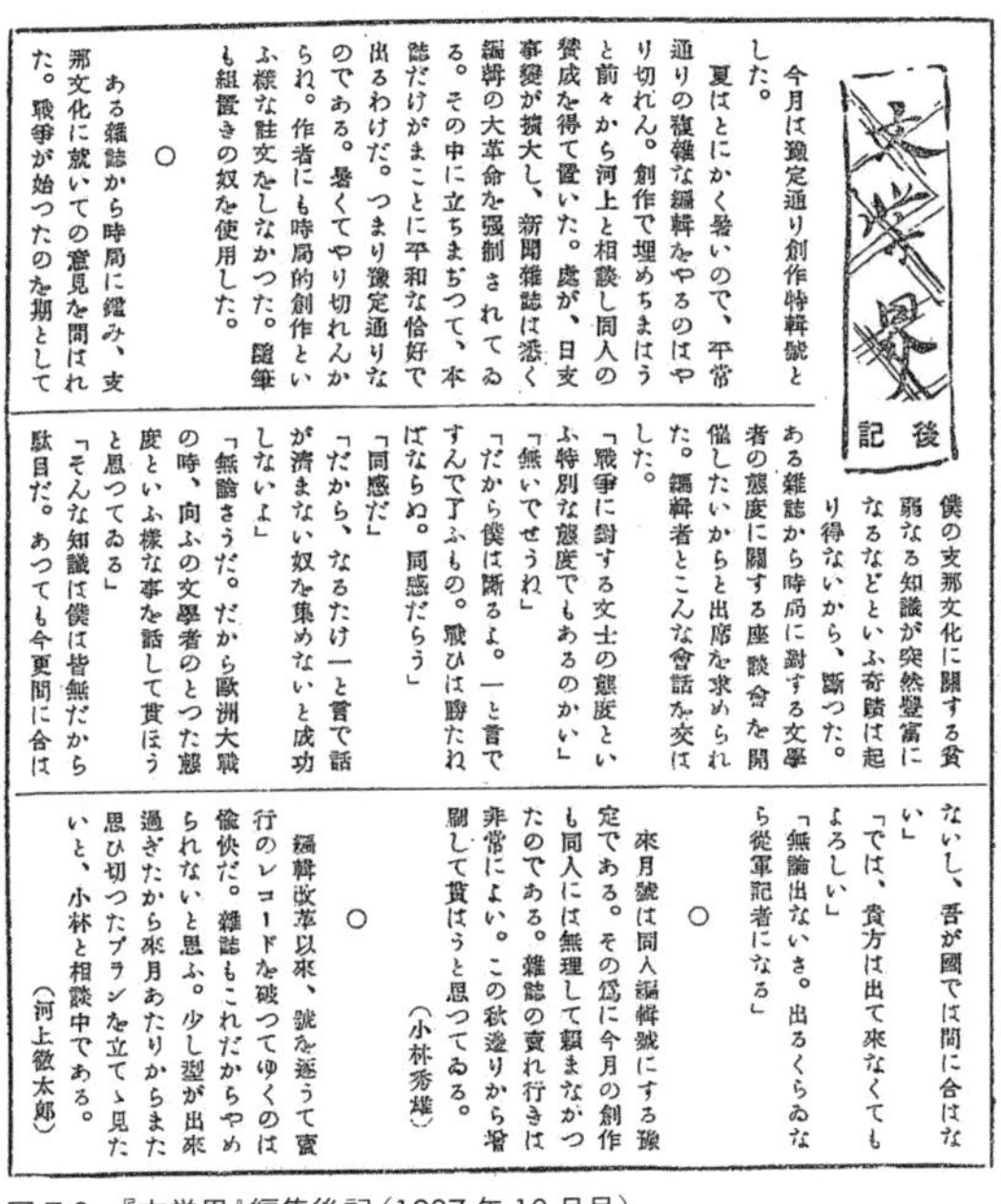
文學界 後記

今月は豫定通り創作特輯號とした。

夏はとにかく暑いので、平常通りの複雑な編輯をやるのはやり切れん。創作で埋めちまはうと前々から河上と相談し同人の賛成を得て置いた。處が、日支事變が擴大し、新聞雑誌は悉く編輯の大革命を強制されてゐる。その中に立ちまぢつて、本誌だけがまことに平和な恰好で出るわけだ。つまり豫定通りなのである。暑くてやり切れんからね。作者にも時局的創作といふ様な註文をしなかつた。隨筆も組置きの奴を使用した。

○

ある雑誌から時局に鑑み、支那文化に就いての意見を問はれた。戦爭が始つたのを期として僕の支那文化に關する貧弱なる知識が突然豐富になるなどといふ奇蹟は起り得ないから、斷つた。

ある雑誌から時局に對する文學者の態度に關する座談會を開催したいからと出席を求められた。編輯者とこんな會話を交はした。

「戦爭に對する文士の態度といふ特別な態度でもあるのかい」

「無いでせうね」

「だから僕は斷るよ。一と言ですんで了ふもの。戦ひは勝たねばならぬ。同感だらう」

「同感だ」

「だから、なるたけ一と言で話が濟まない奴を集めないと成功しないよ」

「無論さうだ。だから歐洲大戦の時、向ふの文學者のとつた態度といふ様な事を話して貰はうと思つてゐる」

「そんな知識は僕は皆無だから駄目だ。あつても今更間に合はないし、吾が國では間に合はない」

「では、貴方は出て來なくてもよろしい」

「無論出ないさ。出るくらゐなら從軍記者になる」

○

來月號は同人編輯號にする豫定である。その爲に今月の創作も同人には無理して頼まなかつたのである。雑誌の賣れ行きは非常によい。この秋邊りから奮闘して貰はうと思つてゐる。

（小林秀雄）

○

編輯改革以來、號を逐うて賣行のレコードを破つてゆくのは愉快だ。雑誌もこれだからやめられないと思ふ。少し型が出來過ぎたから來月あたりからまた思ひ切つたプランを立てゝ見たいと、小林と相談中である。

（河上徹太郎）

図7-2 『文学界』編集後記（1937年10月号）。
小林は、「本誌だけがまことに平和な恰好で出るわけだ」「作者にも時局的創作といふ様な註文をしなかつた」と書いている。

第六章でも紹介した「戦争について」（『改造』一九三七年一一月）は、開戦初期の彼の立場を最も集約的に表現した重厚なエッセイである。「僕は事変のニユーズ映画を見乍ら、かうして眺めてゐる自分には絶対に解らない或るものがあそこに在る、といふ考へに常に悩まされる」という一節は、メディア環境の激変による戦争イメージの爆発的な増大が、戦場の当事者性を埋め合わせることは決してないという意味だろう。「誰だつて戦ふ時は兵の身分で戦ふ」のだから文学者として戦うなどナンセンスだという有名なくだりの後には、「文学は平和の為にあるのであつて、戦争の為にあるのではない」と続く。当時としては相当に思い切った発言だとわたしは思う。しかもかなり危うい論法である。誰もが「兵の身分」で戦う軍隊など歴史上に存在したことはないからだ。しかし、そこから小林は、「文学者たる限り文学者は徹底した平和論者である他はない」というテーゼを導き出す。もしそうなら、戦時下の文学とは、それ自体が名辞矛盾をはらむことになるのだが、「僕はこの矛盾を頭のなかで片付けようとは思はない」。小林は、「聖者でもなければ預言者でもない」「たゞの人間」として、この矛盾と向き合おうと言明しているのである。

こうした議論が、どうかして文学の本来性を戦争から切り分け、平時と変わらぬ文学（者）の独自の領分を確保しようと試みたものであることは明白だろう。しかも「戦争について」の小林は、命じられて戦場に赴く人々のことを忘れていない。人間は歴史的な被拘束性から自由にはなれない。ひとはつねに〈いま・ここ〉の現実から出発する

図 7-3 『文芸春秋』1937 年 10 月号、『中央公論』1937 年 10 月号の広告。
いずれも「事変」に焦点化する記事が多数掲げられていることがわかる
（『東京朝日新聞』1937 年 9 月 20 日）。

他になく、なればこそ「その時代の人々が、いかにその時代のたつた今を生き抜いたかに対する尊敬の念を忘れては駄目である」。実際問題、一九〇二年生まれの小林にとってみれば、戦場への動員は決して他人事ではなかった。[13]この時代の「日本の国に生を享けてゐる限り、戦争が始まつた以上、自分で自分の生死を自由に取り扱ふ事は出来ない」。この決定的かつ具体的な現実を、自らも戦場に立つかも知れない可能性を切実かつ切迫した問いと考えるところから出発すべきである、ということ。関谷一郎は、「事変」にあたって小林は「「国民」＝「一般大衆」の位相に自己を置いて生きようとしていた」「「大衆」存在のありようを自己の批評の基軸にすえ、戦争という現実に処した」と論じている。[14]派遣される日本軍隊を「兵の身分」から想像した小林にとって、これは抽象的な心構えの問題ではない。小林がこのエッセイを書いた時点で、この戦争が長期化するという見通しのもと、これほどの覚悟で筆を執っていた論者がどれだけいたか。自分の言葉の受け取り手が、すぐにでも戦場で銃を執るかもしれないという緊張感を持って書いていた論者が、いったいどれだけいただろうか。

だから、ここでも小林秀雄は正論家である。しかし、時として〈正しさ〉は、間違うことへの怯懦や、大勢に対する順応・従属を意味してしまうことがある。このときの小林の〈正しさ〉も、実はそのようなものではなかったか。それぞれに事情も葛藤も言いたいことも山ほどあったはずなのに、遅疑なく戦場に向かった多くの人々と、心を痛めながらその様子を見送ったもっと多くの人々のことを忘れまいとする姿勢。有名な「この事変に日本国民は黙つて処したのである」（小林「満洲の印象」）という揚言も、そうした意識から出発していたことは確かだろう。だが、そのような表象を立てて「国民」に寄り添おうとすることは、「戦争への批判的考察」を封印した「極端な状況追認論」（森本淳生[15]）に陥ることを意味していた。

従軍行以前の小林は、文学と戦争とを本質的な部分で相容れないものとすることで、戦争にかかわらない文学が書かれ続けることを肯定し、その場所を守ろうとしていた。その区分けの根拠となり、戦争をめぐる饒舌を禁止する言説上の根拠として持ち出されたのが、直接的な戦場体験の当事者性という問題だった。戦場に赴く人々のざわめき立つような沈黙を時代に対する従容さと読みかえて、厳かにその態度を言挙げすればするほど、自らは戦場にいないのに戦争を語ろうとする人々の軽薄さを際立たせることができるだろう。なるほど、経験してもいないことをむやみに語るべきでないというのは、それなりに有益な処世訓ではある。だが、いま小林秀雄の目の前には、地域の同人誌作家だったとはいえ、文学の場から応召し、自ら銃を執り手榴弾を投げて、戦場の当事者となった人間がいる。一人の下士官として戦場の暴力を生きた文学者があらわれてしまったのである。

言うまでもなく、火野葦平その人のことである。

3 それぞれの戦場

鶴島正男が翻刻した火野葦平の従軍手帖（「杭州1」）によれば、火野が小林の来訪を知ったのは、芥川賞授与式が行なわれた一九三八年三月二七日朝のことだった(16)。

小林秀雄氏に中隊本部にて会ふ。新聞記者などたくさん来てゐる。十時半より授与式。小林、挨拶する。一寸、面くらつたらしく、ふるえとる。こつちも挨拶。賞品をくれる。終る。

金はおいて来たといふ。二階に上り、ビールのむ。よい男なり。いろいろ、東京のこと、文学のこと、文壇のこと、など話す。昼頃、出て、家にかへり、「糞尿譚」を小林にやる。小林の宿舎に行き、報道部の自動車にて、拱宸橋《こうしんきょう》に行く。山崎少尉を誘つてゆく。人力車にてかへる。酔つぱらひ、さかんに文学の話をする。「君は傑作を書くよ」と小林いふ。ほんとか。〔……〕六時といふ約束だつたので、もう、皆、相当に酩酊してゐる。大同旅館の女二人来ている。あんまり面白くないので、二人で出て、支那Pのところに、上りこみ、ごそごそしてゐたら、小林居なくなつてしまつた。かへる。

小林の予言を半信半疑で聞いた火野の表情が目に見えるようだが、この「支那P」は中国人の〈慰安婦〉と見て間違いない。『出版警察報』一一二号（一九三八年四―六月分）は、「蘇州ニ設ケラレタル慰安所ト称スル軍関係ノ淫売所ヲ露骨ニ紹介」したかどで削除処分とした小林「蘇州」の問題箇所を摘記しているが、その中に「杭州では火野伍長から切符を分て貰つて登楼した」という一節がある。おそらくこの時のことだろう。小林は明確に書いていないが、この後二人は上海でもう一度顔を合わせている。星加輝光が発見した『上海日報』の記事（一九三八年四月九日）によれば、「僕は今書きたい欲求で一杯

図 7-4　杭州での小林秀雄と火野葦平。
上は『新潮日本文学アルバム　小林秀雄』（新潮社、1986 年）、
下は『昭和文学全集　第 13 巻』（小学館、1989 年）より。

だ、この従軍中に千枚位書きたいと思う」と意気軒昂な火野に向かって、小林は「君はこの際あせることはない。しっかりしたものを書き給え」「量よりは質を選べ」とたしなめていたという。[17] だが、興味深いことに、小林のエッセイに登場する「火野葦平」は、この新聞記事が描くそれとはだいぶ異なっている。

昼から火野君とN上等兵と、白鹿の一升壜と看日の丸巻といふ昆布巻の缶詰など買つて支那人の船を雇つて湖水廻りをする。水は何処までも浅く、縁側の手摺の上から覗き込んだのと同じ色合ひをして同じ様な藻の動くのが見える。水深がないからいつも鏡の様なのだと火野君は言ふ。さうかも知れぬ。夜は枕頭に川波の音のやうなものさへ響かない。電燈を消すと満天の星が湖の中で光る。幽かに蛙の声が聞え、時々鯉の跳ねる大きな音がする許りだ。船頭が櫂を水のなかへ差し込んでこんなに浅いといふ様子をしてみせる。櫂の先きから灰色の泥がキラ〳〵光つて落ちる。湖水の底は皆灰ぢや、三千年来の周りの寺の灰と言ふがの、と火野君が言ふ。大袈裟の事を言ひやがる、と笑つたが、湖心から眺め渡した駘蕩たる風景は、いかにも三千年夢の間といふ感が深い。島の名も山の名も、寺の名も、聞く気にも覚える気にもなれぬ。みんな集つて光を浴び、たゞ春闌といふ一語を作つてゐる様だ。

（小林秀雄「杭州」）

未明の上海で、ひとり「真ッ暗な廃墟の様な街に、自分の靴音だけが、大きな音を立てる」と不穏な空気を漂わせて始まる「杭州」は、中国での「僕」＝小林の寄る辺ない浮遊感と現実感の稀薄さとが印象的なテクストである。平服姿を見とがめたのだろう知り合いの記者から「バンドの付いたカーキ色の服とおもちやの様な軍帽」を譲り受けた小林は、自らの腕章が示す「従軍記者」という肩書きを引き受け切れないまま、簡素な授与式を終えたあと、杭州の名勝・西湖に「火野君」たちと船を浮かべる。「鏡」のような水面はどこから空なのか定め難い様子で満天の星空を映し出し、蛙の声が遠くに響き、ときおり鯉の跳ねる音が聞こえてくる。「キラ〳〵光つて落ちる」湖底の灰は、「三千年」の悠久の時間と結びつけられることで、時間と空間の軸が曖昧に融けていく。「たゞ春闌といふ一語を作つてゐる様」な、夢うつつの情景が織り上げられたあと、おもむろに「火野君」は、いかにもたごた

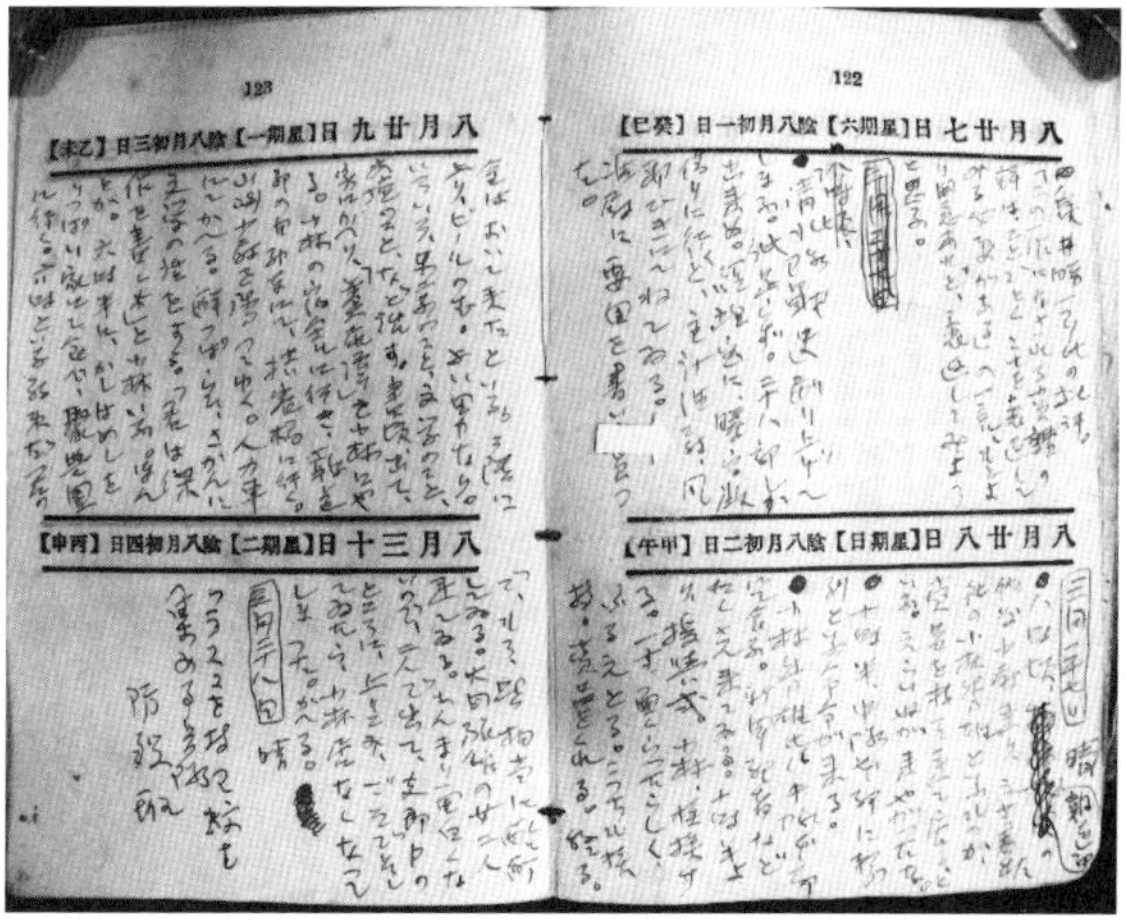

図 7-5　火野葦平従軍手帳「杭州（1）Ⅳ」（北九州市立文学館所蔵）。
右ページ下段からはじまる部分で、
芥川賞陣中授与式当日（1938 年 3 月 27 日）の様子が記されている。

ごしく、身体に刻みつけられた記憶から言葉を少しずつ絞り出すかのように、戦場での体験を語り出す。そのうち、初出『文藝春秋』版以降削除された捕虜殺害をめぐるエピソードが、火野自身が敗戦後に『土と兵隊』に加筆した内容とほぼ一致することは、山城むつみが指摘した通りである[18]。

だが、むしろわたしが注目したいのは、並立の意を持つ格助詞を使って「火野君も戦争の事はあまり話したくないらしい」とした小林が火野の発話として書き留めた次の言葉である。「わしは当分何も書かんぞ。戦争をした者には戦争がよくわからんものだ」。そして、初対面の印象を「情熱的な眼付きをした沈着な男」と表現された「火野君」が、あたかも日本軍人の代表＝象徴であるかのように表象されている点である。

副田賢二は、日中戦争期の言説の場では、軍隊組織に所属した者（副田は彼らを「属軍者」と呼ぶ）とそうではない者（「従軍者」）とが差異化されており、戦場との距離を強調する「従軍者」の言説が「属軍者」の発話を欲望し権威化する構造があると論じた[19]。日中戦争にかんする小林秀雄の議論が、「戦争」を個人の戦場体験のみに還元するものだったことはすでに述べたが、軍人だから、戦闘の当事者だから、「戦争がよくわか」るわけではない。それは別に軍隊における火野葦平＝玉井勝則の階級や、作戦行動における所属部隊の位置づけという問題ではない。結局のところ人間を組織にとってのコマとしか見ない近代軍隊において、個々の戦場体験は、つねに局所化された限定的なものでしかないからである。しかも、描き出された「火野葦平」の寡黙さは、戦場における暴力の究極の当事者が死者に他ならないことを、読む者に強く印象づける。このような表象が配置されることで、生き残った者の戦場体験の語りは、二重の意味で周縁化されて位置づけられるのである。戦場での兵士としての身体のありようを語る「火野君」が、いかにも質朴で抑制的な人間と造型された点も重要だ。なぜなら、先の論理に従えば、戦場体験の語りは決して饒舌であってはならず、死者に対するある種の倫理性を感取させるものでなければならないからである。小林の現地報告テクストに登場する軍人ではない日本人たちの頽廃的な姿は、そうしたイメージをより際立たせることになるだろう。

以上のような論理を組み上げて、小林は、決して戦場の中心には迫れない存在として、戦地ではあるが後方でもない、とはいえ直接の戦場というわけでもない曖昧な場所を、徹底して描いていった。しばしば誤解されるが、彼は怠惰な従軍記者ではまったくない。そもそも出発前から小林は、自ら司会を務めた座談会で、北支から戻った岸田国士が「僕は、日本人がごんなに勇敢に戦ひ、正義の旗印をかゝげても、ちよつとしたやり方で、支那民衆の感情を踏みにぢるやうなことがないかどうか？　それをはらはらしながら見て通つた」とためらいがちに語っていたことを聞いていた（「支那を語る」『文学界』一九三八年一月）。また、これはまったくの偶然だが、小林が上海に入った一九三八年三月二四日は、上海の中国語紙『大美晩報』に「生きてゐる兵隊」の中国語版抄訳「未死的兵」が連載されている最中だった。この時期の『大美晩報』には、小林が目にしたという「日軍空前受重創」という見出しこそ見つけることができないが、三月二十六日付の紙面には山東省臨沂での、三月三〇日以降は同じく台児荘での中国軍勝利を伝える見出しが踊っていた。状況証拠から推断すれば、まず間違いなく小林は「未死的兵」の存在を知っていたはずである。小林が火野に芥川賞を授与した翌日の三月二八日には、南京に新たな傀儡政権である「中華民国維新政府」（梁鴻志行政院長）が誕生、かつての国民政府大礼堂で形ばかりの成立式典が催されていた。こうして見れば、従軍記者としての小林秀雄が、中日双方が展開する宣伝戦の最前線に立ち会ってしまっていたことは明らかだろう。

加えて、「杭州より南京」には、「南京の所謂難民区という特別の区画」が存在したことへの言及がある。これは、ドイツ人ジョン・ラーベが代表を務めた南京安全区国際委員会を指すと見て間違いない。疑いなく小林は、南京での一連の出来事についても聞き知っている。なればこそ彼は、南京市街の徹底した破壊と人心の荒廃ぶりとを気にせずにはいられない。同じように市街戦の舞台となった上海と比べても、「人々の眼差しの相違は心に滲みた」と書いた小林は、いったい何を感取したのか。小林秀雄よりも少し後、「昭和十三年の夏」に南京を訪れたという法学者の瀧川政次郎は、のちの回想で、「南京市民の日本人に対する恐怖の念は、半歳を経た当時においても尚冷めやらず、南京の婦女子は私がやさしく話しかけても返事もせずに逃げかくれした」「私を乗せて走る洋車夫が語つたところによると、現在南京市内にゐる姑娘で日本軍の暴行を受けなかつた者はひとりもないといふ」と書いた[20]。これより以前、南京虐殺の「地獄図」（瀧川政次郎）をめぐる恐怖と憎悪と傷痕とが街に生々しく残る中、「車夫に裏街の狭い道ばかり歩かせてみたり、腕章をとつて車夫と一緒に汚い茶房で茶を飲んだ」りする行為にはそれなりの覚悟が必要だったと思うが、そこまでして小林は、南京の人々の「眼付き」を心に焼き付けているのだ。そして彼は、討伐に行った先で逆に「敗残兵」と誤認されるほど見すぼらしい格好の日本軍兵士の姿を点綴し少なくとも杭州と蘇州の二箇所で、日本軍慰安所を実見している。

帰国後の小林が、それ以前とは打って変わって文学者の積極的な戦地派遣を提唱するのは、こうした言説実践を踏まえてのことである。「支那より還りて」で小林は、「政府当局者は、何故文学者の渡支について積極的な援助を惜しんでゐるのだらうか」「観察に

図 7-6 『大美晩報』1938 年 3 月 26 日付け 1 面。
中国軍の勝利を伝える見出しが並ぶ。

も文章にも熟達した一流文学者を続々とたゞぶらりと支那にやつてみるがよい」と書き記す。確かに「ぶらりと行つてぶらりと還つて来た文学者達は、別に新説を吐かないかも知れない」。だが、文学者たちは「日本人として今日の危機に関する生々しい感覚」だけは体得してくる。それはやがて「彼等の書くもの」に必ずあらわれ、「国民」にも感得されるだろう、と言うのである。

まず確認すべきは、こう書く小林において、従軍前の〈文学（者）の領分〉にかかわる主張がすっかり消えていることである。小林は、戦地から戻った文学者が戦争のことを書くとは限らないとしているが、べつにそれを禁じているわけでもない。これは明確な態度の変更である。しかも彼は、おそらくは上海での宣伝戦の現場に立ち会った自らの経験を踏まえ、文学者の派遣が、文学者自身の「積極的な思想統制」につながる、と主張する。文学者を「日本人」「国民」と一体化させることで、文学者による戦争／戦場の表現を解禁しつつ「統制」しようとしているのだ。さらに言えば、小林の議論は、戦場の当事者の語りにも一定の制約を課すものでもある。先に見た「杭州」の「火野君」の姿を思い出そう。戦場が「異常」であることは自明である。だが、たとえそうだとしても、語りにおいて戦場での狼狽や恐慌、興奮や戦慄、自己崩壊の瞬間等々が直截に表現されるべきではない。軍人はあくまで冷静で胆力ある存在であるべきだからである。戦場の「ご強い」雰囲気の中でいともたやすく怪物化する人間を描いてしまった石川達三とは違って、小林は、そのような理性的で落ちついた軍人たちの姿の方に、「人間らしい」という形容句を節合させていく（「軍人の話」『東京朝日新聞』一九三八年七月一〇日）。「支那より還りて」での小林の提言は、ほとんどのちの〈従軍ペン部隊〉計画を予告しているとも見える。べつにわたしは、〈ペン部隊〉の発案者が小林だと言いたいわけではない。本書第二章で確認したように、文学者の戦地派遣として帰結した企ては、このときすでに、小林周辺を含む複数の方面から提示されていた。むしろわたしが重要と思うのは、小林の提出した発想や表象が、戦場の〈異常さ〉を強調する表現を制約し、禁止し、ことさらに日本軍人の冷静さと理性的なありようを人々の脳裏に刻みつけようとした当時の軍や情報当局の方針と、基本的に一致していたということなのだ。

見られるように、従軍を終えた小林は、戦場の当事者性の絶対化という論点を維持しつつ、「火野葦平」の存在を強烈に意識して、戦争と文学言説の関係にかかわる自説の修整を行なった。「火野君」の次のテクストを待ち受ける小林秀雄が作り上げていたのは、このような論理の枠組みだったのである。

4　友情の効用

一九三八年八月一五日、小林秀雄は、上海の中支軍報道部にいた火野葦平宛てに手紙を書いた。『麦と兵隊』掲載をめぐる文藝春秋社側とのトラブルにかかわるものである。

発端は、火野の最初の従軍記『麦と兵隊』が、『文藝春秋』ではなく『改造』に掲げられたことである。このときの火野には発表媒体を選ぶ権利はなかったが、それを知らない菊池寛は、「僕は、貴下の第一作が、他誌に出るなどとは、如何なる事情ありとも、起り得ることとは信じ得ないのだ」「戦場に在る貴下を煩はしてすまないが、此方の面目の悪さも少しは考へて貰ひたいと思ふ」と難詰する手紙を送り付けた。[21] いかにも菊池らしい直情さだが、面倒なことにこの件は、『都新聞』「大波小波」欄でのゴシップとなってしまっていた。曰く、芥川賞受賞決定以後火野の代理人役を務めていた中山省三郎が『文藝春秋』に冷遇されたので、かねてから火野の著作を熱望していた『改造』にお鉢がまわったと噂されている、と（水鳥足太郎「「麦と兵隊」問題　作家対雑誌の関係」一九三八年八月五日）。この手のゴシップの多くがそうであるように、この記事もすべてが根も葉もない捏造ではないからやっかいなのだが、[22]『都新聞』の紙上には、一日おいて「文藝春秋同人」を名乗る匿名の反駁が載り（「「麦と兵隊」問題について」一九三八年八月七日）、火野本人も、私信を公開するかたちでの弁明を余儀なくされた（「「麦と兵隊」のこと」一九三八年八月一二日）。この直後に火野は、その時点では彼にとって唯一の有力な文壇の知人だった小林秀雄に、菊池への取りなしを頼んだようなのだ。

　こじれにこじれた事態に困じ果てていただろう火野の申し出に対し、小林秀雄はじつに懇切に対応している。上海でやきもきしていた火野が、「文壇はうるさい処だよ。併しちやんとしてゐる人はちやんとしてゐるのだ」とか、「こちらの事なぞ気にしないで大いに書いてくれ給へ」という小林の字を目にして、どれだけ安心したことか。[23] 二日後の消印がある書簡で小林は、火野からの手紙を受け取った直後に菊池と久米正雄に事情を説明する手紙を書いたこと、「雑誌の商売上君の原稿をごう扱ふかは又別問題」なのだから、「今書いてゐる戦記」はとにかく文藝春秋の佐佐木茂索宛てに送るべきことを書き送っている。軍との了解がどのように取れたかはまだわかっていないが、この戦記は、やがて『土と兵隊』として世に出ることになる(24)。

だが、火野葦平が小林秀雄を頼りにしたのは、こうした人間関係レベルのことだけではたぶんない。というのも、『麦と兵隊』以下の〈兵隊三部作〉には、小林のテクストに対する応答と覚しき記述が見え隠れしているのである。たとえば、『麦と兵隊』の前書きの一節である。

私は今度の支那事変に昨年○月○日光輝ある動員を受けて出征し、十一月五日、杭州湾北沙から敵前上陸をしましたが、その時、我々の生命を狙ふ弾丸の中を初めて潜つてから、爾来、相当の激戦の中に置かれ幾度となく生死の巷に曝されながら、不思議にも幸ひ一命を全うしてきて、今も尚、光輝ある戦場に身を置いてゐるものであります。私は戦場の最中にあつて言語に絶する修練に曝されつつ、此の壮大なる戦争の想念の中で、なんにもわからず、盲目のごとくになり、例えば私がこれを文学として取り上げる時期が来ましたとしましても、それは逈か先の時間のことで、何時か再び故国の土を踏むを得て、戦場を去つた後に、初めて静かに一切を回顧し、整理してみるのでなければ、今、私は、この偉大なる現実について何事も語るべき適切な言葉を持たないのであります。私は、戦争について語るべき真実の言葉を見出すといふことは、私の一生の仕事とすべき価値あることだと信じ、色々な意味で、今は戦争については何事も語りたくはないと思つてゐたのです。

誰が、どんな立場から、どのように戦争を書くのか。『麦と兵隊』と題されたテクスト全体の枠組みと語りのスタンスについて言及したこの部分に、いかにも小林的な語彙が散りばめられていることを見逃すべきではない。火野は『麦と兵隊』は「もとより小説では」なく、「地味で平板で退屈な従軍日記」だとした。「この戦争について語るべき真実の言葉」はすぐには見出せないだろうから、自己の体験を「文学」化するのは「遥か先の時間のこと」だと書いた。こうした構えは、「作家達は、自分の経験を時間をかけて発酵させる言はばめいめいの深海を抱いてゐる」のだから、この「事変」がすぐに「文学的表現」を獲得することはない、戦争に対する感想と違って「戦争文学が現れるのは、世人が戦争を忘れかゝつた時まで待たねばならぬ」とした小林の過去の発言（「文芸時評　深海に棲む作家」）と明らかに通じている。また、火野が戦場体験を「言語を絶する修練」と表現したことにも注意しよう。戦場体験の核心を表象不可能なものと意味づけたうえで、凄惨な現実それ自体に曝されることの重要さを訴えるこの言いまわしは、本章でも紹介したエッセイに掲げられた次の小林の発言と酷似している。

今日の戦争は昔の戦争と異つて、その動機なり目的なり複雑になり、文化的色彩が強くなつて来た事は確だが、言語を絶した人間の異常な営みである事に変りはない。

戦争文学を書く為に戦争に行く人はない。併し傑れた戦争文学は、戦争に行つた人でなければ出来た例しはなし、将来もさうであるより他はない、といふ簡単な事実を忘れて了つた様な顔で、文学者が戦争について喋る事はよくないのである。

（「戦争と文学者」）

僕はたゞ今度の戦争が、日本の資本主義の受ける試煉であるとともに、日本国民全体の受ける試煉である事を率直に認め、認めた以上遅疑なく試煉を身に受けるのが正しいと考へるのだ。この試煉を回避しようとする所謂敗戦主義思想を僕は信じない。極言すれば、そんなものは思想とさへ言へないのだ。科学から意匠だけを失敬して来た感傷的な政策論に過ぎない。俺は審判者である、貴様の国家は、歴史的に遅れてゐるから、人類の理想の為にもう一つの国家に敗けろ、などといふ事では子供の喧嘩の仲裁すら難しからう。

（「戦争について」）

前者の一節は、この章の前半でも紹介した。後者が、〈帝国主義戦争から革命へ〉という議論を意識して語られたものであることは明らかだ。しかし、ここで注目すべきは、火野葦平がこうしたキーワードを小林の文脈から引き抜いて、自らのテクストを位置づける枠組みへと〈翻訳〉し、転用してみせたことだろう。しかも『麦と兵隊』の語り手「私」は、「杭州」で小林が描出した「火野葦平」のキャラクターを逸脱していない。これから戦争文学をごんごん書いてやると意欲をあらわにする野心家の「火野葦平」ではなく、質朴で、決して雄弁ではないけれど、自らの生命が危ぶまれるような瞬間でもあくまで平静さを失わず対処できる、歴戦の「兵隊」としての「火野葦平」というイメージの方が選び取られているのだ。これ見よがしの修辞や比喩を排し、情景描写にも多くの文字を費やさない淡々とした語りもまた、そのような「私」＝「火野葦平」の印象を裏切ることはない。

『麦と兵隊』の火野は、自分の戦場体験は決して特別なものではない、とも書いた。そもそも「戦場では特別な経験などといふものはありはしない。取り立てて云ふほどのことはなにもない」。戦場はいづこも同様であり、「兵隊」たちは、来る日も来る日もそれぞれの場所で死線を越えている。「苦労といふやうな生やさしい言葉では尽されないひとつの状態が、最初は兵隊の上を蔽ひ、次の瞬間には兵隊がその上を乗り超えた」。このような言いまわしは、小林秀雄の「戦といふものを最も沈着に健康に人間らしく理解してゐるものはぎりぎりの所戦を体験してゐる軍人である、軍人だけである、と痛感した」（「軍人の話」）という発言と酷似している。ここで小林が示唆した〈戦場の人間性〉

という矛盾をはらんだキーワードは、火野の〈兵隊三部作〉を貫く重要な主題となるだろう。思い出してみよう。『麦と兵隊』の有名なラストシーンは、「抗日」姿勢を捨てない中国軍の「敗残兵」を処刑しているだろう場面で、「私は悪魔になつてはゐなかつた」と「安堵」する「私」を描いたものではなかったか。そのようなテクストを小林は、「戦争の体験が人間をどの様に鍛錬するかが手にとる様に分る」といちはやく言祝ぎ（「麦と兵隊」『東京朝日新聞』一九三八年八月四日）、「戦争という異常時」にあっても「変らぬ人間性」を定着してみせた、と称賛していくのである（「現代日本の表現力」『東京朝日新聞』一九三八年一二月一〇日―一二日）。一九三九年にも小林は、火野が戦場でも「極めて当り前な顔をして健全に行為してゐる」人間の姿を造型したことを評価する発言を行なっている（「事変と文学」『新女苑』一九三九年七月）。第五章で詳しく確認したように、まさしく〈戦場の人間性〉というテーマを火野なりに追究した『花と兵隊』を含めて考えれば、小林の言葉と火野のテクストとの間に、無視できない照応が指摘できることは明らかだろう。

もちろんわたしは、小林秀雄と火野葦平とが何らかの黙契を取り結んでいたとか、小林が火野のテクストを方向づけたなどと言いたいのではない。小林には小林の事情があったし、火野にも彼なりのコンテクストがあったことは自明である。火野について言えば、彼は杭州の占領部隊にいた時点から、どうにか日本語の文学言説にかかわる情報を集めようと腐心していた。若松の留守宅には、『文学会議』『文学界』『新潮』『中央公論』『改造』『キング』『文藝春秋』等の雑誌を送って欲しいと要望していたし[25]、やがて書くつもりだった戦記テクストの参考とするためだろう、「従軍手帖」には陳万里「支那側従軍記」(『改造臨時増刊』、一九三七年一一月)や、リリー・アベック「南京脱出記」(『文藝春秋』一九三八年二月)を読んだ形跡もある。だが、最前線でないとはいえ、いまだに散発的な抵抗が続いていた杭州で火野が、同時代の日本語の言説をどこまでフォローできていたかは疑問である。そんな火野にとって、芥川賞を携えてきた小林が、きわめて有力な情報源と映ったことは確実だ。火野葦平は、眼前にあらわれた批評家を、自作にとって決定的に重要な宛先と意識したはずである。それは新進作家なら誰もが持っただろう野心とも言えるし、東京文壇の中心ににじり寄るための彼なりの選択だったかも知れない。火野の〈兵隊三部作〉、とりわけ『麦と兵隊』は、軍や情報当局を含むさまざまな力の線が引き合う中で書かれたテクストとしてある。その際火野は、小林秀雄の語った言葉と彼のテクストを自分なりに受け止めながら、〈戦場を書く〉言葉と言説の場に送りとどけるスタンスを固めていったと考えてよい。その意味では、小林秀雄は兵隊作家「火野葦平」を生み出したプロデューサーの一人でもあった。

小林秀雄からしても、戦場の当事者としてあらわれた火野葦平という作家を、彼が紡ぐ言葉をどう受け止めるかは、批評家として決定的に重要な問いだったはずである。だから小林は戦地に向かい、火野と会い、話し、当時の東京文壇ではいまだ断片的にしか伝えられていなかった「火野君」の像を提供してみせたのだった。やがて一九三八年七月末、『改造』に『麦と兵隊』が掲げられ、ほぼ手放しで称賛されるベストセラーとなる。小林はそのテクストに、まちがいなく自分の言葉の反響を観取しただろう。その余韻も醒めやらない八月下旬にはいわゆる〈従軍ペン部隊〉計画が発表され、作家たちを派遣はするがすぐに何かを注文しようとは思わないと発言する軍や政府関係者の姿が、彼の見聞に届くことになっただろう。

　そこでわたしが思うのは、「事変」の始まりにあたって、「僕はたゞの人間だ。聖者でもなければ預言者でもない」（「戦争について」）と記した小林が、自らの見通しの的確さ・自らの言葉の通用性に少しでも酔うことはなかったか、ということだ。自分が書き留めた言葉、自分の口から語られた言葉があちこちで反復され、メディアのスローガンとして流通していく状況に、自分の思考と社会の動きとがまるで同調しているような全能感に身震いすることは、まったくなかったのだろうか。小林の聡明さを持ってしても、そうあってほしい人間や社会のありようを描き出すよりも、言説の場のヘゲモニーを誰が握るかをめぐって短期的な見通しの正しさのみを競い合うような、消費される知識人というポジションへの誘惑を感じることは、まったくなかったのだろうか。

　もちろん、小林秀雄へのこうした問いは、そのまま現在に跳ね返るものだ。新たな「事変」が起こったとき、日本語の言説の場で、作家や評論家たちは誰に向けて何を語り、何を訴えるのか。そして読者は、そんな作家や評論家たちの言葉をどう受け止めるか。今度は、われわれの側が問われることになる。

第八章

歴史に爪を立てる

金史良「郷愁」を読む

1　問題の所在

石川達三「生きてゐる兵隊」（『中央公論』一九三八年三月）には、失われてしまった本文がある。いわゆる朝鮮人の日本軍「慰安婦」にかんする記述である。

本書でも何度か触れたように、「生きてゐる兵隊」は、初出誌『中央公論』発売前日に発禁処分が通達され、日本の敗戦まで差し押さえを免れた雑誌以外では読めない作となった。敗戦後の一九四五年一〇月、河出書房「自由新書」から初めて単行本化する際、石川は以下のように記している。

　此の作品が原文のまゝで刊行される日があらうとは私は考えて居なかつた。筆禍を蒙つて以来、原稿は証拠書類として裁判所に押収せられ、今春の戦災で恐らくは裁判所と共に焼失してしまつたであらう。到るところに削除の赤インキの入つた紙屑のやうな初校刷を中央公論社から貰ひ受け、爾来七年半、深く筐底に秘してゐた。誰にも見せることのできない作品であつたが、作者としては忘れ難い生涯の記念であつた。(1)

つまり、敗戦後に流通した『生きてゐる兵隊』の本文（以下、戦後版と略す）は、「到るところに削除の赤インキの入つた紙屑のやうな初校刷」に依拠して作られた。「伏字復元版」を謳った現行の中公文庫版もこれを踏襲している。(2) だが、実際にはこの戦後版は、「原文のまゝ」刊行されたわけではない。原稿自体が彼の手もとになかったらしいことは差し引いて考える必要はある。ただし、青木信雄や牧義之は、一九四五年の石川が、主に中国の表象にかかわって、伏字箇所や削除部分の復元とは言いきれない改変を行なったことを指摘している。(3)

問題はそれだけではない。事件が司法レベルへと移行していく過程で、「生きてゐる兵隊」のテクストは、それぞれの部局担当者が重要とみなした箇所を中心に摘記されていた。本書第一章の内容を想起すれば、すぐに思いつくものだけでも三つある。まず、『出版警察報』第一一一号（一九三八年二月分）「内地出版物取締状況」の「生きてゐる兵隊」処分にかんする記述。第二に、一九三八年三月に石川達三らを取り調べた警視庁検閲係清水文二警部が作成した『「生きてゐる兵隊」事件　警視庁警部清水文二　意見書聴取書』。(4) そして第三に、同年八月三一日付けの東京区裁判所での一審判決文。これらに加え、上海の中国語紙『大美晩報』での抄訳版を加えることもできるだろう。すなわち「生きてゐる兵隊」とは、切り出され書き写されるたびに新たな意味を受け取りながら流通したテクストに他ならないのだが、その中の一つ、清水文二による「意見書」に、現在読むことができる戦後版の本文に存在しない文が書き抜かれていたのである。

それは第九章、一九三七年一二月一七日の「南京入城式」以後の日本軍部隊と、占領の暴力の前に怯えきった南京の市民たちとが描かれる中で、インテリ出身兵士と農民出身兵士の典型として造型された近藤一等兵と笠原伍長が、南京市内に新設された「南部慰安所」に出かける場面のことである。清水が石川の自筆原稿から直接書き写したのだろう以下の部分のうち、戦後版本文には、傍点を付した一文が存在しない(5)。

> 彼等は窓口で切符を買ひ長い列の間に入つて待つた
> 一人が鉄格子の間から出て来る《（マヽ）》次の一人を入れる　出て来た男はバン

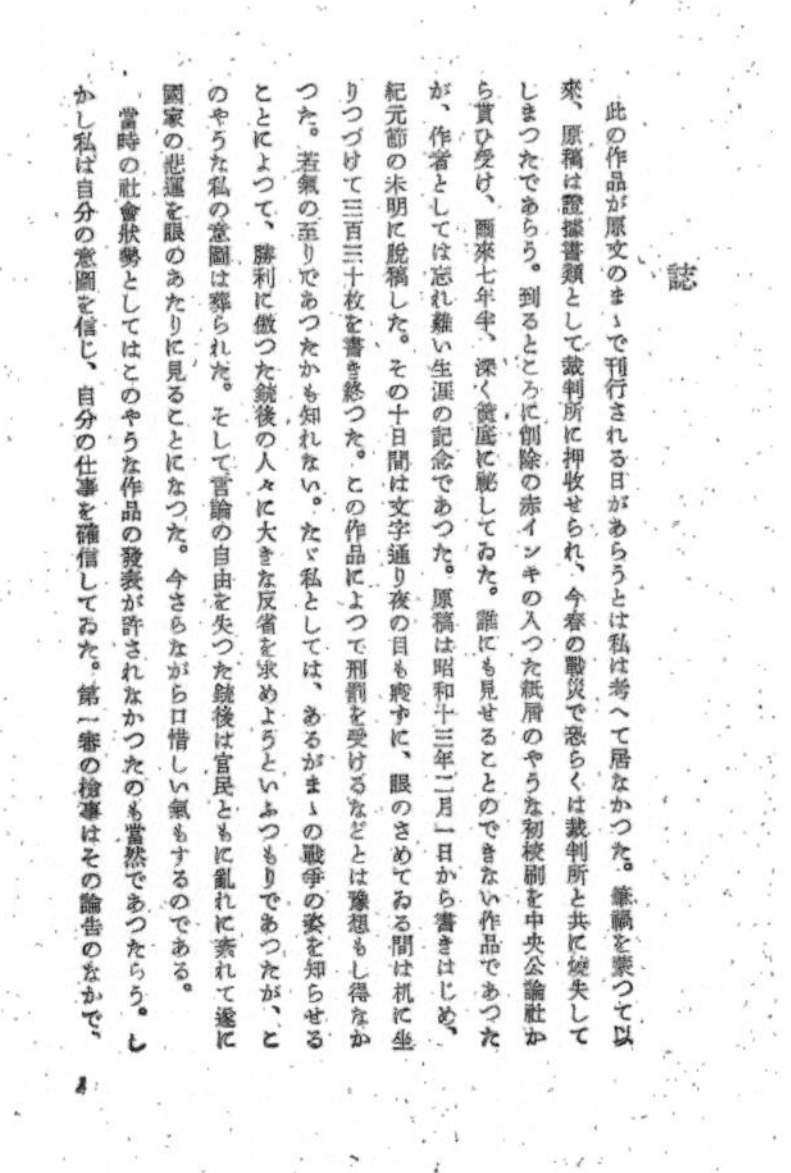

誌

此の作品が原文のまゝで刊行される日があらうとは私は考へて居なかつた。筆禍を蒙つて以來、原稿は證據書類として裁判所に押收せられ、今春の戰災で恐らくは裁判所と共に燒失してしまつたであらう。到るところに削除の赤インキの入つた紙屑のやうな初校刷を中央公論社から貰ひ受け、爾來七年半、深く篋底に藏してゐた。誰にも見せることのできない作品であつたが、作者としては忘れ難い生涯の記念であつた。原稿は昭和十三年二月一日から書きはじめ、紀元節の未明に脱稿した。その十日間は文字通り夜の目も寢ずに、眼のさめてゐる間は机に坐りつづけて三百三十枚を書き終つた。この作品によつて刑罰を受けるなどとは豫想もし得なかつた。若氣の至りであつたかも知れない。たゞ私としては、あるがまゝの戰爭の姿を知らせることによつて、勝利に傲つた銃後の人々に大きな反省を求めようといふつもりであつたが、このやうな私の意圖は葬られた。そして言論の自由を失つた銃後は官民ともに亂れに紊れて遂に國家の悲運を眼のあたりに見ることになつた。今さらながら口惜しい氣もするのである。

當時の社會狀勢としてはこのやうな作品の發表が許されなかつたのも當然であつたらう。しかし私は自分の意圖を信じ、自分の仕事を確信してゐた。第一審の檢事はその論告のなかで、

図 8-1　石川達三『生きてゐる兵隊』（河出書房，1945 年）の「誌」。石川の立場から、刊行の経緯が記されている。

ドを締め直しながら行列に向つてにやりと笑ひ肩を振りふり帰つて行く
それが慰安された表情であつた
露路（ママ）を入ると両側に五六軒の小さな家が並んでゐてそこに一人づゝ女がゐる女は支那姑娘であつた断髪（ママ）に頬紅をつけて彼女はこのときに当つてもなほ化粧をする心の余裕をもつてゐたのである　そして言葉も分らない素性も知れない敵国の軍人に対して三十分間のお相手をするのだ
彼女等の身の安全を守るために鉄格子の入口に憲兵が銃剣をつけて立つてゐた
〔……〕
将校の為には別に慰安所が設けられて朝鮮の同胞が行つてゐるといふ噂であつた

（原稿　一八五―一八七頁　参照）

これに先だってテクストには、「歩兵一等兵深間内三郎は十二月二十二日付を以て上等兵を命ぜられました」と上官に申告する兵士が登場する。また、引用部の少し後で章が改まり、次の第一〇章は「年末が来て、正月が来た」と書き起こされる。よって物語現在はその間の時間と推定できるわけだが、この時点で南京市内の「慰安所」に、じっさいに朝鮮人の女性がいたのか、現時点では掴めていない。第九章の別の場所で「日本軍人の為に南京市内二個所に慰安所が開かれた。彼等壮健なしかも無聊に苦しむ肉体の慾情を慰めるのである」ともあるが、「南部慰安所」がどこを指すかもわからない。(6) 吉見義明の調査によれば、一九三七年一二月一一日に中支那方面軍（当時）から隷下の上海派遣軍に「慰安所」設置について指示が出され、年末から年明けにかけての時点で開設、少なくとも史料の上では、一九三八年一月七日には朝鮮人の「慰安婦」が南京に到着していたことが確認できる。(7) つとに川田文子も指摘したように、南京の金陵女子文理学院で難民の保護にあたっていたミニー・ヴォートリンの日記には、一九三七年一二月二四日の出来事として、日本軍の「高級軍事顧問」が「兵士が利用するための正規の認可慰安所」を設立するために、難民から「売春婦一〇〇人を選別させてもらいたい」と申し入れ、女性たちを「物色」していった、という記述がある。(8) だから、「生きてゐる兵隊」に書き込まれた文字が、実際の経緯と整合的かどうかは微妙な問題をはらむ。

とはいえ、「生きてゐる兵隊」が、日中戦争初期の日本軍「慰安所」と兵士たちのありようを伝える貴重なテクストであることは揺るがない。一九三八年一月八日に南京に入り、約一週間にわたって日本軍兵士へのインタビューと取材を続けた石川が、一連の出来事をすぐ近くで観察し、兵士たちの生々しい声を聞ける場所にいたことは疑えない。取り調べを担当した清水が、先の引用について「国民道徳ニ対シ並ニ出征将兵ノ心境ニ対シ疑惑ノ念ヲ生ゼシメ且ツ銃後ノ家族ニ不安ノ念ヲ感ゼシムル等人心ヲ惑乱スル造言ヲ為シタリ」と指弾したことも、戦争遂行権力側の受け止めを考える重要な資料だと言える。そもそも「慰安所」にかかわる言述自体が「国民道徳」に悖り「人心ヲ惑乱」する「造言」と判断されているからだ。

しかし、それにしても疑問が残る。問題の一文は、なぜ〈戦後版〉で復元されなかったのだろうか。石川の手もとにはこの調書も確かにあったはずなので、敗戦後の彼があえてこの一文を削除した／元に戻さなかった可能性は否定できない。あるいは、敗戦直後の占領軍による検閲を意識した自主規制だったのかも知れない。(9) しかし、いまの段階では安易な臆断は避けておこうと思う。むしろここでわたしが強調したいのは、この「生きてゐる兵隊」をめぐるエピソードこそ、日中戦争期の〈内地〉日本語メディアにおける朝鮮人表象の位置を考えるうえですぐれて象徴的な事例である、ということだ。中国大陸での戦争の現場に立ち会っていた朝鮮人たちが、一度は書き込まれながらも、いつのまにか消えていく。あるいは、意図的に消去されていく。まちがいなくそこにいたはずの朝鮮人たちの姿が、いつのまにかテクストの上では後景に追いやられ、日本語の言説の場から忘却されていく。本当に胸が悪くなることに、その忘却は、二一世紀の現在においてもまちがいなく継続してしまっている。

本章では、以上の問題意識にもとづき、日中戦争期の〈内地〉日本語メディアにおける朝鮮人表象と、金史良の日本語小説「郷愁」（『文藝春秋』一九四一年六月）が差し向けた言葉とのかかわりについて検討する。従来このテクストは、日中戦争期の〈内鮮一体〉政策が進行する中で、「朝鮮」「朝鮮人」のアイデンティティをいかに確保するか、という問いを担った作として評価されてきた。小田実は、帝国の戦争が進行する「この今」を生き抜くために、日本軍特務機関のエージェントへと〈転向〉した元独立運動家の言葉にはらまれた「否定しがたい力」に着目した。[10] 金碩熙は、話者による語りと登場人物に内的焦点化する語りのズレに着目、「歴史―文化―言語という民族的要素を通して」「民族的アイデンティティーを死守」することが目論まれたのではないか、と論じている。[11] 一方、「郷愁」の生成過程を仔細に検討した郭炯徳は、金史良自身の北京体験（彼は一九三九年三月から約一カ月間、北京に滞在している）とその表現を確認したうえで、『旧約聖書』の「エレミヤ記」を随所に参照するこのテクストが、朝鮮民族を「エクソダス中のシオン（イスラエル）の民」に擬えているのではないか、という興味深い議論を展開している。[12] 宮崎靖士は、一九三九年以降の金史良の日本語小説を総体として取り上げる中で、「郷愁」を含む企てが、「朝鮮」「朝鮮人」を「「日本語」というシステムや「日本語」による表象の蓄積によっては表象しきれない領域にあるもの」として提示する高度に戦略的なものだった、と指摘している。[13]

だが、この凝縮されたテクストが重要なのは、いわゆるアイデンティティ・ポリティクスにかかる理論的な問題に触れているだけではないとわたしは思う。どの言語で書くのかというだけでなく、どのメディアに書くかにもすぐれて自覚的だった金史良の言葉は、彼が目がけた同時代の言説の場とのかかわりにおいてはじめて、その批評性を引き出すことが可能になる。そこでわたしは、まず第一に、日中戦争期の〈内地〉日本語メディアが、戦争に参加した・戦場の朝鮮人たちをどのように表象していたかを問うてみようと思う。確かにそこにいたはずの朝鮮人たちを、〈内地〉のメディアはどのように語り、語らなかったのか。そのうえで、日本語しか解さないだろう〈内地〉の読者に向けて、金史良がいかなる物語と表象とを突きつけたのかについて考えたい。

なお、のちにも言及するが、「郷愁」の本文には初出『文藝春秋』と初版（作品集『故郷』甲鳥書林、一九四二年）との間で、いくつか無視できない異同がある。だが、ここでは、金史良のメディア意識と同時代言説とのかかわりをより具体的に検証するため、原則として初出本文を議論の対象とする。

2 帝国の総力戦

一九三七年七月以降の戦争は、字義通りの意味で大日本帝国にとっての国家総力戦としてあった。だから、どの分野・領域であっても、この時期の歴史を書きたいのなら、日本列島の内側の動向と情勢を追うだけでは明らかに不十分である。さらに言えば、日本の中心で構想・計画されたシステムが、当時の植民地や日本軍による支配地・占領地に移出された、という段階性を前提とした理解も適切ではない。よく知られるように、第一次世界大戦以後、陸軍のエリート軍人や国家官僚の一部が総力戦を前提とした社会システムの検討を始めていくが、庵逧由香の語を借りれば、日本の「総動員体制」は「構想の段階から朝鮮・台湾などの植民地がその不可欠の構成要素とみなされていた」[14]。ただし、満洲国を含む帝国のシステムを総体として「総力戦体制」に転化するためには、中国大陸での戦争遂行それ自体を政治的な資源としなければならなかった。まさしくマッチポンプ状態としか言いようがないのだけれど、日本の戦争遂行権力は、思いがけず大陸の内奥部にまで拡大してしまった戦線を長期にわたって維持するためにも、いよいよ動員体制のプランを本格的に具体化し、運用していく必要性に迫られることにもなった。言い換えれば、紙の上でだけでなく、帝国域内のヒトとモノとを強力に統制し、再配置し、資源として有効に〈活用〉することが喫緊の課題となったのだった。

とりもなおさずそれは、大日本帝国の領土の三二%、人口の二二%を占めた植民地期の朝鮮に突きつけられた要請に他ならなかった[15]。いくつかの先行研究をもとに、日中戦争期・アジア太平洋戦争期の朝鮮における戦時動員について概括しておこう。

つとに朝鮮総督南次郎によって「大陸兵站基地」と位置づけられていた朝鮮は、日中戦争の拡大・長期化に伴って、満洲を含む「大陸での日本軍の活動を支援するために」「産業基盤を提供するとともに、日本からの物資を中継する」（趙景達[16]）以上の役割を求められることになる。すなわち、コメを中心とする食糧の供給、軍需産業を下支えする自然資源の開発と供給に加え、戦場に動員された日本人たちの労働力を補填する人的資源の供給源としても再発見されたのである。一九三九年七月に閣議決定された「第一次労務動員計画」以降、炭坑・金属鉱山・土木事業を中心に、約七〇万人の朝鮮人が日本列島各地に送り込まれ、劣悪な条件下で苛酷な労働を強いられた。より直接的な戦場動員も企図された。一九三八年四月に朝鮮人を対象とする「陸軍特別志願兵」制度が実施され、一九四四年の徴兵制施行まで、累計で約八〇万名の青年が、アメ（志願兵やその家族に対する優遇策）とムチ（警察や末端官吏による強制）によって「志願」した／させられた。敗戦後の厚生省の調査によれば、徴兵や学徒動員も含め、日本軍に兵力として徴集ないし動員された朝鮮人は陸軍約一八・七万人、海軍約二一・二万人。軍属としても陸軍約七万人、海軍約八万人が動員された。[17] もちろん、就業詐欺や暴力的連行、人身売買等の手段によって徴集された、多くの日本軍「慰安婦」たちがいたことを忘れてはならない。

いわゆる〈皇民化〉政策は、朝鮮人たちを日本帝国の戦争体制に組み入れることを目的としたが、「陸軍特別志願兵」制度は、その中核的な政策として位置づけられた。興味深いのは、「志願兵」たちが受けた〈教育〉の内実である。宮田節子が詳しく検証したように、「志願兵」たちは、総督府の訓練所で過ごす半年間のうちに、軍事的な訓練以上に「日本精神を徹底的に涵養し、是等を更に生活の事実に具現」させることが要求された。[18] すなわち、入浴や食事、廊下の歩き方、入室退室の作法、果ては便所の使用法に至るまで、まるで生活習慣それ自体を一から作りかえるかのように、「日本の家庭生活における教養と躾」を体験させて、生活様式のすべてを日本化させることが目指されたのである。[19]「日本精神」とは、たんに「躾」や礼儀作法の謂に過ぎないのだろうか。「日本」に独自とされる高尚な思想は、外形的な所作や行為によってしか表現しえないのだろうか。

ただし、この歴史の事実を「日本精神」なるものの貧寒さや空疎さを裏書きするエピソードとしてのみ理解するべきではない。むしろわたしが重要と思うのは、日常の振舞いを含めた馴致と「日本精神」という記号とを節合しようとする強力なイデオロギーの方である。というのも、この発想を裏返せば、日本軍隊が用意した規律＝訓練の回路へと献身的に没入することで、自らの「日本精神」を証明しようとする姿勢・態度を生み出すからだ。金杭は、「靖国の論理」を「天皇のために喜んで命を捧げ、その精神を英霊顕彰を通して国体の礎にすること」だと定義したうえで、次のように書いた。朝鮮における「陸軍特別志願兵」制度の実施は「靖国の論理」を朝鮮に持ち込んだが、「内地において靖国の論理は「国民」精神の発揚として当然視された」のに比して、「朝鮮においては「国民」になるための実践的な回路として受け止められた[20]」。日中戦争期の日本人兵士が、戦場を自己発見・自己完成のための〈修行〉の場と捉える回路に生きていたことは第五章で述べた。それに対して朝鮮人兵士たちは、〈帝国軍人になる〉ために、つねに自らの死を前提とした決断と行為の連続の中で生きることを強いられたのである。

では、以上の歴史的背景を踏まえて、日中戦争期の〈内地〉日本語メディアにおける朝鮮人表象を検討してみたい。

実際に中国大陸の戦場・戦地には、相当数の朝鮮人たちが確かに存在していた。とくに目立つのは、日本軍の通訳として雇傭・使役されるケースである。一九世紀以降、日本の植民地支配による圧迫もあって、多くの朝鮮人たちが鴨緑江を渡り、満洲をはじめとする中国大陸北部に移住した。[21]そうした環境で生き抜くためだろう、満洲では「日本人と中国人の間にはさまれて通訳などをするのは、両方の言葉ができる朝鮮族が多かった」[22]。異国の地で戦う日本軍隊にとって、日本語と中国語の双方を解する言語能力を身につけた朝鮮人たちは、格好の動員対象と見なされたのである。[23]樋口雄一の紹介した資料によれば、一九三八年二月の朝鮮人陸軍特別志願兵制度の決定・公表に先立って、朝鮮総督府は、すでに五九八名の朝鮮人「軍属」が、日本軍の隷下に組み入れられていたことを掴んでいた。[24]ただし、この数字には、「軍夫」と呼ばれた部隊付きの雑役夫や、現地部隊が通訳等として臨時的に雇傭した人々は含まれない。いわゆる「慰安婦」として徴集された女性たちも入っていない。

にもかかわらず、日中戦争にかかる〈内地〉の言説の場で、朝鮮人たちの存在感は圧倒的に稀薄である。もちろん、おそらくは総督府のお手盛りだろうが、『文藝春秋』のような当時の有力雑誌に、開所間もない頃の朝鮮人陸軍特別志願兵訓練所を訪問・取材した記事が掲げられていた（嶋元勲「朝鮮人志願兵訓練所訪問」『文藝春秋臨時増刊』一九三八年八月）。いくつかの女性誌には、朝鮮の風物や情景、若い女性たちの生活に触れた記事も登場していた。一九三九年と一九四〇年に二号刊行された『モダン日本』が企図したような、文学・文化を含む「朝鮮の様々な姿を日本語で伝えようとした努力」もそれなりに始まっていた。(25) その『モダン日本』の取り組みが呼び水となって、〈内地〉の文壇では、「朝鮮ブーム」と称されたような関心が喚起されてもいた。

それでも、少なくとも一九三九年の時点では、京城帝大の教員たちが「朝鮮が兵站基地であるに拘らず、朝鮮が大体に於て見遁されてをる傾きがある」、「朝鮮」は日本列島と中国大陸とを接続する「廊下」としか見なされていない、と嘆かねばならなかったほど、〈内地〉メディアが「朝鮮」に費やす言葉は多くなかった(安倍能成、今村豊、大内武次他「「事変下の朝鮮を語る」座談会」『文藝春秋』一九三九年六月)。同じく一九三九年の林房雄の言を借りれば、〈内地〉の日本語メディアは、ほとんど「朝鮮を忘れてゐた」も同然なのだった(「新しき朝鮮」『大陸』一九三九年二月)。だからであろう、現在進行形で展開する中国の戦場で、朝鮮人たちが具体的には何をしていたか/させられていたかを具体的に伝える記事はなかなか見つからない。

もちろん、まったくゼロというわけではない。大日本雄弁会講談社から刊行されていた雑誌『現代』一九三八年一一月号に、坂西平八「涙ぐましい朝鮮同胞の赤誠——戦線より帰りて」という一文がある。陸軍少将の筆者は、北支那方面軍麾下の野戦重砲兵第一旅団長として従軍した自身の見聞をふり返りながら、「更に実戦場裡に於きましては、内地の人々の想像も及ばない程朝鮮の人々は活躍して居ります」「曰く通訳に、曰く宣撫班にと、我将兵の奮戦の陰に、如何に多くの朝鮮の人々の努力が為されてゐることでせう」と書きつける。自らの部隊に参加した朝鮮人男性通訳がいつも先頭に立って自転車で集落に入り、日本軍と中国人住民とのトラブルを未然に防いでいたこと。済南などの特務機関では、「支那の女など懐《なつ》ける」ために「朝鮮の娘を使つてゐる」こと。さらに「通訳、宣撫の方面に於ては全く朝鮮の人は天才的」だと持ちあげ、「特務機関の手足となつて働いてゐる女の人のみならず、その他すべての戦場に来てゐる朝鮮の女が、特に兵隊さんに好意を示してくれる」ことを「誠に心から嬉しく心強く感じてゐる次第です」とも述べている。読まれるようにこの文章は、「特務機関」での「宣撫」以外の役割で「朝鮮の女」たちが多く戦場近くに存在していたことの貴重な証言と言える。当時は火野葦平と並称された〈兵隊作家〉上田廣は、自分が所属した部隊の朝鮮人通訳「金太永」について、「私たちに協力してゐる、といふよりは、他国の言葉に不自由を感じないで済む、私たち自身の姿」のように見えた、と書きつけていた。上田はかなり早い段階で、前線の朝鮮人志願兵の姿も書きとめている。「どこか親しみのある、あどけない感じ」だが、「若干の聴きづらいアクセントが感じられる」彼とのぎこちないやりとりを記述したあと、不吉な予測を書き込まずにはいられない。彼は「困難な山岳討伐戦に次々に参加してゐる筈だから、或ひは尊い存在に変つてゐる」かも知れない、と（「前線と朝鮮の人」『戦場より帰りて』学藝社、一九四〇年）。だが、〈内地〉のメディアにあって、こうした文章は例外的である。

さらに調査を進めると、中国大陸の戦局が膠着する一九四〇年になると、『雄弁』『キング』『婦女界』といった媒体で、朝鮮人陸軍特別志願兵最初の金鵄勲章受章者として

〈名誉の戦死〉が喧伝された李仁錫の名を冠した記事を確認できる。新聞報道に目を転ずれば、大量に供給されていた戦場での〈美談〉の中に、現地の日本兵から「北支の女豹」と称されたという平壌出身の女性通訳（「弾雨下に可憐の男装　勇躍する〝北支の女豹〟」『東京朝日新聞』一九三七年八月二一日）が、「北支事変が収まるまで日本軍の先頭に立つてゆくんだ」と張り切って語っている様子や、海軍の最前線で唯一の「半島人」として奮闘する朝鮮人「割烹員」が家族に送った手紙など、いくつかのエピソードを見付けることはできる（「〝我も海の子〟江上艦隊に唯一人の半島青年」『読売新聞』一九三八年四月一五日）。だが、これらの話題は基本的に一過性のものでしかないいずれの挿話も、それなりの物語になりそうな細部を含んでいるとも思えるのだが、〈内地〉のメディアで小説や映画に取り上げられたり、他のエピソードを語る際に文脈として想起されたりすること

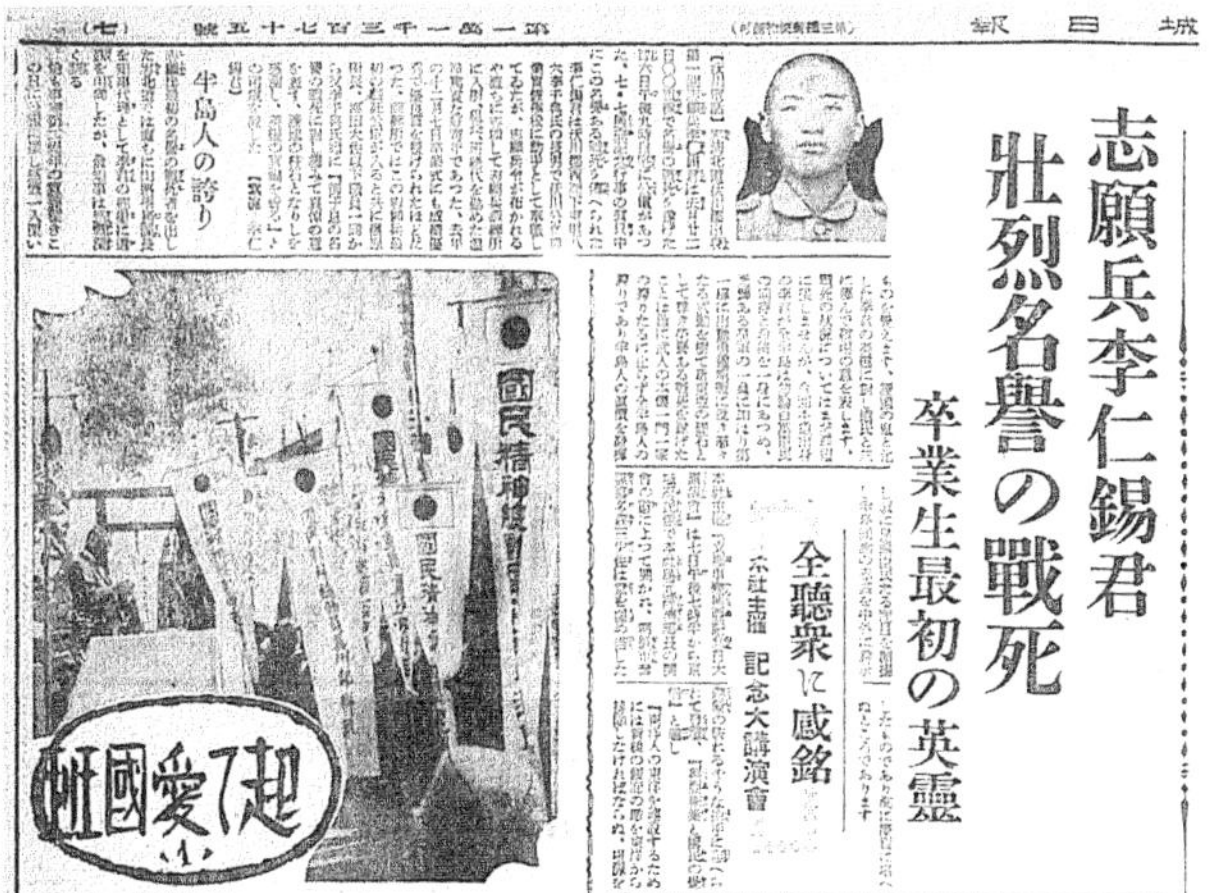

図 8-2　李仁錫上等兵の戦死を伝える新聞記事（『京城日報』1939 年 7 月 8 日）。

はない。こうした記事が掲げられた雑誌の格も重要だ。『キング』『婦女界』は部数こそ大きいけれど、決して世論形成を主導するような媒体ではなかった。『雄弁』『現代』はいわゆる総合雑誌に当たるが、この時期の中心的なメディアではまったくなかった。

こうした記事に登場する朝鮮人たちの描かれ方にも留意しておきたい。自分は戦争には行けないからと病身を顧みず出征遺族訪問や慰問袋発送などの「奉公」に出精していた忠清北道の老面長は、国旗掲揚塔の下で「日本帝国の大勝利」を祈念しながら「大往生」を遂げたという（和久正志「仰げ！　半島の愛国翁　国旗掲揚台の下に大往生」『キング』一九三九年五月）。工兵部隊の通訳として杭州湾上陸作戦・徐州作戦と激戦地を転戦した咸鏡南道出身の二四歳男性は、架橋工事の警備中に狙撃された際、力強く『君が代』を歌いながら絶命したと伝えられる（「半島出身の通訳　崔君の勇敢な働き」『東京朝日新聞』一九三八年一一月六日）。先にも触れた李仁錫が、お定まりのように「天皇陛下万歳」と絶叫して戦死したという語り（緑川亮介「半島の殊勲者　李仁錫上等兵」『雄弁』一九四〇年六月）と合わせ、彼ら彼女らは、ほぼ例外なく「愛国」の「赤誠」に「熱涙」を流す狂熱的な人物と造型されている。まるで戦争にかかわる朝鮮人たちは、その死の瞬間まで、熱烈な「愛国者」であることを行為遂行的に表現しつづけねばならないかのようだ。

だから、『雄弁』の記事が掲げた李仁錫の肖像写真（とされるもの）が、ほとんど個性を感じさせない平板な表情だったことは、すぐれて象徴的なことなのだ。戦争にかかわった、もしくは戦場の朝鮮人たちは、生命と引き換えに、もしくはその危機の瞬間を乗り越えてはじめて、ようやく〈内地〉の読者に紹介される資格を得る。彼ら彼女らは日本や日本軍に忠節を尽くし情熱的に献身し続ける、個性と背景とが剥奪された、類型的な〈愛国者〉としてしか登場を許されないのである。自分たちにとって都合のよいマイノリティの表象は徹底して利用され、搾取される。日本語でそれらの記事を読む日本人読者たちは、日本や日本軍に身を捧げたと表象された朝鮮人たちの死の物語を心地良く眺めやり、一瞬で消費していく。

3 親日と反日

二〇世紀の日本語言説の場を考える際には、何が、いかに語られたかという分析に加えて、言説の宛先を含む、メディアとの相関性に留意する必要がある。発行部数こそ多いものの基本的には保存されず読み捨てられるメディアがあり、『キング』や女性誌に比べれば部数こそ少ないけれど、高学歴層・知識層に大きな影響力を持った媒体がある。ある世代の読者や、趣味嗜好の持ち主たちをゆるやかな共同体へと組織・構成するメディアがあり、特定の分野・領域において、時々のトピックを確認し議論しあう土台の役割を担った媒体がある。これに階級性や地域性、ジェンダーやリテラシーという変数が加わり、さらに、あくまで相対的な差異に過ぎないとはいえ、政治的なスタンスの違いが加味される。とくに第一次世界大戦後以降においては、いくつかのジャンルに区分された雑誌メディア同士が、疑似的な対抗関係を演出しあいながら、わずかな差異を競い合う市場的な競争に明け暮れていた。その中で読者は、複数のメディアを横断的に受容し消費することによって、自らの〈趣味〉や〈思想〉を表現していた。

だから、言説の場は決して平板ではありえない。あるメディアの場では重要と見なされる情報が、別の場所では見向きもされないことはざらにある。逆に、影響力が大きいと評価されたメディアであればあるほど、何を、どの程度取り上げるかという焦点の当て方や関心の振り向け方自体が問題となるだろう。その伝で言えば、さきに紹介した李仁錫上等兵の戦死にかかわる報道は、日本語言説の場における力関係をかいま見ることができる格好の事例と言える。

たとえば、東京の読者は、よほど注意深くなければ、彼の戦死自体を知らなかったろう。第2節で紹介したいくつかの雑誌記事は、一九三九年六月二二日の彼の死の際にではなく、一九四〇年二月一〇日に発表された「殊勲乙」という褒賞のタイミングに合わせたものだった。『東京朝日新聞』紙上では、李仁錫の「功績」は、満洲での「協和工作」中に「匪賊」に襲われ非業の死を遂げた金東漢とともに、三段のベタ記事で紹介されただけである（「半島に不朽の名　李、金の両勇士」『東京朝日新聞』一九四〇年二月一〇日）。まちがいなく〈内地〉の日本語読者は、一九三九年七月八日に『京城日報』が第一報を伝えて以来（「志願兵李仁錫君　壮烈名誉の戦死」）、朝鮮で刊行されていた日本語新聞が連日彼の「壮挙」と〈美談〉を報じつづけていたことを知らない。[26]「朝鮮人青年を志願兵に動員するための宣伝材料に利用され」、「小学校の生徒でも彼の名を知っていた」ことを知らない。[27]ましてや、彼の戦死をめぐって、出身地の郡庁の「小使」が、李仁錫に〈志願〉を唆した郡守に宛てて「兵隊ニナレハ老ヒタル父母ト妻子ノ生活ニ心配ヵ要ラヌトノ口実ヲ以テ貧困ナル李君ヲ戦場ニ送リ強ヒテ戦死サセタ」「朝鮮ノ青年ヵ日本ノ為ニ戦死シタ。オ前ノ胸ヵ何故ソンナニ気持ヵ良イノカ」と抗議する「不穏文書」を書いて検挙されるという波紋を呼んでいたことなど、知る由もなかった。[28]

朝鮮軍報道部が製作、日夏英太郎＝許泳が演出を担当した映画『君と僕』は、大日向伝、小杉勇らの日本人俳優に加え、満映の李香蘭、朝鮮映画の文藝峰が出演した話題作だったが、この物語が、他ならぬ李仁錫を念頭に置いて作られたことを、どれほどの〈内地〉の観客が知悉していただろう。[29]金史良は、「郷愁」を掲げる約一年前、同じ『文藝春秋』に発表した「天馬」（一九四〇年六月号）で、「内鮮一体」政策が強権的に推進されていた朝鮮の文化界に生起した鬱々とした混乱を日本語で詳細に描いてみせていた。そこには、東京の文壇のつながりをひけらかすことで朝鮮での言論のヘゲモニーを握ろうとする植民地の日本人たちのありようが、確かに点綴されていた。同じ日本語メディアでも、〈内地〉の言説と植民地朝鮮のそれとの間には、圧倒的な非対称性が存在していた。

おそらく、〈内地〉で日本語しか読まない／読めない読者のほとんどは、中国大陸の戦場や戦地に朝鮮人たちがいたこと自体を、よく知らなかったのではあるまいか。かりに知識として知っていたにしても、彼ら彼女らがなぜそこにいて、実際にどんなことをしていたかを理解していたとは考えにくい。言説の量的な少なさは関心の欠如を意味していて、そのことは構造的な忘却へと直結する。この戦争にかかる近衛文麿の二番目の声明が提唱した「東亜新秩序」が、「日」「満」「支」という三つの記号の結合と融和を掲げていたことを想起してもよいだろう。ありていにいって、〈内地〉の日本語メディアを追うだけでは、植民地を含む国家総力戦の現実を意識することは難しかった。ましてや、何らかのかたちでこの戦争に参与することを強いられた／余儀なくされた朝鮮人たちの複雑な事情や屈折に思いを致すことなど、到底できるはずもなかった。

以上の傾向は、日中戦争期の〈内地〉で盛んに刊行された従軍報告や戦記テクストにも看取できる。わたしが確認できた事例を列記すれば、長谷川春子『北支蒙疆戦線』（暁書房、一九三九年）で、包頭に向かう軍人たちに同乗した長谷川の自動車を運転していたのが「半島人の青年」である。海軍三等兵曹・佐藤光貞の従軍記『海上封鎖』（六藝社、一九三九年）には、黄海付近の警戒に当たった際、芝罘《チーフー》の占領地で日本軍相手に商売を始めようとした「一人の半島人と二人の内地人」の姿が書き留められている。

李仁錫の受章発表に先だって京城放送局から放送された宣伝物語、吉村益郎「半島志願兵の戦死」（『婦女界』一九四〇年三月）も確認しておこう。このテクストで重要なことは、まるで見て来たように李仁錫の生い立ちや家族の様子、彼の内面を自在に語ってみせる語りが、彼の上官以外の日本兵の姿に一切言及しないことである。集団的な反抗・抗命を恐れた日本陸軍は、朝鮮人兵士を各部隊に分散配置するのが通例だったので、瀕死の李仁錫の傍らにいた「戦友」たちは、ほぼ間違いなく日本人兵士たちだったはずである。にもかかわらず、深傷を負った彼を勇気づける「戦友」たちは、いつしか同じ朝鮮人志願兵の「咸淳喆一等兵」になり、「郷里の肉親」のそれになり、「訓練所の海田大佐、森本、田中各教官」となって、次々に上書きされていく。まるで彼には、戦場での最も固い絆であるはずの「戦友」さえ奪われているかのようなのだ。

戦場・戦地を横切っていく朝鮮人女性たちの描写も確認しておこう。岩手県遠野出身で盛岡中学では石川啄木の同級生だったという本堂英吉『花咲く戦場』（教育社、一九四〇年）は、兵站部隊指揮官の立場で中支戦線を転戦した記録だが、そこには、武漢作戦時に「不思議な度胸を持つて、どこまでも軍隊の後に随いて行く」「必要已むを得ざる存在」としての「慰安隊の女」七〇人の大部分が「半島人」の女性たちだった、と述べた一節がある。井上友一郎『従軍日記』（竹村書房、一九三九年）は、武漢作戦時、最前線に向かう舟艇で、同乗した「半島人の若い女が五六人、片隅に小さくなつて猫のやうにかたまつてゐる」姿を書き留めている。しかし、いずれのテクストでも、女性たちはその姿を点綴されるだけで、口を開くことも、言葉を語ることも許されていない。一方、松村益二『一等兵戦死』（春秋社、一九三八年）には、上海の酒場で働く京城出身の女性が登場するが、彼女の口にした言葉は、「しばらく考へなければよくわからないやうなアクセントのことば」と形容され、「きみのことばは、なかなか、僕にはわからないよ」との一言の下に、切り捨てられてしまっている。

　その意味でたいへん興味深いのは、先にも名前を挙げた上田廣の代表作、『黄塵』（改造社、一九三八年）の一節である。上田自身を重ねていると思しき「私」は、日本軍部隊への同行を懇願し、中国軍部隊から襲撃を受けた際には「他国人と共に同胞に引き金を引かうとする」そぶりさえ見せる中国人・柳子超に、疑いの心を拭えない。少し長くなるが、そんな二人の対話の場面を確認しよう。


「そんなに残念なら仇うちしたらいゝぢやないか」

「仇うち？　つて、誰が私のかたきです」

　妙に落ちついてゐる相手に私はむかつくものを感じながらも、そのかたきが誰であらうかと考へざるを得なかつた。けれどもさきに柳が蒼い顔をあげた。

「……正直に言へば私たちはとても苦しいんです。私たちがかうしてゐられるのは日本兵のおかげぢやありませんか、それだのに私たちの財産や生命を奪ふのが自分の国の兵だと思ふとたまりません、私たちは、なにもかも自分の国の兵隊にとられてしまつたのです」

　私はしまひまでそれを聞かなかつた。

「自分の国があぶないつてときだぜ、喜んで出すのがあたり前ぢやないか」

「そりあまあ、さうかも知れません」と彼は再び水面を見やつた。「けれども上の方ぢやちつとも私たちの生活なんて考へてくれません、いつも自分勝手です。戦争でも何でも自分勝手です、そんな軍隊をどうして支持出来るでせうか」〔……〕

柳子超は静かに身体を起しながら、

「私はかう思つてゐるんです……いや、かういふことも言へるでせう、昔は戦争に負けても国が亡びるなんてことは容易になかつたやうです、その国民だつて同じです、ところが今の事情はまるで変つてるんぢやないでせうか、民衆も国と運命を共にしなければなりません、国が亡びればその国の民族だつて亡びてゆくんです……」

私はかへす言葉を失つた。くづれてゆく塔からの最初の音をきいたやうに思つたからである。私はふと、自分等の領土内にあつて為政者のよきはからいがあるにもかゝはらず、次第に細りゆくある民族の姿を思ひ浮べた。それがよけい私の口をふさいだのだ。

「私はもう腹をきめてゐるんです」相手はつゞけるのだつた。

「私たちは支那人であつてすでに支那人ぢやありません。生きてゆくためにはやむを得ないことなんです、うかうかしちやゐられないんです、亡びる国よりこれからどうするかゞ問題ですからね」

上田廣は、複数の作で執拗に、日本軍隊に使役されたり、日本軍隊の日常に〈協力〉

する中国人たちの内面に迫ろうとした。不意に口からついて出てしまった「かたき」の一語に思いがけず狼狽してしまう「私」のありようは、池田浩士によって「現地の民衆が日本人を見るまなざしを、いわば作品の視角として採り入れ、その視角によって浮かびあがる日本人自身を見つめなおそうとした」と評価された上田廣の、面目躍如とも言える場面ではある。(30) しかし、何と言っても重要なのは、いささか唐突に思い出される「自分等の領土内」の「細りゆくある民族」というイメージである。もちろん、この「民族」という記号にどんな意味内容を充当するかは、複数の解釈が可能である。しかし、ここで大切なのは、『黄塵』が、間違いなく前線に向かう「慰安婦」たちだろう「白粉の匂ひのする若い女」たちのことを、「日本服をきた○○婦人や着なれた洋装の支那婦人」と書き綴っていた事実である。この「○○」に入るのは、「半島」の二字だろう。とすれば『黄塵』には、おそらく朝鮮人たちの姿が一度は書き込まれながら、編集段階での自主規制によってテクストからその文字が消し去られたことになる。上田廣が金史良と同じ『文藝首都』の寄稿者であり、他にも朝鮮人を描いた作を多く発表していたことを思い起こしてもよい。

しかもこの記述は、なぜ〈内地〉の日本語メディアにおける戦争・戦場の語りに朝鮮人の居場所が見つけ難いかを、端的に示唆するものでもある。第五章でわたしは、日本にとっての日中戦争は、〈敵〉の顔をどう表象するかという点で根本的な困難を抱えていた、と指摘した。少なくともイデオロギーのうえでは「東亜永遠の安定」「東亜新秩序の建設」が戦争目的なのだから、中国の人々が総体として日本の〈敵〉であってはならない。だからこそ軍と情報当局は、戦場でどんな激戦が繰り広げられていても、中国の戦地でどんな蛮行が行なわれていたとしても、くり返し「帝国は此の東亜の禍根を一掃するために已むを得ず誤れる支那政権の頭上に涙の鉄拳を加へ、又かゝる政権を支援し東洋の平和を攪乱せんとする第三国の魔手を断ち、東亜の更生復興を図」らねばならない（陸軍省情報部『改訂版　輝く帰還兵のために』一九三九年）、「我が交戦の対象は英、米、仏、「ソ」連の煽動に躍りつゝある抗日政権及其の軍、匪であつて決して支那の良民ではない」（支那派遣軍総司令部『派遣軍将兵に告ぐ』一九四〇年）と訴え続けねばならなかった。

本来的には「良民」であるはずの中国の人々から、邪悪な思想を取り除き〈覚醒〉させねばならない。しかもそれは、彼ら彼女らの〈自覚〉として行なわれなければならない。自らの誤りを認め反省し、内面を作りかえる必要があるのはあくまで中国（の人々）の側なのだ。この論理の構図では、中国と日本との間でまっとうなコミュニケーションが成立する余地はない。コミュニケーションとは、失敗や挫折も含め、双方が変化の可能性に開かれることではじめて成り立つものであるからだ。

さらに、ここで言う「親日」には、〈お互いに気心が分かっていて、遠慮無くつきあえる状態〉という一般的な語義としての〈親しさ〉とは異なる、特別なニュアンスが付加されている。つまるところ「親日」とは、日本の側からすれば、相手の側が一方的に日本側の立場や主張を受け入れ、全面的に同意してくれる――自ら進んで内面を譲渡してくれる——都合のよい存在の謂に他ならない。「親日」とされた人々が、日本側の立場に批判を差し向けることは基本的に想定されていない。「親日」か、そうでなければ「反日」か。その中間はありえないのである。

このように考えるならば、すでに日本の内側に包摂したはずの人々の中にまつろわぬ他者がいることは、ひどく都合の悪いことになる。なぜ日本の戦争に挺身した朝鮮人たちが「親日家」ではなく「愛国者」と呼ばれるのか。それは、日中戦争の語りの論理では、朝鮮人たちはつねに、すでに〈われわれ〉の一員でなければならないからである。戦記テクストに登場する朝鮮人たちが、ほぼ例外なく「半島人」と名指されるのも同じ理由からである。郭炯徳によれば、「半島人」という呼称は、朝鮮総督府による「内鮮一体」政策が推進されていく中で、民族性を意識させる「朝鮮人」という表現を避け、朝鮮を大日本帝国の一地方として位置づけようとする意味合いを与えられたものなのだ。[31]

日中戦争期の戦争報道や戦記テクストで、ステレオタイプ化された以外の朝鮮人表象に出会うことはない。それは、法的制度的な検閲や言論統制だけでは説明のつかない問題だ。日本語の戦争プロパガンダにあって、朝鮮人たちは決して他者であってはならなかった。朝鮮人たちの声を書くことは、〈内地〉のメディアが大量に生産していた戦争の語りを揺るがすおそれをはらんでいた。だから、その声は抑圧される。[32]

4 金史良「郷愁」に響く声

金史良「郷愁」の李紘は、平壌で死の床に臥せる母親から、北京の姉に手渡すようにと三〇〇円の金を預かってきていた。それは、突然に彼の家を訪れた転向者の男がもたらした消息をきっかけに、「一目でもいいから娘夫婦に会ひたいものだと泣き咽んだ」病床の母親から、「この手で、この手で伽倻の手を強く握つてやつて頂戴」と手ずから渡されたものだった。それだけの金があれば、目標を失って「街外れの貧民のたまりの中」を彷徨っているという元独立運動指導者で義兄の尹長山や、夫のあとを追って家を出たものの、見ちがえるほどうらぶれ堕落してしまった姉・伽倻の生活を、ひとまず建て直すぐらいはできたかも知れない。しかし、北京到着後に李紘は、長山と伽倻の一人息子・尹蕪水が、「日本軍に通訳を志願」し山西省に従軍していること、かつての長山の部下で、「満洲や支那を跨にかけて、一時は半島人の間に勇名を轟かせた直接行動隊長」玉相烈が、現在は日本軍特務機関のために働いていることを聞かされる。のみならず李紘は、姉が貧しい中国人を相手に「人目を忍ぶ阿片密売」に手を染め、彼女自身も薬物依存の状態にあることを知ってしまった。そこで彼は持参した金を、骨董市で出会ってしまった「古い朝鮮の器」と交換してしまう。彼に向かって、「私達は心淋しい弱いものです」「私達はやはり優雅で純情で憂ひの多い半島の人達のものです。どうしてもさういふ心と目で温く見守つてくれるやうな人達のゐる郷里へ帰りたいのです」と切なげに呼びかけるそれらの「器」を大切に持ち帰ることで、異境の地で「苦しみ身悶える姉や義兄」をはじめとする、離郷した朝鮮人たちの思いを抱き取っていこうと考えたのだった——。

語り手が主に寄り添う李紘は、「東京A大学美学研究室」に在籍し、「朝鮮の過去の芸術遺産に対して強い愛情と研究慾」を抱きつつも、自らを「一人の完全な日本国民」だと自認する人物である。テクスト全体の構成としては、そんな彼が「今日のやうな東亜に黎明のさす建設的な時期」に、いまだ〈転向〉も再出発もできずにいる敗残の老革命家としての義兄と、そんな義兄に裏切られてしまった姉とを「再生」させよう、救い出そうとする大枠が作られている。李紘だけでなく、彼にとっては甥に当たるまだ二〇歳そこそこの尹燕水が日本軍の通訳として従軍しているという設定を持ち込むことで、「新しい時代」「新しい考え方」に生きる朝鮮人の若い世代と年長世代とが差異化されているように見えることも、そうした枠組みを補強している。

しかし、テクストの興味は明らかにそこにはない。転向と日本軍への協力という主題を隠れ蓑にしながら、「郷愁」は、「故郷の人を一等愛しそのためを思ふからこそ」の苦悶と苦難に生きた人々に、「自分の同族を愛し、それが幸福であることを願」いつづけて行動し挫折した人々の心に、寄り添おうとしている。確かにこのテクストは、同時代評を書いた河上徹太郎が「半島人の思想弾圧の不当」を訴えた作ではない、と懸命に否定しておかねばならなかったくらいには、ある種の不穏さを抱え込んでいたのである

（「小説の中の「私」」『文藝春秋』一九四一年八月）。

テクストに即して、少していねいに見ていこう。まず注目すべきは、人物としての李絃が、つねに半醒半睡の状態に置かれていることだ。平壌から「開通したばかりの北京直行列車」に乗り込んだあとも「自分の後を尾け」る「黒い影」に怯えていた李絃は、車中では十分に眠れずに、北京では突然の高熱に浮かされている。明らかにこれは、現実と幻想、意識と無意識の境界を曖昧にし、混濁させるための仕掛けである。「伽倻」という姉の名前と合わせ、楽器を想像させる名前が与えられているのは決して偶然ではない。いわば李絃の身体は、世代と時空を超えた朝鮮人たちの声を受け止め、増幅させていく〈器〉に他ならない。

ならば李絃は、誰の、どんな声をテクストに響かせるのか。「郷愁」は、ユダヤ的な〈離散〉を思わせる語彙を駆使しながら、「満洲国に来てゐる百数十万の同胞」や「数知れぬ程多い支那在住の同胞」の表象を象っている。また、満洲の「曠野」を「驀進」する「汽車の凄じい音」に、かつて「強大な力をもつて満洲を平定して、国境を長城線にまで延長して国威を四海に振つてゐた」「高句麗の兵士」たちの「吶喊の声」を重ね書きすることで、朝鮮人たちがその場所で歴史の主体としてあった過去を召喚してみせる。もちろんその直後に、返す刀で「明と結んだり、清に仕へたり、殊に日韓合併の直前には、親清、親露、親米、親日と転々として、高邁な政治の理想をもつたことが一時でもあるのだらうか」という「歴史の感傷」が書き込まれることで、あくまで失われた過去への追懐という一線を超え出ないように配慮はされている。それでも、このテクストの金史良が、時空を貫く想像の共同性を構成しようと企てていることは明らかだ。

例えば、金碩熙が正しく指摘したように、李紘が北京の骨董品で見出した朝鮮の陶磁器が、「人の抱擁と愛情を求めて」語りかけてくるという構図は、柳宗悦「朝鮮の友に贈る書」(『改造』一九二〇年六月)とまったく同様である。[33] 陶器や磁器が訴えかけるのが民族の愛と淋しさと苦悶の歴史であるという点も、こうした声を聞く身体が「どうして私の手をそれに触れずにいられやう」(「朝鮮の友に贈る書」)と突き動かされていく点も同様だ。しかし、そこに込められる思いの強度がまるで違う。

暗い中を一通り素見し廻つて出口へさしかからうとした。丁度そこへ残光の最後のまばゆいきらめきが降るやうにさして、出口の傍の置台の上にちらつと目に止つたものがある。彼は驚いて止り目を瞠つた。残光を浴びてちぢみ込むやう、まぶしく身慄ひするやうに見える小さな青磁を、矢庭に両手で掬ひ上げた。それはまがひもなく高麗のものであつた。内側の淡い沈み込むやうな水色をした空の中に象嵌で片々とした白雲が浮び、その間を四羽の鶴が翼を拡げて遙か彼方をさして飛んで行く雲鶴模様なのだ。耳をすましてゐると、興奮にむせる彼に向つて、そこから無数の魂の囁声が聞えて来るやうだつた。辺りはもうすつかり暗くなつてしまつた。暗闇の中で、お待ちしてゐました、私はどんなにお待ちしてゐたか知れませんとそれが云ふのだ。私はとても永い間、怖ろしくもあり窮屈でもあり、悲しくもありましたと、それは又囁くのだ。絃は感にたへかねた声で主人を呼び、その辺りを電池で照らしてくれるやうに云つた。これの他にも同じく苦しんでゐるものがあるやうに思はれたのだ。電池が妙に温かみのないきつい光で彼の前を照らした。果して宋代や明代の陶磁器の間から、二点ばかりが悲鳴のやうな声で囁き出した。私をお救ひ下さい、私も私もです。……あ――いいとも、いいとも彼は心の中に叫びながら、それらのものをも取り上げた。君達はやはり朝鮮のものだ、人の抱擁を愛情を求める朝鮮のものだ。それが君達の属性でもあるのだ。一つはまがひもない李朝の白磁に違ひなかつた。その光をひそめた憂ひのある浮かぬやうな色が、確かに李朝の人々の顔なのだ。もう一つは毀れた素焼だつた。黒褐色の素朴な形をして首のところが傷付いてゐて、実に苦しみの中にぢつと声をおしこらへてゐる。それが鉄のやうに固くて一度指先で叩くと、一種の悲痛な響きのこもつた音を出した。その音の中に、彼は死のやうな姉の呻き声を聞いた如く思つた。あゝ姉の救ひを求める声だぞ、助けを求める声だぞと彼は叫んだ。〔……〕ほんとに永い間この地にちぢくばつて呻いてゐた姉達を救ひ出したやうな極度の興奮と歓喜を覚えた。

「幾重もの夢や幻が折り重なつて」、夢うつつのあわいに彷徨う李絃に運命的な出会いが訪れるこの場面は、このテクストで最も緊張感の高まるシーンの一つである。熱にうかされて、「意識も神経も異常に弱められ」る中で李絃は、「無数の魂の囁声」を聞く。骨董品店の暗闇の中で、動こうにも動けない、帰りたくとも自分ひとりだけでは帰れないものたちが、彼自身に向かって呼びかけてくる声を聞く。彼が見つけ出したのが、高麗の青磁や李朝の白磁だけではなく、「黒褐色の素朴な形」の、「苦しみの中にぢつと声をおしこらへてゐる」ような「毀れた素焼」を含んでいたことに留意しよう。このテクストの事実は、あくまで抑圧され支配されてきた側、傷を負って生きて来た側の人々にまなざしを向けようとする決意をうかがわせる。

その証拠に「郷愁」には、決して分量こそ多くはないが、近代の歴史に翻弄された異なる世代の朝鮮人たちの生の軌跡を想像させる契機が、あちこちに書き置かれている。物語世界内の年代設定にはいささかの混乱が見られるが、まだ幼かった李絃の記憶に残された、「うす寒い或る日の午後、街や通りに不気味なことの持ち上つた光景」「基督教徒の母や姉も、いつの間にか群の中へ投じて行つた」出来事とは、まちがいなく一九一九年三月一日のそれだろう。(34) かつての高句麗の地の一部はやがて間島という名で呼ばれ始めるが、その場所こそ、朝鮮人独立運動家たちの重要な根拠地でもあった。「大正八年の三月事件以来亡命流浪の旅に入つた」という伽倻の夫・尹長山は、「西伯利亜、或は沿海州、北満、東満へと流れ歩きながら、移住同胞達の指導組織に当つてゐ」たという。それだけではない。かつては「わしらの行き方が半島人のために一番いいと考へ」、尹長山の「指導に死をもつて忠実でさへあればいいと思つ」ていたが、部下の妻に「愛情の過ちを犯した」長山に「思想上の破綻」を感じてしまったという玉相烈と、獄中で六年間「激しく移り変る時勢を凝視しながら」考え続けて「心を入れかへ」たという朴峻の二人の転向者。李絃と伽倻の母親は「進取的」キリスト者として永年「啓蒙運動」に従事した女性と描かれ、何より李絃当人が、かつては左翼思想に傾倒した経験の持ち主であることが示唆されていた。日本の権力に追われ流浪を重ねた両親を救うため、自ら日本軍通訳に志願したという蕪水をふくめ、それぞれが置かれた状況の中で、「自己相剋と懐疑苦悶」とをくり返しながら、「同胞」「同族」の幸福を願って、それぞれの選択を為してきた人物たちの姿が、確かに刻みこまれているのである。

けれども、日本の国家総力戦の時代を生き抜くことは、朝鮮人たちにとって、心ならざる決断や、屈曲に満ちた道行きを迫られ強いられることも意味していた。わけても「郷愁」が問題含みなのは、北京の朝鮮人たちの相貌を描き出す中で、日本占領下の北京における阿片問題を書き込んでしまった点にある。

黒羽清隆は、いくつかの留保をつけながらも、日中戦争を「もう一つのアヘン戦争」と呼んだ。「財政的・財源的には、アヘンは、日本軍と重慶政権の二者にとって、それぞれ利用され、けっして小さくはない「戦力」の一要素をなした」からである。[35] とくに、日本は満洲国を含む中国占領地経営の財源として、軍の機密費や各種謀略工作の秘密資金源として、組織的・政策的にアヘンを利用した。自らも大連でヘロイン製造に従事したという元南満州製薬KK社長の山内三郎は、陸軍の庇護を受けた日本人の麻薬業者が製造から仲卸しまでを受け持ち、直接末端の消費者に販路を持っていたのは——つまり、最もリスクの高い仕事を請け負っていたのが——主に朝鮮人たちだったと述べている。[36]自分の部屋に「白い薬包みの紙」と「安い両切煙草」とを大量に散乱させた「郷愁」の伽倻は、まぎれもなく薬物（ヘロイン）依存症であり、彼女が経営する北京外城のアヘン窟は、まさにその現場として設定されている。「たつた××銭」から始まって、結句「何拾円何百円分の血を吸ひ取つ」ている状況が描かれてしまっているのである。

それだけではない。作の最後で伽倻は、せめてそのぐらいはという思いからだろう、平壌に帰る弟に列車の切符を買い与えようとする。重要なのは、そんな彼女が手にした紙幣の中に「蒙疆券」が含まれていることだ。これは、一九三七年八月に東条英機率いる関東軍部隊が、陸軍中央の制止を振り切るかたちで開始した軍事行動の結果つくられた傀儡政権・蒙疆政権（蒙古連盟自治政府）の通貨と見て間違いない。[37]江口圭一によって、「全中国占領地の「アヘン来源」であり、「アヘンの主要供給者」であった」と総括された蒙疆政権の通貨である。[38]

以前から「中国屈指のアヘン産地」として知られた綏遠省地域を支配下に置いた蒙疆政権は、主要財源としてアヘンに注目した。一九三八年度の貿易統計では、総輸出額の四一％をアヘンが占めていたとされる。一九三九年九月には、のちの首相・大平正芳が経済課長（実質的な大蔵大臣に当たるポスト）に赴任、大平の在任時に蒙疆政権はアヘン関連政策を次々と実施、〈成果〉を挙げていた。[39]ふたたび江口圭一を引けば、歴史的な大凶作となった一九三九年度でも、蒙疆政権から北京に三〇万両、天津に一〇万両のアヘンが「配給」されている。興亜院を中心とした体制の整備が進み、作柄「良好」となった一九四〇年度には、北京に一二〇万両、天津に五二万両に及ぶアヘンが搬出され、巨利をもたらしていた[40]。つまり「郷愁」が発表された当時、蒙疆政権は日本のアヘン政策の中軸を担っていたのである。

後に触れるように、「郷愁」の物語現在は一九三八年である。蒙疆銀行券の発行開始は一九三七年一一月だから、いちおうの平仄は合っている。しかし、北京でアヘン窟に出入りする貧困層がこの紙幣を使っていたとは考えにくい。だからこれは、ある種の符牒と考えるべきではないか。日本占領下の中国大陸でいったい何が行なわれていたのか。黒羽清隆の痛切な語を借りれば、「「大東亜共栄圏」とは、一個の強烈な反語であり、反語以外のことばではありえない」という現実を示唆する符牒と読むべき

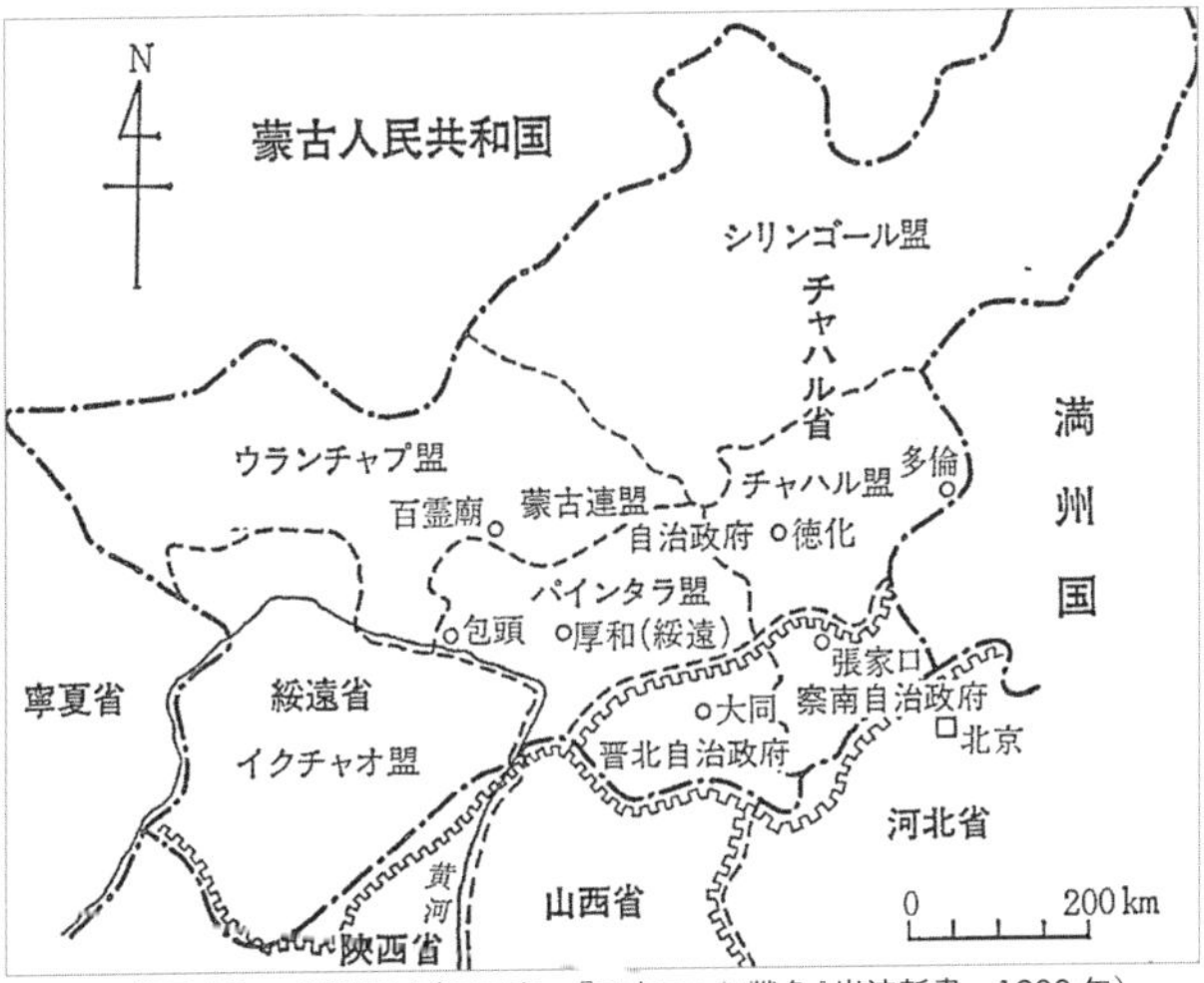

図 8-3　蒙疆政権の支配地域(江口圭一『日中アヘン戦争』岩波新書,1988 年)。

ではないか。

もちろん、こうしたアヘンをめぐる後ろ暗い戦争は、〈内地〉の日本語読者には厳格に秘されていた。盧溝橋事件の直前、一九三七年六月に開催された国際連盟阿片問題諮問委員会で、「北支那における日本官憲の麻酔物取締方針」が批判された際、日本政府代表は「日本が満洲国並に熱河地方において阿片密輸を黙許してゐると非難されたが、これは事実に相違し、余は断乎抗議せざるを得ぬ」と発言している（「我が代表抗議　熱河地方阿片の密輸非難に」『東京朝日新聞』一九三七年六月一四日、「阿片問題・我が大使館声明」『東京朝日新聞』一九三七年六月一三日）。それに先だって日本政府は「阿片密輸取引に対し十分な抑圧手段を講じて居る」と列国代表の前で「闡明」してもいた（「連盟阿片委員会」『東京朝日新聞』一九三七年六月一一日）。文学テクストのレベルで、日中戦争期のアヘンをめぐる表現が問題となった例もある。林語堂の『北京好日』*Moment in Peking*（一九三九年）は、一九〇〇年の北清事変から一九三八年の武漢戦までの時期を含み込んだ大河小説だが、一九四〇年中に抄訳を含めて三種類の異なる日本語訳が刊行されたことが知られている。[41] しかし崔海燕が詳細に検証したように、いずれの翻訳でも、「日本軍の暴行や日本の侵略」にかかる箇所は大幅に削除・改変がなされている。[42]『北京好日』第三部には、天津の税関で麻薬取締に従事する人物が登場する。佐藤亮一の翻訳『北京好日』（上下巻、芙容書店出版、一九九六年）で確認すると、「この偽冀東政権は、日本人や朝鮮人の密輸業者、麻薬業者、浪人などにとって天国であった」という記述や、別の人物が語った「北京には何千人って日本人や朝鮮人がいて、それが五人のうち四人までが麻薬売りなの。ところどころに『病院』というのがあって、やぶ医者がちょっと金を出せばコカインを注射してくれるの」（第三部第四一章）というセリフは、一九四〇年の訳ではすべてカットされている。おそらくは翻訳者か編集者かが、検閲当局の意向を慮って行った措置だろう。

こうして見れば、「郷愁」の描写がいかに問題含みであるかは明らかである。なるほど、日本軍人を目にした瞬間に「脱兎のやうに逃げて行く」伽倻を「軍官憲の目を逃れてゐねばならない阿片密売者」と名指したこのテクストは、アヘンをめぐる日本政府のタテマエを逸脱していない。日本軍の特務機関に出入りしている男は出て来るが、伽倻が麻薬がらみで日本人とかかわっていると書かれているわけでもない（というより、このテクストは、伽倻がどんなルートで麻薬を入手しているかを明かさない）。しかし、書き置かれた記号をひとつひとつ辿り行けば、「郷愁」が、同時代の〈内地〉日本語メディアには決して書かれなかった問題を、この戦争の〈闇〉の部分を、鋭く告発していることは疑えない。(43)

5 テクストという名の戦場

金史良「郷愁」は、〈いま・ここ〉で進行する戦争の中で朝鮮人たちが何をしているのか、なぜそこにいて・どうしてそんなことをしなければならなかったかを、朝鮮人に対する無知と無関心に貫かれた〈内地〉の言説の場に刻みつけようとしている。だから「郷愁」は、作の最後の一文で「一九三八年春五月も暮れ頃のことだつた」という物語現在を明記する。発表のタイミングから遡って三年前、一九三八年五月末といえば、ちょうど徐州作戦の直後にあたる。はじめ山西省の日本軍部隊に属したという尹蕪水も、徐州の戦線に転じた可能性は小さくない（玉相烈は、蕪水が「いま××戦線で異常な戦功をたてられてゐるさうです」と語っていた）。つまりこのテクストは、同時代にこれを手に取った読者の近過去に介入しようとしているのだ。

一見物語の本筋には関係ないように見える、朝鮮人「時計商」の言葉が書き込まれることも、おそらくは同じ理由からである。李紘が北京の「朝鮮旅館」で出会ったというこの「時計商」は、同宿者たちを前に、前線の兵隊相手の商売を続けてきたと語る。こうした商売人たちは、例えば『戦友に愬ふ』（軍事思想普及会、一九三九年）の火野葦平の言を借りれば、「大陸進出の名によつて、いかがはしい商売を不愉快な方法で始める人々」として、かなり早い段階から〈内地〉メディアでは批判の対象となっていた。しかし、上田廣も記したように、「軍の占領地域内に、その直後に潮の如くはいつてくる武器をもたない戦士の多くは、男も女も朝鮮の人たち」なのだった（「前線と朝鮮の人」）。日本軍占領地にいちはやく「品物や食料品を供給しに行く商人」たちの中に「俺達の仲間」がおり、「通訳や運転手を勤めたり、逃げ出した住民達を狩り集めて来たり」する人々の中にも「俺達の仲間」はいるのだった。「郷愁」は、〈内地〉の日本語メディアではほとんご語られることのなかった、語られたとしても画一的な表象しか許されなかった戦場の朝鮮人たちの顔立ちと言葉を、一九四一年の〈内地〉の読者の脳裏に、改めて書き込み直している。このテクストが、〈内地〉の雑誌メディアの中でも、とくに日中戦争報道に注力した『文藝春秋』に発表されていたことも見落としてはならない。

言うまでもなく、「郷愁」の言語戦略は相当に危うい。ともすれば、〈朝鮮人〉表象を集合的・一体的なものとして構成したうえで、彼ら彼女らが日本の総力戦にいかに〈貢献〉しているかを訴えるものと読まれかねないからである。

だが、「郷愁」の初出発表のタイミングは考慮に入れておくべきだろう。いわゆる「文壇新体制」を目指した運動は、文学者や文化人たちが、一九四〇年七月の第二次近衛文麿内閣誕生前後から急速な盛り上がりを見せた「新体制運動」に呼応する体裁を取りながら、文化統制に対する発言権をどうかして保持することを目指すものだった。しかし、大政翼賛会の発会時(一九四〇年一〇月)に文化部長に就任した岸田国士に「文化統制の防波堤」を期待したこの運動は、新体制運動の失速とともに尻すぼみに終わっていく。文学者や文化人たちが、国策としての戦争と距離を取りながら書き続ける場所を確保しようとする組織的な動きは、これが最後のものとなったのだった。そうしたコンテクストを踏まえれば、「郷愁」発表の段階で、〈われわれを認めよ〉という声を挙げるためには、〈内地〉の日本語メディアで通行する語りを一度は受けいれ、その語りの枠組み自体に干渉していくような戦略を練り上げる必要もあった。しかし、このテクストの金史良は、細心の注意を払いながら、そうした困難に立ち向かっていたのではあるまいか。注目したいのは、テクストの最後の場面である。

いくらも時間はなかつたので、彼は俥夫をせきたてゝあたふたと東車站に駈け付けた。十一時の汽車がもう後十分程して発つといふ際どい時だつた。それで出札口の方へ飛び付くやうに駈け寄つて行つたが、彼はその前の方で急に驚いて立ち止つた。丁度その出札口に腰を屈めて、支那服の伽倻がひとり切符を買つてゐたのだ。見れば、前の方に十銭や五銭位に相当の蒙疆券とか、法幣、満洲券、連銀券等の紙幣を堆高く重ねて出してゐる。彼は暫しその後で動かなかつた。この小銭たるやあの阿片小売《ショウバイ》からして、苦力や俥夫、巡警、浮浪人、乞食等から血と共に搾り取つたものに違ひないのだ。しかし彼は彼女にそれを拒むことは出来なかつた。切符を受取ると、姉と共に隼のやうにホームの方へ駈け込んで行つた。さうしてやつと最後の車輛へ乗り込むことが出来たが、それと同時に汽車は動き出した。姉は暗がりのひとところにぢつと立つたまゝ動かずに見送つてゐた。彼も車尾の階段に突つ立つたまゝ手も振らなかつた。そしていよ〳〵遠くなつて見えなくなるまで、焔のやうな目でお互ひの方を見守るのだつた。焔は相呼び、共に燃え一筋の光明をなさうとしてゐた。紘は五分間もさうして立つてゐたが、何かしらほのぼのとしたものを感じながら心の中に呟いた。

「俺はこの切符で帰る。俺の体内にもこの価だけの支那人の血がとけ込んでくれるのだ。かうして俺は立派な東亜の一人になる。さうだ、もう一度姉や義兄のために再びやつて来よう。今度は姉や義兄の番なのだ」

「郷愁」は、作中で対立しあう人物たちの安易な〈和解〉を認めない。このとき李絃は伽倻と「焔のやうな目」で互いを見つめ合いながら、結局は姉を連れて帰ることができず、玉相烈は、日本軍人と親しく言葉を交わし、伽倻に向かって「内地語」で「待ちなさい！　待ちなさい！」と叫んでしまった李絃のことを心から信用することができずにいる。北京滞在中に李絃は尹長山には会えなかったし、作中で最も対極的な選択を為した父子、尹長山と尹蕪水にはそもそも対話の機会さえ与えられない。

　では、北京から声の器を持ち出すことしかできなかった李絃は、最後に誰の傍らに立とうとしているのか。彼は、姉が中国の「苦力や俥夫、巡警、浮浪人、乞食等から血と共に搾り取つた」その金と引き換えに購った「この切符」で汽車に乗る。弾圧され流浪を余儀なくされ葛藤と対立を抱えて「黒い影」に脅かされ、不断に節を持するか屈するかを問われ続けた朝鮮人たちが犯している加害を、罪を引き受けることで、「立派な東亜の一人」になったと独言する。ここで言われる「東亜」が指すものが、当時の大日本帝国が呼号していたそれと異なっていることは明白である。戦争が中国大陸のみならず、東南アジアと太平洋全域に拡大して以後に刊行された一九四二年の単行本版では、李絃は「東亜の一人、世界の一人」になったとつぶやき直していくのだった。離散した朝鮮人たちの姿を、対立と屈折と屈託を抱えた複数の生として描き出しつつも、金史良は、間接的にせよこの戦争にかかわっていく朝鮮人たちが、決して無垢な存在ではありえないことも了知しているように見える。

日本語の小説で表現可能な領域が厳しく制約されていく中で、他者性とは言えないいまでも、簡単に包摂されない・同一化されない声の存在を、日本語言説の内側から刻みつけること。〈内地〉のメディアの無知と無関心、画一化された表象に敢然と抗いながら、朝鮮人たちの想像の共同性を、帝国の戦争とは同一化しえない遠心的なものとして書きつけること。朝鮮人たちは日本が戦う総力戦に対する心からの協力者などではなかった。「協力」と見えたものは構造的・歴史的な強制性の中で為された選択＝判断の結果だった。とはいえ、それでも戦争にかかわっていく以上、戦場の朝鮮人たちもその行為の責任から自由ではありえない。作中の玉相烈が語っていた、「亡命客の鉄の掟」を想起しよう。「阿片を売つて支那人の血を吸ひ取つてはならない」「半島人だけの幸福のためといふことではいけない」。抑圧される者が別の抑圧を生み、被害に苦しんできた者たちが加害者となる。しかし「郷愁」は、これ見よがしにそうした構造を指摘するだけでは終わらない。なぜそこにその一言が書き置かれているのか、なぜそのような人物を登場させる必要があったのかと問いを立て始めると、まるで細い糸をたぐり寄せるかのように朝鮮人たちの辿った近代史が引きだされてくる仕掛けが随所に施されたこのテクストは、こうした構造を作り、そこから利益を得ているのがほんとうはどこの誰なのか、確かに指し示している。

日本語作家としての金史良にとって、「郷愁」だけが特別なテクストではない。もうひとつ、一九四一年の年末に書かれた「親方コブセ」(『新潮』一九四二年一月)のアクチュアリティにも触れておきたい。身体的なハンディを抱えながらも三〇〇名の「土工」を率い、「怒つた時の三通りと、満足な時の三通りと、悲しい時の三通りと、それから寝る前のと、寝顔でのと、起きてからの各々一通り」という一二種類の「わらひ」を使い分けるという傑物「親方コブセ」なる人物を、ペーソスたっぷりに描いた短篇である。

友人「O君」に誘われて、「X市」における「わが朝鮮移住民達」の運動会を見に出かけた「私」を宴席に招き入れた親方コブセは、なぜ「けけけ、けけけけ」と「歯をむいて笑ひ」ながら「涙」を「ぽろぽろと零」しているのか。それは、彼の配下の二〇名が、「国策の線に沿つてこれから南進する」船に乗るからだ。ならば彼らはどこへ、何をしに行くのか。テクストは「南へ出稼ぎに行く」としか語っていない。だが、勘の働く読者ならすぐにピンと来る。まちがいなく彼らは、戦地に行くのである。

順を追って確認してみよう。作の冒頭で、「私がぢかに彼と合《マ》つ《マ》たのは、金鶏がまだ九銭から十銭になる直前」だったとあるので、物語現在は一九四一年一一月一日の臨時増税案にもとづくタバコの値上げ以前に設定されている。しかし、この記述は、検閲で問題になった場合を想定しての韜晦かカムフラージュだろう。安宇植の『評伝　金史良』によれば、このテクストは、一九四一年初旬の文学同人雑誌統合の結果、金史良と同じ『文藝首都』同人となっていた金達寿に誘われて、横須賀を訪れたときの見聞に取材したものだ。(44) 『金史良全集』第四巻（河出書房新社、一九七三年）に収録された金達寿との書簡のやりとりを追いかけると、金史良は、東京・芝浦の朝鮮人労働者たちをモチーフにした「虫」（『新潮』一九四一年七月号）に続く関心から、横須賀の港湾で働く「郷里の人達に会」うため（金達寿宛書簡、一九四一年一一月一五日付）、彼らの「運動会」を見学し、参加するため（同、一九四一年一一月一九日付）、おそらくは一一月二三日に横須賀を「案内」されている。だが、まさにその日付が問題となる。日本海軍が誇る軍港の一つだった横須賀では、ちょうどその直前の一九四一年一一月二〇日、海軍横須賀建築部で、第三・第四設営班が編制されているからだ。

陸軍のように工兵部隊を持たなかった海軍は、アジア太平洋戦争時の南方作戦をスムースに展開するために、軍港・前線根拠地・飛行場設営などを担当する部隊を設置する必要に迫られた。そこで、一九四一年一〇月から一一月にかけて、呉、佐世保、横須賀などの軍港地で、急ごしらえの設営部隊が作られた。「海軍技師を指揮官として、幹部に文官を配し、土工、鳶工、大工などにより編成された軍属部隊」である。(45) 『日本海軍史』の関連部分を繙くと、「作戦地域に設営隊やこれに準ずる集団を派遣するに当たって、軍属の身分の作業員を集める必要を生じた」が、人員確保の難しさから「労務者を徴用する状況になった」との記述もある。(46) ここから推せば、親方コブセが送り出した男たちは、いずれも航空基地建設を主要目的として、アンポン島（現在のインドネシア領）方面に派遣された第三設営班か、カリマンタン島のミリ、クチン（現在のマレーシア領）方面に派遣された第四設営班の一員となった朝鮮人労働者たちだったのではなかったか。金史良が、事前にこうした情報を掴んだうえで横須賀への取材に出かけていたとは思えない。おそらく彼は、「親方コブセ」のモデルとされる人物や、朝鮮人労働者たちとの接触から、いま何が起きつつあるかを推知したのではあるまいか。

「親方コブセ」の作中で南へ旅立つ男たちは、「わつしらの往くとこ」は「台湾ちうとかのずつと先かえ？」としか理解できていない。軍隊組織の一部である設営班なら、当然ながら、行き先を告げ知らされることはなかったろう。「そらずつと先だ。ずつと、ずつとだよ」「さうだな、ここから釜山まで位だ。或はもつとあるかも知んねえ」と応じていた親方コブセはどうなのか。一つだけ明らかなことは、彼が誰よりもこの別離を悲しんでいることだ。ごっさりとタバコを買いこんで、「倹約して吸ふんだぞ、ええか、船が永いんだからね」と言い含め、「お前達、マラリヤつて知つてるかえ？　あのキニネをのめば治る奴だ」「こつちのよりは全く性悪ださうだからね、注意するこつたぞ」と念を押し、靴下を買おうとする男を掴まえては、南方は「みんな裸足で、着物も要らねえ位のとこなんだよ」と教え諭す。いよいよ出発という間際には、目を「まるで兎のやう」に赤くしながら守衛の制止を振り切つて、たつた一本のタオルを一人の「土工」に届けようとする。まるで彼は、これが今生の別れとでも言うかのように、懸命な世話を焼き続けているのだ。

また、このテクストが発表されたタイミングも重要だ。初出誌『新潮』一九四二年一月号の奥付を見ると、「昭和十六年十二月二十二日」との記載がある。同号の編集後記には、一二月一六日に開催された日本出版文化協会雑誌分科会で「決戦体制下の雑誌編集」について話し合われたことが述べられている。つまり、この号は、日本時間一九四一年一二月八日のアジア太平洋戦争開戦を跨いで編集されていたのである。

もちろん、文学雑誌の編集スタッフが開戦の期日を知る由もない。目次を見ても、巻頭で中村武羅夫が「日・米英開戦と文学者の覚悟」という論文を掲げているのが目につく程度で、基本的にはそれ以前から用意されていた、従来の編集方針の延長線上であろう記事が並んでいる。創作欄では、いわゆる〈一二月八日もの〉としていちはやく書かれた太宰治「新郎」と、主人公の研吉が妻から「ラジオ聞きなさいよ、戦争が初まつ《ママ》たわよ」と呼びかけられる場面を含んだ火野葦平「朝」とに挟まれるように、「親方コブセ」が掲げられている。開戦当日から一月号の〆切日を逆算して考えれば、太宰と火野の作家的な機敏さにあらためて驚かされる。しかし、わたしがそれ以上に銘記したいのは、金史良が、開戦に先だってすでに戦地へと旅立っていた者たちがいたことを、そこに朝鮮人労働者たちもいたことをテクストに刻みつけていた事実である。[47]

日中戦争期の出征兵士の見送りは、のちに藤井忠俊が「赤紙の祭」と名付けたほどに盛大なものだった。[48]こうした見送りは、一度は機密保持を理由に禁止されたものの、アジア太平洋戦争開戦とともに復活していった、という研究もある。(49) 一方では勇ましい音曲と万歳三唱によって送り出される兵士たちがおり、他方では、まるで日常の一コマでもあるかのように、じゅうぶんな情報を与えられなかったために「造作ない別れ」しか許されないままで、戦地に出立した人々がいたということ。このあと続く〈一二月八日〉の高揚の中で大日本帝国の総力戦に動員されていた朝鮮人たちの相貌を、文学の歴史の中に書き残すこと。いつか誰かが読み抜いてくれるだろうことを信じて、そこに確かに生きた人間の証しを書き置くこと。わたしはここに、テクストがそれ自体として歴史の証言となる瞬間を見たいと思う。しつこく付言するが、樋口雄一の調査に拠れば、戦時下に日本軍に動員された朝鮮人たちのうち、「海軍軍属達の死亡者は徴兵された朝

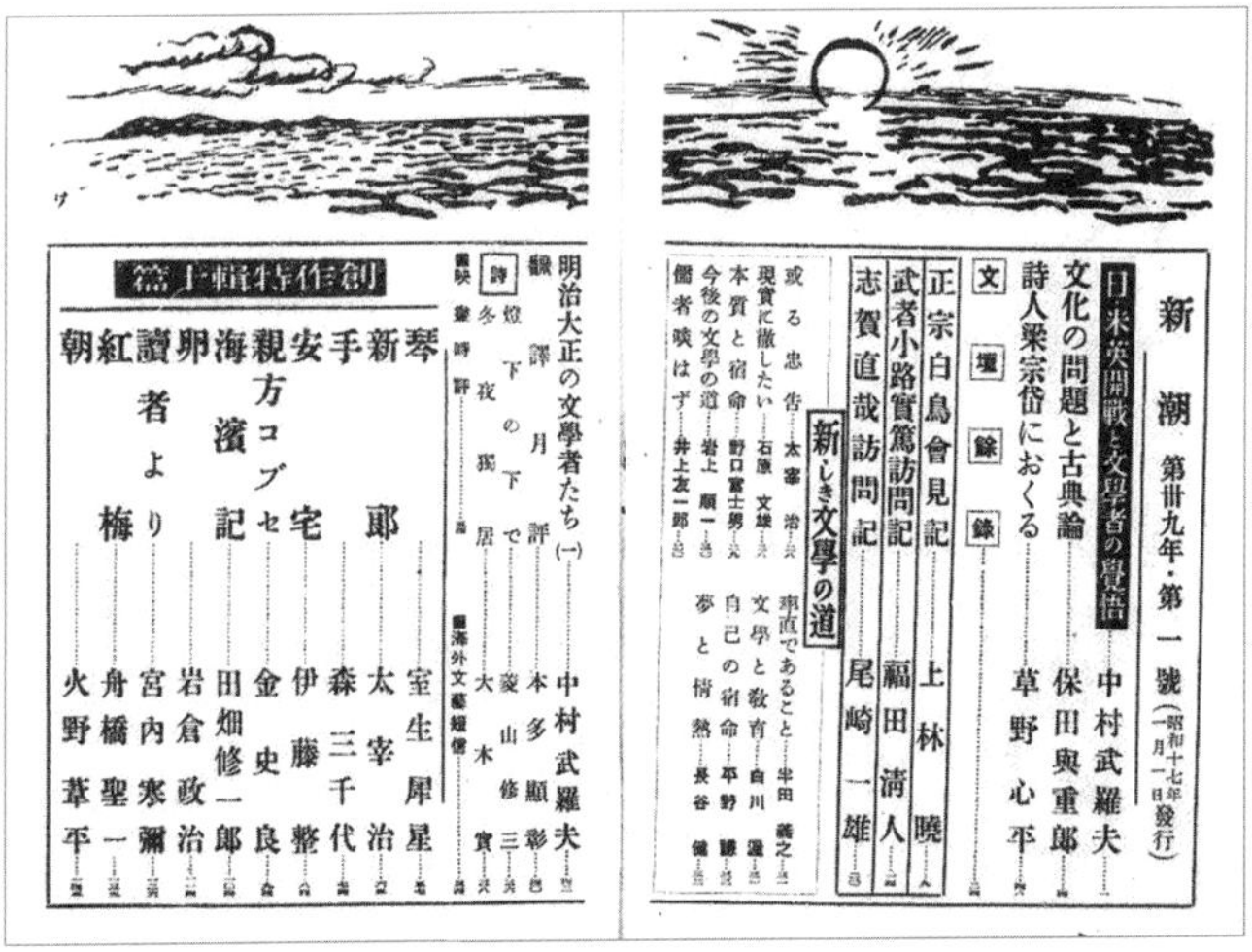
新潮 第卅九年・第一號（昭和十七年一月一日發行）
日米英開戰と文學者の覺悟……中村武羅夫
文化の問題と古典論……保田與重郎
詩人梁宗岱におくる……草野心平
文壇録
正宗白鳥會見記……上林曉
武者小路實篤訪問記……福田清人
志賀直哉訪問記……尾崎一雄
新しき文學の道
或る忠告……太宰治
現實に徹したい……石原文雄
本質と宿命……野口富士男
今後の文學の道……岩上順一
僞者喋はず……井上友一郎
率直であること……半田義之
文學と教育……白川渥
自己の宿命……平野謙
夢と情熱……長谷健
明治大正の文學者たち（一）……中村武羅夫
飜譯月評……本多顯彰
燈下の下で……菱山修三
詩 冬夜獨居……大木實
映畫時評
海外文藝短信
創作特輯十篇
琴……室生犀星
新郎……太宰治
手……森三千代
安宅……伊藤整
親方コブセ……金史良
海濱記……田畑修一郎
卵……岩倉政治
讀者より……宮内寒彌
紅梅……舟橋聖一
朝……火野葦平

図 8-4 『新潮』1942 年 1 月号の目次。

巻頭に中村武羅夫による論文「日米英開戦と文学者の覚悟」が掲げられている。

それ以外の記事は、新しい戦争の始まりを予測したものではなかったさまがうかがえる。

鮮人兵士よりも多く」、よって、動員区分別では「海軍軍属として動員された人々が最大の犠牲者」に他ならなかった。(50)

一九四一年一二月九日の朝、金史良は鎌倉警察署に検挙された。安宇植は、アジア太平洋戦争の開戦に伴う、いわゆる予防拘禁の一環だったのではないか、と記している。(51)『文藝首都』の主宰者・保高徳蔵が釈放のために手を尽くしたが、拘留は五〇日ほどに及んだ。釈放後ほどなく金史良は日本を出て、朝鮮に戻ったという。

朝鮮戦争の最中、金史良が「朝鮮の解放戦争で戦死したという報道」を受けて編まれた『新日本文学』の追悼特集で、間宮茂輔は単行本『光の中に』（小山書店、一九四〇年）刊行のころの金史良の表情を、次のように書きつけている。「当時の金史良は、いくらか気持が不安定で、迷っていたのではないかとおもう」「話しても話してもさつくりするとこのない一種のふっ切れなさ、そんなものが金史良から感せられた」（「平壌での別れ」『新日本文学』一九五二年一二月）。間宮個人の観察を、過度に一般化すべきではないかも知れない。しかし、同時代に日本語で書いていた者のうち、金史良のように抗っていた書き手はどれほどいただろう。一言一句がどう解釈されるか分からない、どこからどんな石つぶてが飛んでくるかも分からない、不安と圧迫感に押しつぶされそうな空気の中で、何を、どのように書くのか。

そんな問いに向きあえば、迷いも逡巡も、そもそもなぜそうした思いにさいなまれなければならないのかといういささか捨て鉢な気持ちも生まれてくるだろう。あるいは、検閲や統制の力を意識するあまり、生活のたつきを失ってしまうと恐れた出版者や他の文学者たちによって、書く場所自体を奪われてしまうことも考えられた。

書くことが招き寄せるさまざまなリスクを勘案すれば、むしろ沈黙を選んだ方が賢明だったかも知れない状況で、金史良は日本語で、『文藝春秋』に「郷愁」を書き、『新潮』に「親方コブセ」を書いた。つまり、最もそのことを知らなければならない読者の第一言語を用いて、日本の戦争と朝鮮人たちとのかかわりを書きつけたのである。

金史良は、帝国という名の牢獄の壁に爪を立て、テクストという名の引っかき傷を、確かに刻みつけてみせた。そこから何を受け取り、読み抜くことができるのか。ここから先は、われわれ読者の側の問題である。

おわりに

坂口安吾の一二月八日

坂口安吾も、一九四一年一二月八日のラジオニュースを、襟を正して聞いたと書いたうちのひとりだった。「真珠」(『文芸』一九四二年六月)の「僕」は、床屋でのヒゲ剃りの最中、ラジオの伝えた「大詔の奉読」「東条首相の謹話」を耳にして、静かに決意したという。「涙が流れた。言葉のいらない時が来た。必要ならば、僕の命も捧げねばならぬ。一兵たりとも、敵をわが国土に入れてはならぬ」。それ以前の憂鬱な戦争のイメージは、新しい英雄的な戦争によって上書きされ、日本語のメディアの場からは追いやられていった。本当は何一つ問題が解決されたわけではなかったのに、多くの文学者・文化人がこのニュースを解放感とともに受け止めていたことは、本書の「はじめに」で触れた通りである。しかし、その中で坂口安吾は、ニュースで聞き知ったある人々の死のありようを自分なりに見つめ、考え抜こうと企てていた。

よく知られるように、「真珠」が「あなた方」と呼びかけたのは、日本時間一九四一年一二月八日、日本海軍航空隊による真珠湾奇襲に合わせて湾内に突入、魚雷による主力艦攻撃を目指し、二人乗りの小型潜水艇（「特殊潜航艇」と称された）五隻に乗り組んだ軍人たちのことである。のちの記録によれば、この「特殊潜航艇」部隊は、ほとんどが攻撃前に発見・迎撃され、乗組員一人が捕虜となっていた。しかし日本側は、そのことも了知しながら、彼らを「九軍神」と名付け（捕虜になった一名は除外された）、最大級の賛辞を用いて祭り上げ、その敢闘ぶりと攻撃精神を強調するプロパガンダを垂れ流した。安吾は、まさにその一九四二年三月六日の大本営発表で語られた物語をもとに、「死ぬための訓練」に没入し、ハワイ沖で息を潜めて時機をうかがっていた「あなた方」の心事を思いやる。語り手との距離感を強く意識させる二人称を用いながら、「たゞ敵の主力艦に穴をあけるだけしか考へ」ず、もはや思い残すことはないと「死へ向つて帰」りゆく「あなた方」のありようを思い描き、言葉として定着させたのである。

だが、「真珠」は、大本営発表をただ反復しただけのテクストではない。もしそうなら、一九四一年一二月八日前後の「僕」のありよう——ドテラを取りにわざわざ小田原まで出かけ、あちこちに立ち寄っては呑んだくれ、酩酊しては魚を求めてうろついていた——が書き込まれる理由がない。おそらく坂口安吾は、戦線が拡大し、戦争を表象する言説のシフトが組みかわっていく中で、いささか遅ればせではあるけれど、書き手としての自分が何をなすべきか、何をなすべきではないかを懸命に考えていた。より具体的には、戦争の死者が神になる新しい物語の枠組みにいかに抗うか、彼なりのやり方で考えていたのである。

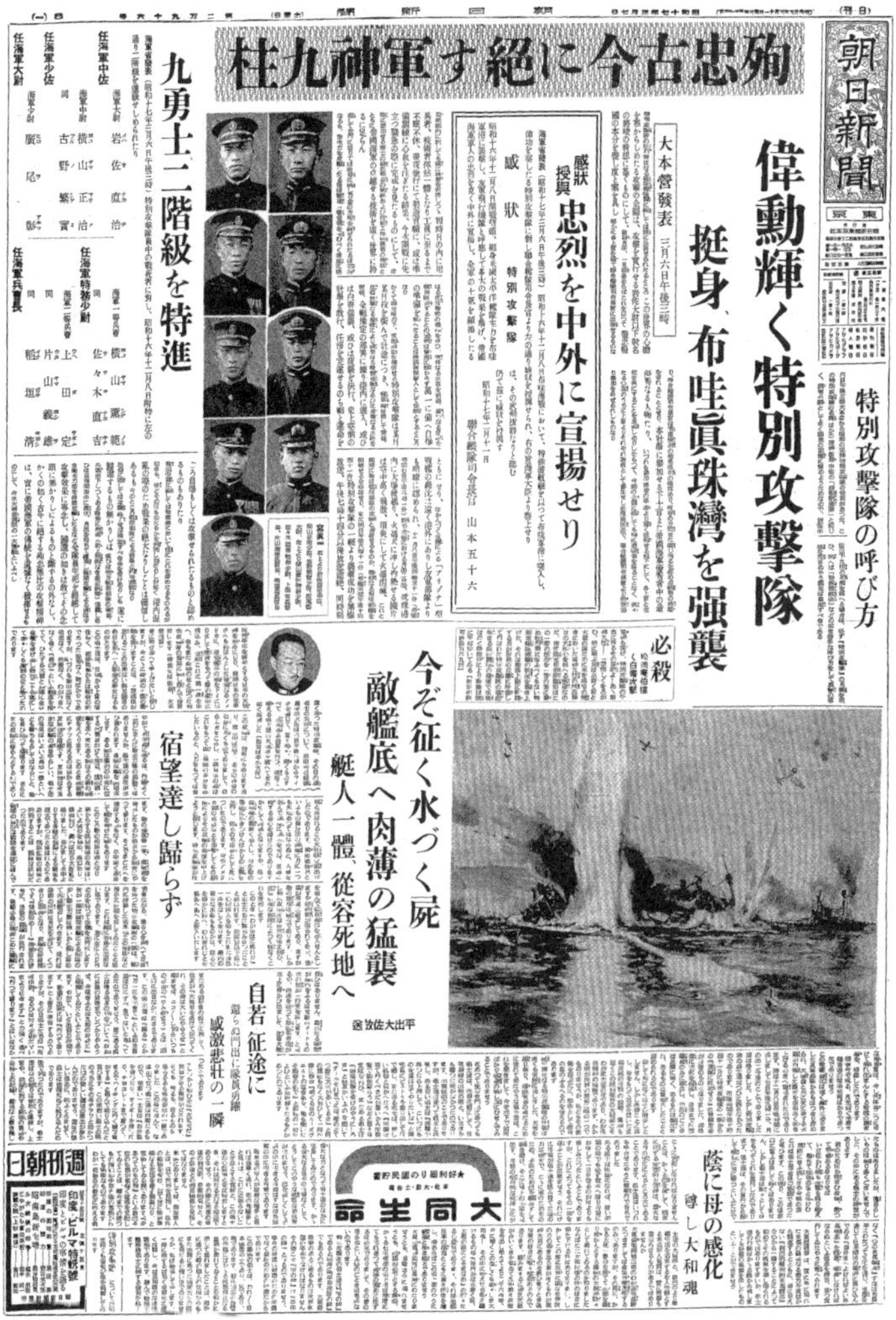

図１　「特別攻撃隊」の物語を伝える新聞報道（『朝日新聞』1942年3月7日）。

おそらく、そのヒントとなるのは、「真珠」の末尾に書き置かれた次の一文である。「まつたく、あなた方は、遠足に行つてしまつたのである」。この「遠足」という語の典拠も、大本営海軍報道部長平出英夫大佐のラジオ放送に由来している。「かの軍神広瀬中佐の「旅順閉塞隊」と同じく、固有名詞として永く国民の記憶に留めようため」（「特別攻撃隊の呼び方」『朝日新聞』一九四二年三月七日）に、「特別攻撃隊」と名付けられた面々は、「九柱の軍神」として、ひとりひとりのプロフィール、作戦立案と実施の経緯、出撃直前の様子や心理状態までも詳細に紹介された。

〔真珠湾口での日本軍航空部隊と米軍との〕昼間の猛烈な戦闘を海底に潜んで聞きながら、逸る心を押へて日没を待つた特別攻撃隊の一艇は、艇内に持参した組木細工の玩具などを相手に時間を消してゐたことと思ひます、これは誠に容易に出来ないことであります、竟に夜に入り月の出を待つて強襲を敢行致します我が一艇は昼間攻撃による損傷の少い敵主力艦は無いかと探し索めて肉薄接近して行きます、見れば敵艦の巨体は月光を浴びて、くつきりと影絵となり、攻撃の好目標です、「発射始め……」指揮官の号令に、最期の襲撃が決行されます、見敵必殺の精神こめた襲撃に狂ひはありません、轟然たる爆発が湾内をふるはせ数百メートルの火の柱が一時天を焦します、と見るや、白波を蹴つて悠然司令塔が水上に浮かび出ました、沈着大胆な指揮官は、今し巨体真二つに裂けて崩れ沈まんとする敵艦の断末魔を、確認したのであります。

（「今ぞ征く水づく屍　敵艦底へ肉薄の猛襲」『朝日新聞』一九四二年三月七日）

ラジオからの声は、さらに続く。一時思わず「激して死に赴く」例は、古今決して少なくない。しかし、この「軍神」たちのように、冷静に事に処し、「至高至純の没我の境地」で「従容」と死んだ人々が、「世界の歴史」上類例があったか。彼らこそ、「わが武士道の花」「民族精神の精華」に他ならぬ。そして、「かゝる己を滅して、国家に殉ずる犠牲的大精神は、偉大なる母の感化」によるところすこぶる大である。「いづれも申合せたやうに親孝行で有名」だった勇士たちの母のごとく、「己を空しくして子供の中に生きる母親」こそ、「国家の中に生きる母親」なのだ、云々。

「軍神」たちは出撃時「サイダー」や「チョコレート」を携え、「幼かつた頃の楽しい遠足の思ひ出」を脳裏によぎらせていたはずだと述べ、夜襲を待つ艇内では「組木細工の玩具」で遊んでいたはずだと見てきたようなことを言い、戦場での「指揮官」の興奮さえも自在に物語る平出報道部長の言葉が意図するものは明白である。「特別攻撃隊」に参加した若き軍人たちの〈死〉を、国家総力戦遂行のために最大限利用することだ。死者を褒め称え、その死の意味を物語ることで、彼の生きた時間をまるごと簒奪する。さらにそれを、生き残った者がこれ以後自発的に参画し献身しなければならぬ物語のモデルとして提示してみせる。なればこそ平出は、「特別攻撃隊」の面々が、作戦立案の段階から、主体的・積極的に参加していたことを強調しなければならなかったし、本来作戦行動にはまったく関係のない母たちにかかわる言及を行なわなければならなかった。そのような操作によって、自己利益にかかわる観念を捨て去り、国家民族のためにみずから死に赴く若き男たちがいて、そうした子を産み育てるため家や夫や子に「己を顧みず」尽くすことに「無上の幸福」を見いだす母としての女たちの姿が描き出される。「われ〳〵日本国民の子であり、兄であり、弟」だとみなされた「軍神」とその母たちは、文字通りの意味で、神話的な典型へと仕立て上げられてしまったのである。

では、坂口安吾は、そうした「九軍神」の神話とどう向き合ったのか。ひるがえって、このテクストが描いたもう一つの「遠足」を確認しよう。ちょうど「あなた方」が真珠湾の戦場へと向かいつつあったそのころ、「僕」は、旧知の看板屋「ガランドウ」の案内で、小田原から国府津を経て、二宮へと足を伸ばす。その途中で、「ガランドウ」が「僕」を連れ出したのは、東海道線沿線のある工事現場であった。そこで「僕」が目にするのは、以下の光景である。

ガランドウは骨の発掘には見向きもしなかつた。掘返された土の山を手で分けながら、頻りに何か破片のやうなものを探し集めてゐる。こゝは土器のでる場所だで、昔から見当つけていただがよ。丁度、墓地の移転ときいたでな。ガランドウは僕を振仰いで言ふ。

「これは石器だ」

土から出た三寸ぐらいの細長い石を、ガランドウは足で蹴つた。やがて、破片を集めると、やや完全な土瓶様のものができた。壺とも違ふ。土瓶様の口がある。かなり複雑な縄文が刻まれてゐた。然し、目的の違ふ発掘の鍬で突きくずされてゐるから、こまかな破片となり、四方に散乱し、こくめいに探しても、とても完全な形にはならない。

捻鉢巻の人達がみんなガランドウのまはりに集つて来た。

「俺が掘つたゞけんごよ。知らないだで、鍬で割りもしたしよ、投げちらかしたゞよ。方々に破片があるべい。無学は仕方がないだよ。なあ」


ここでは、何が掘り出されたかだけでなく、それがどのように表象されたかに着目したい。この墓地は、戦時輸送力増強を目途して行なわれる東海道線工事のために、移転を余儀なくされた。つまり、戦争遂行のために、死者たちまで移動させなければならなかった。その際に掘り返された盛り土の中から、無造作に放置され、方々に「投げちらか」された、ばらばらの破片が集められる。この「四方に散乱した」「こまかな破片」というイメージは、テクストの別の部分と、奇妙に響き合う。

あなた方はまだ三十に充たない若さであつたが、やつぱり、自信満々たる一生だつた。あなた方は、散つて真珠の玉と砕けんと歌つてゐるが、お花畑の白骨と違つて、実際、真珠の玉と砕けることが目に見えてゐるあなた方であつた。老翁は、自らの白骨をお花畑でまきちらすわけにはいかなかつたが、あなた方は、自分の手で、真珠の玉と砕けることが予定された道であつた。さうして、あなた方の骨肉は粉といいいいいいいいい、なり、真珠湾海底に散つた筈だ。

かつてそこに生きた人々の痕跡としての「石器」や「土器」のかけら。そして、真珠湾の海底で硝煙のにおいと撃沈された艦艇から流出する油にまみれながら、みずから望んだ通り「真珠の玉」と砕け散った「あなた方」の「骨」「肉」の破片。いずれも死あるいは死者と密接に関係する二つのイメージの共通性は、決定的に重要である。ここに、「真珠」に刻まれた思考を読み解く手がかりがある。それはたぶん、こういうことである。「あなた方」と「僕（ら）」、二つの「遠足」を重ね合わせながら読んでいくこと。「僕（ら）」の「遠足」を下敷きに、そこから「あなた方」の「遠足」を透かし見ること。そう考えてみると、以下の「ガランドウ」の仕草は、いかにも示唆的である。

国府津でバスを乗換へて、二の宮へ行く。途中で降りて、禅宗の寺へ行つた。ガランドウの縁りの人の墓があつて、命日だか何かなのである。寺の和尚はガランドウの友人ださうだ。ガランドウは本堂の戸をあけて、近頃酒はないかね、と、奇妙な所で奇妙なことを大きな声で訊ねてゐる。〔……〕墓地へ行く。徳川時代の小型の墓がいつぱい。ガランドウの縁りの墓に真新しい草花が飾られてゐる。そこにも古い墓があつた。ガランドウは墓の周りのゴミ屑を蹴とばしたり、踏みにじつたりしてゐたが、合掌などはしなかつた。てんで頭を下げなかつたのである。

最後までその名前が記されない「縁りの人」の「命日だか何か」は今日、つまり一二月八日である。誰が手向けたのであろう、「真新しい草花」の供えられた墓を前に、ガランドウは「合掌」もしなければ「頭」を下げることもない。知り合いだという住職に供養を頼むわけでもなく、かえって気になっているのは酒の在処の方なのである。ただひとつ彼がやったことと言えば、いかにも面倒くさそうに墓の周囲の塵芥を、「踏」んだり「蹴」ったりすることだけである。

この所作の含意は明らかだろう。「真珠」は、ただ漫然と「あなた方」と「僕」らの一九四一年一二月八日を比較対照したわけではない。むしろここには、〈死〉あるいは死者をめぐる原理的な問いかけがある。「ガランドウ」の所作をひとつひとつ確実に書き留める「僕」は、「あなた方」についての思索を踏まえつつ、生き残ってしまった者ができることとは何か、死者の〈生〉を刻む痕跡とどんな態度で向きあうべきかを、考えている。言い換えれば、まさに同じ日に死に行く者と生き残った者とが結びうる関係性について、思いをめぐらせている。だから、「真珠」を構成する二つの挿話に対応関係を見るのなら、それは、「僕（ら）」と「あなた方」ではなく、看板屋「ガランドウ」と報道部員平出英夫との間に見るべきである。すなわち、同じく宣伝をこととする二人が、本来的に他者である死者といかにかかわろうとしたかを考えるべきなのだ。

「真珠」の「僕」は小田原におり、真珠湾の海底にはいなかった。「僕」は九人の軍人たちについて何も知らないし、かれらの死を押しとどめることなど出来はしなかった。しかし「僕」は、彼らをあえて「あなた方」と呼び続けることで、その存在を問いとして引き受ける。何のために誰と戦っているか曖昧だった位置づけの難しい戦争から、充実した意味に満たされた戦争へと表象の構図が変わっていく。ここから世界の歴史が開かれたということは、人々の一挙手一投足がそのまま歴史書の一ページになりうる、ということである。歴史に名が残るということである。戦争を戦うことは、あらゆる人々に偉人や英雄となる道が開かれた、ということである。戦争を戦うことが、そのまま歴史＝物語へと転化する、神話のような世界――。そんな世界が開かれていく中で、坂口安吾は、恣意的に我有化された死者の物語を拒絶し、あくまで現在の「僕」にとっての他者として、他の思考として応接せんとしている。

遠く真珠湾で「空中高く飛散した」「灼熱の鉄片」と、同じように真珠の玉と「散って砕け」た「あなた方」の「骨肉」の破片。そのかけらを、もろともに、「僕（ら）」は小田原の海辺で拾い集める。工事現場の「土器」や「石器」がそうであったように、生きている者の都合で掘り返されてしまうこともあるばらばらな破片を、いったい何が出来上がるのかさえ判然としないまま、ひたすら拾いあげ、寄せ集める。あとは、墓の周囲の「塵」「芥」を、その人物の〈死〉の意味を奪い取ろうと寄生するさまざまな物語を、つまりは死者の意志を体現すると称して何事かをなそうとする塵芥のような言葉たちを、「踏」み「蹴」飛ばせばそれでよい。確かに「真珠」は、戦争に抗うテクストではない。そもそも坂口安吾は、日中戦争に対してほとんど発言をしていない。しかし安吾は、文学者・文化人たちが新しい世界の開けを感受したまさにその日を題材に、戦う人間を神とも英雄とも表象する新たな戦争の構図に向けて、不器用ながらも本質的な批判を差し向けている。

現在の立場から見直せば、戦時期のプロパガンダ言説の虚構性・虚妄性を指摘し、相対化することは決して難しいことではない。しかし、〈いま・ここ〉を生きるひとは、多かれ少なかれ、管理され統制された言語空間の中で、限られた手持ちの情報から考え、判断し、選択し、言葉を紡いでいくより他にない。だがそのことは、書かれた言葉としてのテクストが、その言語空間の外部に出られないことを意味しない。安吾のテクストは、あくまで歴史の中で書かれるが、歴史の時間の内側だけに閉じられないテクストの可能性と手に負えなさを、あらためてわれわれに教えてくれる。文学がプロパガンダではないのなら、文学は何をしてはならないのか。「真珠」は、未来の読者が考えるための手がかりを、確かに刻みつけている。

注

はじめに

（1）一九四一年一二月八日に出された昭和天皇による開戦の「詔書」は、アメリカ、イギリスに対する宣戦布告の文章となっている。同日に日本政府は、在日本のアメリカ・イギリス・カナダ・オーストラリア大使に宣戦布告書を手交した。このときオランダはドイツの占領下にあったが、亡命政府によって対日宣戦布告が行なわれた（吉川弘文館編集部『日本軍事史年表』吉川弘文館、二〇一二年）。

（2）この点については、小田切進「十二月八日の記録」（『文学』一九六一年一二月）「続・十二月八日の記録」（『文学』一九六二年四月）、大原祐治『文学的記憶・一九四〇年前後』（翰林書房、二〇〇六年）、松本和也「「一二月八日」をいかに書くか」（『昭和一〇年代の文学場を考える　新人・太宰治・戦争文学』立教大学出版会、二〇一五年）を参照。

（3）笠原十九司『海軍の日中戦争　アジア太平洋戦争への自滅のシナリオ』（平凡社、二〇一五年）は、第二次上海事変の引き金となった大山事件（大山勇夫海軍中尉、斎藤与蔵一等水兵が射殺された事件）は、日本海軍による謀略と推断して説得的である。

（4）加藤陽子は、「アメリカ中立法の存在は、日本の政治指導に意外にも大きな影響を及ぼした」として、日中戦争期の日本政府が「宣戦布告をおこなわず、軍政をしかず、傀儡政権を樹立する、というやり方」を採用したのは、中立法の発動を避け、アメリカを刺激しないためだった、と結論づけている（『模索する一九三〇年代　日米関係と陸軍中堅層』新装版、山川出版社、二〇一二年)。
(5) 笠原十九司『日中戦争全史 下』(高文研、二〇一七年)。
(6) 大岡昇平『対談 戦争と文学と』(文春学藝ライブラリー、二〇一五年)。
(7) 宜野座奈央見『モダン・ライフと戦争 スクリーンのなかの女性たち』(吉川弘文館、二〇一三年)。
(8) ケネス・ルオフ(木村剛久訳)『紀元二千六百年 消費と観光のナショナリズム』(朝日新聞社、二〇一〇年)。
(9) 佐藤卓己『キングの時代 国民的大衆雑誌の公共性』(岩波書店、二〇〇二年)。
(10) 永嶺重敏『モダン都市の読書空間』(日本エディタースクール出版部、二〇〇一年)。
(11) 江口圭一『新版 十五年戦争小史』(青木書店、一九九一年)。
(12) 黒羽清隆『日中15年戦争』(上・中・下、教育社新書、一九七七—七九年)。
(13) 成田龍一『〈歴史〉はいかに語られるか 1930年代「国民の物語」批判』(NHK出版、二〇〇一年)。
(14) 嶋田直哉「「報告文学」の季節 永井荷風「濹東綺譚」の受容から」(『立教大学日本文学』89号、二〇〇二年一二月)。
(15) 仁禮愛「増殖する〈現実〉 日中戦争初期のルポルタージュを語りなおす」(『京都教育大学国文学会誌』35号、二〇〇九年三月)。
(16) 佐藤卓己「解説 林芙美子の「報告報国」と朝日新聞の報道戦線」(林芙美子『戦線』中公文庫、二〇〇六年)。
(17) 倉橋正直『従軍慰安婦問題の歴史的研究——売春婦型と性奴隷型』(共栄書房、一九九四年)。
(18) 『支那事変歌集』にかんしては、坪井秀人「戦争短歌における前線と銃後 『支那事変歌集』その他」(山口俊雄編『日本近代文学と戦争 「十五年戦争」期の文学を通じて』三弥井書店、二〇一二年)、戦争俳句については樽見博『戦争俳句と俳人たち』(トランスビュー、二〇一四年)を参照。

第一章

（1）白石喜彦『石川達三の戦争小説』（翰林書房、二〇〇三年）、牧義之『伏字の文化史　検閲・文学・出版』（森話社、二〇一四年）。
（2）牧野武夫『雲か山か　出版うらばなし』（中公文庫、一九七六年）。
（3）注2、牧野前掲書。「生きてゐる兵隊」の複数の本文については、注1の牧前掲書が詳細な調査を行なっている。
（4）関忠果ほか編『雑誌『改造』の四十年』（光和堂、一九七七年）。
（5）松本和也「事変下メディアのなかの火野葦平――芥川賞「糞尿譚」からベストセラー「麦と兵隊」へ」（『intelligence』6号、二〇〇五年一一月）。
（6）中谷いずみ『その「民衆」とは誰なのか　ジェンダー・階級・アイデンティティ』（青弓社、二〇一三年）。
（7）神子島健『戦場へ征く、戦場から還る　火野葦平、石川達三、榊山潤の描いた兵士たち』（新曜社、二〇一二年）。
（8）中園裕『新聞検閲制度運用論』（清文堂出版、二〇〇六年）。
（9）佐藤卓己『『キング』の時代　国民大衆雑誌の公共性』（岩波書店、二〇〇二年）。
（10）安永武人『戦時下の作家と作品』（未来社、一九八三年）は、「生きてゐる兵隊」について、「もっとも日本軍隊がつよく要求していた兵士らしい兵士へとちかづいていく過程」「戦争道具化の過程」が描かれた、と論じている。
（11）笠原十九司「日本の文学作品に見る南京虐殺の記録」（都留文科大学比較文化学科編『記憶の比較文化論　戦争・紛争と国民・ジェンダー・エスニシティ』柏書房、二〇〇三年）。笠原「日中戦争時における日本人の南京虐殺の記憶と「忘却」」（『季刊中国』二〇〇六年三月―六月）にも同様の記述がある。
（12）注1、白石前掲書。
（13）判決文は、「被告人石川達三外二名に対する新聞紙法（安寧秩序紊乱）違反事件第一審判決」として、『現代史資料41　マス・メディア統制2』（みすず書房、一九七五年）に収められている。

(14) 由井正臣、北河賢三、赤澤史朗、豊沢肇『出版警察関係資料　解説・総目次』（不二出版、一九八三年）。

(15) 例えば、武漢戦に合わせて策定された「新聞指導要領」（一九三八年九月一日付）では、「赫々タル戦勝ノ裏ニハ皇軍ノ勇戦奮闘ト言語ニ絶スル苦心労苦ノ存スルコトヲ報道シ、国民ノ感謝ト奮起緊張ヲ促シ長期戦ノ覚悟ワ《マヽ》益々鞏固ナラシムルコト」とされた。合わせて改訂された「要領」では、「明朗ナル召集美談」「銃後ノ美談」の掲載が推奨されている（『出版警察報』第一一五号）。

(16) 藤井忠俊『国防婦人会　日の丸とカッポウ着』（岩波新書、一九八五年）。満洲事変期からアジア太平洋戦争期に至る出征兵士の見送り・帰還兵士の出迎えの諸相は、吉良芳恵「昭和期の徴兵・兵事史料から見た兵士の見送りと帰還」（『国立歴史民俗博物館研究報告』１０１号、二〇〇三年三月）を参照した。なお、「戦時風景」の同時代評を検証した松本和也は、この作は「結局スケッチ」であり、「《時局はスケッチに現れた時のみ消化しうるので、戦争が芸術化されるのは数年後である事を思へば抜目ない作品》だとした俗な評価が、むしろ正鵠を射ている」とまとめている（『昭和一〇年代の文学場を考える　新人・太宰治・戦争文学』立教大学出版会、二〇一五年）。

(17) 河原理子『戦争と検閲　石川達三を読み直す』（岩波新書、二〇一五年）。「南京通信」は、石川達三の遺族が保管していた未発表原稿。河原は、「「南京通信」という題のエッセイ風のリポートを達三が書く機会があったとしたら、それはおそらく人生にただ一度、中央公論社から派遣されて上海や南京に行き、帰国したときだ」とし、「生きてゐる兵隊」の「旧稿」にあたるテクストではないか、と推測している。

(18) 同志社女子大学図書館所蔵『「生きてゐる兵隊」事件　警視庁警部　清水文二　意見書聴取書』（一九三八年三月一六日の供述記録との記述あり）、同『石川達三　雨宮庸蔵　牧野武夫氏　刑事記録第一審公判調書』（一九三八年八月三一日、東京区裁判所の公判記録との記述あり）は。いずれも謄写版の複製を製本したもので、表紙には「安永武人氏旧蔵書」寄贈資料のスタンプが捺されている。安永『戦時下の作家と作品』には、石川達三の「好意」で「生きてゐる兵隊」の公判関係資料の全貌に接することができたとあり、これらの資料は石川本人によって提供されたようだ。もとになった資料は、現在秋田市立中央図書館明徳館石川達三記念室に所蔵されている。

(19) 福田耕太郎「あの日あのころ　軍の発表以外は造言　石川達三〝生きてゐる兵隊〟筆禍事件」(『週刊東京』一九五七年三月一六日)。石川達三と『中央公論』の弁護は、福田、石川中、片山哲の三者が担当、公判では尾崎秀実が弁護側の証人に立っている。

(20) 無署名「戦時下に於ける言論統制法規の概観」(有山輝雄、西山武典編『情報局関係資料第二巻』柏書房、二〇〇〇年)。

(21) 社会問題資料研究会編『社会問題資料叢書　第1輯　支那事変に関する造言飛語に就いて支那事変下に於ける不穏言動と其の対策に就て』(東洋文化社、一九七八年)。

(22) 注21、『支那事変に関する造言飛語に就いて　支那事変下に於ける不穏言動と其の対策に就て』。

(23) 山本武利『朝日新聞の中国侵略』(文藝春秋、二〇一一年)。

(24) 注18、『「生きてゐる兵隊」事件　警視庁警部　清水文二　意見書聴取書』。

(25) 注11、笠原「日中戦争時における日本人の南京虐殺の記憶と「忘却」」。

(26) 鈴木正夫によれば、『未死的兵』の翻訳者・白木は、中国人文学者の哲非(呉誠之)だという(『日中間戦争と中国人文学者　郁達夫、柯霊、陸蠡らをめぐって』横浜市立大学学術研究会、二〇一四年)。なお、鈴木は「生きてゐる兵隊」中国語訳が、一九三八年の一年間で、この他に少なくとも三種類刊行されたと指摘している。

(27) 渡辺考『戦場で書く　火野葦平と従軍作家たち』(NHK出版、二〇一五年)。

(28) 注19、福田「あの日あのころ　軍の発表以外は造言　石川達三〝生きてゐる兵隊〟筆禍事件」。

(29) 雨宮庸蔵『偲ぶ草――ジャーナリズム六十年』(中央公論社、一九八八年)。

(30) 松下英麿宛石川達三書簡(一九三八年四月一日付、秋田県立図書館所蔵)。

(31) 井上司朗『証言戦時文壇史　情報局文芸課長のつぶやき』(人間の科学社、一九八四年)は、いわゆる「横浜事件」がフレーム・アップされた際、『中央公論』『改造』が中国側の情報源となっていることを理由に、両者の廃刊・廃業に反対する声があったことを伝えている。
（32）黒羽清隆『日中15年戦争（中）』（教育社、一九七八年）。
（33）注23、山本『朝日新聞の中国侵略』。
（34）火野葦平「解説」（『火野葦平選集　第二巻』東京創元社、一九五八年）。ちなみに、中支那派遣軍における徐州作戦の開始時日は、『麦と兵隊』の記述が始まる翌日の一九三八年五月五日である。
（35）矢野貫一「戦後版「麦と兵隊」「土と兵隊」補訂に関する存疑」（『近代戦争文学事典　第五輯』和泉書院、一九九六年）。
（36）佐藤卓己「総力戦体制と思想戦の言説空間」（山之内靖他編『総力戦と現代化』柏書房、一九九五年）。
（37）河田和子「報道戦線下における戦争の表象――火野葦平『麦と兵隊』の表現戦略」（『昭和文学研究』45集、二〇〇二年九月）。
（38）細見和之『言葉と記憶』（岩波書店、二〇〇五年）。
（39）注34、火野「解説」。水島治男『改造社の時代　戦中篇』（図書出版社、一九七六年）。
（40）浅見淵は、火野葦平の三回忌の席上で、初代の『改造』編集長である横関愛造が、兵隊三部作が「当時にあって併せて三百万部出た」こと、「それだけの部数の印税の半分が陸軍報道部に寄附されていた」ことを語ったと伝えている（「丹羽文雄・火野葦平入門」『日本現代文学全集87　丹羽文雄・火野葦平集』講談社、一九六二年）。
（41）笠原『南京事件論争史　日本人は史実をどう認識してきたか』（平凡社新書、二〇〇七年）。

第二章

（1）高崎隆治「ペン部隊の人びと」（『戦時下文学の周辺』風媒社、一九八一年）。
（2）内閣情報部は前身の内閣情報委員会以来、首相官邸内に設置されていた。初代内閣情報部長である横溝光暉は、事務室が置かれた部屋は「五・一五事件、二・二六事件と相ついで血ぬられた疾風怒濤の昭和史の史蹟」だとし、「専任・常勤事務官の部屋は、五・一五事件の時、犬養首相が兇弾に倒れられたところである」と回想している（横溝『昭和史片鱗』経済往来社、一九七四年）。
（3）注1、高崎「ペン部隊の人びと」。
（4）高崎隆治『戦争と戦争文学と』（日本図書センター、一九八六年）『戦場の女流作家たち』（論創社、一九九五年）、櫻本富雄『文化人たちの大東亜戦争――PK部隊が行く』（青木書店、一九九三年）ほか。
（5）荒井とみ代『中国戦線はどう描かれたか　従軍記を読む』（岩波書店、二〇〇七年）。
（6）田中励儀「丹羽文雄の従軍――〈ペン部隊〉から「還らぬ中隊」へ」（『同志社国文学』42号、一九九五年一一月）。
（7）久米依子『「少女小説」の生成　ジェンダー・ポリティクスの世紀』（青弓社、二〇一三年）。
（8）飯田祐子「従軍記を読む――林芙美子『戦線』『北岸部隊』」（『彼女たちの文学　語りにくさと読まれること』名古屋大学出版会、二〇一六年）。
（9）佐藤卓己「林芙美子の「報告報国」と朝日新聞の報道戦線」（林芙美子『戦線』文庫版解説、中公文庫、二〇〇六年）。
（10）蒲豊彦「一九三八年の漢口――ペン部隊と宣伝戦」（『言語文化論叢』4号、二〇一〇年八月）。
（11）菊池一隆『中国抗日軍事史　１９３７―１９４５』（有志舎、二〇〇九年）。
（12）粟屋健太郎、茶谷誠一編『日中戦争　対中国情報戦資料　第二巻』（現代史料出版、二〇〇〇年）。同じ資料は、防衛庁防衛研究所戦史室『戦史叢書　支那事変陸軍作戦〈2〉昭和十四年九月まで』（朝雲新聞社、一九七六年）にも収録されている。「伊作戦」は武漢作戦のこと。
（13）山本武利『ブラック・プロパガンダ　謀略のラジオ』（岩波書店、二〇〇二年）。
（14）この体制は、一九三九年九月二三日、中支那派遣軍司令部が廃止され、南京に支那派遣総軍が設置されるまで継続する。しかし、支那派遣軍は「総軍」といっても、北支那方面軍と第二一軍（広東方面）に対する「兵站交通業務は管掌事項から除かれ、中央から直接指導を受けさせることに定められていた」（防衛庁防衛研修所戦史室『戦史叢書　支那事変陸軍作戦〈3〉

昭和十六年十二月まで』（朝雲新聞社、一九七五年）。
（15）笠原十九司によれば、この時の中支軍司令官畑俊六は、南京事件当時の軍司令官松井石根の更迭を進言した人物である。笠原『南京事件論争史　日本人は史実をどう認識してきたか』（平凡社新書、二〇〇七年）参照。
（16）坂口博「火野葦平「兵隊三部作」読みなおし読みつぐ意味」（『西日本文化』479号、二〇一六年七月）。
（17）「他の計画」には、佐藤春夫が関与していたようだ。『東京日日新聞』の第一報「文壇総動員　漢口従軍　めざす〃ペン報国〃」（一九三八年八月二四日）には、「かねて陸軍省新聞班で佐藤春夫氏その他をもつて組織することになつてゐた文壇人の従軍計画は当然これに合流する筈である」とある。
（18）荻野富士夫編『情報局関係極秘資料　第八巻』（不二出版、二〇〇三年）。
（19）のちに火野葦平は石川達三との対談で、中支軍報道部に移って以後は「何を書くにも軍の命令のやうなかつこうでしたから」と語っている（「火野葦平・石川達三対談」『中央公論』一九三九年一二月）。また、中山省三郎『海珠鈔』（改造社、一九四〇年）には、徐州作戦直前の一九三八年四月末に火野が送ったという手紙が紹介されているが、そこでは、報道部入りについて「僕の受けてゐる任務のことは今は書かない。微力短才、軍の期待に添ふだけの仕事が出来るかどうか一抹の不安なきを得ないが、大いにやり甲斐のある仕事と思ひ、もとより男子の本懐、全力を傾けてやつてみるつもりだ」とある。
（20）松本和也『昭和一〇年代の文学場を考える　新人・太宰治・戦争文学』（立教大学出版会、二〇一五年）。
（21）注9、佐藤「林芙美子の「報告報国」と朝日新聞の報道戦線」。
（22）上海の日本語紙『上海日報』には、陸軍班・海軍班双方の視察スケジュールの一部が掲げられている（「従軍作家、上海に勢揃ひ　海軍班きのふ飛来」一九三八年九月一五日、「世界の眼・上海に集る　「戦争文学」の殿堂」一九三八年九月一六日）。それによれば、海軍班は少なくとも一八日まで、陸軍班は二二日まで上海・南京付近の戦跡をグループ見学する予定になっていた。
（23）中園裕『新聞検閲制度運用論』（清文堂、二〇〇六年）。
（24）山下聖美「林芙美子『戦線』とペン部隊――「文壇人従軍関係費受領証」から見えてくるもの」（『日本大学芸術学部紀要』58号、二〇一三年一〇月）。
（25）この時期の鹿地亘の動向については、内田知行・水谷尚子「重慶国民政府の日本人捕虜政策」（藤原彰・姫田光義編『日中戦争下中国における日本人の反戦活動』青木書店、一九九九年）、井上桂子『中国で反戦活動をした日本人――鹿地亘の思想と生涯』（八千代出版、二〇一二年）を参照した。
（26）鈴木正夫『日中間戦争と中国人文学者　郁達夫、柯霊、陸蠡らをめぐって』（横浜市立大学学術研究会、二〇一四年）。
（27）米谷匡史「日中戦争期の文化抗争――「帝国」のメディアと文化工作のネットワーク」（山口俊雄編『日本近代文学と戦争　「十五年戦争」期の文学を通じて』三弥井書店、二〇一二年）。
（28）菊池一隆『日本人反戦兵士と日中戦争』（御茶の水書房、二〇〇三年）、青山和夫『謀略熟練工』（妙義出版、一九五七年）。
（29）小倉一彦『石川達三ノート』（秋田書房、一九八五年）。
（30）浜野健三郎『評伝・石川達三』（文藝春秋、一九七六年）。
（31）松下英麿宛石川達三書簡（一九三八年九月一六日付、秋田県立図書館所蔵）。
（32）石川達三『経験的小説論』（文藝春秋、一九七〇年）。
（33）火野葦平「解説」（『火野葦平選集　第二巻』東京創元社、一九五八年）。なお、『海と兵隊』（『東京日日新聞』一九三八年一二月二〇日～一九三九年二月一五日）は、単行本化にあたって『広東進軍抄』と改題された。
（34）一九三五年前後の〈行動主義文学論争〉と文学言説を取りまく同時代状況との関係については、五味渕「甲斐のない多忙――戦時下日本語文学論序説」（『文学』二〇一〇年三月）で論じた。また、帝国文芸院構想から文藝懇話会設立に至る経緯については、和田利夫の労作『昭和文芸院瑣末記』（筑摩書房、一九九四年）が詳しい。

(35) 小沢節子「「もうひとつの歴史」への問いかけ――「抑圧」と「解放」のはざまで」（小勝禮子編『「戦後70年――もうひとつの1940年代美術」展 関連企画シンポジウム「戦争と表現――文学、美術、漫画の交差」報告書＋1940年代美術に関する論文集』（栃木県立美術館、二〇一六年）。
(36) 小谷野敦『久米正雄伝 微苦笑の人』（中央公論新社、二〇一一年）。
(37) 中谷いずみは、「従来の文壇」からすれば周縁的な書き手が、文学の側に条件付きで包摂されていく事例として、『麦と兵隊』を挙げている（中谷『その「民衆」とは誰なのか ジェンダー・階級・アイデンティティ』青弓社、二〇一三年）。しかし、こと火野葦平のテクストについて言うなら、戦場の言語表現をめぐるヘゲモニー抗争の中で、「純文学」側がその解釈を占有した、と見た方が適切である。
(38) 鶴見俊輔「言葉のお守り的使用法について」（『鶴見俊輔集3 記号論集』筑摩書房、一九九二年）。
(39) 笠原十九司『海軍の日中戦争 アジア太平洋戦争への自滅のシナリオ』（平凡社、二〇一五年）。

第三章

(1) 菊池一隆『中国抗日軍事史 1937―1945』（有志舎、二〇〇九年）。
(2) 坂口博「もう一つの「杭州湾敵前上陸記」――安田貞雄」（『校書掃塵――坂口博の仕事Ⅰ』花書院、二〇一六年）。
(3) 高橋三郎『「戦記もの」を読む 戦争体験と戦後日本社会』（アカデミア出版、一九八八年）。
(4) 成田龍一『「戦争経験」の戦後史 語られた体験／証言／記憶』（岩波書店、二〇一〇年）。
(5) 池田浩士『「海外進出文学」論・序説』（インパクト出版会、一九九七年）。
(6) 神子島健『戦場へ往く、戦場から還る 火野葦平、石川達三、榊山潤の描いた兵士たち』（新曜社、二〇一二年）。
(7) 松本和也『昭和一〇年代の文学場を考える 新人・太宰治・戦場文学』（立教大学出版会、

二〇一五年)。

(8) 成田龍一『〈歴史〉はいかに語られるか 1930年代「国民の物語」批判』(NHK出版、二〇〇一年)。

(9) ポール・ヴィリリオ(石井直志・千葉文夫訳)『戦争と映画 知覚の兵站術』(平凡社ライブラリー、一九九九年)。

(10) とりわけ日中戦争の初期に動員された特設師団(第一三師団、第一八師団、第一〇八師団、第一〇九師団、第一一四師団)は、圧倒的に「後備兵」が中心の構成となっていた。一九二七年四月の兵役法は、満二〇歳の年の秋に徴兵検査を受け、現役として徴集された者は、二年間の現役、五年四ヵ月間の予備役、一〇年間の後備役に服すると決められていた。すなわち、「現役徴集者だけが、現役、予備役、後備役あわせて一七年四月間というとりわけ重い負担を背負う制度であった」(藤原彰『南京の日本軍』大月書店、一九九七年)。

(11) 日比野は、自らに召集令状が届いたあとの身辺整理や、危篤状態に陥った我が子への思いを振り捨てて入隊した様子、さらには戦地への出立直前に滞在した民家での交流を綴った短篇を加え、単行本『呉淞クリーク』を刊行、第六回池谷信三郎賞を受賞した。日比野士朗の経歴については、白石喜彦「作家・日比野士朗の出発」(『東京女子大学紀要 論集』63巻1号、二〇一二年九月)を参照した。

(12) 注1、菊池一隆『中国抗日軍事史 1937―1945』。

(13) 笠原十九司『日中戦争全史 上』(高文研、二〇一七年)。

(14) 中谷いずみ『その「民衆」とは誰なのか ジェンダー・階級・アイデンティティ』(青弓社、二〇一三年)。

(15) ただし、戦争報道のコードがすべてのメディアで厳密に運用されていたわけではない。棟田博『分隊長の手記』では、中隊長・小隊長・分隊長という指揮系統が明示される他、兵たちの望郷や懐旧の念もかなりあからさまに記述される。『分隊長の手記』は当初、雑誌『大衆文芸』に連載されたテクストだが、発表媒体の違いによって、検閲官の対応や編集者・作者の自己規制の度合いが異なっていた、と推定できる。また、白石喜彦は、石川達三『武漢作戦』の初出版と単行本版の本文を比較したうえで、「初出の叙述が単行本で削除された例」が複数あることから、「一般に、掲載禁止事項に該当する叙述が初出段階では見過ごされてしまう場合もかなりあったらしいことが推測できる」とする（『石川達三の戦争小説』翰林書房、二〇〇三年）。

（16）注15、白石喜彦『石川達三の戦争小説』。

（17）防衛庁防衛研修所戦史室『戦史叢書　支那事変陸軍作戦〈2〉昭和十四年九月まで』（朝雲新聞社、一九七六年）の記述から補った。

（18）中野重治「解説」（『現代日本小説大系　第五十九巻』河出書房、一九五二年）。

（19）冨山一郎『増補　戦場の記憶』（日本経済評論社、二〇〇六年）。

（20）河田和子「報道戦線下における戦争の表象――火野葦平『麦と兵隊』の表現戦略」（『昭和文学研究』44集、二〇〇二年三月）。

（21）酒井直樹『日本思想という問題　翻訳と主体』（岩波書店、一九九七年）。

第四章

（1）一ノ瀬俊也『銃後の社会史　戦死者と遺族』（吉川弘文館、二〇〇五年）。一ノ瀬は、戦死者遺族が近親者の死を甘受し納得する回路として、「国家への貢献」という名誉だけでなく、「代償」としての経済的な見返りも重要だったと指摘している。

（2）中支那派遣軍憲兵隊「軍事警察教程」（高橋正衛編『続・現代史資料6　軍事警察』みすず書房、一九八二年）。なお、幡新大実は「生きて虜囚の辱めを受けず」という一節で有名な「戦陣訓」（陸軍大臣訓令第一号、一九四一年一月八日）の中心的な狙いは「日中戦争初期からの日本軍の華北・華中両戦線における軍紀の弛緩」への対策だったと論じている（「「戦陣訓」と日中戦争――軍律から見た日中戦争の歴史的位置と教訓――」軍事史学会編『日中戦争再論』錦正社、二〇〇七年）。

（3）大本営陸軍部研究班『無形戦力思想関係資料第四号　支那事変ニ於ケル軍人軍属ノ思想ニ影響ヲ及セル諸因ノ観察』（一九四〇年九月。アジア歴史資料センター C11110756200、防衛省防衛研究所）。

（4）真鍋元之は、日本語の戦争文学の歴史においては、日露戦争は将校が、日中戦争は下士官が、アジア・太平洋戦争は兵士が主要な書き手となったと指摘している（棟田博『続・分隊長の手記』「解説」光人社、一九七四年。池田浩士『「海外進出文学」論・序説』インパクト出版会、一九九七年でも言及あり）。当然ながら、下士官は上官から命令を受ける存在であると同時に、最前線の兵士たちに直接指示命令を伝える立場の人間でもある。ここでは小隊長以上の将校を問題としたが、論理的に考えれば、同じことは『土と兵隊』での火野葦平のような分隊長にも問われうる。日中戦争期の代表的な戦記テクストの書き手である火野葦平、上田廣、日比野士朗、棟田博の軍隊での階級が「伍長」だったことは、決して偶然ではない。

（5）デーヴ・グロズマン、ローレン・クリステンセン（安原和見訳）『「戦争」の心理学　人間における戦闘のメカニズム』（二見書房、二〇〇八年）。

（6）注5、グロズマン、クリステンセン『「戦争」の心理学　人間における戦闘のメカニズム』。

（7）古屋美登里「訳者あとがき」（デヴィッド・フィンケル『帰還兵はなぜ自殺するのか』亜紀書房、二〇一五年）。

（8）野田正彰『戦争と罪責』（岩波書店、一九九八年）。

（9）下河辺美知子『トラウマの声を聞く　共同体の記憶と歴史の未来』（みすず書房、二〇〇六年）。

（10）注9、下河辺『トラウマの声を聞く　共同体の記憶と歴史の未来』。

（11）中村江里「戦争と男の「ヒステリー」――十五年戦争と日本軍兵士の「男らしさ」」（『立教大学ジェンダーフォーラム年報』16、二〇一五年三月）。

（12）中村江里「日本陸軍における男性性の構築――男性の「恐怖心」をめぐる解釈を軸に」（木本喜美子・貴堂嘉之編『ジェンダーと社会――男性史、軍隊、セクシュアリティ』旬報社、二〇一〇年）。

（13）内田雅克『大日本帝国の「少年」と「男性性」　少年少女雑誌に見る「ウィークネス・フォビア」』（明石書店、二〇一〇年）。

（14）注8、野田『戦争と罪責』。

(15) 冨山一郎『増補　戦場の記憶』（日本経済評論社、二〇〇六年）。
(16) 注15、冨山『増補　戦場の記憶』。
(17) 神子島健『戦場へ往く、戦場から還る　火野葦平、石川達三、榊山潤の描いた兵士たち』（新曜社、二〇一二年）。
(18) 例えば陸軍の場合、「軍機保護法施行規則」（陸軍省令第四三号、一九三七年一〇月七日）で、同法違反に該当する事例を定めている。例えば、「外国ニ駐屯スル軍隊又ハ戦時若ハ事変ニ際シ出征若ハ派遣スル軍隊及其ノ軍需品ニ関スル」事項として、「戦闘序列又ハ軍隊区分ニ基ク隷属系統、部隊号、部隊数又ハ部隊ノ人馬数、装備若ハ軍需品ノ種類及数量」、「戦時又ハ事変ノ際ニ於ケル軍徴庸船舶ノ船名、隻数、艤装、兵装、性能、航路若ハ航行隊形又ハ其ノ輸送人馬物件ノ種類及員数若ハ部隊号」にかかわる内容は軍事上の秘密とされた。すなわち、戦場体験者が自らの記憶を語る際、自己の所属した部隊の軍隊組織内での位置づけに関連する内容や、どこから、どんな名前の船で、どんなルートで何隻の艦隊で戦地に向かったかを語ることは許されなかった。
(19) 池田浩士『火野葦平論　「海外進出文学」論・第一部』（インパクト出版会、二〇〇〇年）。
(20) 成田龍一『〈歴史〉はいかに語られるか　1930年代「国民の物語」批判』（NHK出版、二〇〇一年）。
(21) 松本和也「〝戦場にいる文学者〟からのメッセージ」（『昭和一〇年代の文学場を考える　新人・太宰治・戦場文学』立教大学出版会、二〇一五年）。
(22) ホミ・K・バーバ（本橋・正木・外岡・阪本訳）『文化の場所　ポストコロニアルの位相』（法政大学出版局、二〇〇五年）。
(23) 火野葦平「解説」（『火野葦平選集　第二巻』東京創元社、一九五八年）。敗戦後の補筆については、玉井史太郎「「土と兵隊」戦後版補筆」（『葦平曼陀羅――河伯洞余滴』（玉井闘志、一九九九年）を参照した。
(24) 越前谷宏「火野葦平『麦と兵隊』論　検閲をめぐる攻防」（『日本文学』65巻12号、二〇一六年一二月）。

(25) 里村欣三の閲歴については、高崎隆治『従軍作家　里村欣三の謎』(梨の木舎、一九八九年)、里村欣三顕彰会『里村欣三の眼差し』(吉備人出版、二〇一三年)を参照した。
(26) 山田朗「兵士たちの日中戦争」(『岩波講座アジア・太平洋戦争5　戦場の諸相』岩波書店、二〇〇六年)。
(27) 注23、火野「解説」。

第五章

(1) 佐藤卓己「訳者解説」(サム・キーン(佐藤卓己・佐藤八寿子訳)『敵の顔　憎悪と戦場の心理学』柏書房、一九九四年)。
(2) ジョン・ダワー(斎藤元一訳)『容赦なき戦争　太平洋戦争における人種差別』(平凡社ライブラリー、二〇〇一年)。
(3) ジョン・ダワー(明田川融監訳)『昭和　戦争と平和の日本』(みすず書房、二〇一〇年)。
(4) 注2、ダワー『容赦なき戦争　太平洋戦争における人種差別』。
(5) 成田龍一は、日清戦争の最中に創刊された雑誌『少年世界』の誌面を分析することから、〈日本人〉としての「われわれ」意識が、「文明にもとり、卑怯」であり、「臆病で、こずるく、強欲で、戦意はなく、捕虜になっても恥じ」ない「中国兵」＝「かれら」との差異化を通じて析出された、とする(「少年世界と読書する少年たち」『思想』一九九四年一〇月)。この時期の日本／中国の表象が、「われわれ」＝〈日本人〉の勇壮さを強調するジェンダー化された比喩を用いて語られたことも重要。詳しくは、五味渕「与謝野鉄幹と〈日本〉のフロンティア」(金子明雄、吉田司雄、高橋修編『ディスクールの帝国　明治三〇年代の文化研究』(新曜社、二〇〇〇年)で論じた。
(6) 注2、ダワー『容赦なき戦争　太平洋戦争における人種差別』。
(7) 黒羽清隆『十五年戦争史序説』(三省堂、一九七九年)。
(8) 都築久義「上田広素描――戦時体制下の文学者(三)」(『愛知淑徳大学論集』一九八一年一二月)。上田廣の経歴については、都築論文の他、『追悼　上田広』(非売品。上田広文学碑建立準備会、一九八〇年）、池田浩士『「海外進出文学」論・序説』（インパクト出版会、一九九七年）を参照した。

（9）菊池一隆『中国抗日軍事史　1937―1945』（有志舎、二〇〇九年）。

（10）山田朗『戦争の経験を問う　兵士たちの戦場――体験と記憶の歴史化』（岩波書店、二〇一五年）。

（11）戸坂潤『日本イデオロギー論』（岩波文庫、一九七七年）。

（12）注8、池田『「海外進出文学」論・序説』。

（13）西田勝「解説」（『戦争に対する戦争』復刻版、不二出版、一九八四年）。

（14）金杭『帝国日本の閾　生と死のはざまに見る』（岩波書店、二〇一〇年）。金杭は、死によってしか「日本人」になれなかった「太平洋戦争末期の朝鮮人たちこそ、「日本人になる」ことの究極の論理を現前させた」とする。本書でわたしは、金のこの指摘を受けとめつつ、列島出身者たちにとっても、想像的に措定された戦場を媒介に、言説を通じて「日本人」としての「血と楯の論理」を内面化させる必要があったことを重要視している。

（15）戦場での〈更生〉を語る枠組みは、いわゆる転向者以外にも援用されることがある。角書きに「戦時実話」と銘打った我妻大陸「懺悔の突撃路（聖戦は犯罪者に正義を呼び戻す）」（『大陸』一九三九年一月）は、卑劣な手段で友人に自分の婚約者を横取りされた男が、腹いせにその友人になりすまし、保険金詐欺を働くという物語だが、最後にはその男も友人もともに上海戦に出征、野戦病院で劇的な再会を遂げたあと、互いの罪を赦しあう。作の末尾は「彼の恋も、怨恨も、激怒も、流浪も、陰謀も、奸策も、懺悔も、その惶しい生涯を、野戦病院の一室に残して、洗ひ清められた魂となつて、昇天したのであつた」と結ばれる。

（16）藤田省三『藤田省三著作集2　転向の思想史的研究』（みすず書房、一九九七年）。

（17）鹿野政直『兵士であること　動員と従軍の精神史』（朝日新聞社、二〇〇五年）。なお、同書で展開された議論と拙論とのかかわりについては、小沢節子氏にご教示をいただいた。ここに記し、謝辞に代えたい。

（18）井上俊夫『初めて人を殺す　老日本兵の戦争論』（岩波現代文庫、二〇〇五年）。

(19) 田嶋一『〈少年〉と〈青年〉の近代日本　人間形成と教育の社会史』(東京大学出版会、二〇一六年)。同書で田嶋は、一九三〇年代以降、「修養」に代わって「修練」「錬成」「行」というキーワードが浮上する、と指摘している。
(20) 成田龍一『〈歴史〉はいかに語られるか　1930年代「国民の物語」批判』(NHK出版、二〇〇一年)。
(21) 黒羽清隆『日中15年戦争(中)』(教育社歴史新書、一九七七年)。
(22) 酒井直樹『死産される日本語・日本人「日本」の歴史——地政的配置』(新曜社、一九九六年)。
(23) 注22、酒井『死産される日本語・日本人「日本」の歴史——地政的配置』。
(24) ツヴェタン・トドロフ(及川馥、大谷尚文、菊池良夫訳)『他者の記号学　アメリカ大陸の征服』(法政大学出版局、一九八六年)。
(25) 彦坂諦『文学をとおして戦争と人間を考える』(れんが書房新社、二〇一四年)。
(26) スーザン・ソンタグ(北条文緒訳)『他者の苦痛へのまなざし』(みすず書房、二〇〇三年)。
(27) 井上祐子『日清・日露戦争と写真報道　戦場を駆ける写真師たち』(吉川弘文館、二〇一二年)。
(28) ジュディス・バトラー(清水晶子訳)『戦場の枠組　生はいつ嘆きうるものであるか』(筑摩書房、二〇一二年)。
(29) 飯田祐子「従軍記を読む——林芙美子『戦線』『北岸部隊』」(『彼女たちの文学　語りにくさと読まれること』名古屋大学出版会、二〇一六年)。

第六章

(1) 白山眞理『〈報道写真〉と戦争　一九三〇—一九六〇』(吉川弘文館、二〇一四年)。
(2) テッサ・モーリス-スズキ(田代泰子訳)『過去は死なない　メディア・記憶・歴史』(岩波現代文庫、二〇一四年)。
(3) 山本武利『日本のインテリジェンス工作　陸軍中野学校、七三一部隊、小野寺信』(新曜社、二〇一六年)。
(4) 荻野富士夫編『編集復刻版　情報局関係極秘資料　第7巻』(不二出版、二〇〇三年)。

（5）ジョン・ダワー（猿谷要監修、斎藤元一訳）『容赦なき戦争　太平洋戦争における人種差別』（平凡社ライブラリー、二〇〇一年）。

（6）家近亮子『蒋介石の外交戦略と日中戦争』（岩波書店、二〇一二年）。

（7）小柳次一、石川保昌『従軍カメラマンの戦争』（新潮社、一九九三年）。

（8）フランク・キャプラが製作したドキュメンタリー映画『中国の戦い』（一九四四年）の中に、この写真の撮影時ではないかと覚しきカットが挿入されている。この映画は、キャプラが合州国陸軍参謀総長ジョージ・マーシャルの依頼で製作したプロパガンダ・ドキュメンタリーのシリーズ『なぜ戦うのか』の一作として製作された。このシリーズでキャプラは、多くは敵方から「没収したり捕獲したりしたニュース映画、プロパガンダ映画、コマーシャル映画」など「他人のフィルム」を編集して作品を完成させた（注5、ダワー『容赦なき戦争　太平洋戦争における人種差別』）。

（9）梅本の経歴については、坂口博「葦平をめぐる三人のカメラマン」（『校書掃塵――坂口博の仕事Ⅰ』花書院、二〇一六年）を参照。

（10）難波功士「プロパガンディストたちの読書空間」（吉見俊哉編『一九三〇年代のメディアと身体』青弓社、二〇〇二年）。

（11）渋谷重光『大衆操作の系譜』（勁草書房、一九九一年）。

（12）牧野守は、日本国家が最初に作成した統一的な映画検閲の制度が、法律ではなく省令（「活動写真『フイルム』検閲規則」内務省令第一〇号、一九二五年五月二六日公布）に拠ったことに注意をうながしている。牧野によれば、映画検閲は一般出版物と同じ「精神」の下に行なわれるとされたが、「出版や演芸などの興行の取締りに比較すると、事業者や個人の権利を損なうような制限を法律という形式によらずに課すという内容を残している点で、規則の性格は内務官僚の御都合主義に合わせた曖昧なものとなった」と論じている（牧野『日本映画検閲史』パンドラ、二〇〇三年）。

（13）この時期の『出版警察報』「外来出版物取締状況」の欄には、「支那事変関係皇軍ノ威信失墜ニ渉ルモノ」について、具体的な細目が掲げられている。「（一）我軍ガ敗戦セル如ク曲説スルモノ」「(二) 我軍ガ連隊旗ヲ奪取セラレタル如ク曲説スルモノ」「(三) 我軍ガ武器ヲ奪取セラレタル如ク曲説スルモノ」「(四) 我軍ガ無辜ノ人民ニ惨虐ナル行為ヲ為セルガ如ク曲説スルモノ」「(五) 我軍ガ国際公法違反ノ戦闘手段ヲ行使セル如ク曲説スルモノ」「(六) 我軍将士ノ行動ヲ曲説シ甚シク之ガ侮辱ニ渉ルモノ」「(七) 皇軍ノ威信失墜ニ渉ル写真ヲ掲載スルモノ」「(八) 其他皇軍ノ威信失墜ニ渉ルモノ」。うち、(七) には、撃墜された飛行機、鹵獲された武器、中国軍に捕虜となった日本軍将兵、民間人への加害行為に関わる写真が禁じられる旨が記されるが、同様の内容は、文字で書かれた記事でも基本的にチェックされる対象である。

(14) 井上祐子『戦時グラフ雑誌の宣伝戦　十五年戦争下の「日本」イメージ』(青弓社、二〇〇九年)。

(15) 注1、白山『〈報道写真〉と戦争　一九三〇―一九六〇』。バラク・クシュナーは、日中戦争以前の段階から、外務省が複数のアメリカ人ジャーナリストに資金を提供し、「日本に関する好意的な報道」を促すための便宜供与を行なっていたことを指摘している(クシュナー(井形彬訳)『思想戦　大日本帝国のプロパガンダ』明石書店、二〇一六年)。武漢作戦に際しては、「文化情報局」という「民間団体」が、『麦と兵隊』の英訳者ルイズ・ブッシュら外国人記者・文筆家・写真家らを上海・南京に派遣、中支戦線での日本軍の「活躍」ぶりを取材・視察させていた。この企てには、近衛文麿首相の長男で、当時首相秘書官だった近衛文隆が同行しており、政府の関与が疑われる(「外人文筆部隊の勢揃い」『東京日日新聞』一九三八年九月三〇日、「外人部隊を先導し　文隆秘書官漢口戦へ突進」『読売新聞』一九三八年九月三〇日)。

(16) 注1、白山『〈報道写真〉と戦争　一九三〇―一九六〇』。

(17) 吉本光宏『陰謀のスペクタクル　〈覚醒〉をめぐる映画論的考察』(以文社、二〇一二年)。

(18) 赤澤史朗「宣伝と娯楽」(『近代日本の思想動員と宗教統制』校倉書房、一九八五年)。

(19) 注6、家近『蒋介石の外交戦略と日中戦争』。

(20) 伊香俊哉『戦争の日本史22　満洲事変から日中全面戦争へ』(吉川弘文館、二〇〇七年)。

(21) 笠原十九司『日中全面戦争と海軍　パナイ号事件の真相』(青木書店、一九九七年)。また、日中戦争初期に中国大陸で海軍が行った謀略活動については、笠原『海軍の日中戦争　アジア太平洋戦争への自滅のシナリオ』(平凡社、二〇一五年)を参照。

(22) 横溝光暉「国家と情報宣伝」(内閣情報部「秘　思想戦講習会講義速記　第一輯」一九三八年二月。荻野富士夫編『編集復刻版　情報局関係極秘資料　第六巻』不二出版、二〇〇三年)。

(23) 清水盛明「支那事変と宣伝」(内閣情報部「秘　第二回思想戦講習会講義速記」一九三九年二月。『編集復刻版　情報局関係極秘資料　第七巻』)。

(24) 注15、クシュナー『思想戦　大日本帝国のプロパガンダ』。

(25) 荻野富士夫編『編集復刻版　情報局関係極秘資料　第八巻』(不二出版、二〇〇三年)。

(26) 横溝光暉「思想戦の理論と実際」(内閣情報部「秘　第二回思想戦講習会講義速記」、『編集復刻版　情報局関係極秘資料　第七巻』)。

(27) 清水盛明「戦争と宣伝」(内閣情報部「極秘　思想戦講習会講義速記　第二輯」一九三八年二月。荻野富士夫編『編集復刻版　情報局関係極秘資料　第六巻』)。

(28) 権錫永「日本における統制とプロパガンダ」(小森陽一ほか編『岩波講座文学2　メディアの力学』岩波書店、二〇〇二年)。

(29) 里見脩は、「用紙供給の制限を単なる物資統制ではなく、言論統制と関連させた政務とする発想」は、阿部信行内閣の商工次官に就任した岸信介の発案だった、とする。岸は、満洲国実業部次長時代に「用紙制限が言論統制の有効手段として活用されていることを熟知していたため、満州方式の内地への導入を強調したという」(里見『新聞統合　戦時期におけるメディアと国家』勁草書房、二〇一一年)。

(30) 日本出版文化協会が制度化した用紙統制のあり方をめぐっては、拙稿「紙の支配と紙による支配——《出版新体制》と権力の表象」『Intelligence』12号、二〇一二年三月)で検討した。

(31) 久野収、浅田彰、柄谷行人「京都学派と三〇年代の思想——特別インタビュー　久野収氏に聞く」(『批評空間』第二期4号、一九九五年一月)。

(32) 牧義之『伏字の文化史——検閲・文学・出版』(森話社、二〇一四年)。

(33) 浅岡邦雄は、日本近代文学館の所蔵する資料から、小山いと子「指にある歯型」(『日本評論』

一九三七年九月号）の校正刷り原稿に内務省が行った「内閲」を示すと見られる捺印と書き込みが見られることを発見した。詳しくは浅岡「小山いと子「指にある歯型」校正刷の意味――内閲に関する新出資料をめぐって」（『日本近代文学館年誌』11、二〇一五年三月）を参照。

（34）注29、里見『新聞統合　戦時期におけるメディアと国家』。

第七章

（1）森本淳生『小林秀雄の論理　美と戦争』（人文書院、二〇〇二年）。

（2）井上賢一郎「中国における小林秀雄　新資料瞥見」（杉野要吉編『淪陥下北京1937―1945　交争する中国文学と日本文学』（三元社、二〇〇〇年）。なお、中国大陸での小林の活動については、西田勝が、一九四〇年の「文藝銃後運動」朝鮮・満洲班に参加した際の講演記録（全集未収録）を紹介したうえで、その足取りをたどっている（「小林秀雄と「満洲国」」『すばる』二〇一五年二月）。

（3）山城むつみ『小林秀雄とその戦争の時　『ドストエフスキイの文学』の空白』（新潮社、二〇一四年）。

（4）『文藝春秋』は、第六回芥川賞発表にあたって、受賞者である火野が「出征中」であることを繰り返し強調していた。松本和也「事変下メディアの中の火野葦平――芥川賞『糞尿譚』からベストセラー『麦と兵隊』へ」（『Intelligence』6号、二〇〇五年二月）は、芥川賞発表以後のメディア言説が、火野をめぐる「期待の地平」を形づくっていった様子をあとづけている。

（5）のちの回想で火野は、小林秀雄が芥川賞授賞者として杭州に来ると聞き、「誰か無名の従軍記者が持参するものと思いこんでいた」ので「びっくりした」、「私は小林氏を尊敬していたが、いささか怖くも考えていたので、待つ気持のうちにも、固くならざるを得なかった」と書いている（「解説」『火野葦平選集　第一巻』東京創元社、一九五八年）。

（6）河上徹太郎「解説」（『新訂小林秀雄全集　第四巻』新潮社、一九七八年）。

（7）高見澤潤子『兄・小林秀雄』（新潮社、一九八五年）。

（8）注3の山城むつみも書いているように、削除処分を受けた「蘇州」の初出本文は、未だ確認できていない。陸艶は、同志社大学図書館・大谷大学図書館蔵本を調査し、切り取られた箇所の断片から本文の一部を判読する作業を行なっている（「小林秀雄「蘇州」をめぐって」『佛教大学大学院紀要　文学研究科篇』40号、二〇一二年三月）。わたしも慶應義塾大学図書館、大妻女子大学図書館蔵本を確認したが、いずれも「削除済」のものだった。

（9）白石喜彦『石川達三の戦争小説』（翰林書房、二〇〇三年）。

（10）『生きてゐる兵隊』の発禁処分をめぐっては、小林の発言と同日付けの『都新聞』「大波小波」欄で、作家の想像力の萎縮を心配するコメントが投げかけられている（「戦争の描写」）。小林の発言は、この筆禍事件に対する最も早い反応の一つだった。

（11）松本和也「昭和一二年の報告文学《ルポルタージュ》言説——尾崎士郎を視座として」（『文芸研究』177、二〇一四年三月）。

（12）注1、森本『小林秀雄の論理　美と戦争』。

（13）藤原彰『南京の日本軍』（藤原書店、一九九七年）は、陸軍省が行なった調査をもとに、「当初の中国戦線の兵の大多数は予後備兵、とりわけ年齢の高い後備兵であった」と指摘している。火野葦平＝玉井勝則は三〇歳で召集されたが、彼が所属した第一八師団は後備兵を中心に編成された特設師団だった。このとき三五歳だった小林の同世代も、少なくない数の人々が動員されていたのである。

（14）関谷一郎『小林秀雄への試み　〈関係〉の飢えをめぐって』（洋々社、一九九四年）。

（15）注1、森本『小林秀雄の論理　美と戦争』。

（16）鶴島正男「葦平回廊2　従軍手帖（杭州1）」（『敍説』II—2、二〇〇一年八月）。引用にあたっては、読みやすさを考慮し、改行の位置を改めている。

（17）星加輝光「小林秀雄と火野葦平——「麦と兵隊」を中心に」（『小林秀雄ノオト』梓書院、一九七九年）。

（18）注3、山城『小林秀雄とその戦争の時　『ドストエフスキイの文学』の空白』。

（19）副田賢二「「従軍」言説と〈戦争〉の身体——「支那事変」から太平洋戦争開戦時までの

言説を中心に」（『近代文学合同研究会論集5　想像力がつくる〈戦争〉／〈戦争〉がつくる想像力』二〇〇八年一二月）。

（20）瀧川政次郎『東京裁判をさばく　下』（東和社、一九五三年）。

（21）火野葦平宛菊池寛書簡（HA2-06840）一九三八年八月一一日付、北九州市立文学館所蔵。

（22）火野と中山省三郎とがやりとりした書簡からは、改造社は『糞尿譚』の出版についてもいちはやく打診していた事実が浮上する。中山は、火野宛書簡の中で、「糞尿譚」芥川賞受賞決定直後に改造社から出版の申し出があり、青柳喜兵衛と相談し一度改造社に内諾を与えたが、宇野浩二と岩波書店の関係者が小山書店を推し、改造社は作家に冷淡であるという評判を気にした中山と青柳が小山に決定したことを伝えている。また、中山は、改造社にその決定を伝える際、凱旋後第一作を改造で出すことで骨を折って欲しいと依頼されたとも書き送っている（玉井勝則宛中山省三郎書簡［HA2-06475］一九三八年二月一六日付、北九州市立文学館所蔵）。いわば、火野＝中山側は、改造社に〈借り〉があったことになる。

（23）火野葦平宛小林秀雄書簡（HA2-06904）一九三八年八月一五日付、北九州市立文学館所蔵。

（24）玉井勝則宛小林秀雄書簡（HA2-06899）一九三八年八月一七日付、北九州市立文学館所蔵。

（25）玉井良子宛玉井勝則書簡（HA2-09316）一九三八年一月二五日付、北九州市立文学館所蔵。

第八章

（1）石川達三「誌」（『生きてゐる兵隊』河出書房、一九四五年）。

（2）石川達三『生きている兵隊（伏字復元版）』（中公文庫、一九九九年）。

（3）青木信雄『石川達三研究』（双文社出版、二〇〇七年）、牧義之『伏字の文化史　検閲・文学・出版』（森話社、二〇一四年）。

（4）秋田市立中央図書館明徳館石川達三記念室所蔵。石川の遺族によれば、同志社女子大学図書館に所蔵された同名の資料は、石川達三が「生前に研究者に裁判記録を貸したときに作られたとみられるコピー」に当たるという（河原理子『戦争と検閲　石川達三を読み直す』岩波新書、二〇一五年）。

（5）清水は、問題と考えた箇所を調書に書き抜く際、初出『中央公論』誌のページ数と原稿のページ数とを出典として表記している。よって、原稿のページ数のみが書かれたものは、『中央公論』編集部が自主規制で活字化しなかった部分にあたる。たとえば、現在確認可能な初出本文には、「日本軍人の為に南京市内二個所に慰安所が開かれた」「彼等は酒保へ寄つて一本のビールを飲み、それから南部慰安所へ出かけていつた」としか書かれず、「慰安所」にかんする具体的な描写はカットされている（雄松堂書店によるマイクロフィルム版を参照）。それでも、当該部分が日中戦争初期の「慰安所」を描いた貴重な一節であることは変わらない。

（6）川田文子は、一九三八年に日本軍部隊に配付された小冊子『南京案内』に、南京市内九カ所の「慰安所」の名称と所在地が記されていた、とする（「南京レイプと南京の慰安所」（『季刊戦争責任研究』27号、二〇〇〇年三月）。

（7）吉見義明「南京・上海の慰安所と上海派遣軍軍医部――「渡辺進軍医大尉日記」から」（『季刊戦争責任研究』27号、二〇〇〇年三月）。

（8）注6、川田「南京レイプと南京の慰安所」。ミニー・ヴォートリン（岡田良之助・伊原陽子訳『南京事件の日々――ミニー・ヴォートリンの日記』（大月書店、一九九九年）。

（9）石川達三は、東京裁判時に「米国側の検事団」から南京事件関連で事情聴取を受けている。詳しくは石川『経験的小説論』（新潮社、一九七四年）を参照。

（10）小田実「ある否定しがたい力――金史良『郷愁』」（『文藝』一九七九年一月）。

（11）金碩熙「金史良「郷愁」論――文学と政治の間、ナショナル・エモーション」（『日本学報』69輯、二〇〇六年一一月）。

（12）郭炯徳『金史良日本語小説期研究』（早稲田大学大学院文学研究科博士学位論文［未公刊］、二〇一四年）。

（13）宮崎靖士「非共約的な差異へむけた日本語文学のプロジェクト――一九四一〜四二年の金史良作品」（『日本近代文学』83集、二〇一〇年一一月）。

（14）庵逧由香「朝鮮における総動員体制の構造」（『岩波講座 東アジア近現代通史6　アジア太平洋戦争と「大東亜共栄圏」　1935―1945年』（岩波書店、二〇一一年）。

（15）注14、庵逧「朝鮮における総動員体制の構造」。

（16）趙景達「戦争と朝鮮人」（趙景達編『植民地朝鮮　その現実と解放への道』（東京堂出版、二〇一一年）。

（17）松田利彦「総力戦体制の形成と展開」（前掲『植民地朝鮮　その現実と解放への道』所収）。この数字は、一九五三年五月に厚生省第二復員局が作成した、陸海軍の「終戦后朝鮮人軍人軍属復員員状況表」をもとにしている。北原道子は、戦後の厚生省・外務省の資料をつぶさに検討したうえで、「徴兵により現役徴集されなかった補充兵を動員した部隊」など、「名簿などの資料に記載されていない多くの人がいる」ことを指摘している（『北方部隊の朝鮮人兵士　日本陸軍に動員された植民地の若者たち』現代企画室、二〇一四年）。とくに軍属の場合は部隊が現地で雇用するケースも多いため、実数の把握はさらに困難になる。現在判明している数字は、「少なくとも」という修飾語を付して理解するべきだろう。

（18）宮田節子『朝鮮民衆と「皇民化」政策』（未来社、一九八五年）。

（19）注18、宮田『朝鮮民衆と「皇民化」政策』。

（20）金杭『帝国日本の閾　生と死のはざまに見る』（岩波書店、二〇一〇年）。

（21）戸田郁子『中国朝鮮族を生きる　旧満州の記憶』（岩波書店、二〇一一年）。

（22）鄭銀淑『中国東北部の「昭和」を歩く――延辺・長春・瀋陽・大連　韓国人が見た旧満州』（東京経済新報社、二〇一一年）。

（23）大村益夫は、二〇〇一年に逝去した中国在住の朝鮮人作家・金学鉄が、「日本軍の日本語と中国語の通訳は多くが朝鮮人。将校待遇で軍刀さげる。拳銃を持って、長靴はいて通訳の100人のうち90人までが朝鮮人」と語っていたことを伝えている（大村益夫『中国朝鮮族文学の歴史と展開』緑蔭書房、二〇〇三年）。九割方という数字はやや大仰に過ぎるし、全員が「将校待遇」だったとも考えにくい。しかし、無視できない数の朝鮮人が日本軍と行動を共にしていたことは推知できる。

（24）「朝鮮人特別志願兵制度施行に関する枢密院に於ける想定質問及び答弁資料」（大野緑一郎文書、一二七六。国立国会図書館憲政資料室蔵）、樋口雄一『皇軍兵士にされた朝鮮人　一五年戦争下の総動員体制の研究』（社会評論社、一九九一年）。樋口によれば、一九四一年七月までの段階で、陸軍が関係軍属に行った論功行賞の対象者四、一二〇名のうち、台湾人が三、一四四名、朝鮮人が三三五名を占めていた。

(25) 洪善英「雑誌「モダン日本」と「朝鮮版」の組み合わせ、その齟齬」（徐禎完、増尾伸一郎編『植民地朝鮮と帝国日本　民族・都市・文化』勉誠出版、二〇一〇年）。

(26) 朝鮮総督府の御用紙的な役割を担った『京城日報』では、第一報以来、ほぼ連日李仁錫の死を悼む人々の様子が伝えられる。当初は伏せられていた彼の死は、一九三九年七月七日の「興亜記念行事」中に発表されるなど、あからさまに政治利用された。一連の記事のタイトルだけを挙げても、「童心にひゞく李君の戦死　玉井姉弟が香奠を」（一九三九年七月九日、以下年は省略）、「戦死志願兵に続く弔慰」（七月一一日）、「〝この親にしてこの子あり〟崔沃川郡守、李君の遺族を語る」（七月一一日）、「遺族を守れ　銃後に情あり」（七月一一日）、「李仁錫君の霊前に　感激の香奠　内地の一女性から」（七月一三日）、「うづ巻く感激　李上等兵に捧げる数々」（七月一四日）、「和歌山の児童から李君の遺族に弔文」（七月一五日）、「廃品を集めて故李君に弔意を　江華城内児童の誠」（七月一八日）など、とく児童・少年層をターゲットに、「内鮮一体」を演出しようとする意図があらわである。

(27) 内海愛子、村井吉敬『シネアスト許泳の「昭和」』（凱風社、一九八七年）。

(28) 「鮮内思想状況に関する件（朝鮮軍）」（アジア歴史資料センター C01004782600、『昭和十五年「密大日記」第六冊』防衛省防衛研究所）。なお、この資料については、宮田節子の著書（注19）で紹介・引用されていた。

(29) 現在確認できる『君と僕』のシナリオ（『映画評論』一九四一年七月）には、「吾々半島人がより良き日本人となるためには軍隊生活に入つて、立派な日本精神を体得することですよ」というセリフがある。李英載は、この部分に触れながら、「この物語で物語を引っ張っていくのは葛藤ではなく、互いの気持ちを高揚させ、兵士となり、よりよき日本人となる決意を絶え間なく確認する行為なのである」と論じる（『帝国日本の朝鮮映画　植民地メランコリアと協力』三元社、二〇一三年）。

（30）池田浩士『「海外進出文学」論・序説』（インパクト出版会、一九九七年）。
（31）郭炯徳「「大東亜戦争」前後の金史良文学——「外地文学」から「地方文学」への変容」（『早稲田大学大学院文学研究科紀要』54—3、二〇〇九年八月）。
（32）興味深いことに、〈内地〉の戦争・戦場の語りには、台湾の人々はもっと出てこない。星名宏修は、「一九四〇年代には、台湾人が中国や南洋へと「進出」していく作品が数多く創作されるようになる」と指摘したうえで、日本軍占領下の海南島に「進出」した台湾人を描いた紺谷淑藻郎「海口印象記」（『台湾文学』一九四一年九月）について論じている（星名宏修『植民地を読む 「贋」日本人たちの肖像』法政大学出版局、二〇一六年）。日中戦争期の〈内地〉日本語メディアにおける台湾人表象をめぐっては、さらに調査を進めていく必要がある。
（33）注11、金碩熙「金史良「郷愁」論——文学と政治の間、ナショナル・エモーション」。
（34）作中で李絃の年令は「二十七」とされるが、そうだとすると、伽倻と生き別れた三・一運動の記憶を語る場面で「二十数年前といへば、絃は六、七の頃だつた」という記述とつじつまが合わなくなる。だが、これは単純なミスというよりは、年代設定をあえて混乱させることで、「大正八年の三月事件」との直接的な対応関係をずらすためとも考えられる。このあと触れるように、金史良は「親方コブセ」でも、同様の操作を行なっている。
（35）黒羽清隆『十五年戦争史序説』（三省堂、一九七九年）。
（36）山内三郎「麻薬と戦争——日中戦争の秘密兵器」（『続・現代史資料12 アヘン問題』みすず書房、一九八六年）。山内によれば、「一般に陸軍のやり方は、日本人のヘロイン商人を保護して彼等からのリベートによって〇〇機関、××機関の機密費を賄う方法をとっていたが、海軍などは有名な児玉機関などのように直接ヘロインによる利益によって莫大な軍事費を蓄積していた」。
（37）蒙疆政権の設立経緯と支配体制については、柴田善雅「日本の蒙疆政治支配体制」（柴田善雅・内田知行編『日本の蒙疆占領 1937—1945』研文出版、二〇〇七年）を参照した。
（38）江口圭一『日中アヘン戦争』（岩波新書、一九八八年）。
（39）倪志敏「大平正芳と阿片問題」（『龍谷大学経済学論集』49巻1号、二〇〇九年九月）。

(40) 注38、江口『日中アヘン戦争』。

(41) 『北京好日』本文は、現在入手できる日本語での全訳(上下巻。佐藤亮一訳、芙蓉書房出版、一九九六年)を参照した。なお、いずれも一九四〇年に刊行された『北京好日』*Moment in Peking*, John Day, 1939の日本語訳は以下の三点。①鶴田知也訳『北京の日』(今日の問題社、上下巻)、②小田嶽夫・庄野満雄・中村雅男・松本正雄訳『北京好日』(四季書房、全三巻)、③藤原邦夫訳『物語 北京歴日』(明窓社、一巻)。なお、*Moment in Peking*の日本語訳をめぐる言説については、松本和也「林語堂*Moment in Peking*翻訳出版をめぐる言説――日中戦争期の文学場一面」(『太宰治スタディーズ別冊』第2号、二〇一五年六月)が詳しい。

(42) 崔海燕「谷崎潤一郎の読んだ林語堂の*Moment in Peking*」(『比較文学』52巻、二〇〇九年三月)。

(43) 金史良は、一九三九年三月下旬から四月初めにかけて北京旅行をしているが、その際、朝鮮人たちが麻薬の販売に手を染めていたことを見聞きしたようだ。鶴丸辰雄・八重子宛書簡(一九三九年四月三〇日付)には、「そこへ行つて特に調べたくなつたのは、僕の同胞の生活状態だつた。相も変わらず悲惨だつた。このことはいづれ会つた時にゆつくり話すとしようね。とにかく喰へなくて行つた彼等だ、そして商売で地元の彼等の競争することは到底出来ない。それに金銭の余裕もないのだよ。だから大抵は阿片の密商をやつてゐる。僕が着いた日の新聞にも、天津で日本人と朝鮮人の密造団が挙つてゐたが、僕の気持では憲兵隊で厳しく取り締つて貰ひたかつた。北京には事変後、看板を出している阿片商人が多くなつてゐるらしい」(前掲『金史良全集 第四巻』所収)。

(44) 安宇植『評伝 金史良』(草風館、一九八三年)。

(45) 佐用泰司『海軍設営隊の太平洋戦争 航空基地築城の展開と活躍』(光人社、一九九六年)。同著によれば、南太平洋方面での戦況悪化にしたがって、設営隊も機械化・軍隊化が進められた。だが、徴用工員が中核を占める状況に大きな変化はなかった。

(46) 財団法人海軍歴史保存会編『日本海軍史 第六巻 部隊史(下)』(第一法規出版、一九九五年)。

(47) 金史良は、アジア太平洋戦争開戦の際に「予防拘禁」の対象となり、拘束された。金達寿の記憶では、「親方コブセ」が載った『新潮』の発売時には、「彼はまだ鎌倉警察署の留置場にいたはずである」。金達寿は、この作が「当時は横須賀にいていまは千葉県にいる、ある人をモデルにしたもの」とも書いている（「戦死した金史良」『新日本文学』一九五二年一一月）。

（48）藤井忠俊『兵士たちの戦争　手紙・日記・体験記を読み解く』（朝日選書、二〇〇〇年）。

（49）吉良芳恵「昭和期の徴兵・兵事史料から見た兵士の見送りと帰還」（『国立歴史民俗博物館研究報告 101　村と戦場』二〇〇三年）、一ノ瀬俊也『銃後の社会史　戦死者と遺族』（吉川弘文館、二〇〇五年）。

（50）樋口雄一『戦時下朝鮮の民衆と徴兵』（総和社、二〇〇一年）。

（51）金達寿「鎌倉駅頭で立ちすくむ」（『朝日ジャーナル』一九八一年一二月一一日）。

［附録］

日中戦争期戦記テクスト関連略年表

〈凡例〉

①　本年表は、盧溝橋事件の起こった一九三七年七月から、日本がアメリカ・イギリスに宣戦を布告した一九四一年一二月までの日中戦争関連事項と、当該期間に刊行・発表された関係テクストについてまとめたものである。

②　本年表事項欄の作成に際しては、岩波書店編集部編『近代日本総合年表』（岩波書店、一九九一年）、近代日中関係史年表編纂委員会『近代日中関係史年表』（岩波書店、二〇〇六年）、吉川弘文館編集部編『日本軍事史年表　昭和・平成』（吉川弘文館、二〇一二年）、笠原十九司『日中戦争全史　下』（高文研、二〇一七年）所載の年表類を参照した。

③　本年表の関係テクスト欄作成に際しては、紙数の都合上、単行書（一部に該当する内容を収めたものも含む）を主な対象とした。一部、特に重要と判断したテクストについては、雑誌等での初出を記した。

④　関係テクスト欄の記述に際しては、単行書を記した行の冒頭には「▽」を、雑誌掲載記事を記した行の冒頭には「▼」を付した。また、戦記テクストに関連する歴史的事項について、「＊」を付して記述した。

一九三七（昭和一二）年

七月　日中両軍、北京郊外盧溝橋付近で衝突（盧溝橋事件）、日中戦争が勃発（七日）。日本、閣議で「事件不拡大と局地解決方針」を決定（八日）。日本、一連の軍事衝突を「北支事変」と呼称（一一日）。日本政府、新聞通信各社代表約四〇名、四大総合雑誌出版社長（中央公論社嶋中雄作、改造社山本実彦、日本評論社鈴木利貞、文芸春秋社菊池寛）を招致、挙国体制確立のための協力を依頼（一一日、一三日）。蒋介石、盧溝橋事件を「最後の関頭」の境界との談話を発表（「廬山談話」、一七日）。冀東防共自治政府保安隊、北京郊外通州にて叛乱、日本人居留民など二〇〇〇名余を殺害（通州事件。二九日）。

八月　日本、四相（総理・外務・陸軍・海軍）会議・臨時閣議にて事件不拡大方針を確認（九日）。上海で海軍特別陸戦隊海軍中尉大山勇夫・一等水兵斎藤与蔵殺害される（「大山事件」、九日）。上海で中国軍・日本海軍陸戦隊、交戦状態に入る（第二次上海事変、一三日）。軍機保護法公布（一四日）。日本海軍航空隊、南京・上海に空爆開始（一五日）。日本、「暴支膺懲」声明を発表（一五日）。蒋介石、全国総動員を下令、大本営を設置（一五日）。中国共産党、「抗日救国十大綱領」発表（一五日）。中ソ不可侵条約調印（二一日）。中国国民政府軍事委員会、中国共産党の紅党軍を「国民革命第八路軍」とする（二二日）。日本政府、閣議で「国民精神総動員実施要綱」を決定（二四日）。
▼徳田秋声『戦時風景』（改造九月号）。

九月　日本政府、閣議で「北支事変」を「支那事変」と改称（二日）。中国国民政府、日中間の軍事衝突を国際連盟に提訴（一二日）。蒋介石、中国共産党の合法的地位の承認を発表、第二次国共合作成る（二三日）。日本政府、内閣情報部官制公布（二五日）。国際連盟総会、日本の中国都市爆撃非難決議を全会一致で採択（二八日）。

▽榊山潤『戦線』（版画荘文庫）。
▼吉川英治「南口戦線の陣営から」（婦人倶楽部一〇月号）、榊山潤「砲火の上海を行く」（日本評論一〇月号）、木村毅「上海従軍日録」（改造一〇月号）、尾崎士郎「悲風千里」（中央公論一〇月号）、林房雄「上海戦線」（中央公論一〇月号）。
＊これ以後、従軍作家のルポルタージュが相次いで発表される。
＊日本読書新聞社、検閲当局担当者と出版業者との「戦時出版物取締に関する座談会」主催、「出版懇話会」の基盤となる（二四日）。文芸家協会、出征軍人慰問のため、陸海軍当局に図書雑誌を寄贈する活動を始める（前線文庫。一二月まで一万二千冊を寄贈）。

一〇月　朝鮮総督府、「皇国臣民の誓詞」配布（二日）。米国大統領ルーズベルト、侵略国に対する「隔離演説」を行ない、日本を非難（五日）。友田恭助、呉淞クリークにて戦死（六日）。国際連盟総会、日本の行動が九カ国条約違反・不戦条約違反との委員会報告を採択（六日）。国民精神総動員中央連盟結成式（日比谷公会堂、一二日）。中国国民政府軍事委員会、華中・華南の中国共産党員を「国民革命軍新編第四軍」として編制（一二日）。日本陸軍上海派遣軍、大場鎮攻撃を開始（一五日）。日本政府、企画院官制公布・施行（二五日）。日本政府、閣議にて九ヶ国条約会議への不参加を決定（二七日）。日本海軍陸戦隊、上海閘北一帯を占領（二七日）。日本関東軍、綏遠に傀儡政権として蒙古連盟自治政府を樹立（二七日）。

一一月　日本陸軍第十軍、杭州湾に上陸（五日）。日本政府、日独伊三国防共協定調印（六日）。ドイツ駐中大使トラウトマン、日本側和平条件を蒋介石に伝達（六日）。日本陸軍、山西省太原を占領（八日）。中国国民政府、重慶遷都を宣言（一六日）。日本陸海軍、大本営を開設、陸軍部・海軍部に報道部を設置（二〇日）。
＊京都で『世界文化』グループ（中井正一、久野収ら）一斉検挙。

一二月　日本軍大本営、中支那方面軍に南京攻略を下令（一日）。日本政府、スペインのフランコ政権を承認（一日）。蔣介石、ドイツ駐中大使トラウトマンと会談（二日）。米国砲艦パナイ号、南京揚子江上にて日本海軍航空隊の誤爆により沈没（パナイ号事件、一二日）。英砲艦レディバード号、蕪湖付近で日本陸軍砲兵部隊により損傷（一二日）。日本陸軍、南京を占領、海軍部隊も南京に突入、捕虜・民間人の殺害暴行事件多発（「南京大虐殺」、一三日）。日本政府、米英に誤爆・誤射事件について陳謝（一四日）。北支那方面軍、北京に傀儡政権として「中華民国臨時政府」樹立（一四日）。山川均、大森義太郎、鈴木茂三郎ら日本無産党・全評・労農派関係者約四〇〇名検挙（第一次人民戦線事件、一五日）。日本陸軍、南京入城式（一七日）。日本陸軍、杭州を占領（二四日）。

▽林房雄『戦争の横顔』（春秋社）。

＊石川達三、上海・南京方面の従軍取材に出発（二九日）。

一九三八（昭和一三）年

一月

日本、御前会議で「支那事変処理根本方針」を決定（一一日）。日本政府、閣議でドイツ仲介の和平工作打ち切りを決定（一四日）。日本政府、「爾後国民政府ヲ対手トセス」（第一次近衛声明）と発表（一六日）。

▽高木義賢『海の荒鷲奮戦記』（講談社）、古濱修一『夜哨線』（第一書房）、長野朗『支那兵土匪・紅槍会』（坂上書院）。

二月

大内兵衛、有沢広巳、美濃部亮吉ら労農派教授グループ、青野季吉ら検挙（第二次人民戦線事件、一日）。日本陸軍、中支那派遣軍を編成（一四日）。日本海軍航空隊、重慶爆撃（一八日）。中国軍爆撃機、台北付近を爆撃（二三日）。日本、朝鮮人陸軍特別志願兵令公布（二三日）。

▽櫻井忠温『新戦場』（春秋社）、松井忠夫『我が空中戦記』（偕成社）。

＊火野葦平、第六回芥川賞受賞決定（九日）。石川達三「生きてゐる兵隊」所載の『中央公論』

三月

三月号、発売禁止処分（一七日）。

ドイツ国防軍、オーストリア進駐。独墺合邦宣言（一二日）。日本、国家総動員法案を衆議院で可決（一六日）。鹿地亘、武漢に到着（二三日）。南京に傀儡政権として「中華民国維新政府」樹立（二八日）。中国国民政府、漢口で国民党臨時全国大会を開催、蒋介石に非常大権を付与、抗戦建国要領を制定（二九日）。

▽大阪毎日新聞社編『従軍手帳』（大阪毎日新聞社）、福永恭助『上海陸戦隊』（第一書房）、陳登元『敗走千里』（教材社）。

＊白木訳「未死的兵」中国語訳、『大美晩報』にて連載開始（一八日〜四月八日）。小林秀雄、上海に到着（二四日）。火野葦平に対する芥川賞陣中授与式（二七日）。『都新聞』、「未死的兵」翻訳について報道（二九日）。

四月

日本政府、国家総動員法公布（一日）。鹿地亘・池田幸子、国民政府軍事委員会政治部第三庁で対日宣伝工作の業務に就く（五日）。日本政府、電力管理法を公布、電力国家管理実現（六日）。日本軍大本営、徐州作戦実施を下令（七日）。日本陸軍第五師団坂本支隊、台児荘付近を撤退・転進（七日）。フランス、第二次ブルム内閣総辞職、人民戦線は事実上崩壊（八日）。

＊大日本従軍画家協会結成準備会（二六日、軍人会館）。

五月

ドイツが満洲国を承認（一二日）。国際連盟理事会、日本軍の化学兵器使用に対する非難決議案を採択（一四日）。日本陸軍、徐州を占領（一九日）。中国軍機、熊本・宮崎両県上空から反戦ビラを撒布（二〇日）。毛沢東、延安にて講演、「持久戦論」を発表（二六日）。日本海軍、広東爆撃を開始（二八日）。

▽海野啓一『戦火に立つ』（モダン日本社）、岸田国士『北支物語』（白水社）。

＊小林秀雄「蘇州」（文藝春秋六月号）削除処分を受ける。

六月　中国軍、鄭州北方で黄河堤防を破壊（一二日）。日本、御前会議にて漢口・広州攻略作戦実施を決定（一五日）。ソ連赤軍リュシコフ大将、満洲に亡命（三〇日）。

七月　満ソ国境付近の張鼓峰で武力衝突（「張鼓峰事件」、三一日）。
▽西条八十『戦火にうたう』（日本書店）、別院一郎『督戦隊』（教材社）、武藤貞一『無敵日本軍』（講談社）、山岸多嘉子『婦人従軍記』（中央公論社）。
▼火野葦平『麦と兵隊（徐州会戦従軍記）』（改造八月号）発表、大きな話題を呼ぶ。上田廣「鮑慶卿」（中央公論八月号）、「陣中創作」として発表。

八月　日ソ、張鼓峰事件停戦協定調印（一〇日）。日本政府、漢口攻略を下令、日本陸軍中支那派遣軍、日本海軍第三艦隊、漢口攻略作戦を開始（二二日）。
▽長倉栄『嗚呼!!　南郷少佐』（第一出版社）、長沼依山『輝く肉弾』（興文閣書房）、三浦辰次『空襲荒鷲部隊』（新生堂）。
＊「生きてゐる兵隊」事件、新聞紙法違反として作家石川達三、中央公論社牧野武夫、雨宮庸蔵を起訴（四日）。内閣情報部、菊池寛・久米正雄らを招請、文藝家懇談会を開催。「従軍ペン部隊」結成へ（二三日）。田坂具隆監督『五人の斥候兵』（日活）、ヴェネチア映画祭で受賞（三一日）。

九月　日本、大本営御前会議で広東攻略作戦実施を決定（七日）。日本陸軍省新聞班、情報部に昇格（二七日）。英仏独伊各首脳、ミュンヘン会談開催、チェコ・ズデーデン地方のドイツへの割譲協定の成立（「ミュンヘン協定」、二九日）。日本、宇垣一成外相兼拓相、対華処理機関設置問題で辞表を提出。近衛文麿首相が外相・拓相を兼任（三〇日）。
▽木村毅『戦火』（大日本雄弁会講談社）、高木義賢『壮烈加納部隊長』（講談社）、高木義賢『南京城総攻撃』（講談社）、火野葦平『麦と兵隊』（改造社）、田坂具隆『五人の斥候兵』（モダン日本社）。

＊東京日日新聞社主催従軍作家壮行会（三日、日比谷公会堂）。東京区裁判所にて「生きてゐる兵隊」事件判決言い渡し。石川達三・雨宮庸蔵に禁錮四カ月、執行猶予三年。牧野武夫に罰金一〇〇円（五日）。「ペン部隊」陸軍班の作家一三名、明治神宮に参拝後、東京駅を出発（一一日）。「ペン部隊」海軍班の作家七名、羽田飛行場から出発（一四日）。海軍省軍事普及部、藤田嗣治ら洋画家六名の華中・華南派遣を決定（二七日）。

一〇月

内務省警保局、河合栄治郎東大教授の著書四種を発売禁止処分に（五日）。満洲映画協会の李香蘭、東京に到着（一九日）。日本陸軍、広州を占領（二一日）。日本陸軍、武漢三鎮を占領（二七日）。

▽読売新聞社『海の荒鷲実戦録』（昭森社）、富沢有為男『愛情部隊』（中央公論社）、松村益二『一等兵戦死』（春秋社）。

＊「ペン部隊」海軍班、杉山平助を除く七名、帰国。内閣情報部・海軍省軍事普及部共催の歓迎宴に参加（一一日）。「ペン部隊」海軍班、従軍報告の原稿料から一五〇〇円を海軍省に献金（一八日）。「ペン部隊」海軍班の杉山平助、陸軍班の久米正雄、富沢有為男、林芙美子ら、漢口に入城（二五日）。内務省図書課、少年少女雑誌・幼年雑誌代表者を集め、編集指導方針を指示（二六―二七日）。

一一月

日本政府、「東亜新秩序」を謳う声明（第二次近衛声明）を発表（三日）。戸坂潤、岡邦雄、古在由重、服部之総ら唯物論研究会関係者三五名、一斉検挙（二九日）。

▽上田廣「黄塵」（改造社）、白井喬二『従軍作家より国民に捧ぐ』（平凡社）、火野葦平『土と兵隊』（改造社）、別院一郎『長篇小説　蒋介石』（教材社）、宮地嘉六『従軍随筆』（赤塚書房）。

＊海軍、長谷川伸・土師清二・中村武羅夫・甲賀三郎ら作家、衣笠貞之助・清瀬英次郎ら映画監督の南支派遣を決定（一日）。「ペン部隊」陸軍班の林芙美子、大阪・東京で報告講演会を開催（一―二日）。「農民文学懇話会」発足、有馬頼寧農相が顧問、新居格・和田伝・森山啓らが幹事に就任（七日）。「ペン部隊」陸軍班の久米正雄・富沢有為男・深田久彌・滝井孝作・中谷孝

雄、西条八十と帰国（一一日）。

一二月　日本陸軍、侵攻作戦中止・戦略持久への方針転換を決定（六日）。日本、中国占領統治中央機関として「興亜院」を設置（一六日）。中国国民党副総裁汪精衛、重慶を脱出、ハノイに到着（一八―一九日）。日本政府、日満支の「善隣友好」「共同防共」「経済提携」を謳った声明（第三次近衛声明）発表（二二日）。汪精衛、ハノイから中国国民政府に和平を提議（二九日）。
▽谷口勝『征野千里　一兵士の手記』（新潮社）、杉山平助『揚子江艦隊従軍記』（第一出版社）、樋口正徳『武漢攻略に従軍して』（朝日新聞社）、林芙美子『戦線』（朝日新聞社）、浅野晃『時代と運命』（白水社）、朝日新聞社編『武漢攻略に従軍して』（朝日新聞社）、中山正男『脇坂部隊』（陸軍画報社）。

一九三九（昭和一四）年

一月　日本、近衛文麿内閣総辞職（四日）。平沼騏一郎内閣成立（六日）。ドイツ外相リッベントロップ、日独伊三国同盟案を正式に提案（六日）。日本政府、国民職業能力申告令公布（七日）。日本、大本営御前会議にて海南島攻略を決定（一三日）。
▽林芙美子『北岸部隊』（中央公論社）、中山正男『脇坂部隊』（陸軍画報社）、山中峯太郎『聖戦一路』（春陽堂書店）、中村地平『戦死した兄』（竹村書房）。
▼石川達三「武漢作戦」（『中央公論』）、立野信之「後方の土」（『改造』）など、武漢作戦関係テクストが多く発表される。

二月　日本陸軍北支那方面軍、河北省中部で掃討作戦「冀中作戦」を開始（二日）。日本陸軍、海南島北部に上陸（一〇日）。日本海軍、海南島南部に上陸・占領（一三日）。
▽葉山嘉樹『小説集　山の幸』（日本文学社）、李如雲『大地の黎明』（教材社）、松村益二『薄暮

攻撃』（春秋社）、野口昂『少年航空兵の手記』（中央公論社）、立野信之『後方の土』（改造社）、永松浅造『軍神西住戦車長』（東海出版社）、後藤荘四郎『馬と兵隊』（テンセン社）、伊地知進『追撃』（改造社）、関田生吉『兵とその家族』（厚生閣）。

＊「大陸開拓文藝懇話会」設立（四日）。

三月

日本内務省、省令で「招魂社」を「護国神社」と改称（一五日）。スペイン・マドリード政府軍、フランコ軍に降伏（二八日）。日本文部省、各大学に軍事教練を必修科目化するよう通達（三〇日）。

▽丹羽文雄『還らぬ中隊』（中央公論社）、火野葦平『広東進軍抄』（新潮社）、清水安三『姑娘の父母』（改造社）、浜野修『荒鷲の母の日記』（改造社）、尾崎士郎『文学部隊』（新潮社）、小西武夫『軍神西住大尉』（盛光社）、永野滉『児童　麦と兵隊』（日本文学社）、和田国雄『名作鑑賞陣中文学』（前進社）、伊藤永之介『二子馬』（新潮社）。

四月

映画法公布、脚本の事前検閲やニュース映画の強制上映などを定める（五日）。汪精衛、ハノイを脱出、上海へ向かう（二五日）。

▽難波虎一『帰る兵隊』（大洽社）、上田廣『建設戦記』（改造社）、久我荘多郎『戦』（大衆文芸社）、読売新聞社編輯局編『鉄血陸戦隊』（新潮社）、栗林農夫『兵隊とともに』（改造社）。

＊藤田嗣治ら、「陸軍美術協会」結成（一〇日）。田村泰次郎ら「大陸開拓文藝懇話会」メンバー、満洲に出発（二五日）

五月

日本軍、重慶爆撃を本格化させる（三日）。日ソ、ノモンハン戦争始まる（一八日―九月三日）。汪精衛、海軍機で上海から横須賀経由で東京へ（三一日）。

▽岸田国士『従軍五十日』（創元社）、火野葦平『海南島記』（改造社）、氏原大作『幼き者たちの旗』（主婦之友社）、丹羽文雄『一夜の姑娘』（金星堂）、佐藤光貞『海上封鎖』（六藝社）、中谷孝雄『滬江日記』（砂子屋書房）、長谷川春子『北支蒙彊戦線』（暁書房）、平田宗行、元田喜代子『失明勇士の手記　闇をひらく』（人文書院）。

六月　日本陸軍北支那方面軍、山西省南東部で「晋東作戦」開始（一〇日）。
▽ブッシュ『英文　麦と兵隊』（研究社）、田中祥風『噫高澤髑髏隊長』（東海出版社）、林泉『兵車行』（第一出版社）、前山賢二『泥濘二百八十里』（春陽堂書店）、読売新聞社社会部『海鷲実戦記』（興亜書院）、五十公野清一『戦没将士陣中だより』（金星堂）、山口季信『火線を征く台児荘激戦記』（大隣社）、竹田敏彦『日本の妻』（講談社）、大谷金蔵『聖戦実記　戦線美談』（テンセン社）、秦賢助『白虎部隊』（平凡社）。

七月　日本陸軍北支那方面軍、山東省西部で「魯西作戦」を開始（三日）。日本政府、国民徴用令公布（八日）。米国、日米通商航海条約・付属議定書の廃棄を通告（二六日）。
▽根津菊治郎『ペンの従軍』（第一書房）、大江賢次『三人の特務兵』（改造社）、櫻井忠温『征人』（主婦之友社）、杉山平助『自由花』（改造社）、日比野士朗『呉淞クリーク』（中央公論社）、林芙美子『波濤』（朝日新聞社）、北林透馬『花ひらく亜細亜』（紫文閣）、鶴田知也『わが悪霊』（六藝社）。
＊朝日新聞社・陸軍美術協会共催「第一回聖戦美術展」開催（東京府美術館、七―二三日）。

八月　ドイツ・ソ連、不可侵条約を調印（二三日）。日本政府、閣議で三国同盟交渉打ち切りを決定（二五日）。日本、平沼騏一郎内閣総辞職（二八日）、阿部信行内閣成立（三〇日）。
▽火野葦平『花と兵隊』（改造社）、上田廣『帰順』（改造社）、坪井淳『大別山従軍記』（日本公論社）、我妻大陸『蔣介石を狙う女』（紫文閣）、豊田三郎『北京の家』（第一書房）。
＊商工省、省令で雑誌用紙の使用制限の強化（一日）。

九月　内蒙古で傀儡政権として蒙古連合自治政府成立（徳王主席、一日）。日本陸軍、支那派遣軍総司令部・北支那方面軍司令部の編成を下令（四日）。ドイツ軍、ポーランドに侵攻開始（一日）。英仏、独に宣戦布告（三日）。米国、ヨーロッパでの戦争に中立を宣言（五日）。日ソ、モスクワで

一〇月　ノモンハン事件停戦協定成立（一六日）。ソ連軍、ポーランド進駐を開始（一七日）。
▽井上友一郎『長篇小説　従軍日記』（竹村書房）、菊池寛『昭和の軍神西住戦車長伝』（東京日日新聞社）、柴田賢次郎『火線』（改造社）、坂名井深蔵『上海激戦十日間』（揚子江社出版部）、相馬基編『戦没将士陣中だより』（東京日日新聞社・大阪毎日新聞社）。

一一月　▽山本和夫『山ゆかば』（河出書房）、櫻本康雄『少年版　土と兵隊』（田中宋栄堂）、大嶽康子『病院船』（女子文苑社）、市木亮『砲火』（教材社）、長沼弘毅『戦争の横顔』（高山書院）、石塚響一『進軍』（蛍雪書院）。
＊田坂具隆監督『土と兵隊』（日活）公開（一四日）。

一二月　日本陸軍北支那方面軍、河北省西部で太行山脈粛正作戦を開始（一一日）。日本軍、南寧を占領（二四日）。ソ連、フィンランドと開戦（三〇日）。
▽徳永凡『後方部隊』（輝文館）、長谷川宇一『戦線美談　軍旗の下に』（アルス）、棟田博『分隊長の手記』（新小説社）、林大『戦地より父母へ』（人文書院）、藤田敏郎『戦場絵日記』（高見沢木版社）、桶谷虎之助『船と戦争』（大日本出版会峯文社）。

一九四〇（昭和一五）年

一月　鹿地亘、桂林で日本人反戦同盟西南支部を設立、日本軍に対する宣伝活動を開始（二三日）。
▽朝日新聞社編『戦場』（朝日新聞社）、火野葦平『戦友に愬ふ』（軍事思想普及会）、団野信夫『闘う翼』（朝日新聞社）、伊藤正平『地雷火隊長』（博文館）、内田栄編『渡洋爆撃隊実戦記』（非凡閣）、原四郎『野戦郵便局と兵隊』（高山書院）、『中支を征く』（塚田粂治郎、非売品）。

一月　日本、阿部信行内閣総辞職（一四日）、米内光政内閣成立（一六日）。イギリス巡洋艦、千葉県沖

公海上で日本客船浅間丸を臨検（浅間丸事件、二一日）。日米通商航海条約失効、無条約状態に（二六日）。

二月
▽谷口雅春『戦線消息』（光明思想普及会）。
▽邑楽慎一『軍医転戦覚書』（中央公論社）、本堂英吉『花咲く戦場』（教育社）、宮川マサ子『大地に祈る』（興亜日本社）、新垣恒政『医療宣撫行』（東亜公論社）、伊地知進『一番乗り』（改造社）。

三月
汪精衛、上海で「和平建国宣言」発表（一二日）。野坂参三、周恩来らとモスクワから延安に入る（二六日）。汪精衛ら、南京に「中華民国国民政府」樹立（三〇日）。
▽『南支派遣軍』（南支派遣軍報道部）、徳田秋聲『心の勝利』（砂子屋書房）、中山正男『一尺の土』（陸軍画報社）、北村小松『海軍爆撃隊』（興亜日本社）、田中正明『聖戦』（平凡社）、小林秀一『南支を征く』（潮文閣）、松坂忠則『火の赤十字』（弘文堂）、吉田璋『有輪担架』（牧野書店）、清水卯一『鮮血の遺書　笑って死のう』（清水書店）。
＊津田左右吉・岩波茂雄、出版法違反で起訴（八日）。

四月
ドイツ軍、北欧作戦を開始、ノルウェー・デンマークに急襲（九日）。中国汪精衛政権、「南京還都慶祝式典」（二六日）。
▽里村欣三『第二の人生』（河出書房）、加藤武雄『銃後の愛』（大都書房）、和田政雄『白衣に咲く　白菊物語』（報国社）、池田源治『インテリ部隊』（中央公論社）、新田義夫『特務兵の手記』（今日の問題社）、海道啓二郎『無言の戦士』（海道家）、東慈道『病める兵の手記』（三友社）。

五月
日本陸軍、宜昌作戦開始（一日）。ドイツ軍、ベルギー・オランダ・ルクセンブルクに侵入（一〇日）。

▽小林秀雄『文学2』（創元社）、安倍季雄『声なき万歳』（大有社）、秋永芳郎『長篇小説　世紀の旗』（十字屋）、杉村盛茂『参戦記　馬と征く』（平凡社）、佐藤光貞『支那海』（英語通信社）、上田廣『続建設戦記』（改造社）。

六月

日本陸軍北支那方面軍、山東・河南・河北省境付近で「冀南作戦」開始（四日）。日ソ、ノモンハン方面の国境を画定（九日）。イタリア、イギリス・フランスに宣戦布告（一〇日）。日本陸軍支那派遣軍、宜昌を占領（一二日）。ドイツ軍、パリ入城（一四日）。日本政府、四相会議にて対仏印政策の大綱を決定（一八日）。フランス・ペタン政権、ドイツとの休戦条約に調印（二二日）。近衛文麿、枢密院議長を辞任、新体制運動への決意を表明（二四日）。満州国皇帝溥儀来日（二六日）。
▽松田利通『征野二年』（潮文閣）、伊藤武雄『左手の書』（万里閣）。
＊伏水修監督『支那の夜』（東宝）公開（五日）。

七月

日本、社会大衆党解党（六日）。日本商工省・農林省、奢侈品等製造販売制限規則公布・施行（七・七禁令、六―七日）。延安にて「在華日本人反戦同盟延安支部」発足（七日）。ドイツ、英国本土爆撃を開始（一〇日）。日本陸軍大臣畑俊六、単独で辞職、米内光政内閣総辞職（一六日）。中国重慶にて「日本人民反戦同盟成立大会」開催、鹿地亘が会長に（二〇日）。日本、第二次近衛文麿内閣成立（二二日）。日本政府、閣議で「基本国策要綱」を決定、「大東亜新秩序」「国防国家建設方針」を定める（二六日）。米国大統領ルーズベルト、石油・屑鉄を輸出許可制適用品目に追加（二六日）。米国、航空機用揮発油の西半球以外への輸出を禁止（三一日）。
▽上田廣『戦場より帰りて』（学藝社）、宮本幹也『黄河』（大仙書房）、柴田賢次郎『祖国』（通文閣）、林専之助『埋れた戦史』（博文館）、河原魁一郎『火線の軍医』（有光社）、棟田博『続分隊長の手記』（新小説社）、粟井家男『戦う愛』（学芸社）、板野厚平『蝶と花』（矢の倉書店）、関沢秀隆『敵前潜行』（国際文化事業協会）、上田廣『りんふん戦話集』（河出書房）、山本和夫『青衣の姑娘』（河出書房）。

八月　中国共産党・八路軍、「百団大戦」発動、日本側の被害甚大（二〇日―一二月）。トロツキー、メキシコで暗殺される（二一日）。新築地劇団、新協劇団解散（二三日）。

▽中村地平『小さい小説』（河出書房）、大庭さち子『妻と戦争』（岡倉書房）、火野葦平『河豚』（新潮社）、棚橋順一『散華』（砂子屋書房）、李如雲『難民行』（教材社）。

九月　日本陸軍北支那方面軍、中国共産党・八路軍根拠地攻撃の第一期晋中作戦を実施。「三光作戦」と呼ばれる（一日）。日本陸軍、陸軍兵の階級特進制を制定、功績顕著な戦死者・戦傷死者の二～三階級特進を制度化（一四日）。重慶の大韓民国臨時政府、韓国光復軍総司令部を創設（一七日）。日・フランス、北部仏印進駐に関する現地交渉妥結（二二日）、日本陸軍北部仏印進駐開始（二三日）。米国、一〇月一六日以降の鉄鋼・屑鉄対日全面禁輸を発表（二六日）。日本・ドイツ・イタリア、三国同盟条約をベルリンで調印、有効期間は一〇年（二七日）。

▽松本耿平『幾山河』（書物展望社）、佐藤観次郎『自動車部隊』（高山書院）、博文館編『征戦小説名作集』（博文館）、松重多美『先発隊還る』（文英堂）、佐藤友松『第二戦線』（春陽堂）、山口辰男『はりがね』（昭晃堂）、石川達三『武漢作戦』（中央公論社）。

一〇月　イギリス、ビルマ援蒋ルート再開を決定（四日）。日本、大政翼賛会発会式（総裁＝近衛文麿首相、一二日）、文化部長に岸田国士就任。

▽藤田実彦『戦車戦記』（東京日日新聞社・大阪毎日新聞社）、小田嶽夫『短篇傑作集　あたたかい夜』（人文書院）、山本和夫『一茎の葦』（河出書房）、河内仙介『軍事郵便』（新潮社）、大江賢次『湖沼戦区』（河出書房）、木村荘十『赤道海流』（富士出版社）、太田慶一『太田伍長の陣中手記』（岩波書店）、大隈俊雄『軍靴千里』（東進社）、南方喜治『山西戦線』（講談社）、尾崎士郎『戦場の月に題す』（万里閣）、岡山芳夫『戦塵の香』（吉田書店）、岩井節子『母の従軍』（女子文苑社）、中村春台子『歌人軍医前線手記　春の戦闘記』（春秋社）、南部四郎『補充兵』（興亜書院）、立野信之『望楼』（中央公論社）、丸山学『野戦風情』（倭書院）。

一一月　日本、皇居前で「紀元二六〇〇年式典」挙行（一〇日）。西園寺公望死去（二四日）。南京汪精衛政権と「日華基本条約」「日満華共同宣言」調印、日本政府、汪精衛政権を正式承認（三〇日）。
▽川口松太郎『号外』（大元社）、田村泰次郎『強い男』（昭和書房）、佐藤光貞『海の愛情』（第一公論社）、斎藤駿『衛生部隊前進』（大東出版社）、柴田賢次郎『警備戦線』（東亜公論社）、李如雲『抗日兵の手記』（日比谷出版社）、木村毅『皇軍百万』（興亜文化協会）、工藤芳之助『従軍絵日記』（第一書房）。

一二月　日本政府、「情報局」設立（六日）。日本出版文化協会設立（一九日）。
▽渡邊正『後送日記』（日本青年館）、室生犀星『戦死』（小山書店）、氏原大作『父なきあと』（講談社）、時雨音羽『御用船』（新興出版社）、中地清『支那の人たち』（至玄社）、八木沢健『殉職記録　赤十字旗』（興風館）、柴田賢次郎『戦死』（甲鳥書林）、火野葦平『兵隊について』（改造社）、田口精一『老特務兵』（モダン日本社）、『中支を征く』（中支従軍記念写真帖刊行会）。

一九四一（昭和一六）年

一月　中国国民党軍、揚子江南岸で新四軍を包囲攻撃（皖南事件、五日）。日本陸軍大臣東条英機、「戦陣訓」示達（八日）。蒋介石、新四軍解散を下令（一七日）。
▽森田松子『愛の進軍』（秋豊園出版部）。

二月　▽坂井徳三『北京の子供』（泰山房）、松永健哉『民族の母』（四季書房）、佐々木元勝『野戦郵便旗』（日本講演通信社）、杉山りつ子『従軍看護婦長の手記』（湯川弘文社）。

三月　日本、「国民学校令」公布、小学校を「国民学校」とする（一日）。日本、「治安維持法」全面改定、予防拘禁制を追加（一〇日）。
▽陸軍省報道部編『大陸戦史　画と文』（陸軍画報社）。

四月
日ソ中立条約（一三日）。アメリカ合州国国務長官・日本駐米大使野村吉三郎、日米交渉開始（一六日）。
▽会田まさ『うるわしき任務』（六藝社）、若林虎雄編『血戦』（時代社）、渡邊公平『黄砂漫々』（竹村書房）、山下謙一『山西通信』（三元社）。

五月
延安で日本労農学校（校長＝林哲（野坂参三））開校式（一五日）。
▽村田忠一『従軍記者の眼』（時代社）、立野信之『黄土地帯』（高山書院）、佐藤観次郎『自動車隊陣中日記』（高山書院）、谷内尚文『銃眼』（三省堂）、三省堂出版部編『我らは如何に闘ったか』（三省堂）。

六月
日本、一九四二年度から台湾で志願兵制度実施を決定（二〇日）。ドイツ軍、ソ連軍に攻撃開始、独ソ戦始まる（二二日）。
▽西森久記『鬼神も哭く』（新興亜会）、片山聞造『富金山八〇〇〇高地死闘六日間』（南北書園）、島崎曙海『宣撫班戦記』（今日の問題社）。

七月
日本大本営陸軍部、関東軍特種演習（関特演）決定、発動（二日）。日本、第二次近衛内閣、総辞職（一六日）、第三次近衛内閣成立、外務大臣松岡洋右を更迭、海軍大将豊田貞次郎に（一八日）。日本大本営、南部仏印進駐を発令（二三日）。米国、在米日本資産の凍結を公布（二五日）。イギリス、日本資産凍結と日英通商条約廃棄を通告（二六日）。
▽安田貞雄『戦友記』（六藝社）、福田善念『涙の陸戦隊』（忠誠堂）、大嶽康子『野戦病院』（主婦之友社）、高橋掬太郎『貨車にゆられて』（新興音楽出版社）、横島敏雅『戦塵抄』（スメル書房）、大和桂一・川口利介『戦う海軍魂』（揚子江社）、坂口一郎『独立機関銃隊いまだ猛射中

なり』（非凡閣）、中野実『香港』（蒼生社）。

八月
米国、対日石油輸出を全面的に禁止（一日）。米国大統領ルーズベルト、英国首相チャーチル、米英共同宣言（大西洋憲章）発表（一四日）。日本駐米大使野村吉三郎、ルーズベルト大統領と会談、近衛首相メッセージを手交（二八日）。
▽馬淵逸雄『報道戦線』（改造社）、小倉龍男『海流の声』（六藝社）、楠部道子『遡江部隊』（偕成社）、佐藤光貞『海鷲戦記』（富士出版社）、正岡幸孝『海南島記』（博文館）、加藤五郎『支那海封鎖』（大東出版社）、出雲耕児『戦場の孤児』（遠藤書店）、久保雄二郎『父は斯く戦えり』（甲子社書房）、津村敏行『南海封鎖』（海洋文化社）、林専之助『二人の兵隊』（博文館）。

九月
日本、大本営政府連絡会議にて「帝国国策遂行要領」決定（三日）。日本首相近衛文麿、米駐日大使グルーと会談、ハルの4原則について意見一致を見ず（六日）。
▽長井寿助『淮河の四季』（六藝社）、上田廣『一帰還作家の手記』（六藝社）、堀場正夫『遠征記』（文明社）、和田政雄編『航空将校の手記』（鶴書房）、永田友光『進むつわもの』（川瀬書店）、田村高『空征く人』（弘学社）、玉井政雄『兵隊の花園』（六藝社）。

一〇月
ドイツ軍、モスクワ攻撃を開始（二日）。ゾルゲ検挙（一六日）。日本、第三次近衛文麿内閣総辞職（一六日）、東条英機内閣成立（一八日）。
▽富岡鼓川編『聖戦　遺書』（一路書苑）、森崎正雄編『殊勲甲奮戦記』（日本電報通信社）、宮川三千蔵『傷病兵の心理』（遠藤書店）、河原魁一郎『闘う義手』（有光社）、宇多武次『兵站線』（大日本出版）。

一一月
米国国務長官ハル、野村吉三郎に「ハル・ノート」を手交（二六日）。大韓民国臨時政府建国綱領発表（二八日）。
▽里村欣三『兵の道』（六藝社）、上田廣『民族の海』（利根書房）、梶山盛夫『前線繃帯所』（三

省堂)、中尾光恵『白衣は征く』(日本通俗医学社)、高垣金三郎『帰順兵』(三省堂)。

一二月

日本、御前会議にて開戦の「聖断」、対米英蘭開戦を決定(一日)。日本海軍機動部隊、ハワイ真珠湾空襲を開始、太平洋戦争開戦(八日)。日本陸海軍航空部隊、フィリピン空襲、陸海軍部隊フィリピン島北部を占領(八日)、香港、マレー半島東岸、シンガポールを攻撃開始(八日)。日本、対米英宣戦の詔書発布(八日)。ドイツ、ヒトラーがモスクワ攻撃放棄を指令(八日)。中国国民政府、対日独伊戦線布告(九日)。日本、大本営政府連絡会議、「大東亜戦争」呼称を決定(一〇日)。日本海軍航空隊、英戦艦プリンス・オブ・ウェールズ他を撃沈(マレー沖海戦、一〇日)。日本陸海軍部隊、グアム島を占領(一一日)。日本、言論出版集会結社等臨時取締法公布(一九日)。日タイ同盟条約調印(二一日)。日本海軍部隊、ウェーク島を占領(二三日)。日本陸軍、香港を占領(二五日)。

▼松田利通『征野二年』(潮文閣)、木場敬天『陸戦隊宣撫記』(清水書房)、宮川三千蔵『廬山』(遠藤書店)。

あとがき

いささか唐突に聞こえるかも知れないが、少なくともわたしにとって本書は、〈三・一一〉以後の時間と切り離すことができない。もちろん、東日本大震災・東京電力福島第一原子力発電所事故以後のメディア・コントロールの様相や、いよいよ地金を露わにしてきたこの社会のエスタブリッシュメントたちによる、次なる戦争への欲望に抗いたいという思いが、わたしの拙い思考を動機づけたことは間違いない。だが、それ以上に本書の議論は、二〇一一年三月以降の時間の中で新たに出会い、改めて出会い直した方々に触発され、刺激されながら考えた成果としてある。ここでは、謝辞として本書の調査・執筆の過程で直接お世話になった方々のお名前を挙げるのみにとどめるが、まず第一に、それぞれの持ち場で粘り強く思索と発言を続けておられる知友や諸先輩方に対し、衷心からの敬意と感謝の思いを伝えたい。

出会いという意味では、本書の議論を組み立てる上で、各地の図書館、文学館、資料館が大切に保全してくださっていた資料との邂逅は欠かせないものだった。原稿や書簡、ノートやメモといった各種の貴重な資料や未公刊の資料は、単に既知の議論の欠落を埋めるだけではなく、そこから新たな思考を始めていく土台とも出発点ともなる。とりわけ、複数の力で管理された言語空間において書かれ読まれたテクストを題材とした本書にとっては、統制権力の外縁を同定し、そのルールを相対化していくためにも、公刊された言説とは質の異なる言葉を参照することが必要だった。そのような資料への扉を開いてくださった関係機関、大妻女子大学図書館、大妻女子大学草稿・テキスト研究所、慶應義塾大学湘南藤沢メディアセンター、同志社女子大学図書館、秋田県立図書館、函館市立中央図書館、日本近代文学館、火野葦平資料館のスタッフの方々に感謝したい。とりわけ、石川達三資料にかんしては、秋田市立中央図書館明徳館石川達三記念室の小室友嗣さん、久米正雄資料では、こおりやま文学の森資料館の佐久間正明さんにたいへんお世話になった。火野葦平資料をめぐっては、北九州市立文学館の中西由紀子さん、稲田大貴さん、火野葦平資料館館長の坂口博さん、葦平のご子息である玉井史太郎さんから、たくさんのご教示とご支援をいただいた。

　また、本書に収めた論考のほとんどは、この間わたしが参加してきた共同研究プロジェクトやワークショップの議論の中で着想し、報告してきたものである。その意味で本書は、わたしと思考の場を共にしてくださった多くの方々との対話と応答の成果でもある。このテーマに本格的に取り組むきっかけとなったのは、二〇一二年九月に東京で開かれた「第四回日韓国際検閲会議」で、本書第一章の原型にあたる報告をしたことだった。同会議の主催者の一人でもあった紅野謙介先生のご紹介で、NHKの塩田純さん、渡辺考さんとお会いできたことも、ひとつの大きな転機となった。お二人がプロデューサーとディレクターを担当された番組『従軍作家たちの戦争』（NHKスペシャル、二〇一三年八月一四日放送）、『戦場で書く――作家・火野葦平の戦争』（ETV特集、二〇一三年一二月七日放送）の製作に参加した経験は、わたし自身の研究の社会的な意義を見つめ直す、得がたい機会となった。

朝鮮近代文学研究者の波田野節子先生と初めてお目にかかったのも、同じ「日韓国際検閲会議」の席上だったのではないかと思う。波田野先生と渡辺直紀先生とが中心となって活動したプロジェクト「朝鮮近代文学における日本語創作に関する総合的研究」に参加できたことは、韓国・日本それぞれに拠点を置くすぐれた研究者の方々と知り合う貴重な時間となっただけでなく、日本語文学の書き手としての金史良の際どい批評性を再認識するきっかけともなった。とくに金史良については、最新の研究動向と資料を確認するうえで、相川拓也さん、郭炯徳さんの助力を得た。また、本書第七章の内容は、研究会「昭和一〇年代における文学の〈世界化〉をめぐる総合的研究」での議論に触発されて構想したものである。日中戦争期・アジア太平洋戦争期の日本語文学の研究は、他の時期に比して大きく遅れを取っているが、問題関心を同じくする同世代のメンバーとの語らいと情報交換は、本書の議論を肉付けする上で大いに役立つことになった。研究代表者である松本和也さんはじめ、西村将洋さん、平浩一さん、山本亮介さん、若松伸哉さんに感謝したい。

もちろん、尊敬し敬愛する友人たちの心のこもった支援を忘れるわけにはいかない。川口隆行さん、高榮蘭さん、李文茹さんには、忙しい仕事の合間を縫って、本書の草稿を読んでいただいた。川口さんと李さんは、本書にかかわる内容を広く議論するワークショップの機会をそれぞれ用意してくださった。高榮蘭さんは、鋭く的確なコメントに加えて、著者であるわたしも心づかなかった議論の可能性について、有益な示唆を与えてくださった。その高さんと、エドワード・マックさん、千政煥さんとは、もう何年にもわたって、持続的に情報交換を続けている。卓越した研究者であり、信頼できる友人でもある三氏との交流の時間は、いまのわたしが研究を続けるかけがえのない大切な支えとなっている。

そして何より、共和国の下平尾直さんに本書の刊行をお願いできたことは、ほんとうにありがたいことだった。ご自身もすぐれた研究者である下平尾さんの厳しく本質を突いたご指摘とご批判は、本書の議論のレベルを確実に高めてくれたと実感している。

みなさん、ありがとうございました。

まだまだ読まねばならないテクスト、見ておかなければならない場所、知るべきことと学ぶべきことは多くある。今回は日中戦争期に限定したが、本書が対象とした以前や以後のテクストの問題は当然に問われようし、着々と準備されつつある次なる戦争に向けて、反戦の論理をいかにアップデートさせていくかは喫緊の課題であろう。その意味では、現在の日本社会で書かれ読まれている戦争文学や戦争記憶をめぐるテクストの行方も気にかかる。

わたし自身にとって本書は、新たな始まりを始める出発点としてある。しかし、ひとはひとりで考えることはできない。だいいち、ひとりで考えるだけでは面白くない。著者としては、本書の議論が、戦争と文学・文化・表象をめぐる新たな討論の場を開き、あちこちに波紋や波瀾を巻き起こすことを願わずにはいられない。

なお、本書は、ＪＳＰＳ科研費（15K02243）の成果である。

二〇一八年三月

五味渕典嗣

初出一覧

＊いずれにも、大幅な加筆・修正を行なった。

はじめに　「解説」（和田博文監修『コレクション・モダン都市文化96　中国の戦線』（ゆまに書房、二〇一四年）

第一章　「ペンと兵隊――日中戦争期戦記テクストと情報戦」（紅野謙介＋高榮蘭＋鄭根埴＋韓基亨＋李惠鈴編『検閲の帝国　文化の統制と再生産』（新曜社、二〇一四年）

第二章　「文学・メディア・思想戦――〈従軍ペン部隊〉の歴史的意義」（『大妻国文』第45号、二〇一四年三月）

第三章　「戦場のエクリチュール――日中戦争期戦記テクストの言語空間」（『国語と国文学』第90巻11号、二〇一三年一一月）

第四章　「スペクタクルの残余――日中戦争期戦記テクストの戦場表象」（『論叢　国語教育学』12号、二〇一六年七月）
第五章　「曖昧な戦場――日中戦争期戦記テクストと他者の表象」（『昭和文学研究』第69集、二〇一四年九月）
第六章　「言語とイメージのあいだ――日中戦争期における文学とプロパガンダ」（『大妻女子大学草稿・テキスト研究所　研究所年報』第10号、二〇一七年三月）
第七章　「友情の効用――小林秀雄と火野葦平」（『大妻国文』第46号、二〇一五年三月）
第八章　「テクストという名の戦場――金史良『郷愁』の言語戦略」（『日本文学』第64巻11号、二〇一五年一一月）
おわりに　「それぞれの遠足――坂口安吾「真珠」論」（『三田文学』第63号、二〇〇〇年一〇月）

五味渕典嗣

GOMIBUCHI Noritsugu

1973年、栃木県生まれ。
大妻女子大学文学部教授。
慶應義塾大学大学院文学研究科国文学専攻博士後期課程単位取得退学。
博士（文学）。
専門は、近現代日本語文学・文化研究。

著書に、
『言葉を食べる——谷崎潤一郎、1920〜1931』（世織書房、2009年）、
共編著に、
『谷崎潤一郎読本』（翰林書房、2016年）、
『漱石辞典』（翰林書房、2017年）などがある。

プロパガンダの文学　日中戦争下の表現者たち

二〇一八年五月一五日印刷
二〇一八年五月二五日発行

著者……五味渕典嗣 GOMIBUCHI Noritsugu
発行者……下平尾直
発行所……株式会社 共和国 editorial republica co., ltd.
東京都東久留米市本町三-九-一-五〇三　郵便番号二〇三-〇〇五三
電話・ファクシミリ〇四二-四二〇-九九九七　郵便振替〇〇一二〇-八-三六〇一九六　http://www.ed-republica.com
印刷……精興社
ブックデザイン……宗利淳一
DTP……木村暢恵

本書の内容およびデザイン等へのご意見やご感想は、左記のメールアドレスまでお願いいたします。

naovalis@gmail.com

ISBN978-4-907936-45-2 C0095